미국사 개설

A

History

of the

United States

이보형 지음

미국사 개설

일조각

모든 사람은 평등하게 태어났고 조물주로부터 몇 개의 양도할 수 없는 권리를 부여받았으며, 그 권리 중에는 생명과 자유와 행복의 추구가 있다는 것을 명백한 진리로 주장하는 바이다.

We hold these truths to be self-evident, that all men are created equal, that they are endowed by their Creator with certain unalienable Rights, that among these are Life, Liberty and the pursuit of Happiness.

〈미국 독립선언서〉 중에서

개정증보판을 내면서

2005년 3월에 출판한 '한글개정판'은 조지 W. 부시의 제1기까지를 다루었다. 이번 증보판에서는 '21세기의 미국'이란 새로운 장을 설정하여 2001년부터 2017년 전반기까지 약 16년간의 미국사를 중요사건 중심으로 서술하였다. 또 한글개정판 제12장 제5절의 '21세기의 미국사회'는 내용은 그대로 두고 '사회와 문화'로 절 이름만 바꾸어 제13장에 실었고, 새로 추가한 '속전망'에서는 현재 미국이 당면한 문제에 대해 간단히 언급하였다. 끝으로 한글개정판 본문에서 발견된 오식, 오기를 수정했고 부록도 일부 보완하였다.

2017년 8월

초판 서문

우리나라가 미국이라는 나라를 알기는 1855년(철종 6년)에 비롯한다. 이 해 음력 6월 한 척의 외국선이 강원도 통천군의 해안에 표도漂到한 일이 있었다. 우리 관원은 이 난파선의 선원을 구휼하여 청나라에 호송하였다. 그러나 '언어문자'가 통하지 않아 어느 나라의 선박인지 어느 나라의 선원인지를 알지 못하였다. 뒤에 청 예부의 자문을 받고 비로소 그 선박이 '화기국花旗國', 즉 미국의 것이고 그 선원이 '미리견인米利堅人'이라는 것을 알게 되었다.

그러나 모처럼 그 존재를 알게 된 미국과 우리나라와의 관계는 오랫동안 결코 순탄하지 않았다. 1866년 미국의 선박 제너럴셔먼호가 통상의 첫 문을 두드렸을 때 이 상선을 대동강상에서 '화공火攻'하여 선박, 선원의 흔적조차 남기지 않았고, 1871년 미국이 동양함대를 이끌고 강화도를 침공하여 개국을 강요했을 때에는 막대한 물적·인적 피해를 입으면서도 미국함대를 자진 퇴거시키고 미국을 '견양犬羊'의 나라라고 매도하였다. 그러나 미국이 우리나라를 개국시키고자 하는 의지가 극히 집요해서 드디어 청의 알선을 받아 서양제국에 한걸음 앞서 1882년 '대조선국'과 '대아미리가합중국' 사이에는 '필수상조必須相助'를 약속하는 우호통상조약이 체결되기에 이르렀다.

그로부터 한·미의 국교 관계는 일본의 한국 침략으로 잠시 중단된 일이 있기는 하나 일본 세력이 물러간 1945년 이후부터는 해를 거듭할수록 우호를 돈독히 하여 오늘에 이르러서는 거의 순치脣齒의 관계에 있다 하여도 과언이 아닐 정도가 되어 있다.

한·미 양국의 관계가 이와 같으므로 미국 연구의 필요성은 이 땅에서 종래부터 절실히 인식되어왔다. 그러나 우리나라에서의 미국 연구는 그 수준은 차치하더라도 결코 활발하다고는 말할 수 없는 것이 실정인 것 같다. 예를 들면 대학에서 미국문학을 강의하고 있지 않은 대학은 거의 없을 것으로 생각되나, 미국사를 강의하고 있는 대학은 십지十指를 넘지 않고, 더욱이 미국의 정치, 미국의 경제, 미국의 사회, 미국의 철학과 같은 과목은 관련 과목에서 부분적으로 언급되는 일은 있다 하더라도 단독 과목으로서 개강하고 있는 대학은 전무의 형편에 놓여 있지 않은가 생각된다. 이와 같은 현실은 1945년 이후 우리의 수많은 학도가 미국에 가서 수학하고 훈련을 쌓고 돌아와 학계를 비롯하여 사회의 여러 방면에서 활약하고 있다는 실정을 감안할 때 참으로 기이한 현상이라 하지 않을 수 없다.

미국 연구의 불모적 현상은 한·미의 보다 깊은 유대를 위하여도 하루바삐 타개되어야 할 것이다. 그러기 위해서는 미국의 역사적 발전의 모습을 소개하는 것이 미국을 이해하는 하나의 첩경이 아닐 수 없다. 이러한 점에서 저자는 미국사의 개설을 저술한다는 것이 이 나라의 미국사학도에게 부과된 하나의 중차대한 임무라고 스스로 깨닫고『미국사 개설』의 집필에 착수하였다. 저자가 천학비재淺學非才를 무릅쓰면서도 감히 이 개설서를 세상에 내놓는 이유는 바로 여기에 있다.

1976년 2월

개정신판 서문

1976년 2월 『미국사 개설』을 내놓은 지 금년으로 17년이 된다. 그동안 포드에 이어 카터, 레이건, 부시를 거쳐 클린턴이 제42대 새 대통령으로 취임하여 새로운 변화의 정치를 시도하려 하고 있다. 이 개정신판에서는 포드 이후 클린턴의 대통령 당선까지를 보충·기술하여 최근까지의 미국의 내외 사정을 개관하였다.

1993년 6월

한글개정판을 내면서

저자는 1976년 2월『미국사 개설』을 내놓았다. 그 후 17년이 지난 1993년 6월에 개정신판을 내놓았다. 하지만 두 책 다 국한 혼용문으로 쓰여졌기 때문에 한자에 문맹인 독자가 이해하기에는 어려움이 있어, 누차 한글 전용문으로의 개정을 출판사 측으로부터 수없이 요청받아왔으나 차일피일하는 동안에 오늘에 이르러 그 뜻을 이루게 되었다.

원래 개정신판에서는 클린턴 대통령의 취임까지를 서술했으나 그 후 미국의 역사는 20세기의 마지막 10년대를 거쳐 21세기에 진입했으므로 개정신판의 제11장 제4절 이하를 한글개정판에서는 따로 제12장으로 독립시켜 현재의 조지 W. 부시 대통령의 시대까지를 전면적으로 수정·보완하였다. 이와 동시에 서장부터 제11장까지의 본문에서도 많은 오류를 시정하였다. 이밖에 부록도 손질하면서 따로 미국 독립선언서와 미국 헌법을 첨가하였다.

끝으로 한·미 관계가 요동치는 요즘 시기에 이 책이 미국을 이해하는 데 다소라도 도움이 되었으면 하는 것이 저자의 바람이라는 것을 적는 바이다.

2005년 3월

차례

서장　아메리카 원주민과 신대륙의 정복

제1장　영국 식민지의 발전

제1절_ 영국의 식민지 개척

제2절_ 식민지의 정치와 경제

제3절_ 식민지의 사회와 문화

제4절_ 식민지 전쟁

아메리카 원주민과 신대륙의 정복

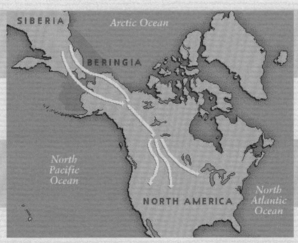

아메리카 원주민의 북미대륙 이주

아메리카 원주민과 바이킹

15세기 말경 유럽인에게 아메리카 대륙이 신대륙으로 알려지기 훨씬 이전에, 인종적으로는 동양인과 동일 계통에 속하는 몽고 인종Mongoloid의 일파一派가 이미 이 대륙에 거주하고 있었다.

이들은 지금으로부터 2만~5만 년 전에 아시아 대륙의 동쪽 끝인 시베리아로부터 그 당시는 육지로 이어졌을 것으로 추측되는 베링해협을 건너 아메리카 대륙으로 넘어온 것으로 생각된다. 그 뒤 이들은 오랜 기간에 걸쳐 대륙 전역에 퍼져 여러 개의 문화권을 형성하였다. 이 중 중미의 멕시코와 남미의 페루 지역에는 고대 오리엔트 문명에 비교할 만한 고도의 농경문명이 존재하였고 인구도 중남미 일대에 걸쳐 약 1,500만에 이르고 있었다. 이에 비해, 장차 미국사의 무대가 될 북미 지역에는 기원전 1,500년경에도 수렵, 채집, 원시적 농경의 수준을 넘지 않는 수백의 부족이 여기저기 흩어져 살고 있었고, 그 인구는 100만을 헤아리는 정도였다.

기원전 500년경 이후 북미 지역은 수렵·채집문화에서 점차 벗어나 농경과 교역이 발달했고, 이에 따라 여러 인디언 부족은 집단매장을 위해 수많은 고분을 건축하기 시작하였는데, 이것을 마운드 빌더스Mound Builders 문화라고 한다. 기원전 100년경에는 아데나Adena 문화에 이어 오하이오강 남부를 중심으로 호프웰Hopewell 문화가 출현하였다. 호프웰 인디언들은 직경 30미터 정도에 높이가 9미터가 되는 수천 개의 고분을 건축하였다. 이보다 더 복잡한 위계질서를 갖춘 미시시피Mississippi 문화가 기원후 400년경에 나타나기 시작하여 12세기에는 절정에 도달하였다. 이 문화를 꽃피운 카호키아Cahokia에서는 높이 30미터, 기부基部면적이 37만 평방미터가 되는 고분을 중심으로 2만 명 정도가 수렵·농경생활을 하였다. 카호키아 인디언들은 부근의 다른 아메리카 원주민들의 도시를 약탈하고 인간을 제물로 바치기도 하였다. 북미의 남서부에서는 푸에블로Pueblo 문화가 성장하였다. 낭떠러지 측면에 여러 층의 주거지를 건설한 푸에블로 인디언들은 특유한 문양의 직물과 도기의 제작으로 유명하였다.

아메리칸인디언이라고 일컬어지는 이들 몽고 인종에 이어 두 번째로 신대륙을 찾아온 사람들은 노르웨이의 해적인 바이킹Viking이었다. 11세기경 이들의 일파는 레이프 에릭슨Leif Ericson의 인솔 아래 아이슬란드를 떠나 지금의 캐나다 북동부 연안에 와서 한겨울을 보냈다. 이들은 이곳을 빈랜드 Vinland라 이름 짓고 그 뒤 몇 년 동안 여기에 이주하려 하였으나 다녀갔다는 흔적만 남긴 채 돌아가버렸다.

서양의 신항로 모색

바이킹들이 북미 지역을 다녀간 뒤 유럽 대륙에서는 서서히 커다란 변동이 일어나고 있었다. 십자군운동 이후 중동 지방과의 접촉이 빈번해지면서 이른바 '상업의 부활'이 일어나자 아라비아 상인의 손을 거쳐 동양으로부터 들어오는 향료, 염료, 직물에 대한 수요가 해를 거듭할수록 커져가고 있었다. 이처럼 동양의 산물에 대한 수요가 커지자 유럽인들은 동양에 대해 커다란 관심을 갖는 한편, 육로를 통하고 중간상인이 끼어드는 재래식 간접교역이 아니라 바다를 통한 동서 간의 직접교역의 길을 모색하게 되었다.

그러나 이 모색에는, 즉 서양으로부터 동양으로 가는 신항로의 개척에는 막대한 자금과 종래와는 다른 새로운 항해기술과 지리적 지식이 필요하였다. 바로 이때 이베리아Iberia반도에서는 포르투갈과 스페인이 15세기경 봉건영주와 도시로 분산된 국력을 강력한 왕권 밑으로 집결하여 필요한 자금을 조달할 만한 국가로 성장하고 있었다. 한편 이탈리아에서 일어난 르네상스 문화의 새로운 기운 속에서 나침반이 개량되어 원양항해의 가능성이 엿

보였고 토스카넬리Toscanelli의 지구구형설地球球形說과 같은 새로운 지식도 나오고 있었다.

일찍부터 아프리카 대륙에 교역지를 설치하고 동시에 기독교 전도를 국가적 사명으로 여기고 있던 포르투갈은 항해왕자로 알려진 엔히크Prince Henrique The Navigator(1394~1460)의 지도하에 아프리카 서해안을 탐사하였다. 그 결과 1488년에는 바르톨로뮤 디아스Bartholomeu Diaz가 서해안의 끝이며 동시에 남쪽 끝이 되는 희망봉Cape of Hope에 이르렀다. 이 지점을 돌아 동진하면 동양으로 갈 수 있다고 믿은 포르투갈은 바스코 다 가마Vasco da Gama를 보내어 드디어 1498년 인도로 가는 새로운 항로를 여는 데 성공하였다.

콜럼버스와 신대륙

이보다 앞서 이탈리아 제노바 출신의 선장 크리스토퍼 콜럼버스Christopher Columbus는 지구구형설을 믿고 유럽으로부터 서쪽 방향으로 나아가도 동양에 갈 수 있다고 주장하였다. 콜럼버스는 그의 획기적 탐험에 필요한 자금의 후원을 당시 포르투갈 못지않게 신항로 개척에 관심이 많았던 스페인 왕실에 요청하였다. 스페인의 이사벨Isabel 여왕과 부군 페르난도 Ferdinand 2세는 그라나다Granada를 이슬람교도로부터 빼앗아 국토를 통일한 후 콜럼버스의 요청을 받아들였다.

그리하여 1492년 8월 3일 120명의 선원을 태운 3척의 배를 지휘하며 스페인을 떠난 콜럼버스는, 대서양을 횡단하는 데 불안과 고난으로 얼룩진 70일을 보낸 뒤 10월 12일 바하마Bahama군도의 한 섬인 산살바도르San Salvador에 상륙하였다. 이어서 그는 쿠바Cuba, 산토도밍고Santo Domingo 등을 탐색한 뒤 이듬해 3월 스페인으로 돌아갔다. 이와 같이 아메리카 대륙은 유럽인의 동양으로의 진출 의욕이 치열하게 솟아오르는 과정에서 우연히 발견된 것이다.

콜럼버스는 그 뒤 1504년까지 네 차례에 걸쳐 멕시코만의 서쪽 일대를 두루 탐사했지만, 자신이 발견한 장소가 신대륙의 일부라는 것을 끝내 알지 못한 채 동양의 어느 곳인가에 왔다고 확신하였다. 콜럼버스의 이러한 확신은 1499년부터 1501년에 걸쳐 중남미의 대서양 연안지대를 탐사한 아메리고 베스푸치Amerigo Vespucci로 인해 깨졌고, 신대륙의 이름도 그의 이름을 따서 아메리카로 불리게 되었다. 그 뒤 1513년 파나마Panama지협地峽을 횡단하여 태평양을 발견한 바스코 누녜스 데 발보아Vasco Núñez de Balboa로 말미암아 아메리카가 신대륙이라는 것이 다시 한 번 확인되었다.

스페인의 신대륙 정복

이처럼 신대륙 발견에 앞장선 스페인은 이 지역으로의 진출도 주도하여, 에르난 코르테스Hernán Cortés는 멕시코를 정복했고(1519~1521), 프란시스코 피사로Francisco Pizarro는 페루를 정복(1532)하였다. 그 결과 1500년 포르투갈의 카브랄Cabral이 우연히 발견한 브라질을 제외하고 중남미 일대는 순식간에 스페인의 영토가 되었다. 특히 페루의 잉카제국이 멸망할 때 스페인의 콘키스타도르Conquistador(정복자란 뜻)가 약탈한 대량의 금은보화와 볼리비아에서 발견된 포토시Potosi의 은광은 원주민인 아메리칸인디언에게 막대한 희생을 강요하면서 스페인에는 엄청난 부를 가져와 16세기에 스페인을 거대한 식민제국으로 세계에 군림시키는 원동력이 되었다. 하지만 스페인을 거쳐 아메리카로부터 흘러들어온 대량의 은은 유럽에서 은의 가격을 하락시켜 이른바 '가격혁명'을 일으키는 원인이 되기도 하였다.

한편 스페인은 북미에도 탐험대를 보냈는데, 그 결과 에르난도 데 소토Hernando de Soto는 플로리다Florida로부터 미시시피Mississippi강에 이르는 지대를, 프란시스코 코로나도Francisco Coronado는 멕시코로부터 캔자스

Kansas에 이르는 지대를 탐사하였다. 이들은 이 지역에서 금·은광을 발견하지는 못했지만 여러 곳에 인디언과의 모피 무역 및 기독교 전도의 근거지를 마련하여 탐사한 지방 전체에 스페인의 영유권을 선포하였다.

서구제국과 신대륙

신대륙에서의 스페인의 눈부신 활동, 특히 금·은광의 발견은 중세의 봉건체제에서 탈피하여 통일왕국을 이루고 절대왕정체제로 넘어가는 과정에 있던 영국과 프랑스 등에 신대륙에 대한 관심을 크게 환기시켰다. 그리하여 이 나라들도 스페인에 뒤이어 신대륙의 발견, 탐험, 정복사업에 참가하기 시작하였다.

튜더Tudor왕조를 창건한 영국의 헨리Henry 7세는 1497년과 1498년 두 번에 걸쳐 존 캐벗John Cabot 부자를 신대륙에 파견하였다. 이들 부자는 뉴펀들랜드New Foundland로부터 체서피크Chesapeake만에 이르는 북미의 대서양 연안 일대를 탐사하여 이 지역에서 영국이 영유권을 주장할 수 있는 근거를 마련하였다.

프랑스는 이보다 늦은 1534년 자크 카르티에Jacque Cartier를 파견하였다. 그는 미국과 캐나다 사이에 흐르는 세인트로렌스Saint Lawrence강 일대를 탐사하여 캐나다에 대한 영유권을 확보하였다. 그 뒤 1603년에는 사뮈엘 드 샹플랭Samuel de Champlain이 5대호 지방으로부터 미시시피강에 이르는 지대를 탐사하고 여기저기에 인디언과의 모피 무역의 거점을 설치하고 돌아갔다.

16세기 말 스페인으로부터 독립한 네덜란드도 신대륙에 관심을 갖기 시작하였다. 네덜란드 동인도회사의 위촉을 받은 영국인 헨리 허드슨Henry Hudson은 1609년 신대륙에서 동양으로 나갈 수 있는 항로를 찾던 중 뉴욕 지방에 흐르는 강을 발견하여 이 강을 허드슨강이라고 이름 지었다. 그 뒤 네덜란드는 이 강의 어귀에 인디언과의 교역지로 뉴암스테르담New Amsterdam을 건설하고 강변을 따라 내륙지방으로 들어가서 농업식민지를 건설하는 데 착수하였다. 스웨덴도 1638년 델라웨어Delaware강 유역을 탐사하여 뉴스웨덴New Sweden이라는 비교적 규모가 작은 식민지를 건설하였다.

영국이 북미 지역에서 본격적으로 식민활동에 착수하는 17세기 초를 전후할 무렵 아메리카 대륙에서 유럽 각국의 세력은 대체로 위와 같이 널리 퍼져 있었다.

문화의 상호 영향

신대륙의 정복으로 구대륙과 신대륙은 여러 면에서 영향을 주고받았다. 신대륙의 정복은 아메리카 원주민들에게는 정복, 착취, 노예화를 의미하였지만, 문화 교류가 일방적으로 진행되지는 않았다. 소, 말, 돼지, 양, 염소 등의 동물은 유럽인들과 같이 신대륙으로 이동하여 아메리칸인디언의 사회, 경제를 변화시켰다. 정치·경제적으로 상당히 자율적이며 아메리카 원주민 사회에서 커다란 역할을 담당하였던 모계母系-처가妻家 중심의 친족 집단이 신대륙의 정복으로 사회·정치적 권력을 상실하게 되었다. 또한 유럽인들의 질병, 특히 천연두와 홍역은 이에 대한 면역체가 없었던 아메리카 원주민들에게 치명적인 결과를 가져왔다. 한편 신대륙으로부터 옥수수, 콩, 감자, 고구마가 유럽으로 들어와 '녹색혁명'을 일으켜 유럽의 생활뿐 아니라 그 밖의 지역에도 커다란 영향을 끼쳤다.

제1장

영국 식민지의 발전

플리머스항의 메이플라워호

제1절_ 영국의 식민지 개척

영국은 15세기 말 헨리 7세 때부터 신대륙과 관련을 가졌지만, 신대륙 진출은 거의 반세기 동안 방치된 상태에 있었다. 그동안 헨리 8세의 절대왕정 확립과 종교개혁으로 일어난 분쟁 등으로 해외 진출을 고려할 겨를이 없었기 때문이다. 그러나 16세기 후반 헨리 8세의 딸 엘리자베스Queen Elizabeth가 즉위하면서 영국의 신대륙에 대한 관심이 달라지기 시작하였다.

엘리자베스 여왕과 신대륙

엘리자베스 여왕은 영국을 신교국가로 결속시키기 위해 당시 구교의 종주국으로 자처한 스페인과 맞서지 않을 수 없었다. 그리하여 반스페인정책의 하나로 '바다의 매Sea Hawks' 또는 '바다의 개Sea Dogs'라고 불리던 영국해적을 이용하여 이들이 신대륙과 스페인을 왕래하는 선박과 신대륙에 있는 스페인의 식민지를 습격·약탈하는 행위를 조장 또는 허가하고, 때로는 이들에 대한 자금의 원조도 서슴지 않았다. 이러한 약탈사업으로 영국은 1,200만 파운드의 거금을 벌어들였고, 여왕 자신에게 배당된 이익금은 부왕 때부터 누적된 왕실의 채무를 청산할 수 있을 정도였다고 한다. 이러한 도전에 스페인도 그냥 보고 있을 수만은 없어 영국에 보복하려 하였지만 1588년 스페인 무적함대Invincible Armada의 패배는 도리어 스페인제국의 쇠퇴를 재촉하는 계기가 되고 말았다.

그러나 여왕이 약탈사업에만 몰두한 것은 아니었다. 스페인에 대항하여 부강해지려면 신대륙에 영국도 식민지를 건설해야 한다는 험프리 길버트 경Sir Humphrey Gilbert의 건의를 받아들여 처음으로 식민사업의 착수를 허가하였다. 이에 따라 길버트 경은 1578년과 1583년 두 차례에 걸쳐 뉴펀들랜드에 식민지를 건설하려 했지만 실패하였다. 이어서 월터 롤리 경Sir

Walter Raleigh이 1584년부터 1587년까지 세 차례에 걸쳐 노스캐롤라이나 North Carolina의 로어노크Roanoke섬에 식민지를 건설하려 하였으나 이 또한 실패하고 말았다.

제임스타운 식민지

길버트와 롤리 두 사람의 실패는 한 개인의 창의와 역량만으로는 식민사업이 불가능하다는 것을 말해주는 것이었다. 당시 영국에서는 1600년에 설립된 동인도회사의 경우처럼 해외통상과 같은 사업을 일으킬 때에는, 유지들이 국왕으로부터 특허장을 받고 많은 사람의 출자로 회사를 조직하여 사업을 시작하는 것이 하나의 방식으로 자리 잡고 있었다. 이 방식은 식민사업에도 도입되어 1606년 함께 뜻을 모은 귀족, 젠트리gentry, 상인들이 북아메리카 식민지 건설사업을 국왕인 제임스James 1세에게 청원하여 허가를 받아 런던London회사와 플리머스Plymouth회사를 조직하였다.

특허장에 의해 북위 41도부터 34도 사이의 북아메리카 대서양 연안에 식민지를 건설할 권리를 갖게 된 런던회사는 1607년 104명의 이주민을 보내 버지니아Virginia의 제임스타운Jamestown에 식민의 거점을 확보하였다. 이것이 북아메리카에 처음으로 건설된 버지니아 식민지이다.

그러나 북아메리카 식민사업은 결코 순탄하지 않았다. 반년이 지나는 동안 첫 이주민의 반이 기아와 질병으로 사망하였고 또 회사의 처음 기대와는 달리 이 지역에서는 금·은광이 발견되지 않아 전혀 수익을 바랄 수 없었다. 그러나 초기의 위기는 존 스미스John Smith의 탁월한 지도력으로 극복되었고, 또 존 롤프John Rolfe의 연초 재배로 버지니아는 채산이 맞는 식민지로 발전할 기반을 점차 다지게 되었다.

플리머스 식민지

플리머스회사는 특허장에 의해 북위 45도부터 38도에 이르는 지대에 식민지 건설 권리를 얻어 1607년 메인Maine 지방에 식민지를 건설하려 했지만 이듬해 실패하였다. 이 회사는 처음의 열의를 상실하고 회사의 권리를 1620년 뉴잉글랜드회사Council for New England에 넘겼으나, 바로 그해 이 회사의 식민 예정지에 회사와는 전혀 관계가 없는 사람들이 새로운 식민지를 건설하였다. 이들이 이른바 순례시조巡禮始祖, Pilgrim Fathers이다.

이들은 제임스 1세의 비국교도非國敎徒 탄압정책으로 신앙의 자유를 찾아 네덜란드로 망명하였던 분리파Separatists에 속하는 청교도들이었다. 네덜란드에서도 안주하지 못한 이들은 다시 영국으로 돌아와 신대륙으로의 이주를 생각하고 있었다. 그러던 중 런던회사와 교섭이 이루어져 그 회사의 관할지 어디에든 가서 그들만의 자치가 가능한 별개의 식민지를 건설할 수 있는 허가를 얻었다. 그리하여 1620년 7월 102명이 메이플라워Mayflower호를 타고 런던회사의 관할지를 향해 떠났다. 11월에 플리머스회사의 관할지에 속하는 케이프 코드Cape Cod에 상륙한 그들은 그곳에 정착하기로 결정하고 자신들이 떠나온 항구의 이름을 기념하기 위해 식민지의 이름을 플리머스라고 하였다.

여기서도 식민사업은 순탄하지 않았다. 한겨울을 보내는 동안 기아와 질병이 겹쳐 혹한으로 반수가 사망하였다. 그러나 살아남은 사람들은 윌리엄 브래드퍼드William Bradford의 통솔 아래 토지의 공유제를 사유제로 바꾸고 이주민을 유치하면서 농업, 어업, 모피 수집에 종사하여, 7년 뒤에는 런던회사에 지고 있던 채무를 청산할 수 있을 정도가 되었다.

식민지의 형태

그 후 약 100년이 지나는 동안 영국이 영유권을 주장한 북미의 대서양 연안지대에는 회사 또는 자치 식민지와 영주領主식민지처럼 형태를 달리하는 두 종류의 식민지가 모두 13개 건설되었다. 전자는 회사 또는 협동체가 식민지 경영과 통치의 주체가 된 식민지를 말하며, 후자는 국왕으로부터 토지를 하사받은 개인 또는 개인의 집단이 식민지의 경영과 통치의 주체가 된 식민지를 말한다. 그러나 뒤에 영국 왕실이 식민지에 대한 통치를 강화해나가면서 상당수의 식민지가 원래의 특허장을 취소당하고 왕의 통치를 받는 왕령식민지로 바뀌어갔다. 이들 식민지의 성립 과정을 지역별로 보면 다음과 같다.

북부

뉴잉글랜드라고도 불린 이 지방은 1630년 매사추세츠만회사Massachusetts Bay Company가 건설한 매사추세츠 식민지가 모체를 이루었다. 이 식민지는 1691년 회사식민지의 권리를 허가한 특허장이 취소되어 왕령식민지가 되었다. 이때 북쪽에 위치한 뉴햄프셔New Hampsher는 떨어져 나갔고 플리머스 식민지는 매사추세츠에 합병되었다.

매사추세츠는 존 윈스럽John Winthrop의 지도하에 회중파congregationalists에 속하는 청교도가 주체가 된 식민지였다. 그러나 이 식민지는 정교일치와 불관용의 정책을 견지하였으므로 이에 불만을 품은 종파에 의해 그 남쪽에 두 개의 식민지가 따로 건설되었다. 그 하나가 로드아일랜드Rhode Island 식민지로, 1636년 매사추세츠에서 쫓겨난 로저 윌리엄스Roger Williams가 세운 프로비던스Providence를 발판으로 발전하였는데, 1663년 자치식민지 인가를 받았다. 다른 하나는 코네티컷Connecticut 식민지로, 매사추세츠를 떠난 토머스 후커Thomas Hooker가 하트퍼드Hartford에 만든 식민지와 1662년 런던의 상인들이 만든 뉴헤이븐New Haven의 식민지가 합류하여 자치식민지로 발족하였다.

중부

1664년 영국은 네덜란드로부터 뉴네덜란드를 탈취하였다. 당시의 국왕 찰스Charles 2세가 이 식민지를 그의 동생인 요크 공Duke of York에게 하사하였으므로 영주식민지인 뉴욕New York 식민지가 만들어졌다. 요크 공은 뒤에 이 식민지의 서남쪽 땅을 떼어 그의 친구에게 주었는데, 여기서 뉴저지 New Jersey 식민지가 만들어졌다. 그러나 뉴욕 식민지는 1685년, 뉴저지 식민지는 1702년 각각 왕령식민지가 되었다.

1681년 찰스 2세는 그의 친구이지만 비국교도라 박해를 받고 있던 퀘이커 Quaker교도인 윌리엄 펜William Penn에게 뉴욕에 인접한 서쪽의 넓은 땅을 하사하여 퀘이커교도의 식민지를 만들게 하였다. 이에 따라 영주식민지인 펜실베이니아Pennsylvania 식민지가 만들어졌다. 1701년 이 식민지의 관리하에 있던 델라웨어Delaware가 따로 떨어져 나가 영주식민지로 발족하였다.

남부

1607년 회사식민지로 출발한 버지니아는 1624년 왕령식민지가 되었다. 이어서 1632년 메릴랜드Maryland 식민지가 만들어졌다. 이 식민지는 찰스 1세가 가톨릭교도인 볼티모어 경Lord Baltimore에게 하사한 땅에 건설된 영주식민지였다. 1663년에는 찰스 2세가 카터릿 경Sir George Carteret 이하 8명의 귀족에게 버지니아의 남쪽 땅을 하사하였다. 여기서 영주식민지인 캐롤라이나Carolina 식민지가 건설되었다. 그러나 이 식민지는 1729년 왕령식민지가 되었을 때 남과 북으로 분리되어 하나는 노스캐롤라이나 식민지로, 다른 하나는 사우스캐롤라이나 식민지가 되었다. 1732년에는 사우스캐롤라이나 이남의 땅이 제임스 오글소프James Oglethorpe가 조직한 20명의 사회사업단체에 하사되었다. 이들은 채무죄인에게 재생의 길을 열어줄 의도로 조지아Georgia 식민지를 만들었다. 영주식민지로 발족한 이 식민지도

1751년에 왕령식민지가 되었다.

이주민의 종류

이와 같이 식민지가 건설되는 동안 1620년에 약 2,000명에 불과했던 식민지 인구는 1700년에는 약 25만, 1730년에는 약 60만, 1760년에는 약 160만으로 해를 거듭할수록 비약적으로 증가하였다. 이 인구 중 반 정도가 이주민이며 나머지는 식민지에서 태어난 사람들이었다.

이주민의 대부분은 경제적 향상과 신앙의 자유를 찾기 위해 또는 17세기의 유럽에서 끊임없이 일어났던 전쟁, 종교분쟁 등으로 발생한 사회불안을 피하기 위해 대부분 자유의사로 북미 대륙에 건너왔지만 크게 두 종류로 구분할 수 있다. 하나는 당시 6~8파운드가 들었던 항해비용을 자신이 부담하고 아울러 정착자금도 마련하여 이주한 사람들로 처음부터 식민지에서 독립할 수 있었던 자유민이었고, 또 하나는 그러한 경제력이 없어 노동력이 필요한 자유민에게 2~7년 노동력을 제공하고 계약기한이 끝나면 자유민이 될 수 있었던 연기계약노동자indentured servants였다. 식민지시대에 북아메리카로 건너온 약 75만 명의 이주민 중 약 3분의 2는 전자에 속하고 나머지는 후자에 속하였다.

또 북아메리카의 식민지는 영국의 통치권이 지배하는 지역이었으므로 이주민의 거의 80퍼센트는 잉글랜드, 스코틀랜드, 아일랜드의 영국계 민족이 차지했고, 그 나머지를 독일, 프랑스, 네덜란드, 스웨덴, 스페인에서 온 비영국계 민족이 차지하였다.

그러나 식민지에는 초기부터 강제로 북아메리카에 이주하게 된 흑인들도 있었다. 1619년 네덜란드의 해적선이 20명가량의 흑인을 서인도제도로부터 버지니아에 데려온 것이 그 시작이었다.

이들은 처음에는 백인의 연기계약노동자처럼 막연히 '노동자servants'라고 불리었으나 얼마 안 가서 '노예slaves'라고 불리게 되었고, 1660년대가 되면서 이들의 예속적 지위는 노예제도로 묶이게 되었다. 대부분이 노예였던 흑인들은 1770년 약 215만 명이었던 식민지 인구에서 약 6분의 1을 차지하였고 대부분이 남부 지역에 살고 있었다.

제2절_ 식민지의 정치와 경제

영국의 초기 통치정책

북아메리카의 대서양 연안지대에 식민지를 하나하나 건설해나간 17세기 영국의 정치체제를 살펴보면, 국왕의 권한이 여전히 강력하였고 상·하 양원으로 구성된 의회가 있었지만 그 권한은 보잘것없었다. 이러한 의회의 권한은 청교도혁명과 명예혁명을 거치는 동안 차츰 강화되어갔지만 국정에 참여할 수 있는 권리는 귀족과 상층시민 등 극소수의 국민에게만 한정되어 있었다. 그러나 식민지에서는 특허장에 의거하여 식민지 경영의 주체가 된 회사 또는 영주에 통치권이 부여되었고, 또 이주민과 그 자손에게는 영국인으로서의 헌법상의 권리가 보장되어 있어서 이러한 권리들은 이주민이 식민지 통치에 참여할 수 있는 길을 쉽게 열어주었다.

식민지의회의 발생

우선 버지니아의 경우를 살펴보면, 초기에는 회사가 임명한 총독이 현지에서 조직한 참의회Council의 협조를 얻어 식민지를 통치하고 경영하도록 되어 있었다. 하지만 회사는 곧 이주민 전체의 적극적인 협력 없이는 통치나 경영이 불가능하다는 것을 알게 되었다. 그래서 1618년 중역의 한 사람이었던 에드윈 샌디스 경Sir Edwin Sandys의 건의에 따라, 회사는 여러 곳에 산재하고 있는 이주지로부터 2명의 대표를 선출하여 이들에게 총독과 참의회 의원과 같이 식민지가 필요로 하는 법률을 제정할 수 있는 권한을 부여하기로 결정하였다. 이에 따라 1619년 버지니아에서는 이주민 대표로 구성된 민의원House of Burgesses이 설치되었다.

한편 플리머스 식민지의 경우에는 처음부터 이주민 자신들이 스스로 정부를 수립하는 하나의 중요한 선례를 만들어놓았다. 이곳의 순례시조들은 상륙하기에 앞서 '메이플라워 언약Mayflower Compact'을 작성하여 식민지의 질서와 안녕을 유지하기 위해 스스로 하나의 '시민정치체市民政治體, civil body politik'를 만들고 필요한 법률과 공직을 제정하여 이에 복종한다는 것을 서약하였던 것이다. 이러한 식민지의회의 설치와 자치체의 형성은 그 뒤에 건설된 다른 식민지에도 도입되었고 회사 또는 영주 식민지가 왕령식민지로 바뀌어도 그대로 답습되었다.

식민지의 자치 — 타운과 카운티

이주민의 핵을 이룬 것은 북부 식민지에서는 '타운town', 중부 이남의 식민지에서는 '카운티county'였다. 타운은 하나의 촌락 정도의 작은 면적이고 카운티는 그 중심으로부터 경계까지 말을 타고 반나절이 걸릴 정도로 면적이 넓다는 차이가 있지만, 영국의 '버러borough', '빌리지village' 교구를 혼합한 하나의 행정단위라는 점에서 공통된 성격을 갖고 있었다. 특히 타운에는 주변에 농지가 있고 중심에는 교회가 있어 여기서 예배뿐 아니라 정치적인 모임인 타운회의도 열어 주민 전체의 공통 관심사를 논의하고 또 식민지의회에 파견할 대표를 선출하기도 하였다.

카운티는 면적이 넓어 타운처럼 주민 전체의 모임을 갖는 일이 어려웠기 때문에 유능한 주민에게 내부의 여러 가지 문제를 위임하는 것이 상례로 되어 있었다. 하지만 식민지의회에 파견할 대표를 선출하는 모체가 된다는 점에서는 타운과 다를 바 없었다.

타운의 모임에서 보는 바와 같이 일부 식민지에서는 직접민주정치가 시행되기도 하였다. 그러나 식민지의회에 파견할 대표를 선출하는 선거권과 대표로 선출되는 피선거권을 가진 주민은 그다지 많지 않았다. 왜냐하면 이러한 권리는 어느 식민지에서든 보통 50에이커acre(1에이커는 약 1,224평) 이상의 토지를 소유하거나 또는 50파운드 이상의 재산을 가진 자유민에게만 부여되었기 때문이다. 실제로 유권자가 가장 많았다고 전해지는 뉴잉글랜드 지방에서도 그 수효는 전체 주민의 16퍼센트 정도였고 권리의 행사에 있어서는 이보다도 훨씬 적은 수였다. 그러나 식민지에서는 토지의 소유나 치부致富가 영국에서보다는 훨씬 수월하였으므로 참정권은 점차 확대되어가는 경향을 띠었고, 또 참정권이 없더라도 타운이나 카운티의 주민들은 여러 가지 문제에서 의견을 표현할 기회가 있었으므로, 당시 영국의 일반 대중보다는 훨씬 풍부한 정치적 훈련을 쌓을 수 있었다.

명예혁명 이후의 통치정책

식민지의회는 총독 및 행정관리의 봉급을 포함한 예산과 과세에 대한 승인권을 갖고 있어서 총독과 행정부를 견제할 수 있었고, 또 특허장과 본국 법을 위배하지 않는 범위 내에서 식민지 내의 제반사항에 대한 입법권이 있었으므로, 식민지 통치는 오랫동안 거의 식민지의회를 중심으로 이루어졌다. 그러나 17세기 말 명예혁명을 전후한 시기부터 8개의 회사 또는 영주 식민지가 왕령식민지로 바뀌면서 식민지에 대한 국왕의 통치권이 강화되었고, 1696년에 대영제국의 모든 식민지를 관할하는 기관으로 통상식민원Board of Trade and Plantation이 설치되면서 식민지 통치의 양상도 차츰 달라지기 시작하였다. 특히 통상식민원은 독자적 집행권은 없었지만 추밀원樞密院, Privy Council의 자문기관으로 식민지 통치에 대한 정책을 건의할 수 있는 지위에 있었다. 이에 따라 이 기관의 지배를 받는 식민지 총독은 본국 의회가 제정한 법률을 시행할 뿐 아니라, 행정장관으로서는 지방관리를, 최고법정의 장관으로서는 판사를 임면任免하는 행정, 사법의 양권을 장악하였다. 또한 식민지의회에 대해 소집·해산·거부할 수 있는 권리를 발동하였으므로 총독과 식민지의회 사이에는 자주 마찰이 생기게 되었다.

중상주의정책

식민지에 대한 영국의 경제정책은 본국의 경제적 이익을 주로, 식민지의 이익을 종으로 하는 중상주의重商主義, mercantilism에 바탕을 두었다. 이에 따라 식민지의 항해, 통상, 공업에 대해 여러 가지 제약을 가하였다. 우선 항해법Navigation Acts으로 총칭되는 항해에 관한 법령은 북아메리카 식민지와 대영제국, 또 여러 유럽 국가 사이에 거래되는 모든 화물은 대영제국 내에서 건조되고 영국인이 선원으로 종사하는 선박만이 수송할 수 있다고 규정하였다. 통상법Trade Acts으로 총칭되는 통상에 관한 법령은 식민지 생산물 중 특정산물을 지정하여 이들 화물은 영국 본국에만 수출할 수 있으며 본국을 경유하지 않으면 유럽과 그 밖의 지역에 수출할 수 없다고 규정하였다. 1733년에 제정된 당밀법糖蜜法, Molasses Act은 외국령 서인도제도에서 식민지로 수입되는 당밀에 고율의 관세를 부과하였다. 제조공업법Manufacturing Acts으로 총칭되는 공업에 관한 법령은 모직물의 수출을 금지하는 법에서 시작하여 1732년에는 모자 수출을, 1750년에는 제철공장의 설치를 금지하였다.

그러나 이러한 법령이 실제 상황에서 어느 정도로 식민지의 경제발전을 방해·억제하였는지는 쉽게 단정하기 어렵다. 항해법의 경우 식민지도 대영제국의 일부임에는 틀림없었으므로 식민지에서 건조된 선박과 식민지인이 선원으로 종사하는 선박은 이 법에 저촉되지 않았다. 그러므로 이 법은 오히려 식민지의 조선업과 해운업을 발전시키는 결과를 가져왔다. 통상법의 경우 이 법의 시행으로 본국의 상인에게 연초와 같은 산물의 판매가 독점되었지만 자력資力이 약한 식민지가 자력이 풍부한 영국시장의 보호를 받는다는 유리한 점도 있었다. 제조공업법은 영국의 공업을 육성·보호한다는 목적에서 제정되었지만 식민지 내의 자가소비를 위한 생산까지 금지한 것은 아니므로 어느 정도는 가내공업이 발전할 수 있었다. 이처럼 식민지에 적용된 영국의 중상주의적 법제도에는 오히려 식민지의 경제발전에 유리한 면도 많았다.

또한 당시 영국의 식민지 통치능력을 고려할 때 이들 법령의 철저한 시행은 결코 쉬운 일이 아니었다. 특히 해상 감시기관의 부족으로 식민지와 유럽 대륙 간의 직접거래, 외국산 당밀의 식민지로의 밀수입과 같은 비합법적 통상이 자행되기도 하였다. 실정이 이와 같았으므로 1721년 로버트 월폴Robert Walpole이 영국의 재상이 된 뒤로는 이른바 '유익한 태만Salutary Neglect' 정책하에 40년 동안 법의 엄격한 적용도 느슨해졌다. 결국 영국의 중상주의정책에도 불구하고 식민지의 경제는 식민지시대 전체를 통해 착실하게 발전해갈 수 있었다.

농업의 발전

식민지인의 90퍼센트가 농업에 종사하였으므로 식민지경제의 기반은 당연히 농업에 있었다. 농업은 기후, 지형 또는 토지정책의 차이에 따라 지역적 특성을 가지고 발전하였다.

북부는 기후가 춥고 지형이 협소해서 타운 주변에 농지가 있었으므로 농민은 보통 100에이커 단위의 토지를 자경하면서 자가소비를 위주로 한 각종 곡물을 생산하였다.

기후가 따뜻하고 지형이 비교적 넓은 중부는 네덜란드의 식민지였을 때부터 장원제도와 비슷한 '지주제도patroonship'가 있어 자영농민보다는 대지주와 소작농에 의한 경작이 지배적이었다. 이러한 경향은 여기에 식민지를 건설한 영주들에 의해 더욱 조장되어 소액의 면역세免役稅, quit rent만 지불하면 얼마든지 토지를 보유할 수 있었다. 그래서 때로는 몇 만 에이커에 달하는 대농지가 만들어지기도 하였다. 이런 농지에서 소작농은 주로 소맥을 생산하고 지주들은 이것을 다른 식민지와 영국에 수출했으므로 중부식민지는 일명 '빵 식민지bread colony'라고 불리기도 하였다.

남부에서는 중부에 비해 더 커다란 농지의 보유가 성행하였다. 특히 버지니아에서는 식민 초기부터 이주민 유치정책의 하나로 인두권人頭權, headright제도가 있어서 자유이주민 1인에 대해 100에이커의 토지를 무상으로 주었고, 또 연 1실링의 소액의 면역세를 지불하면 그 이주민이 데려오는 이민자 한 사람에 대해 50에이커의 토지를 추가로 주었다. 이 제도는 남부의 다른 식민지에도 도입되어 자력 있는 이주민은 얼마든지 토지를 소유할 수 있었다. 이런 농지에서는 흑인노예를 이용하여 남부의 3대 작물인 연초, 쌀, 남藍(염료로 쓰이는 한해살이풀)이 대외수출용으로 집중적으로 재배되었다. 그러나 이들 농작물은 지력을 빨리 고갈시켜 3, 4년이 지나면 농지를 대체해야 했으므로 지주들은 더 많은 토지를 소유하기를 원하였다. 그리하여 이곳에서는 적게는 몇 만 에이커로부터 많게는 30만 에이커에 이르는 플랜테이션plantation이 만들어졌다.

기타 산업과 무역

그러나 농업만으로는 식민지의 경제발전을 기약할 수 없었다. 특히 북부처럼 자급자족을 겨우 면하던 지역에서는 이른바 만사능통Jack of all trades형의 농민이 나와 농사 이외에도 수렵, 벌목, 어업, 때로는 가내공업에까지 손을 뻗치기도 하였다. 더욱이 이 지역에는 선박 제조용으로 쓸 만한 좋은 목재들이 풍부한 삼림이 있어 조선업과 함께 해운업도 발전하여 식민지의 어느 지역보다 산업 면에서는 다양성을 지녔다.

그러나 농업 이외에 다른 산업이 다소 존재하기는 하였지만, 식민지는 전반적으로 식량 이외의 생활필수품을 영국에 주로 의존할 수밖에 없었다. 그러므로 영국과의 무역은 식민지 경제발전에 처음부터 큰 비중을 가진 문제로 나타났다. 이 경우 대영 수출용 작물을 주로 재배하는 남부에서는 별로 큰 문제가 없었지만 그러한 생산이 없는 곳에서는 심각한 문제였다.

그래서 이 문제 해결방법의 하나로 삼각무역triangular trade이라는 간접형태의 무역방식이 등장하였다. 예를 들면 식민지의 어민들은 당시 황금어장이었던 뉴펀들랜드 근해까지 출어하여 여기서 잡은 수산물을 국교인 가톨릭 때문에 육식을 먹지 않는 단식일을 꾸준히 지키던 프랑스로 수출하였다. 그리고 그 대가로 사들인 포도주를 다시 영국에 팔아 영국제품을 식민지로 수입하였다. 뉴잉글랜드 지방에서는 서인도제도에서 수입한 당밀로 럼주를 만들어 이것을 아프리카로 수출해서 흑인노예를 사들인 뒤 이들을 서인도제도에 되파는 노예무역에서 나오는 막대한 수익으로 영국제품을 수입하였다.

이러한 무역의 발전으로 식민지에서는 항구를 중심으로 커다란 도시가 발달하였다. 북부의 보스턴Boston, 뉴포트Newport, 중부의 뉴욕, 필라델피아Philadelphia, 남부의 찰스턴Charleston은 18세기 중엽 인구가 각각 1만 명 이상이었고, 그중에서도 가장 컸던 필라델피아는 영국의 런던, 브리스틀Bristol, 리버풀Liverpool에 버금갈 정도였는데 인구는 약 3만 명이나 되었다. 이러한 도시에서는 무역으로 막대한 부를 축적한 대상인이 나타났고 이들은 그 도시뿐 아니라 식민지 전체의 경제발전에서 주도적인 역할을 담당하였다.

제3절_ 식민지의 사회와 문화

식민지사회의 특성

북아메리카 식민지는 그 하나하나의 기원이 다르고 경제적 조건도 지역에 따라 차이가 있었으므로 서로 다소 다른 특성을 지니고 있었다. 그러나 넓은 관점에서 보면 어느 식민지에서나 정치적으로는 자치의 기풍이 강하고, 사회적으로는 이주민의 대부분이 중산계급 출신이고, 종교적으로는 개신교가 우세하고, 영국계는 물론 비영국계도 일상언어로 영어를 사용하는 등 동질적인 요소가 많았다. 시간이 지남에 따라 식민지 상호 간의 인적 교류도 빈번해져서 1750년에 이르면 식민지의 사회와 문화는 모체인 영국의 것과는 다른 양상을 띠었다.

영국사회와 구별되는 가장 큰 특징은 계급의 유동성이었다. 식민지에서도 발전하는 데 따라 몇 개의 사회적 계층이 만들어졌다. 소수의 대지주, 대상인이 사회의 상층부를 차지하고, 자영농민, 직인이 중산층을, 연기계약노동자가 하층부를 구성하였지만 그 계층 간 차이는 유럽처럼 고정불변한 것은 아니었다. 개척이 가장 중요한 과업이었던 식민지에서는 초기부터 사람은 과거의 신분이나 경력보다는 무언가를 할 수 있는 능력으로 평가를 받았으므로 사회의 하층에서 상층으로 올라갈 수 있는 길은 능력에 따라 얼마든지 열려 있었다. 실제로 식민지에서 성공한 대부분의 사람은 자수성가한 사람selfmademan들이었다.

지도적 계층의 형성

대지주와 대상인은 마치 영국의 '귀족' 같은 지위를 차지하여 정치·경제적으로 주도적 역할을 하였지만 중산층이 지배적인 식민지사회에서는 성직자clergy도 이들 못지않게 사회적으로 중요한 지위를 차지하고 있었다. 성직자의 사회적 지위는 청교도와 깊은 관련이 있는 뉴잉글랜드 지방에서는 말할 것도 없고 다른 식민지에서도 교파에 관계없이 높은 지위를 차지하였다. 이들은 설교단을 통해 신의 복음을 전달하는 것뿐만 아니라 민주적 정신을 전파하는 데에도 크게 이바지하였다.

매사추세츠 식민지의 존 와이즈John Wise 같은 목사는 1717년에 이미 교회와 정부의 이념적 기초를 당시에는 극히 생소했던 민주주의에서 찾아 "훌륭한 정부의 목적은 인간성을 개발하고 모든 사람의 복지를 증진하고 타인에게 해를 끼치지 않으면서 각자의 권리, 생명, 자유, 재산, 명예를 보전해주는 데 있다"라고 주장하였다.

성직자들 못지않게 식민지사회에서 중요한 지위를 차지한 것은 법률가 lawyer였다. 이들의 역할은 단순히 소송을 다루는 변호사에서 끝나지 않고 때로는 공직에 취임하여 행정 역량을 기르기도 하고 때로는 식민지의회 의원으로 선출되어 식민지의 정치 운용에도 참여하여 식민지인의 권리를 보호하는 데 크게 이바지하였다. 그러므로 이들 중에서 많은 사람이 미국의 독립혁명과 헌법 제정에서 중요한 역할을 담당한 것은 극히 당연한 일이었다.

신앙대각성운동

1740년대에 식민지에서는 형식화되어가고 있던 식민지 종교계의 일대각성을 촉구하는 신앙운동이 일어났다. 이 운동을 '신앙대각성信仰大覺醒, the Great Awakening'이라고 부른다. 원래 영국에서 시작된 이 운동은 매사추세츠 식민지의 목사인 조너선 에드워즈Jonathan Edwards가 지도자가 되면서부터 종파를 초월하여 들판의 불길처럼 빠르게 식민지 전역으로 퍼져나갔다. 특히 개척의 일선인 식민지 오지에서 외롭게 사는 소박한 농민들의 마음을 사로잡았다. 기성 종교계는 이 운동에서 나타난 지나친 '쇼맨십'을 개탄하기도 했지만 신앙대각성운동은 경건한 심정과 실천을 중시하는 복음주의적 전도를 미국 종교의 주류로 만드는 데 크게 공헌하였다.

교육기관

성경의 절대적 권위를 인정하는 개신교가 우세한 식민지에서는 누구나 성경을 읽을 수 있도록 하는 것이 대단히 중요하였다. 청교도가 실권을 잡았던 매사추세츠 식민지에서는 1640년에 벌써 50세대로 구성된 타운마다 한 명의 교사를 두어 '읽기reading, 쓰기writing, 셈하기arithmetic'를 가르치는 이른바 3R의 초등교육을 실시하는 규칙을 만들었다. 이 규칙은 다른 식민지에도 영향을 주어 주민의 세금으로 유지되는 공립학교나 교회학교가 만들어졌고 벽지에는 순회교사가 찾아가 글을 가르쳤다. 이로 인해 식민지에서는 당시의 영국이나 유럽과 비교해서 문자해독능력자의 비율이 훨씬 높았다.

초등교육뿐 아니라 고등교육기관인 대학도 발달하였다. 매사추세츠 식민지가 건설되고 불과 6년이 지난 1636년에 존 하버드John Harvard는 300권의 장서와 재산의 일부를 기증하여 케임브리지Cambridge에 하버드Harvard대학을 창설하였다. 그 뒤 60년 동안 대학의 설립이 없다가 17세기 말부터 윌리엄메리William and Mary대학(버지니아, 1693), 예일Yale대학(코네티컷, 1701), 프린스턴Princeton대학(뉴저지, 1746), 컬럼비아Columbia대학(뉴욕, 1754), 펜실베이니아Pennsylvania대학(필라델피아, 1755), 브라운Brown대학(로드아일랜드, 1764) 등의 여러 대학이 차례로 세워졌다. 이들 대학은 처음에는 대체로 성직자 양성을 목적으로 설립되었지만 차츰 교과과정을 넓혀 교양과 직업에 걸쳐 폭넓은 교육을 실시하여 성직자뿐만 아니라 법률가, 의사, 과학자들을 길러냈다.

계몽사상의 영향

당연히 이들 대학생과 졸업생들은 식민지의 지식계급을 형성하였다. 그들은 대학에서 아이작 뉴턴Issac Newton의 물리학, 존 로크John Locke의 심리학을 배우고 그 학문을 토대로 18세기에 발달해가던 계몽사상을 받아들였다. 실제로 로크의 『정부론Treatises of Government』(1690), 몽테스키외Montesquieu의 『법의 정신L'Esprit des Lois』(1748)과 같은 저서는 식민지인들 사이에서 많은 독서층을 가지고 있었으며 또한 계몽사상이 제창한 합리주의, 이신론理神論, 자연법 사상, 진보의 관념 등은 과거의 문화적 전통의 깊은 뿌리가 없는 곳에서 새로운 문화를 창조해나가는 처지에 있던 식민지인의 사상 형성에 커다란 영향을 끼쳤다.

언론기관

교육기관과 더불어 언론기관도 발달하였다. 1750년대에는 식민지 어디에나 최소한 하나 정도의 인쇄소가 있었고 총 25종의 신문과 그 밖에 소책자, 서적, 역서曆書 등의 출판물이 발행되고 있었다. 신문은 식민지 내외의 소식을 전달하고 때로는 정치적 논설도 실어 식민지 여론을 형성하는 데 중요한 역할을 담당하였다. 역서는 역曆에 관한 내용 말고도 농사에 관한 지식, 인생교훈 등을 실어 일반 민중의 계몽과 교화에 한몫을 담당하였다. 그중에서도 벤저민 프랭클린Benjamin Franklin이 편찬한 『가난한 리처드의 달력Poor Richard's Almanac』은 걸작으로 평가받고 있다.

이와 같이 식민지는 정치, 경제뿐 아니라 사회, 문화 면에서도 특색 있게 발전하면서 영국과의 거리를 서서히 넓혀갔다. 그리하여 18세기 중엽에 이르면 식민지에서는 새로운 국민의식, 아메리카인으로서의 의식이 싹트기 시작하였다.

제4절 _ 식민지 전쟁

식민지시대에 식민지인들이 줄곧 평화를 누린 것은 아니었다. 식민지를 위협하는 인디언과 싸우기도 하고 때로는 영국과 프랑스의 대립을 기조로 한 북미 대륙의 제패권을 둘러싼 전쟁에 직접·간접으로 참가하기도 하는 등 식민지의 평화는 가끔 위협을 받았다. 그러나 이러한 싸움을 통해 식민지인은 뒤의 독립전쟁에서 영국과 싸우는 데 필요한 군사적 경험과 지식을 쌓을 수 있었다.

인디언과의 싸움

식민지인과 인디언 사이의 최초의 대대적 충돌은 1622년 버지니아에서 일어났다. 포와탄Powhatan 부족의 인디언은 여러 곳의 이주지를 기습하여 당시 1,000명 정도를 헤아렸던 이주민 중 347명의 생명을 빼앗았다. 1637년 매사추세츠 식민지의 청교도들은 이주민 한 명이 살해된 데 대한 보복으로 피큇Piquot 부족의 부락을 습격하여 부락을 불사르고 도망치는 인디언들마저 남녀노소를 가리지 않고 학살하였다. 그 후 식민지인들은 인디언에 대비하여 민병대militia를 조직하여 자발적으로 군사훈련을 가졌고 또 뉴잉글랜드 지방에서는 1643년 매사추세츠, 플리머스, 코네티컷, 뉴헤이번의 4개 식민지가 뉴잉글랜드연합Confederation of New England을 결성하였다.

그러나 1671년 왐파노아그Wampanoag 부족의 족장 필립Philip을 중심으로 뭉친 여러 부족의 인디언은 뉴잉글랜드연합에 도전하여 이른바 '필립왕 전쟁King Philip's War'을 일으켰다. 이 싸움은 1676년까지 계속되어 뉴잉글랜드 지방의 수많은 타운이 잿더미가 되기도 하였지만, 인디언도 결국 힘이 부족하여 애팔래치아산맥Appalachian Mountains의 서쪽으로 밀려났다. 바로 이때 버지니아의 변경에서는 산발적인 인디언의 습격에 골치를 앓던 변경민들이 너대니얼 베이컨Nathaniel Bacon의 지도하에 식민지정부의 허가를 받지 않고 인디언을 몰아낸 뒤, 인디언대책에 무능한 정부를 규탄하기 위해 제임스타운을 습격한 이른바 '베이컨의 반란Bacon's Rebellion' 같은 사건이 일어나기도 하였다.

프랑스와의 대결

그러나 인디언보다 더 강력한 적은 캐나다로부터 5대호 지방을 거쳐 미시시피강을 따라 북미 대륙의 중앙 및 남부에까지 세력을 뻗친 프랑스였다. 대서양 연안에 자리 잡은 프랑스는 영국 식민지의 서부 진출을 저지하려는 듯 보였다. 영국과 달리 인디언에 대하여 우호정책을 사용하던 프랑스는 영국 식민지에서 쫓겨난 인디언과 프랑스 세력하에 있던 인디언을 규합해서 주로 뉴잉글랜드 지방과 중부 식민지의 변경을 수시로 습격하여 식민지의 안전을 위협하였다. 이러한 때 유럽에서 아우크스부르크 연맹전War of The League of Augsburg(1689~1697)이 일어나 영국과 프랑스가 충돌하자 식민지에서는 윌리엄 왕 전쟁King William's War(1689~1697)이 일어났고, 스페인 왕위계승전쟁 때는 앤 여왕 전쟁Queen Anne's War(1702~1713)이 일어났다. 그러나 영국은 프랑스와 인디언 연합군에 맞설 만한 군사력을 식민지에 갖고 있지 않았으므로 이 전쟁은 식민지인이 영국을 대신해서 싸우는 일종의 대리전쟁이 되고 말았다. 그리하여 영국은 위트레흐트Utrecht조약에 의해 노바스코샤Nova Scotia와 뉴펀들랜드 및 허드슨만 일대의 지방을 확보하였다.

한편 영국은 서인도제도에서 스페인과 노예무역권으로 대립하고 있었다. 여기에 새로 건설된 조지아 식민지와 그 남쪽의 스페인이 차지하고 있는 플로리다 지방의 경계분쟁이 겹쳐 영국과 스페인 양국 사이에는 젠킨스의 귀전쟁War of Jenkins Ear(1739~1742)이 일어났다. 이 무렵 유럽에서 오스트리아 왕위계승전쟁이 일어나자 프랑스는 스페인과 동맹을 맺고 인디언에게 식민지의 서부 변경을 위협하도록 하였으므로 식민지에서는 조지 왕 전쟁King George's War(1744~1748)이 다시 일어났다.

이 전쟁 말기에 버지니아의 대지주와 토지투기업자들이 오하이오Ohio 회사를 조직하여 애팔래치아산맥 너머의 오하이오계곡으로 진출하려던 과정에서 이 지방에 침투하고 있던 프랑스 세력과 다시 맞붙게 되었다. 그리하여 유럽에서 7년 전쟁이 일어나기 1년 앞서서 식민지에서는 프랑스와 인디언 연합전쟁French and Indian War(1754~1763)이 일어났다.

올버니 연합안

이 전쟁이 일어나기 전인 1754년 영국은 프랑스와의 대결을 예상하고 그 대책을 강구하기 위해 뉴욕 식민지의 올버니Albany에서 식민지 전체회의를 소집하였다. 이 회의에는 13개 식민지 가운데 뉴잉글랜드 지방의 4개 식민지와 뉴욕, 펜실베이니아, 메릴랜드의 3개 식민지 등 모두 합쳐 7개의 식민지만이 대표를 파견하였다.

이들 식민지의 대표들은 만장일치로 식민지의 안전과 방어를 위해 결속할 것을 결의하고 벤저민 프랭클린을 위원장으로 하는 위원회에 식민지 연합안을 작성하도록 하여 이 안을 채택하였다. 올버니 연합안Albany Plan으로 알려진 이 안은, 식민지 전체를 연합시키는 하나의 정부general government를 세우고, 이 정부의 수장으로 국왕이 임명하고 국왕이 봉급을 주는 총독President General이 취임하며, 그 밑에 식민지의회가 선출하는 대표로 구성되는 연합회의General Council를 두어 식민지 공동의 문제를 다루도록 하되, 이에 필요한 모든 경비는 각 식민지 사이에 공평하게 부과되는 세금으로 충당한다는 것을 주요내용으로 하였다.

그러나 이 안은 성격이 너무나 민주적이라는 이유로 국왕의 승인을 받지 못하였고, 또 각 식민지에서는 자신들의 주권이 연합회의에 지나치게 많이 이양될 우려가 있다는 이유에서 지지를 받지 못하였다. 결국 올버니 연합안은 무산되고 말았지만 식민지의 연합 가능성이 일단 타진되었다는 점에서는 하나의 획기적인 사건이었다고 할 수 있다.

프랑스와 인디언 연합전쟁

결국 식민지의 일치된 후원 없이 영국은 전쟁에 돌입하였지만 식민지의 협력이 전혀 없었던 것은 아니다. 영국의 요청에 따라 식민지는 병력, 군비, 군수품을 조달했고, 특히 병력에서는 매사추세츠, 코네티컷, 뉴욕의 세 식민지가 식민지 군대의 4분의 3이나 되는 병력을 동원하였다. 버지니아의 조지 워싱턴George Washington은 이 전쟁에 참전하여 뒤에 독립전쟁에서 진가가 나타난 군사기술을 연마했고, 또 영국군과 식민지군에 군수품을 조달하면서 식민지에는 일종의 군수경기가 일어나기도 하였다.

전쟁은 처음엔 영국군 장군 에드워드 브래덕Edward Braddock의 패전으로 영국에 불리했지만 1759년 영국군의 제임스 울프James Wolfe 장군이 퀘벡Quebec을 공략한 뒤부터 차츰 유리하게 전개되어 마침내 영국이 승리하였다. 그리하여 1763년 파리조약의 결과 영국은 캐나다로부터 플로리다에 이르는 미시시피강 이동의 광대한 영토를 차지하여 북미에서 프랑스 세력을 몰아내는 데 성공하였다. 한편 멀리 인도에서도 동인도회사의 로버트 클라이브Robert Clive 등의 활약으로 프랑스 세력을 몰아내는 데 성공하였다. 결국 프랑스와 인디언 연합전쟁은 오랫동안 지속된 영국과 프랑스 사이의 식민지 전쟁을 일단 종결하고 북아메리카와 인도에서 대영제국의 기초를 튼튼하게 다지는 결과를 가져왔다.

제2장

미국의 탄생

독립선언서를 작성 중인 프랭클린, 애덤스, 제퍼슨(왼쪽부터)

제1절 _ 식민지의 반영투쟁

파리조약으로 영국은 북미 지역에서 영토를 미시시피강까지 확대하였다. 확대된 지역은 대서양 연안과 애팔래치아산맥 사이에 자리 잡은 구식민지보다 몇 배나 넓었다. 지리적으로 확대된 북미 식민지로 인해 영국은 넓어진 영토를 어떻게 통치하느냐 하는 새로운 문제를 안게 되었다.

영국의 새로운 정책

1760년 국왕이 된 이래 왕권 강화를 의도하고 있던 조지 3세 치하의 영국은 문제를 해결해나가는 데 있어 식민지와의 이해관계 조절은 전혀 생각하지 않은 채 오히려 과거 40년 동안 유지해왔던 유익한 태만 정책을 버리고 중상주의정책을 강화해나가는 데에서 새로운 정책의 방향을 찾았다. 이로 말미암아 영국은 매사에 식민지와 충돌하게 되었고 이러한 충돌 과정에서 식민지와 영국의 분리는 서서히 진행되어갔다.

영국의 새로운 정책은 1763년의 포고령The Proclamation of 1763으로 시작되었다. 이 포고령은 애팔래치아산맥 너머의 서부 영토에 식민지인의 이주를 금지하고 이곳을 인디언 보유지로 지정하여 국왕 직속하에 두고 1만 명의 영국군대를 주둔시켜 치안을 담당하게 하는 것이었다. 이 포고령으로 영국은 이 지방에서 일어날지도 모르는 식민지인과 인디언의 충돌을 방지하고 그만큼 방위부담을 경감하려 하였다. 그러나 식민지인에게는 지난 프랑스와 인디언 연합전쟁에 대한 협력으로 그들에게도 권리가 있다고 생각되었던 서부 진출을 저지하려는 정책으로 받아들여졌다.

영국의 또 다른 새로운 정책은 재무장관 조지 그렌빌George Grenville의 재정정책에서 나타났다. 전후 영국은 전시 중의 막대한 전쟁비용 지출로 재정이 궁핍하였고 게다가 국내의 세금 부담능력도 거의 한계점에 도달하고 있었다. 그래서 북미 식민지의 방위라는 긴급을 요하는 사업에 대해서도 필요한 경비를 조달하기 어려운 형편이었다. 그렌빌은 식민지의 방위가 일차적으로는 식민지인에게 혜택을 주는 것이므로 방위비의 일부는 식민지가 부담해야 한다고 생각했고, 그 생각을 바탕으로 재정정책을 작성하였다.

설탕세와 인지세

1764년 4월의 설탕법Sugar Act은 1733년의 당밀법에서 정해진 외국산 당밀에 대한 수입관세를 반액으로 인하한 대신, 외국산 설탕, 술, 커피, 남, 직물에 대해서 새로운 수입관세를 부과하는 동시에 세관 감시와 위법자의 처벌기구를 강화하였다. 이어서 발표된 통화법Currency Act에서는 식민지에서 유통되던 영국화폐의 가치를 안정시킬 목적으로 식민지에 대해 지폐 발행을 금지하였다. 다음 해인 1765년 3월에는 인지세법Stamp Act을 제정하여 공문서, 증서, 수표, 신문 및 그 밖의 출판물, 심지어 트럼프 카드와 주사위에까지 최하 0.5펜스부터 최고 20실링에 이르는 액수의 수입인지를 붙이도록 하였다. 5월에 발표된 병참법Quartering Act은 식민지에 주둔하는 영국군대에 대한 숙식편의 제공을 의무화시켰다. 하지만 이 가운데 특히 설탕법과 인지세법이 식민지의 반발을 크게 샀다.

설탕법에서 4만 5,000파운드, 인지세법에서 6만 파운드의 세금 징수를 예상한 영국정부는 법의 시행으로 30만 파운드로 책정한 식민지 방위비의 3분의 1을 조달하려 하였다. 영국정부가 자체의 세입을 올리기 위해 식민지에 과세하는 일은 이번이 처음이었다. 더욱이 설탕세 같은 간접세와 달리 인지세 같은 직접세는 종래 각 식민지의 의회가 부과하는 것이 관례였으므로, 인지세법은 영국정부가 식민지의 독자적 과세권을 박탈하는 새로운 수단으로 여겨졌고 이것은 바로 식민지 자치 원칙에 대한 중대한 위협으로 여겨졌다. 그래서 처음에는 설탕법과 중대한 이해관계가 있는 무역상인을 중심으로 일어나기 시작한 반대운동은 인지세법으로 말미암아 식민지 전체에 파급되기에 이르렀다.

인지세법 반대운동

우선 버지니아 민의원을 비롯하여 식민지의 각 의회는 인지세법에 반대하는 결의를 발표하였다. 이어서 매사추세츠의 발의로 9개 식민지의 대표가 참석한 가운데 최초의 자발적인 식민지 전체회의인 인지세법회의가 뉴욕에서 열렸다. 여기에 모인 대표들은 국왕과 내각에 인지세법 폐기를 청원하면서 '식민지인의 권리와 불평' 선언을 채택하고 영국인이기도 한 식민지인의 헌법상의 권리, 즉 국민의 동의 없이는 국민에게 과세할 수 없다는 이른바 "대표 없는 곳에 과세할 수 없다No taxation without representation"는 주장을 내세웠다. 한편 회의장 밖에서는 상인들을 중심으로 영국상품 수입거부운동이 일어났고, 식민지 민중 사이에서는 '자유의 아들회Sons of Liberty'라는 비밀결사가 조직되었다. 이 결사조직은 인지 판매 대리인에 대한 사임 강요, 인지 소각, 관공서 습격, 가두시위 행진 등을 지도하면서 때로는 폭력도 서슴지 않는 반대운동을 일으켰다. 그리하여 인지세법 실시일인 11월 1일에는 사실상 단 한 장의 인지도 판매할 수 없는 상태가 되었다.

이와 같은 식민지의 영국상품 불매운동으로 타격을 받은 영국의 상공업자들은 영국의회에 인지세법의 폐지를 진정하기 시작하였다. 한편 의회 내에서는 국왕과 그렌빌에 반대하는 휘그파Whigs 의원들이 상공업자들의 반대에 합세하여 정부를 공격하였다. 결국 인지세법은 이듬해인 1766년 3월 실시도 해보지 못한 채 폐지되고 말았다.

그렇지만 영국정부가 식민지 측의 주장인 식민지의 독자적 과세권을 인정한 것은 아니었다. 오히려 인지세법의 폐지와 더불어 따로 선언법 Declaratory Act을 발표하여 영국의회는 어떠한 경우에도 식민지를 구속할 수 있는 입법권이 있다는 것을 천명하였다. 결국 자신들의 주장이 관철되지는 못하였지만 식민지인들은 실질적인 법의 폐지에서 만족하고 일단 반대운동을 멈추었으므로 식민지와 영국의 관계는 다시 평온을 되찾았다.

타운센드법

그러나 이 소강 상태는 1년 뒤인 1767년 6월 타운센드법Townshend Acts이 발표되면서 깨지고 말았다. 이 법은 유리, 종이, 잉크, 페인트, 납, 차茶에 대해 수입관세를 부과하고 그 세입의 일부로 식민지 총독과 관리들의 봉급을 지불한다는 것이었다. 이와 함께 영국정부는 병참법 거부를 이유로 뉴욕 식민지의회의 입법권을 중지했으며 식민지에 세관 관리기구를 새로 설치하고 또 관세법 위반자를 처벌하는 해사海事재판소의 기구를 확충하였다. 이러한 일련의 조치는 선언법에 입각하여 영국의회의 권력이 식민지에 우월하다는 것을 구체적으로 표현한 것이었지만, 식민지의회와 영국의회를 동등하게 인식하였던 식민지의 입장에서는 받아들일 수 없는 것이었다. 그리하여 두 번째로 식민지의 반영운동이 일어나게 되었다.

반영투쟁의 조직화

지난번 인지세법 반대운동에서 '자유의 아들회'를 조직하여 비상한 수완을 발휘했던 매사추세츠의 새뮤얼 애덤스Samuel Adams는 각 식민지에 보내는 회람장circular letter을 썼는데, 이 회람장에서 그는 타운센드법이 식민지인의 자연권과 헌법상의 권리를 침해하는 것이라고 규탄하며 식민지 전체의 반대투쟁을 호소하였다. 이에 따라 식민지 전역에 걸쳐 인지세법 때보다도 훨씬 조직적이고 대대적인 영국상품 불매운동이 일어났다. 이 불매운동으로 영국의 식민지에 대한 수출은 1768년 약 220만 파운드에서 1769년 약 140만 파운드로 한 해 동안에 약 40퍼센트가 격감하였다.

그러자 이번에도 영국 상공업자들은 타운센드법에 반대하는 입장을 취하였다. 한편 영국정부도 영국 공업제품에 수입세를 부과하는 것은 결과적으로 식민지의 공업을 육성하는 것이 된다는 것을 깨달았다. 그래서 영국정부는 식민지에 대한 과세권의 상징으로 차에 대한 수입세만 남기고 1770년 4월 타운센드법을 폐지하였다.

이번에도 영국정부의 원리상 양보가 아니라 전술적인 후퇴였지만 식민지는 다시 평온을 되찾은 듯하였다. 그러나 이 평온은 전과는 달리 폭풍 전야의 고요함과도 같았다. 타운센드법이 폐지되기 한 달 전인 1770년 3월에 매사추세츠의 보스턴에서는 영국군 병사와 식민지인 사이에 충돌이 발생하여 군대의 발포로 3명이 현장에서 숨지고 2명이 부상당하는 이른바 '보스턴 학살사건Boston Massacre'이 일어났다. 숨진 사람 중 1명은 도망노예 출신의 흑인이었다. 보스턴 시민들은 장엄한 장례를 치르는 것으로 이들의 죽음에 보답하였다. 1772년 6월에는 로드아일랜드의 프로비던스 근해에서 세관 감시선인 가스피Gaspee호를 주민들이 습격하여 소각하는 사건이 발생하였다. 이렇듯 언제 어디서 일어날지 모르는 반영 사건에 대비하여 식민지 내에서는 식민지 사이의 정보교환 민간기구로, 매사추세츠의 보스턴을 비롯한 식민지 각처에 연락위원회Committee of Correspondence를 조직하였다.

차세법과 보스턴 차 사건

바로 이럴 때 새로운 차세법茶稅法이 1773년 5월에 제정되었다는 소식이 식민지에 전해졌다. 이 법은 당시 재정적으로 파산 직전에 놓여 있던 동인도회사를 구제하는 동시에 식민지에서 차의 밀수입을 방지한다는 의도에서 만들어졌다. 내용을 살펴보면, 영국 창고에 쌓여 있는 1,700만 파운드의 차 중에서 50만 파운드를 식민지로 수송하고 동인도회사가 지정하는 판매인을 통해 독점적으로 차를 판매하는 권리를 회사에 특허한다는 것이었다.

그러나 이 법은 식민지의 차상인뿐 아니라 식민지인 전체의 분노를 샀다. 이 법으로 인해 식민지인들은 전보다 차를 값싸게 마실 수 있었지만 이 법이 제정된 배후의 논리는 받아들일 수가 없었다. 만일 이 법에서처럼 특정 회사에 특정상품의 판매독점권을 특허해주는 영국의회의 입법행위를 묵인한다면 그러한 행위가 다른 상품으로 확대될 가능성이 있었다. 바로 이런 이유에서 식민지는 이 차세법에 대해 반대운동을 일으켰다.

이해 11월경 동인도회사의 차 수송선이 보스턴, 뉴욕, 필라델피아, 찰스턴 등의 항구에 나타나자 차상인과 결탁한 민중들은 대회를 열고 차의 하역 금지를 결의하였다. 대부분의 다른 항구에서는 이 결의가 무난히 실행되었지만 보스턴에서는 결의를 무시하고 하역을 강행하려 하였다. 그러자 12월 16일 저녁, 새뮤얼 애덤스의 지휘하에 인디언으로 변장한 식민지인들이 정박 중인 3척의 차 수송선을 습격하여 342상자의 차를 바닷속에 던져버렸다. 이 사건을 보스턴 차 사건Boston Tea Party Riot이라고 한다.

영국의 탄압

이 사건이 영국에 보고되자 영국정부는 전과는 달리 경직된 태도를 취하였다. 이 사건을 영국의회의 입법권에 대한 폭력적 도전과 사유재산권에 대한 공공연한 침해로 여긴 영국정부는 즉각 식민지에 보복한다는 의도에서 1774년 3월에서 6월에 걸쳐 일련의 탄압법Coercive Acts을 발표하였다. 식민지에서는 '참을 수 없는 법Intolerable Acts'으로 불린 이 법은, 첫째 동인도회사에 대한 손해를 배상할 때까지 보스턴항구를 폐쇄하고(보스턴항구 폐쇄법), 둘째 매사추세츠에서 식민지인에게 고발당한 영국정부의 관리와 군인에 대한 재판은 본국에서 실시하며(사법행정법), 셋째 매사추세츠의 자치를 실질적으로 무효화하여 종래 민의원이 선출하던 참의원 의원을 국왕이 임명하고 타운의 집회는 총독의 허가를 받지 않을 경우 1년에 한 번으로 제한할 것(매사추세츠 통치법)과, 넷째 영국주둔군의 숙식을 위해 필요할 경우 전 식민지에서 강제로 건물과 식량을 징발한다(병참법)는 것 등을 담고 있었다.

동시에 새로 퀘벡법Quebec Act을 제정한 영국은 캐나다와 미시시피강, 오하이오강이 합류하는 지점 이북의 넓은 땅을 의회의 설치를 인정하지 않는 왕령식민지로 조직하고 이 지방 주민의 대부분이 프랑스인인 점을 내세워 가톨릭교를 공인하였다. 이 법은 식민지와 직접 관련이 있는 법은 아니었지만 자치의 불인정, 가톨릭 공인과 같은 조치는 식민지로서는 받아들이기 어려웠다. 더욱이 오하이오 일대의 지역을 이 법의 관할하에 둔 것은 식민지인의 서부 진출을 막는 것으로 여겨졌다.

대륙회의

식민지인들은 탄압법을 단순히 매사추세츠에만 적용하는 법이 아니라 식민지 전체에 적용되는 것으로 받아들였다. 그리하여 조지아를 제외한 12개 식민지로부터 55명의 대표가 9월에 필라델피아에 모여 영국의 보복에 대한 대책을 강구하기로 하였다. 이 회의를 제1차 대륙회의The First Continental Congress라고 한다. 대륙회의는 10월 14일 '선언과 결의Declaration and Re-solves'를 채택하여 영국의회의 식민지에 대한 모든 입법은 식민지인의 권리를 침해하는 것임을 다시 한 번 밝히고 식민지의회의 동의를 받지 않는 영국군의 주둔 또한 불법이라고 단정하였다. 이어서 10월 20일에는 '대륙통상금지협정Continental Association'을 맺어 이때까지 자발적으로 이루어졌던 영국상품의 불매운동을 강제성을 띠는 운동으로 전환했고, 10월 26일 영국의 탄압법이 철회되지 않으면 이듬해 5월에 다시 대륙회의를 소집하기로 약속하고 해산하였다.

제2절_ 독립혁명

식민지협의회

제1차 대륙회의가 열리는 시기를 전후하여 여러 식민지에서는 중대한 움직임이 일어나고 있었다. 그것은 혁명정권이라고도 할 수 있는 협의회Convention 또는 식민지회의Provincial Congress의 구성이었다. 왕령식민지는 의회의 활동이 법적으로 제한받았으므로 긴급한 사태에 즉시 대응하기 어려운 경우가 있었다. 그래서 의회와는 별도로 민의의 대의기관으로 협의회가 조직되었고 이미 제1차 대륙회의에 참석한 대표 중에는 이러한 협의회에서 선출된 대표가 많았다.

매사추세츠 식민지협의회는 식민지 내의 영국주둔군 사령관이면서 총독을 겸했던 토머스 게이지Thomas Gage 장군의 감시를 받던 보스턴을 피해 콩코드Concord에서 1774년 10월 최초의 모임을 가졌다. 여기서 협의회는 식민지인의 생명, 자유, 재산의 보호를 위해 주민 각자가 무장할 것을 결의하고 민병의 훈련, 동원, 지휘의 임무를 맡을 공안위원회를 조직하여 장래에 대비하는 태세를 갖추기 시작하였다. 이러한 협의회의 활동은 다른 식민지에도 파급되어, 그 이듬해인 1775년 3월에 열린 버지니아 협의회에서는 패트릭 헨리Patrick Henry의 극적 연설—이제 식민지는 [평화가 아니라] 자유를 택하느냐 죽음을 택하느냐의 길밖에는 없다—에 이어서 버지니아의 방위를 위한 방위위원회가 조직되었다.

영국의 강경책

이처럼 식민지에서 식민지인의 권리를 관철하기 위해 필요하다면 무력에 호소하겠다는 태세를 갖추고 있을 때, 영국의회에서는 강경과 화해의 양론을 둘러싸고 불꽃 튀는 논쟁이 일어났다. 결국 윌리엄 피트William Pitt(당시에는 채텀 경Lord Chatham)와 에드먼드 버크Edmund Burke를 중심으로 한 대영제국의 분열을 막기 위해서는 식민지에 양보할 수밖에 없다는 야당인 휘그파의 화해론이 패배하고 정부와 여당은 압도적 다수로 강경책을 쓰기로 결정하였다. 영국의회는 1775년 2월 식민지가 반란 상태에 있다고 인정하고 새로 6,000명의 증원군을 식민지에 파견할 것을 국왕에게 건의하였다.

렉싱턴과 콩코드 전투

이러한 상황 속에서 드디어 1775년 4월 19일 새벽, 영국군과 매사추세츠 민병대는 렉싱턴Lexington과 콩코드에서 충돌하여 미국 독립전쟁의 처음을 장식하였다.

이보다 앞서 18일 저녁 영국군의 출동기밀을 탐지한 보스턴의 공안위원회가 폴 리비어Paul Revere와 윌리엄 도스William Dawes에게 긴급 사태를 사전에 알려 체포령의 대상이었던 지도자 새뮤얼 애덤스와 존 핸콕John Hancock은 체포를 피할 수 있었고 저장하고 있던 다량의 무기, 탄약, 화약도 파괴를 면하였다. 게다가 긴급히 소집된 민병대들이 별다른 전과 없이 보스턴으로 되돌아가던 영국군을 요격하여 영국군에 막대한 손실을 입혔다. 이리하여 '세계에 울려퍼진 총성the shots heard around the world'으로 시작한 영국과 식민지의 첫 교전은 식민지의 승리로 돌아갔다.

제2차 대륙회의

이처럼 식민지와 영국이 교전 상태에 들어가자 예정대로 제2차 대륙회의가 5월 10일 필라델피아에서 열렸다. 4월 19일 이후, 매사추세츠와 이를 지원하는 뉴잉글랜드 식민지의 민병대가 강행하고 있던 보스턴 포위작전을 중요하게 생각한 회의는 이들 민병대와 그 밖의 식민지에서 징집한 군대를 대륙연합군Continental Army으로 조직하고 버지니아 출신의 조지 워싱턴을 총사령관에 임명하여 급히 현지에 파견하였다.

하지만 굳은 항전 결의와 실전에도 불구하고 여전히 영국과의 화해를 바라던 회의는 7월 5일 존 디킨슨John Dickinson이 기초한 국왕에게 보내는 '무력항쟁의 이유와 필요성에 관한 선언Declaration of the Causes and Necessity of Taking up of Arms'을 채택하여 식민지가 바라는 것이 영국으로부터의 분리가 아니라는 것을 강조하였다. 그러나 영국정부의 회답은 부정적이었다. 그해 8월 국왕은 식민지가 반란 상태에 있다고 정식으로 포고했고, 영국의회는 10월 독일 헤센Hesse 지방 출신의 외국인 용병을 포함한 2만 5,000명의 증원군을 식민지에 파견하기로 결의하였다. 12월에는 다시 식민지의 전 해역에 대한 해상봉쇄를 선언하였다.

페인의 『상식』

영국정부의 이러한 조치는 여전히 영국인이라고 생각하던 식민지인의 영국에 대한 애착심을 차츰 약화시켰지만 아직도 대부분의 식민지인은 화해를 갈망하고 있었다. 바로 이때 토머스 페인Thomas Paine의 『상식Common Sense』이 출간되면서 식민지인의 마음은 점차 영국과의 분리 쪽으로 기울어졌다. 1776년 1월 중순경 필라델피아에서 출판된 불과 47쪽의 이 소책자에서 페인은 '세계를 피와 잿더미로 만드는' 재주밖에 없는 압제의 유물인 군주정치와의 화해를 깨끗이 단념하고 왕 대신 법이 군림하는 '자유로운 독립국 아메리카'를 세워 폭정과 압박에 시달림을 받는 인류를 위해 늦기 전에 피난처를 마련하라고 역설하였다.

이 책은 출판된 지 3개월 만에 12만 부가 팔려 독립을 요구하는 소리가 전 식민지를 뒤덮었다.

독립 결의

이러한 때 전해 6월 벙커힐Bunker Hill 전투의 패배로 보스턴 포위작전에서 고전을 면치 못하던 대륙연합군이 3월 새로운 공격을 시도하여 드디어 보스턴의 영국주둔군과 친영 인사들을 캐나다로 퇴각시키는 데 성공하였다. 벙커힐 전투의 승리는 식민지인들에게 영국과의 싸움에서 자신감을 갖게 하였다.

4월 6일에 대륙회의는 식민지의 모든 항구를 영국 이외의 모든 나라에 개방한다고 결의하여 영국의 중상주의정책을 거부한다는 것을 스스로 선언했고, 이어서 5월에는 13개 식민지에 각자 새로운 헌법의 제정을 권고하였다. 이보다 앞서 이미 3월에 사우스캐롤라이나가, 5월에 버지니아가 독자적 헌법을 작성했고, 그 뒤를 따라 독립전쟁 중 9개의 식민지가 헌법을 제정하였다. 로드아일랜드와 코네티컷은 국왕에 대한 충성사항만 제외한 재래의 특허장을 헌법으로 대신하였다. 이로써 식민지는 각자 하나의 국가state가 되었고 이제 아메리카 식민지의 영국으로부터의 분리, 즉 독립은 시간과 형식의 문제로 남게 되었다.

독립선언

버지니아 협의회로부터 대륙회의에 독립선언을 제의하라는 명령을 받은 리처드 헨리 리Richard Henry Lee는 6월 7일 독립에 관한 제안을 대륙회의에 내놓았다. 이에 대륙회의는 토머스 제퍼슨Thomas Jefferson, 존 애덤스John Adams, 벤저민 프랭클린, 로저 셔먼Roger Sherman, 로버트 리빙스턴Robert Livingston의 5명으로 독립선언서 기초위원회를 발족하였다. 위원회의 결의에 따라 제퍼슨이 초안을 작성하고 애덤스와 프랭클린이 약간 손을 본 위원회안이 6월 28일 회의에 제출되었다. 7월 2일 대륙회의는 앞서 요구했던 리의 제안을 토의하여 독립선언을 가결하고 이어 마지막으로 위원회안을 손질한 뒤 7월 4일 정식으로 독립선언서를 공포하였다.

"인류의 역사에서 한 국민이 다른 한 국민과의 정치적 결합을 해체하고"라는 문장으로 시작한 미국의 독립선언서는 선언의 필요성을 설명한 전문에 이어, 아메리카인의 정치사상을 피력한 다음 독립을 결단하게 한 이유인 국왕의 폭압적 통치를 조목별로 열거하고 아울러 영국의회와 영국 동포의 배신을 비난하고 끝으로 "이 연합한 모든 식민지는 자유롭고 독립된 국가들이며 또 마땅히 그러한 국가들이어야 할 권리를 갖고 있다"라고 선언하였다. 이 선언서 가운데 인간의 평등, 기본적 인권, 인민의 동의에 의한 정부 조직, 혁명권을 내용으로 한 아메리카인의 정치신조를 피력한 부분은 비단 미국의 독립사상으로서뿐 아니라 근대 민주주의의 기본 정치사상을 요약한 것으로 평가되고 있다. 그 부분을 소개하면 다음과 같다.

모든 사람은 평등하게 태어났고 조물주로부터 몇 개의 양도할 수 없는 권리를 부여받았으며, 그 권리 중에는 생명과 자유와 행복의 추구가 있다는 것을 명백한 진리로 주장하는 바이다. 이 권리를 확보하기 위해 인류는 정부를 조직했고, 정부의 정당한 권력은 인민의 동의로부터 나오는 것이다. 또 어떠한 형태의 정부이든 간에 이러한 목적을 파괴할 때에는 언제든지 그 정부를 개혁 또는 폐지하여 인민의 안전과 행복을 가장 효과적으로 가져올 수 있는, 그러한 원칙에 기초를 두고 그러한 형태로 기구를 갖춘 새로운 정부를 조직하는 것은 인민의 권리인 것이다.

독립선언서에 담긴 이와 같은 사상은 식민지시대에 식민지인 사이에서 널리 읽힌 존 로크의 『정부론』에 나타난 사상을 요약한 것이라고 전해진다. 그러나 초안을 기초한 제퍼슨은 "독창적 이론을 발표하려 한 것도 아니며 선인의 저작을 모방한 것도 아니며 오직 아메리카인이 마음에 품고 있던 생각을 표명한 것에 지나지 않는다"라고 말하였다. 이로 미루어보면, 자연법과 이에 입각한 인간의 기본권 사상이 150년간에 걸친 식민지에서의 생활

경험을 통해 식민지인 사이에는 하나의 상식처럼 정착되어 있었다는 것을 알 수 있다.

애국파와 국왕파

독립선언을 계기로 식민지인은 독립 지지파인 애국파Patriots 또는 혁명파 Revolutionaries와 독립 반대파인 친영파 또는 국왕파Loyalists로 갈라졌다. 국왕파의 지도자였던 조지프 갤러웨이Joseph Galloway는 식민지 주민의 5분의 4가 애국파라고 하였지만, 소수인 국왕파의 배후에는 영국정부와 영국군이 있어 그 세력이 결코 만만치 않았다.

하지만 누가 애국파였고 누가 국왕파였느냐 하는 구분은 그다지 명확하지 않다. 식민지별로 보면 뉴잉글랜드 지방과 버지니아에서는 애국파가 우세했고 뉴욕을 중심으로 중부식민지에서는 국왕파가 우세하였다. 사회계층 면에서는 대상인, 대지주들이 국왕파에 속하고 자영농민, 장인, 소상인들이 애국파에 속했지만, 매사추세츠나 버지니아에서는 오히려 대상인이나 대지주 중에서 애국파의 지도자가 나왔고, 사우스캐롤라이나 변경의 농민들 경우에는 동부의 지주들로 구성된 지배세력에 대항하기 위해 국왕파가 우세하였다. 종교적으로는 청교도가 우세한 지역에서는 목사들이 설교단을 통해 독립을 열렬히 주장하였지만 영국국교도라고 해서 목사나 교인들이 모두 국왕파가 된 것은 아니었다. 민족별로 보면 비영국계 자손이 많이 거주하고 있던 중부식민지가 오히려 국왕파의 중심지를 이루고 있었다. 젊은층은 어느 식민지에서나 국왕파로부터 대학이 애국파의 온상이라는 비난을 받았다.

이러한 사실을 고려할 때, 양 파의 구분에는 영국의 통치에 대한 식민지인 각자의 이해가 크게 작용했다는 것을 알 수 있고, 그 밖에 지역적 이해, 개인의 신조, 연령 등의 수많은 요인이 작용하였음을 알 수 있다. 이러한 양

파의 구분을 세분해보면 독립전쟁은 단순히 식민지인과 영국의 싸움에서 그치지 않고 식민지인 내부의 싸움이기도 하였다는 것을 알 수 있다.

독립전쟁의 진전

전쟁은 처음에는 보스턴 포위작전의 성공으로 대륙연합군이 영국군을 보스턴에서 철수시키면서 전망이 비교적 밝았다. 그러나 지원을 받은 영국군이 적극적 공세를 취하자 낙관론은 점차 사라지고 전세는 차츰 혼미한 상태에 빠졌다. 또한 전쟁을 지도하는 중추기관이었던 대륙회의는 13개 식민지의 연합체에 지나지 않았고 결의사항의 집행은 각 식민지에 맡겨졌으므로 전쟁을 수행하는 데 어려운 점이 많았다. 이에 따라 대륙연합군은 제때 증원과 보급을 받지 못해 승리의 기회를 놓친 일이 한두 번이 아니었다. 하지만 워싱턴 장군의 탁월한 지휘하에 기습과 유격전 전법으로 영국군을 괴롭히던 대륙연합군은 1777년 가을 새러토가Saratoga에서 영국군을 크게 격파하여 승리를 위한 유리한 고지를 점령하였다.

이 승리 이후 은밀하게 식민지를 지원하던 프랑스가 이듬해 2월 정식 동맹을 맺고 의용군과 해군을 보내 전투에 참가하였고 스페인도 끌어들였다. 이와 아울러 1780년 이후 영국해군의 해상봉쇄작전으로 피해를 입은 유럽 여러 나라— 러시아, 덴마크, 스웨덴, 네덜란드, 프로이센, 오스트리아, 포르투갈— 가 무장중립동맹에 가입하자 영국은 차츰 국제적으로도 고립 상태에 빠졌다.

이러한 정세 속에서 1781년 10월 대륙연합군과 프랑스군은 육·해 양면에서 버지니아의 요크타운Yorktown에 있던 영국군을 공격하여 승리하였다.

미국 독립의 승인

요크타운 전투의 승리는 무력으로 식민지를 굴복시키려던 영국의 정책에 결정적 타격을 주었다. 영국은 식민지와의 강화를 서둘러 파리에서 식민지

측 대표인 벤저민 프랭클린, 존 애덤스, 존 제이John Jay 등과 교섭하여 1782년 11월 가조약을 맺었다. 이어서 영국은 프랑스와 교섭하여 이 조약을 승인하였으므로 1783년 9월 3일 정식으로 강화조약이 성립되었다.

이 조약에 의해 '아메리카의 13개 연합국가'인 미국은 독립을 영국으로부터 승인받았고, 북으로는 5대호로부터 남으로는 조지아까지(플로리다는 다시 스페인령이 되었다), 서로는 미시시피강에 이르는 광대한 영토를 차지하였고, 뉴펀들랜드 주변의 어업권도 보장받았다.

미국은 국왕파에 대한 처벌을 중지하고 이들로부터 몰수한 재산의 반환을 영국에 약속했고 식민지인에 대해 영국인이 갖고 있던 채권도 계속 유효하다고 승인하였다. 그러나 이런 경제조항의 이행은 해당된 각 식민지에 맡겨졌고 대륙회의는 권고 이상은 할 수 없었으므로 사실상 잘 시행되지 않았다. 그래서 영국은 이에 대한 대항수단으로 캐나다 접경에 있는 군사기지의 철수를 보류하였다.

제3절_ 혁명 후의 과도기

독립선언으로 각기 하나의 '나라'로 독립한 13개의 구 식민지는 대외적으로는 전쟁을 수행해나가면서 동시에 대내적으로는 수많은 개혁에 착수하였다. 바로 이러한 개혁이 미국을 공화민주주의국가로 발전시켜나가는 데 기반이 되었다.

혁명 중의 여러 개혁

이미 살펴본 것처럼 전쟁 중 구 식민지는 대륙회의의 권고에 따라 독자적인 헌법을 제정하였다. 이들 헌법은 그 전문에서 정치적 권력의 근원은 인민에 있다는 것을 밝히고 언론·출판·탄원의 자유, 인신보호권, 배심에 의한 재판 등 이른바 '권리장전'에 관련된 모든 조항을 인정하였다. 정부조직은 구 식민지의 특허장이 설정한 제도를 대체로 따랐지만, 나라의 장인 행정장관은 명목상의 지위로 거부권은 없고 탄핵은 받을 수 있게 하였다. 장관을 비롯한 모든 관리와 판사는 선출하도록 하고 상·하 양원으로 구성되는 입법부에 권력을 집중하였다. 이와 아울러 선거구가 재조정되고 선거권과 피선거권도 다소 확장되었지만 일정한 재산을 기준으로 선거권과 피선거권을 제한하는 방식에는 식민지시대와 별 차이가 없었다.

전쟁 중 애국파는 국왕파의 토지재산을 몰수하여 농민에게 분배하였다. 그러나 이 분배는 전쟁비용 조달을 위해 실시된 유상분배였으므로 많은 토지가 농민보다는 토지투기업자에게 넘어갔다. 이와 더불어 남부에서는 토지에 관한 봉건시대의 낡은 제도인 장자상속제primogeniture와 한사상속제限嗣相續制, entail가 폐지되었고, 거의 명목상 남아 있던 면역지대도 영국 국왕의 대권이 폐지되자 이에 따라 폐기되었다.

혁명 중 또는 그 후 아메리카를 떠난 국왕파의 전체 수는 10만을 헤아리며 이들의 재산상 손실에 대해 뒤에 영국정부가 보상한 금액은 330만 파운드에 달하였다. 이런 숫자는 당시 아메리카의 인구로 보나 또 개인이 받은 보상액으로 보나 프랑스혁명과 비교할 때 결코 적은 숫자가 아니었다. 하지만 귀족적 성향이 짙었던 많은 국왕파가 제거되자 그만큼 식민지는 공화적 기반을 닦는 데 수월해졌다.

또 정교분리政敎分離의 원칙도 확인되었다. 종래 10분의 1세로 유지되던 영국국교회를 비롯한 각 식민지의 공인교회는 재정적 지원을 잃게 되었다. 뉴잉글랜드 지방의 회중파 교회처럼 19세기 초까지도 공인교회의 지위를 상실하지 않은 경우도 있었지만, 제퍼슨이 기초하고 버지니아 의회가 채택한 1786년의 '신교자유법信敎自由法'은 그 정신에 있어 정교분리의 원칙을 확인한 것이나 다름이 없었다.

독립선언서에는 "모든 사람은 평등하게 태어났다"라는 구절이 있지만 이것은 당시 50만을 헤아린 흑인노예의 경우에는 해당되지 않았다. 전쟁 중 남부를 포함한 대부분의 구 식민지는 노예 수입을 금지하였고, 경제적으로 노예와 이해관계가 깊지 않던 북부에서는 노예제도 폐지에 관한 여러 조치가 있었다. 그러나 애국파에 가담하여 영국군과 싸운 약 5,000명의 노예와 몇몇 노예 소유주들의 자발적 의사로 해방된 노예를 제외하면 노예해방은 거의 이루어지지 않았다. 하지만 독립을 계기로 여러 곳에서 인간 평등에 입각한 인도주의적 입장에서 점진적인 반노예제운동이 서서히 일어나기 시작하였다.

연합헌장의 제정

혁명 중 가장 시급하고 중요하였던 일은 각각 독립한 13개의 '나라'를 연합해서 하나의 국가를 만드는 것이었다. 앞서 1776년 6월에 아메리카 식민지의 독립이 대륙회의에 제의되었을 때 이에 관한 문제도 제의된 일이 있었다. 이에 따라 6월 12일에 위원회가 조직되었고 위원회는 독립이 선언된 후인 7월 12일 존 디킨슨이 작성한 초안을 대륙회의에 보고하였다.

그러나 이 안은 1년이 지난 1777년 11월 15일에야 '연합 및 항구적 동맹에 관한 헌장Articles of Confederation and Perpetual Union'으로 대륙회의의 승인을 받았고, 그 뒤 4년이 지나 전쟁이 거의 종결 단계에 들어간 1781년 3월 1일에 이르러 비로소 모든 '나라'의 비준을 받아 처음으로 국가 기본법으로서 효력을 갖게 되었다.

연합헌장안은 대륙회의에서 심의를 받을 때 세 가지 쟁점을 안고 있었다. 첫째는 13개 '나라'의 연합기구인 새로운 회의에서 표결권을 행사할 때 각 '나라'가 한 표씩을 가질지 아니면 인구비례로 선출된 대표의 수만큼 표를 줄지, 둘째는 새로운 회의체의 운용비를 각 '나라'가 분담하는 데 있어 그 기준을 '나라'의 재력에 둘지 아니면 인구에 둘지, 셋째는 애팔래치아산맥 너머의 서부 영토에 대해 몇 개 '나라'의 기득권을 인정할지 아니면 13개 '나라'의 공동소유로 할지에 관한 것이었다.

이 중 표결권은 '나라'의 크고 작음에 관계없이 각기 한 표씩 갖도록 하고, 분담금은 '나라'의 모든 토지의 가치를 기준으로 한다는 것이 쉽게 결정되었으나, 세 번째 쟁점의 해결은 그다지 쉽지 않았다. 이 문제를 둘러싸고 과거의 특허장을 근거로 막연히 서부 영토에 대해 영유권을 주장하는 7개의 '나라'와 그 나머지 '나라' 사이에 크게 격론이 벌어졌다. 결국 대륙회의는 영유권 문제에 관해 명확한 규정을 두지 않은 채 연합헌장안을 승인하여 1778년 7월까지 8개 '나라'의 비준을 받았다. 하지만 연합헌장안의 발효에는 모든 '나라'의 비준이 필요했으므로 난관에 봉착하였다.

그 뒤 이해관계를 달리하는 '나라'들 사이에 교섭이 진행되어 1780년 10월 대륙회의는 서부 영토를 전체의 이익에 따라 처분하기로 결의했고 이에 따라 기득권을 주장하던 '나라'들도 영유권을 새로운 회의체에 양도하기로 약속하였다. 결국 그때까지 비준을 강력히 반대하던 메릴랜드를 마지막으로 모든 '나라'가 비준에 동의하여 연합헌장은 드디어 정식으로 성립되었다.

연합헌장의 내용

미국 최초의 국가 기본법인, 헌법이라고도 할 수 있는 연합헌장의 주요한 내용은 대체로 다음과 같다. 우선 국가의 명칭을 '아메리카의 연합한 나라들The United States of America'로 하고 각 '나라'들은 완전한 주권을 가지며 국방, 외교, 화폐, 인디언대책과 같은 공통사항은 대륙회의의 후신이라고도 할 수 있는 새로운 연합회의Confederate Congress에 맡겼다. 연합회의의 조직은 극히 간단했는데, 행정상의 처리는 수시로 조직되는 위원회 또는 회의에서 선출되는 위원이 담당하며 각 '나라'는 한 표의 표결권을 갖되 중요사항을 결정할 때에는 13개 '나라' 중 9개 '나라'의 찬성이 필요하였다. 하지만 결정된 사항의 집행은 전적으로 각 '나라'에 맡겨졌고 회의는 권고 이상의 행동을 취할 수 없었다. 더구나 연합회의에는 징세, 통상 규제 권한이 없었고 상비군도 가질 수 없었으므로 통일적 국가기구라기보다는 현재의 국제연합UN, United Nations 같은 국제기구와 비슷하였다.

　그럼에도 불구하고 연합회의는 전쟁을 통해 독립을 쟁취할 때까지는 하나의 중앙정부로서 기능을 발휘할 수 있었다. 하지만 미국의 독립이 승인되어 13개 '나라'의 공동목표가 사라지자 차츰 중앙정부 역할을 수행하기에는 부족하다는 것이 드러났다.

전후의 불경기

전쟁이 끝나면서 미국은 경제적으로 불경기를 맞이하였다. 전시 중에 증대하였던 곡물 생산과 군수공업은 전쟁이 끝나자 군대라는 거대한 고객을 상실하면서 불황에 빠졌다. 남부의 연초, 쌀, 남과 같은 수출용 특수작물은 전시 중에 시장을 잃어 심각한 타격을 받고 있었는데 전후에도 그 상태는 별로 호전되지 않았다.

전후 영국과의 무역은 재개되었지만 영국상품의 대량 수입은 수출능력이 별로 없던 미국경제를 더욱 허덕이게 하였다. 1784년부터 1786년까지 영국상품의 수입액은 약 760만 달러였는 데 비해 대영수출은 약 250만 달러에 불과해 정화正貨의 해외 유출을 더욱 심하게 만들었다. 이 때문에 전시 중에도 정화의 충분한 뒷받침 없이 발행되었던 지폐와 공채가 전후에는 더욱 남발되어 악성 인플레이션이 진행되었다.

연합회의의 무능

이러한 불황 속에서 연합회의는 수입 억제를 위해 수입세를 부과할 수 있도록 연합헌장의 개정을 몇 번이나 시도하였지만 그때마다 각 '나라'의 거부로 실패하고 말았다. 또 수출 증대를 위해 외국시장을 확대하고자 여러 국가와 통상조약을 체결하려 하였지만 이것 역시 뜻대로 되지 않았다. 더구나 전시 중의 채무로 대륙회의로부터 인계받은 공채에 대한 이자 지급과 경상비 지출을 위해 각 나라에 분담금을 할당했지만 징수 실적은 예상외로 저조하였다. 예를 들면 1783년 연합회의는 각 나라에 1,000만 달러를 요구하였지만 실제로 징수된 금액은 150만 달러에 지나지 않았다.

한편 각 '나라'들도 불황을 타개하기 위해 독자적으로 여러 가지 대책을 강구하였다. 그러나 대외관세가 나라마다 다르고 또 각 '나라'는 자기 '나라'의 시장 보호를 목적으로 '나라' 사이에 유통되는 물품에 대해서도 관세를 부과하였으므로 대외·대내시장의 형성에 오히려 혼란만을 초래하는 결과를 가져왔다. 게다가 각 '나라'의 인플레이션대책에서는 채권자계층과 채무자계층의 이해가 엇갈려 일부 '나라'에서는 사회불안마저 발생하였다.

매사추세츠에서는 채권자계층을 보호하기 위해 지폐 발행을 억제했고, 또 농업불황으로 대부분 채무자로 전락한 농민에게 토지 수입의 3분의 1이나 되는 부당하게 무거운 세금을 부과하였다. 이 바람에 1786년 가을 메사추세츠 서부 지방에 사는 소농들은 독립전쟁에 참전하였던 대니얼 셰이즈 Daniel Shays의 지도하에 반란을 일으켰다. 뉴햄프셔에서도 빚에 쪼들린 농민이 가치가 하락된 지폐로 채무를 상환하기 위해 폭동을 일으켜 지폐 발행을 정부에 요구하기도 하였다. 그러나 몇 개의 '나라'에서 일어나고 있는 이러한 무질서 상태에 대해 연합회의는 속수무책이었다.

서부 공유지정책

이처럼 연합회의는 대내외적으로 무능했지만, 전시 중에 13개 '나라'의 공유재산이 되고 또 강화조약으로 미국 영토에 정식으로 편입된 서부 공유지 처리를 위해 중요한 정책을 수립하였다.

공유지 처분방법을 마련한 '1785년의 공유지법Land Ordinance of 1785'과 이 지방의 통치방법을 마련한 '1787년의 북서부 공유지법Northwest Ordinance of 1787'이 바로 그것이다.

1785년의 공유지법은 북서부의 공유지를 동서남북의 선을 따라 6평방마일(1평방마일은 640에이커)의 타운십township을 설정하여, 측량하면서 타운십을 다시 1평방마일의 섹션section을 기준으로 36개로 분할하여, 이 섹션을 단위로 에이커당 최저 1달러로 경매한다는 내용을 담고 있다.

1787년의 북서부 공유지법은 오하이오강 이북의 공유지를 3~5개의 지역으로 분할하여 각 지역은 연합회의가 임명하는 총독이 통치하되, 주민 가운데 성인남자의 수가 5,000명이 되면 입법의회를 만들게 하고, 다시 그 수가 6만 명이 되면 공화주의적 헌법을 제정하고 정부를 수립하여 이미 독립한 13개 '나라'와 동등한 자격과 권리를 가지고 연합회의에 가입할 수 있도록 한 것이었다.

이 두 법은 이 지역에 거주하는 인디언의 영토권을 무시하고 또 매각 단위면적을 넓게 해서 경작 토지를 요구하는 농민의 이익보다는 경제불황 속에서 토지를 안전한 투자 대상으로 삼았던 토지투기업자의 이익을 반영했다는 비난을 받기도 하였지만, 언론 자유의 권리를 인정하고 노예제도의 도입을 금지하는 등의 진보적인 면도 갖고 있었다. 뿐만 아니라 이 두 법은 그 뒤 미국의 공유지정책과 통치의 기본법 역할을 하여 서부 개척을 민주적으로 진행시키는 데 크게 기여하였다.

제4절 _ 헌법 제정

연합회의가 중앙정부로서 건국 초의 어려운 문제에 대처하는 데 무력하다는 것이 차츰 드러나자 국민 일부에서는 새로운 중앙정부를 세워야 한다는 주장이 나오기 시작하였다.

두 개의 정부론

이들은 새로운 중앙정부가 단순히 13개의 '나라'를 연합하는 데 그치지 않고 이들 '나라'에 통치력을 행사할 수 있어야 한다고 주장하였다. 이러한 주장은 특히 광대한 미국을 경제활동의 발판으로 삼을 수 있는 힘을 가진 자산가들—대지주, 대상인, 전시 중에 발행된 각종 공채의 조속한 상환을 바라던 채권자, 토지투기업자—에게서 나왔다.

　그러나 이러한 주장에 대해서 강력한 반론이 있었다. 반론자들은 미국이 독립하기 전 10여 년간 영국이 식민지 통치를 강화했을 때의 경험에 비추어 보더라도 강력한 중앙정부는 폭정의 온상이 되기 쉬우며, 인민의 생명, 자유, 행복의 추구는 각자가 거주하고 있는 '나라'의 민의에 의해 수립된 정부에서만 가능하다고 주장하였다. 이것은 당시 미국민의 대다수를 차지하고 있던 농민들의 지배적인 견해였다. 1786년경에 이르면 이 두 개의 대립되는 주장은 미국 전역에서 불꽃 튀는 논쟁을 일으키게 된다.

아나폴리스회의

이러한 때 버지니아 입법의회의 요구에 따라 1786년 9월 '나라' 사이의 통상문제를 협의하는 회의가 메릴랜드의 아나폴리스Annapolis에서 열렸다. 다섯 '나라'만이 이 회의에 대표를 파견했지만, 때마침 셰이즈의 반란 소식이 전해지자 이 소식에 커다란 충격을 받은 대표들은 새로운 중앙정부가 필요하다는 생각을 갖게 되었다. 그러기 위해서는 먼저 연합헌장의 개정이 이루어져야 하였다. 회의는 뉴욕 대표로 출석한 알렉산더 해밀턴Alexander Hamilton의 동의를 채택하여 이듬해 5월 전체 '나라'의 대표들이 필라델피아에 모여 개정문제를 토의하기로 결정하였다. 이 결정에 대해 연합회의도 '연합헌장의 개정을 유일하고도 명백한 목적'으로 한다는 조건으로 회의의 개최를 사후에 승인하였다.

제헌회의 개회

이리하여 1787년 5월 25일 로드아일랜드를 제외한 12개 '나라'의 대표들이 모인 가운데 뒤에 연방회의Federal Convention 또는 제헌회의Constitutional Convention라고 불린 필라델피아회의가 펜실베이니아의 정부청사state house 에서 열렸다.

이 회의에 참석한 의원들에 대해 살펴보면 다음과 같다. 우선 선출된 의원은 모두 74명이었으나 55명만이 실제로 참석하였고 이 중 규칙적으로 회의에 출석한 대표는 평균 30명을 넘지 않았다. 대표 중 최고령자는 81세의 벤저민 프랭클린, 최연소자는 26세의 조너선 데이턴Jonathan Dayton이었고, 평균연령은 42세로 이 회의에서 크게 활약한 제임스 매디슨James Madison 은 36세, 해밀턴은 30세였다.

학력을 보면 29명이 대학 졸업자였고, 직업은 반수 이상이 법률가이며 지주와 상인, 그 밖에 소수의 의사와 대학교수가 있었다. 독립선언서에 서명한 사람은 8명이었다. 그러나 독립선언서의 기초자인 제퍼슨은 프랑스에 공사公使로 나가 있어 참석할 수 없었고, 독립선언이 통과되었을 때 의장이었고 선언서에 가장 크게 이름을 서명했던 존 핸콕은 필라델피아회의 자체를 반대해서 참석하지 않았다.

또 대부분이 대륙회의의 의원으로 대륙연합군의 군인으로서 독립에 공헌한 사람들이었고, 27명이 퇴역한 장교의 모임인 신시내티협회Society of Cincinnati의 회원이었다. 농민 출신은 단 한 사람에 불과하였고 대부분이 상당한 자산가로 당시 미국사회의 상류층을 구성한 사람들이었다.

큰 주의 안과 작은 주의 안

회의가 열리자 회의는 만장일치로 조지 워싱턴을 의장으로 선출하고 모든 의결은 한 '나라' 한 표의 다수결로 한다는 원칙을 세웠다. 또 회의장 안에서 토의한 내용이 외부로 새어나갔을 때 일어날 물의에 대비하여 회의를 공개하지 않는다는 의사규칙을 채택하였다. 그래서 미국의 제헌회의는 비밀의 장막 속에서 진행되었지만, 이 때문에 외부의 간섭을 받지 않고 식견과 경력이 출중한 많은 사람의 정치적 지혜를 단시일 동안에 모을 수 있었다.

회의는 5월 29일 에드먼드 랜돌프Edmund Randolph가 제출한 버지니아안(대주안大州案)을 토대로 심의에 들어갔다. 그러나 이 안은 인구가 많은 '나라'들에 유리한 안이었다. 그래서 인구가 적은 '나라'들은 6월 15일 윌리엄 패터슨William Paterson의 뉴저지안(소주안小州案)을 회의에 상정하여 버지니아안에 맞섰다.

이후 회의의 분위기는 차츰 열기를 띠었고 회의의 원로 격인 프랭클린은 가끔 "우리는 상의하기 위해 모인 것이지 싸우기 위해 모인 것은 아니다"라는 말로 이 열기를 식히려 하였다.

타협의 묶음

그러나 제헌회의에 참석한 대부분의 의원은 다음과 같은 기본원칙에는 이미 합의하고 있었다. 첫째, 연합헌장을 폐기하고 새로운 헌법을 만든다는 것, 둘째, 이 헌법에 의해 세워지는 새로운 중앙정부는 3권분립에 입각하여 입법, 행정, 사법의 3부를 가질 것, 셋째, 새 입법부는 과세, 통상, 국방, 외교,

복지 등 각 '나라'들이 적절히 처리할 수 없는 국가 전체의 문제에 관해 입법권을 가질 것, 넷째, 연합회의가 짊어지고 있는 모든 채무는 새 정부가 인수할 것, 다섯째, 각 '나라'의 주권에는 많은 제한이 가해질 것 등이었다.

열기를 띤 토의는 바로 이러한 원칙의 실현을 위한 방법과 절차를 둘러싸고 일어난 것이었다. 이러한 논쟁 과정에서 몇 개의 타협이 이루어져 큰 '나라'와 작은 '나라'의 대립, 남부와 북부의 지역적 대립이 해소되었다.

그런 타협의 결과로, 먼저 양원으로 구성되는 입법부를 조직할 때 상원은 크고 작음에 관계없이 어느 '나라'든지 2명의 의원을 보낼 수 있지만 하원은 각 나라 인구에 비례해서 의원 수를 결정하고, 또 하원의 의원 수를 산출하는 데 기초가 되는 인구 계산은 5명의 흑인을 3명의 백인으로 간주해서 흑인 인구가 많은 남부에 유리한 결정을 내렸다. 이 밖에 상원은 외국과의 조약에 대한 비준권을 갖고 하원은 국가예산의 발의권을 갖게 한 것도 이러한 타협의 예로 들 수 있다. 이러한 데서 미국 헌법은 '타협의 묶음bundle of compromises'이라는 말이 나오기도 하지만, 헌법의 대강을 결정할 때 처음부터 견해의 일치를 본 점이 많았다는 것을 간과할 수는 없다.

헌법의 주요특색

9월 15일 제헌회의는 헌법의 확정초안을 작성하고 9월 17일 55명 중 41명의 서명을 받아 그 역사적 작업을 끝냈다. 전문에 이어 7조 21절로 이루어진 헌법안의 주요특색을 소개하면 다음과 같다.

첫째, 인민주권의 원리에 입각하고 있다는 것을 들 수 있다. 우선 첫머리에

우리 연합한 '나라'의 국민은 더욱 완전한 연방을 형성하고 정의를 확립하고 국내의 안녕을 보장하고 공동의 방위를 도모하고 국민의 복지를 증진하고 우리와 우리의 후손에게 자유와 축복을 확보할 목적으로 미국the United States of

America을 위해 이 헌법을 제정한다.

라는 내용을 실어 새로 수립되는 정부의 기반은 나라에 있지 않고 인민에게
있다는 것을 밝혔다. 이로써 이때까지 주권국가로 여겨졌던 각 '나라'는 미
국이라는 보다 큰 나라를 구성하는 하나의 주州, state 성격을 갖게 되었다.
또한 대통령과 상·하 양원 의원의 선출, 대법원의 구성은 서로 다른 절차에
의해 이루어지지만 이들을 선출하고 임명하는 궁극적 권한은 인민에게 돌
아가도록 되어 있어서, 인민은 일정한 시기를 두고 그들의 의사를 표현할
수 있도록 하였다.

둘째, 3권분립에 있어 억제균형이론을 차용하였다. 우선 3권의 정치적 권
한을 서로 다른 기반 위에서 성립하도록 하였다. 하원의원은 임기 2년으로
각 주에서 제정하는 선거법에 의해 선출하도록 했고, 상원의원은 임기 6년
이나 2년마다 3분의 1을 갱신하고 주의회에서 선출하도록 하였다(1913년 5
월 31일 비준된 헌법 수정조항 제17조에 의해 현재는 주의 국민이 직접 선출). 대통
령은 임기 4년으로 주의회가 결정하는 방식에 따라 선출된 선거인이 간접
으로 선출하도록 하였다(현재 이 제도는 명목상으로 살아 있을 뿐 대통령은 직접
선거로 선출되는 것이나 다름없다). 대법원의 판사는 종신직이며 대통령이 임
명하되 상원의 인준을 받아야 한다. 또 3부의 어느 하나도 헌법상의 권리를
스스로 포기하지 않는 한 다른 부로부터 압제를 받을 수 없다. 예를 들면, 대
통령은 권한이 크지만 입법부의 탄핵을 받을 수 있고 입법부가 법을 제정하
지 않고 예산을 통과시키지 않는 한 어떠한 법 집행도 할 수 없다. 또한 대통
령은 입법부에서 제정한 법의 거부권을 행사하여 입법부를 견제할 수 있다.

셋째, '법의 지배rule of law'라는 사상을 제도화하였다. 우선 헌법을 국가
의 최고 법the supreme law of the land으로 명문화해서 모든 법에 우선하도록
했고, 대법원에 법률심사권judicial review을 주어 사법권의 우위를 확립하고

자 하였다. 하지만 사법권의 전횡적인 판단을 막기 위해 입법부에는 대법원
판사를 탄핵할 수 있는 권한을 주었다.

이러한 특색을 가진 헌법안은 제7조에서 각 '나라'의 기존 입법의회가 아
닌 특별히 소집된 회의의 심의를 거쳐 9개 '나라'가 승인을 하면 확정헌법
으로 발효한다고 규정하였다. 이 방법은 필라델피아회의를 인정한 연합회
의와 각 '나라'의 정부를 사실상 부인하는 것이나 다름없었다. 그러나 당초
목적과는 달리 연합헌장을 폐기한 헌법안을 접수한 연합회의는 9월 28일
이 안을 각 '나라'에 발송하여 비준 절차를 밟도록 하였다.

헌법안에 대한 찬반론

헌법안이 발표되자 찬반 양론으로 국론이 갈라졌다. 반대론자들은 이 헌법
이 각 '나라'의 주권을 말살하고 중앙집권적 전제정부를 만들 것이라는 점,
1인 대통령에 의한 독재의 위험성이 있다는 점, 모든 관직이 금권 있는 사
람들에게 독점될 가능성이 있다는 점, 특히 인민의 자유와 권리를 보장하는
권리장전이 없다는 점 등을 들어 비준 반대운동을 폈다. 그러나 이들에게는
구체적 대안이 없었고 또 이들이 표명한 의심과 두려움도 모두 구체적 사실
에 의한 것은 아니었다.

이에 대해 찬성론자들은 지금의 어려운 현실을 극복하고 미국을 보전하
는 길은 헌법을 채택하는 방법밖에는 없다고 역설하며 비준 찬성운동을 전
개하였다. 알렉산더 해밀턴은 제임스 매디슨과 존 제이의 협력을 얻어서
'푸블리우스Publius'라는 익명으로 그해 10월부터 이듬해 5월까지 뉴욕의
신문에 85편의 논문을 발표하여 헌법 지지를 호소하였다. 뒤에 『연방주의
론The Federalist』(일반적으로 The Federalist Papers라고도 함)이라는 제목으로
간행된 이 시론은 단순히 미국 헌법의 지지론에서 끝나지 않고 정치이론 및
사상문헌으로서도 고전적 지위를 차지하는데, 이 시기 미국인의 정치 식견

을 이해하는 데도 중요한 논집으로 평가받고 있다.

헌법 비준

이처럼 찬반 양론이 벌어지는 가운데 1787년 12월 7일 델라웨어를 선두로 펜실베이니아, 뉴저지, 조지아, 코네티컷, 매사추세츠, 메릴랜드, 사우스캐롤라이나, 뉴햄프셔의 순서로 1788년 6월 21일까지 9개 '나라'가 헌법을 승인하였다. 이로써 미국 헌법은 정식으로 성립되었지만 버지니아와 뉴욕의 승인 없이 새로운 정부를 수립하기는 어려웠다. 다행히 버지니아는 6월 25일, 뉴욕은 7월 26일 각각 승인했으므로 9월부터 새로운 헌법하에 새로운 정부의 수립이 진행되기 시작하였다.

　여기까지의 헌법 비준 과정을 살펴보면 대체로 큰 '나라'보다는 작은 '나라'에서 승인이 비교적 쉬운 편이었다. 예를 들면 펜실베이니아에서는 반대파의 강력한 저항을 누르고 46표 대 23표로, 매사추세츠에서는 권리장전을 장차 헌법에 추가한다는 조건하에 192표 대 168표로 각각 통과되었다. 찬반의 표차는 버지니아와 뉴욕의 경우에는 더욱 줄어서 버지니아는 89표 대 79표, 뉴욕은 30표 대 27표로 통과되었다. 그러나 비교적 작은 '나라'에 속했던 노스캐롤라이나와 로드아일랜드는 계속 승인을 거부하다가 1789년 새로운 정부가 수립된 뒤 노스캐롤라이나는 그해 11월에, 로드아일랜드는 이듬해 5월에 각기 헌법을 비준하였다.

제3장

국가 기초의 확립

국가 기초를 확립한 제퍼슨(왼쪽), 매디슨(가운데), 먼로(오른쪽)

제1절 _ 연방파의 정치

새로운 연방정부의 발족

새로운 헌법에 의해 행정부의 수반이 될 대통령과 입법부를 구성할 상·하양원 의원 선거가 1789년 1월 이후 각 주에서 시행되었다. 이 결과 4월 1일에는 하원이, 4월 6일에는 상원이 각각 개원하였고 초대 대통령으로는 단한 표의 반대도 없이 조지 워싱턴이 당선되었다(부통령은 존 애덤스).

워싱턴은 4월 30일 임시수도인 뉴욕시에서 정식으로 대통령직에 취임하였다(1790년 가을에 수도를 필라델피아로 옮겼다). '금 테두리를 한 표범 가죽의 안장을 놓은 백마'를 타고 마치 왕과 같은 위풍을 보이면서 고향인 마운트버넌Mount Vernon을 떠나 뉴욕시로 오는 동안 그는 국민들로부터 열렬한 환영을 받았다.

대통령에 취임한 워싱턴은 곧 행정부의 조직에 착수하였다. 연방의회가 국무, 재무, 국방, 법무, 체신 등의 행정부서를 설치하는 법안을 통과시키자 국무장관에 주프랑스 공사로 있던 토머스 제퍼슨을(취임은 1790년 3월), 재무장관에는 독립전쟁 중 자신의 참모였고 제헌회의에서 함께 일한 알렉산더 해밀턴을 임명하였다(취임은 1789년 9월).

그러나 워싱턴은 초기에는 각료회의cabinet meeting 같은 것은 열지 않았고 수시로 각료와 개별적으로 상의해서 모든 일을 그 자신이 결정하였다. 그렇다고 독단적으로 일을 처리하지는 않았고 통치한다기보다는 군림한다는 자세를 항상 지녔다.

행정부의 조직이 진행되어가는 동안 의회는 사법부의 조직에 관한 법령을 통과시켜 대법원과 13개의 연방 지방재판소, 3개의 순회재판소를 설치하였다. 워싱턴은 초대 대법원장으로 존 제이를 임명하여 상원의 인준을 받았다(취임은 1789년 9월).

권리장전

의회는 또 각 주의 요청에 따라 권리장전의 제정작업에 착수하였다. 전문 10조에 이르는 수정조항으로 새로운 헌법에 추가된 권리장전은 신앙·언론·출판의 자유를 보장하고, 결사·탄원·무기 휴대·배심에 의한 재판의 권리를 인정하고, 영장 없는 수색·체포·압수, 과도한 보석금의 요구, 잔혹한 형벌, 개인주택에서 군대의 숙영宿營을 금지하는 등 개인의 권리 보장을 강화하는 내용을 담았다.

1789년 9월 의회를 통과한 이 법은 헌법 개정절차에 따라 주 가운데 4분의 3 주의 승인을 받아 1791년 12월부터 발효하였다.

해밀턴의 경제정책

새로운 정부가 당면한 가장 중요한 문제는 국가재정의 확립이었다. 이 문제를 위해 재무장관 해밀턴이 주요정책을 입안하였다.

그는 우선 새로운 헌법에 의해 과세권을 갖게 된 의회에 수입관세와 선박세를 제정하게 하여 정부의 세출재원을 확보하였다.

다음으로 독립전쟁 중 연합회의와 각 주가 짊어진 국내외의 채무 상환 문제에 착수하였다. 당시 이 채무의 총액은 지불되지 않은 이자를 포함하여 약 5,412만 달러에 달하였다. 국가가 재정적 신용을 얻으려면 채무 전액을 액면 그대로 상환해야 한다고 생각한 해밀턴은, 연방정부가 이 채무를 인수하기로 결정하고 연 이자 4퍼센트의 새로운 채권을 발행하여 연차적으로 상환한다는 정책을 세웠다.

이어서 해밀턴은 미국의 금융제도를 확립하기 위해 영국은행을 모방한 반관반민半官半民의 중앙은행인 미국은행Bank of the United States의 설립을 1791년 의회에 제의하였다. 이 안에 의하면 자본금의 4분의 3은 새로운 채권으로 출자할 수 있었으므로 새로운 채권의 소유자는 그만큼 정부의 혜택을 받게 되었다. 의회는 해밀턴의 제의를 받아들여 미국은행설립법을 통과시켰다. 그 결과 1791년 자본금 1,000만 달러에 설립 허가기한을 20년으로 하는 미국은행이 필라델피아에 창설되었다.

수입관세는 앞에서 살펴본 것처럼 정부의 중요한 세원이었다. 해밀턴은 미국의 낙후된 공업을 육성할 목적으로 세율을 올려 보호주의적 색채를 가미한 관세를 제정하려 하였다. 그러나 대서양의 수송비가 유럽 공업제품에 대해 일종의 보호주의적인 역할을 하고 있었고, 또 세율을 올릴 경우 수입이 줄어 정부의 조세수입도 따라서 감소할 가능성이 있어, 이 안은 의회에서 표결에도 붙여지지 않은 채 보류되었다.

해밀턴의 정책에 대한 반대

그러나 국가재정을 확립하고 미국경제를 자립시키기 위해 애쓴 해밀턴의 정책에 대해 반대가 전혀 없었던 것은 아니었다. 특히 채무상환정책에 대해 커다란 반발이 일어났다. 우선 당시 액면의 반액 이하로 시장에서 유통되던 과거의 채무를 표기한 구채권을, 액면 그대로 상환할 필요가 있는가 하는 반론이 나왔다. 또 구채권은 상당한 액수가 독립전쟁 중 군대의 봉급과 시민의 협력 대가로 지불되었는데, 이러한 채권은 거의 대부분이 원래 소유자의 손을 떠나 투기업자들의 수중에 들어가 있었으므로, 이 정책으로 발생하는 혜택은 당연히 받아야 될 사람들보다는 받을 필요가 없는 사람들에게 돌아간다는 것이었다.

주가 발행한 채권의 경우에는 연방정부가 모든 주의 채권을 인수하면 채무의 대부분을 독자적으로 상환한 주가 채무를 상환하지 않은 주의 부담까지 떠맡게 되어 불공평하다는 불평이 나왔다. 특히 채무를 거의 상환한 주의 하나였던 버지니아에서는 이 주 출신인 매디슨을 비롯하여 증권투기에 별 이해관계가 없던 남부의 지주들이 해밀턴의 정책에 강력히 반대하였다.

그러자 해밀턴은 제퍼슨을 통해 남부 출신 의원들에게 자신의 정책을 지지하면 남부가 바라는 대로 연방정부의 항구적 수도를 포토맥Potomac 강변에 두는 데 찬성하겠다고 제의하였다. 결국 이 제의가 받아들여져 해밀턴의 채무상환정책은 의회를 통과하였다.

해밀턴은 1791년 정부의 조세수입을 늘릴 목적으로 새로 주세酒稅를 제정하였다. 그러자 서부 내륙지대에 사는 농민들이 크게 반발하였다. 당시에는 교통수단이 제대로 갖추어져 있지 않았기 때문에 이 지역의 농민들은 곡물을 수송하기 쉬운 술로 만들어 그것을 판매하여 생계를 유지하고 있었다. 그러므로 주세는 이들 농민의 생활수단에 위협을 주는 것이나 마찬가지였다. 펜실베이니아 오지에 사는 농민들은 1794년 7월에서 11월에 걸쳐 주세에 반대하는 일종의 납세거부운동을 일으켜 정부에 반기를 들었다. 이 사건을 '위스키 반란사건Whiskey Rebellion'이라고 한다. 이 사건이 일어나자 해밀턴은 워싱턴을 설득해서 1만 3,000명의 민병대를 현지에 파견하여 직접 반란을 진압하였다.

반란의 진압으로 워싱턴정부는 연방정부의 통치력을 과시하는 데는 성공하였지만, 주모자에 대한 워싱턴의 사면에도 불구하고 다수의 농민은 오히려 정부에 대해 뿌리 깊은 반감을 갖게 되었다.

프랑스혁명과 미국

워싱턴은 1792년 대통령에 재선되었다. 그의 두 번째 임기 중에는 외교정책을 둘러싸고 국론이 분열하였다.

미국에서 새로운 연방정부가 발족한 1789년 7월, 유럽에서는 프랑스혁명이 일어났다. 처음에는 정부와 국민 모두 이 혁명에 동정적인 입장을 취해 한때 국민들 사이에서는 '미스터'나 '미스' 칭호 대신 혁명 중에 프랑스인이 사용한 '시트와옝citoyen(시민citizen)'이나 '시트와옌느citoyenne(citizen

의 여성형)'의 칭호가 애용될 정도였다. 그러나 1793년 프랑스의 국왕 루이 16세가 처형되고 영국과 스페인이 프랑스혁명에 적극적으로 간섭하자 미국의 국론은 분열하였다.

주프랑스 공사로 오랫동안 파리에 거주하여 프랑스에 대해 잘 알던 친프랑스적인 국무장관 제퍼슨은 1778년의 미국-프랑스 동맹이 양 국민 사이에 체결된 조약이므로 프랑스를 도와야 한다고 주장하였다. 이에 반해 독립 후 경제적으로 영국과의 우호를 바라던 친영적인 해밀턴은 1778년 조약은 프랑스 국왕과의 조약이므로 무효라며 맞섰다. 이때 워싱턴은 제퍼슨의 견해를 이해하면서도 아직은 국력이 약한 미국이 영국이나 스페인을 상대로 군사적으로 대립하는 것은 국익에 불리하다고 생각해서, 해밀턴의 견해에 따라 1793년 4월 엄정중립을 선언하고 동시에 프랑스공화국을 승인하였다. 워싱턴은 그 후에도 외교문제에서 제퍼슨보다는 해밀턴에 크게 의지했으므로 제퍼슨은 이해 12월 국무장관을 사임하였다.

한편 중립선언에도 불구하고 영국이 미국과 프랑스의 교역을 공해상에서 계속 방해하자 한때 미국에서는 영국과의 전쟁 찬성 여론이 일어나기도 하였다. 그러나 워싱턴은 1794년 11월 영국과는 제이조약Jay Treaty을, 같은 해 10월 스페인과는 핑크니조약Pinckney's Treaty을 각각 맺어 미국의 국익을 많이 양보하면서도 전쟁 회피를 목적으로 한 자신의 중립정책을 관철해 갔다.

정당 발생과 워싱턴의 고별사

이처럼 대내적으로는 재정정책, 대외적으로는 중립정책을 둘러싸고 국론이 대립되자 제헌회의에 참석한 '건국의 아버지들Founding Fathers'이 전혀 예상하지 못했던 두 개의 정치적 당파가 자연적으로 발생하였다.

그 하나는 워싱턴과 해밀턴을 주축으로 금융업자와 상공업자의 이익을 대변하는 정부 지지파인 '연방파Federalists'였고, 다른 하나는 제퍼슨과 그에 동조하는 매디슨을 주축으로 지주와 농민의 이익을 대변하는 반정부파인 '공화파Republicans'였다.

이러한 당파에 초연하기 위해 노력한 워싱턴은 1796년 9월 필라델피아에서 발간되는 『아메리칸 데일리 애드버타이저American Daily Advertiser』지에 연설문을 기고하였다. 워싱턴의 '고별사Farewell Address'로 전해지는 이 글에서 그는 세 번째 대통령 출마를 사양한다고 밝힌 다음 국내정치에서 당쟁과 지역 간 대립이 미국의 발전에 불리하다는 것을 경고하고 국가의 경제적 기반을 닦기 위해 공공의 신용을 높일 것을 당부하였다. 끝으로 외국과의 동맹은 일시적인 것은 불가피하지만 영구성을 띤 동맹은 절대로 피해야 한다고 역설하였다.

애덤스정부의 성립

워싱턴의 간곡한 경고에도 불구하고 1796년 대통령 선거전은 연방파와 공화파, 두 파의 대립 속에서 거행되었다. 연방파는 존 애덤스를, 공화파는 제퍼슨을 각각 대통령으로 추대했지만, 선거 결과 71표를 얻은 애덤스가 대통령으로, 68표를 얻은 제퍼슨이 부통령으로 당선되었다. 대통령과 부통령이 서로 다른 정파에서 나온 이 불합리한 제도는 그 후 1804년 헌법 수정조항 제12조에 의해 소멸되었다. 제2대 대통령 애덤스는 독립에 공이 크고 정치적 식견이 높은 사람이었지만 대통령으로서는 불행하였다.

애덤스정부의 대외정책

미국이 영국과 맺은 친영적인 제이조약에 분격한 프랑스가 공해상에서 미국선박을 나포하자 미국은 존 마셜John Marshall 이하 3명의 특사를 프랑스에 파견하여 화해할 뜻을 비쳤다. 그러나 프랑스정부는 특사의 공식접견을 거부하면서 비공식적으로 3명의 밀사를 특사에게 접근시켜 화해의 전제조건으로 프랑스에 대한 차관과 고위관리에게 25만 달러의 뇌물을 제공할 것을 요구하였다. XYZ 사건으로 알려진 이러한 프랑스의 불미스러운 요구가 미국 내에 알려지자 프랑스에 대한 미국민의 감정이 악화되었다. 그리하여 "국방을 위해서는 수백만 금도 아깝지 않지만 뇌물을 위해서는 단 한 푼도 아깝다"라는 말이 국민들의 입에 오르내렸다.

정부와 연방파가 국민들의 이러한 반프랑스 감정을 이용하여 1798년 5월에는 해군성을 신설하고 육·해군의 국방력을 강화하면서 프랑스의 선박을 나포하기 시작하자 양국 관계는 거의 교전 일보 직전에까지 이르렀다. 하지만 다음 해 나폴레옹Napoléon이 정권을 잡으면서 미국과의 관계 악화가 영국과의 관계에서 불리하게 작용할 것을 우려한 프랑스는 미국에 화해를 촉구하였다. 이 결과 1800년, 독립전쟁 중에 체결된 미국-프랑스 동맹은 해소되었고 양국 관계는 개선되었다. 이처럼 애덤스는 대외문제에서는 승리를 거두게 되었다.

애덤스정부의 대내정책

그러나 국내문제에서는 그렇지 못하였다. 프랑스와 관계가 악화되자 한동안은 반정부, 친프랑스 성격을 띠던 공화파를 침묵시킬 수 있었다. 애덤스는 이 기회를 이용하여 공화파로 지목되는 사람들 가운데 미국으로 귀화하지 않은 반영적 성격을 띤 프랑스계 이민과 아일랜드계 이민을 견제하고 동시에 공화파 세력을 약화시킬 목적으로, 1798년 6월부터 7월에 걸쳐 세 가지의 외국인법Alien Acts과 선동방지법Sedition Act을 제정하였다.

외국인법은 첫째, 이민자가 미국시민권을 얻는 데 필요한 거주 햇수를 종전의 5년에서 14년으로 연장했고, 둘째, 대통령에게 2년 기한부로 위험하다고 판단되는 외국인을 추방할 수 있는 권한을 주었고, 셋째, 전시 중에 대통령에게 외국인을 추방 또는 구류拘留할 수 있는 권한을 부여하였다. 선동방지법은 반정부 음모를 꾸미거나 정부, 의회, 대통령에 대해 '허위·비방·악의'적인 비판을 표명한 사람들을 처벌한다는 것이었다. 특히 선동방지법의 유효기간이 1801년 3월 3일까지였으므로 1778년의 중간선거와 1800년의 대통령 선거에 대비해서 공화파의 정치운동을 방해하고 연방파의 정권 연장을 획책하려는 의도를 노골적으로 드러냈다. 실제로 이 법으로 22명이 고발되어 10명이 유죄판결을 받았는데, 그들 모두가 공화파 언론인이었다.

공화파의 반대

공화파의 지도자인 제퍼슨과 매디슨은 각자 외국인법과 선동방지법이 위헌이라고 주장하는 결의문을 작성하였다. 제퍼슨의 것은 켄터키Kentucky 주의회가(1792년에 주가 됨), 매디슨의 것은 버지니아 주의회가 1798년 말 각각 결의안으로 채택하여 발표하였다. 두 사람은 이러한 결의안을 통해 정부와 연방파에 대한 국민의 불신을 자극하여 자신들에게 유리한 정치풍토를 만들고자 하였다. 그러나 이 결의안들은 당장의 당의 이익을 떠나 헌법해석상 새로운 이론을 제시하였다는 점에서 역사적 의미를 갖고 있다.

　이 결의안들은 연방헌법은 주 사이의 계약이므로 각 주는 연방법의 합헌성을 심사할 권리를 가지며, 만일 그 법이 주가 연방에 위탁한 권한을 넘어선다면 각 주는 그러한 법을 '무효nullification'라고 선언할 수 있다는, 이른바 주권론州權論, State Sovereignty Theory을 내세웠다. 그 후 남북전쟁이 일어날 때까지 주권론은 가끔 각 주의 이해와 관련하여 주장되면서 연방권과 대립하는 몇 개의 사례를 남겼다.

제2절_ 공화파의 정치

1800년 대통령 선거

연방파가 외국인법과 선동방지법으로 국민의 신망을 잃으면서 1800년의 대통령 선거전에서는 공화파의 제퍼슨이 연방파의 애덤스를 물리치고 대통령에 당선되었다. 이때 제퍼슨은 같은 공화파인 뉴욕주 출신의 애런 버 Aaron Burr와 동수의 선거인 표인 73표를 얻었다. 당시 선거법은 대통령과 부통령을 따로 지명하지 않고 투표해서 최다 득점자를 대통령으로 차점자를 부통령으로 하고, 표 수가 같을 때에는 하원에서 각 주 1표씩 결선투표를 하도록 되어 있었다. 그러나 제퍼슨의 당선을 기피한 연방파의 방해로 쉽게 결정이 나지 않았다. 결국 버보다는 제퍼슨이 낫다는 해밀턴의 판단으로 방해공작이 중지되자 36번째 투표에서 제퍼슨의 당선이 확정되었다.

'1800년의 혁명'이라고도 불리는 이 대통령 선거전은 미국 정당사에서 대단히 중요한 의미를 갖고 있다. 새로운 헌법하에서 정권의 평화적 교체를 기록한 첫 사례이기 때문이다. 그 후에도 계속 대통령 선거가 치러졌고 때로는 과열한 선거전도 있었지만 평화적 정권 교체라는 정치풍토가 미국에서 깊게 뿌리를 박고 지속된 것은 바로 이 역사적 사례를 존중하는 데에서 비롯된 것이다.

제퍼슨정부의 발족

제퍼슨은 대통령 취임식을 미국의 항구적 수도가 된 워싱턴에서 처음으로 치렀다. 연방파와 공화파 사이의 과열되었던 선거전을 걱정한 그는 양 파의 화해를 촉구하는 뜻에서 취임연설의 처음을 다음과 같이 시작하였다.

견해의 차이가 주의의 차이를 의미하는 것은 아닙니다. 우리는 동일한 주의를 가진 형제들을 다른 이름으로 불러왔습니다. 이런 의미에서 우리는 모두 공화파이며 또 연방파입니다.

제퍼슨은 화해를 바라는 자신의 의도가 거짓이 아니라는 것을 알리기 위해 연방파의 중심지인 북부에서 유능한 인물을 골라 각료의 한 사람으로 임명하였다. 또한 대통령 당선이 확정된 후에도 연방파 세력을 정부에 남길 생각으로 애덤스가 임명한 연방파의 관리를 해직하지 않았다.

이와 같이 제퍼슨은 정권 교체 후에 정쟁을 격화시키는 것이 아니라 여야 간의 협조를 이룩한다는 아름다운 정치풍토를 마련하고자 노력하였다. 하지만 애덤스정권이 제정한 악법 중 하나인 외국인법은 즉각 폐지했고, 선동방지법 집행 과정에서 공화파를 탄압하기 위해 법정을 정치적으로 악용한 판사를 탄핵하려 하였다. 그러나 사법부의 독립성을 지킨다는 입장에서 상원이 반대하여 판사 탄핵은 실패하였다.

제퍼슨의 사상

오랫동안 주프랑스 공사로 일한 제퍼슨은 계몽사상의 영향을 크게 받았다. 그는 정치의 근본을 민중의 복리 증진에 두었다. 이런 의미에서 그는 최초의 '민주주의자democrat'라고 할 수 있다. 장기 집권은 부패를 가져오기 쉽기 때문에 대통령은 2기 재임으로 족하다고(이것은 그 뒤 하나의 불문율이 되어 1941년 프랭클린 루스벨트Franklin D. Roosevelt 대통령의 3선 이전까지 지켜졌다) 공언한 그는, 유럽의 국왕들처럼 대통령이 직접 의회에 출석하여 연두교서를 읽던 관습을 깨뜨리고 서기가 대신 읽도록 하였다. 또 매주 거행되던 공식접견을 폐지하고 대통령의 위용을 과시하는 모든 의식도 줄인 그는 새로 지은 관저인 백악관에서 검소한 생활을 하면서 국민과의 대화의 문을 활짝 열어놓았다.

제퍼슨은 진정한 민주주의는 국민을 사랑하는 데서부터 시작한다고 생각하였다. 바로 이 점이 민중을 멸시하고 위압하려는 자세를 지녔던 연방파와의 커다란 차이였다. 연방파도 인민주권을 신봉한 공화주의자였지만 결코 민주주의자는 아니었다.

연방파는 오히려 재산을 가진 사람만이 정치에 참여할 수 있다는 입장에서, 자산이 없는 사람도 국민의 이름으로 정치에 참여할 수 있다고 주장한 '민주주의democracy'를 극히 위험시하였다. 그래서 연방파와 대립한 공화파 중에서는 양 파 간의 차이를 돋보이게 하기 위해 스스로를 민주주의자라고 부르는 이도 있었다.

제퍼슨은 또한 진정한 민주주의의 발전을 위해서는 주권자인 국민의 계몽이 선행되어야 한다고 믿었다. 이를 위해 그는 버지니아대학을 세우는 한편 국민교육 보급의 필요성을 역설하였다. 그는 교육을 통해 국민이 판단력을 길러 자유로이 각자의 견해를 표현하게 되면 국가의 안녕과 발전이 이루어진다고 생각하였다.

제퍼슨이 항상 애용한 '인민'이라는 말은 당시 미국민의 90퍼센트를 차지했던 농민을 뜻하였다. 자영농민의 경제발전 속에서 미국의 미래상을 찾은 그는 상공업의 발전 속에서 미국의 장래를 내다본 해밀턴과 대립할 수밖에 없었다. 그러나 이 대립보다도 중요한 것은 농업을 중시한 '제퍼슨주의 Jeffersonianism'와 상공업을 중시한 '해밀턴주의Hamiltonianism'가 미국사의 2대 주류를 형성하면서 적어도 19세기 말까지 미국의 발전에 크게 기여 하였다는 점이다.

루이지애나 지방의 구입

대통령으로서 제퍼슨이 이룬 커다란 업적은 미시시피강 서쪽의 광대한 지역을 미국 영토로 사들인 것이다. 이것이 이른바 루이지애나Louisiana 지방의 구입이다. 독립 이후 애팔래치아산맥을 넘어 서부로 이주해간 미국민에게 미시시피강은 생명선이나 다름없었다. 이 강에 대해서 미국은 앞에서 설명한 핑크니조약에 의거하여, 1795년 이후 스페인정부로부터 얻은 항행航行권과 하류지방인 뉴올리언스New Orleans에 화물을 쌓고 저장할 수 있는 창고 설립권을 갖고 있었다. 그러나 나폴레옹전쟁으로 이 일대가 프랑스로 넘어가자 미국정부는 이 지역에 대해 불안을 느끼게 되었다. 제퍼슨은 특사를 프랑스에 보내 항행권 확보와 뉴올리언스와 그 인접 지역을 1,000만 달러에 사들이는 교섭을 진행시켰다.

그러자 대영전쟁 준비로 전쟁비용 조달이 시급하고 또 우세한 영국해군으로부터 북아메리카의 영토를 보전하는 것은 거의 불가능하다고 생각한 나폴레옹은 루이지애나 지방 전체를 1,500만 달러에 팔겠다고 제의하였다. 미국 특사는 권한 밖의 일이라 이 꿈 같은 제의의 수락을 처음에는 주저했지만, 당시의 미국 전역과 동일한 면적을 가진 이 지역을 사들이는 것이 국가에 이익이라는 판단을 내리자, 본국 정부의 새로운 훈령을 기다릴 틈도 없이 1803년 4월 루이지애나 지방 구입에 관한 조약을 체결하였다.

당시 헌법에는 외국의 영토를 연방정부가 사들일 수 있는 권한을 명시한 조항이 없었다. 헌법에 대해 '협의의 해석'을 취하는 제퍼슨은 처음에는 헌법 개정 뒤에 사들일 생각이었으나 그러기 위해서는 장시간이 필요했으므로, 위헌이라고 생각하면서도 헌법이 내포하는 의미를 살려 해석하는 '광의의 해석'을 취해 그대로 조약을 상원에 상정하였다.

연방파 의원들은 이 조약이 우선적으로 개척농민에게 혜택을 주어 농민에 기반을 둔 공화파가 유리해진다는 생각에서 국가재정의 낭비를 내세워 반대하려 하였다. 그러나 토지를 갈망하는 국민 여론에 밀리고 또 이 조약은 토지투기업자에게도 새로운 활로를 열게 하는 이점이 있었으므로 결국 찬성으로 방향을 굳혔다. 그래서 이 조약은 헌법 논쟁도 일으키지 않고 조속한 승인을 받게 되었다. 이로써 미국은 82만 8,000평방마일, 약 5억 3,000만 에이커에 이르는 광대한 루이지애나 지방을 에이커당 3센트로 구입하였다.

이어서 제퍼슨은 메리웨더 루이스Meriwether Lewis와 윌리엄 클라크William Clark를 파견해서 이 지방을 탐사시켰다. 1804년 이들은 45명의 탐험대를 편성하여 미주리Missouri강 조사를 시작으로 로키Rocky산맥을 넘어 컬럼비아강 하류가 있는 태평양 연안까지 탐사한 뒤 1806년에 돌아왔다. 이로써 미국은 1840년대에 오리건Oregon 지방에 대해 영유권을 주장할 수 있는 근거를 만들어놓았다. 그 뒤에도 제퍼슨은 지블런 파이크Zebulon M. Pike를 보내어 미시시피강의 수원지와 콜로라도Colorado 지방을 탐사시켰다(1806~1807년).

버의 음모와 대법원장 마셜

이와 같은 업적으로 제퍼슨은 1804년의 대통령 선거전에서 대승하여 대통령에 재선되었다. 이때 제퍼슨이 부통령이었던 버를 입후보에서 제외하자 버는 연방파의 힘을 빌려 뉴욕 주지사로 입후보하였다. 그러나 이번에도 1800년 선거전 때처럼 해밀턴의 방해로 낙선하자 원한을 품은 버는 해밀턴에게 결투를 신청하여 그에게 중상을 입혔다. 정치가로서 생명을 잃은 버는 그 뒤 서부로 갔는데, 미시시피강 서쪽 지방을 독립시키려는 음모를 꾀하였다는 죄로 1806년 체포되어 반역죄로 기소되었다. 그러나 애덤스가 대통령 퇴임 직전에 대법원장으로 임명한 존 마셜은 증거 불충분을 이유로 버에게 무죄를 선고하였다.

당시에도 버의 음모에 대해 여러 설이 분분하였으므로 마셜이 연방파였다는 점을 들어 그의 판결을 정치성을 띤 것으로 비난하기는 어렵다. 오히려 마셜은 반역죄 성립 요건을 까다롭게 해서 정적을 반역죄로 고발할 수도 있는 비열한 정치행태를 방지하는 중요한 선례를 만들었다. 마셜은 그 뒤 34년간 재직하면서 헌법 운용을 감시했으며 사법권의 독립에도 크게 기여하였다.

제퍼슨의 중립정책

제퍼슨은 두 번째 임기 중 대외문제에서 많은 어려움을 겪었다. 국무장관으로 일했을 때 프랑스를 원조하려 한 일도 있었지만, 중립선언 이후에는 이 정책을 지지하였고 대통령이 된 이후에도 변함이 없었다. 그러나 나폴레옹이 대륙봉쇄령을 선포한 1806년 이후 영국과 프랑스가 서로 자기네 나라와 미국과의 교역만을 인정하려 하자 미국의 중립 유지는 어려워졌다. 특히 영국은 미국과 프랑스 사이의 교역 방해뿐만 아니라 영국의 탈주 수병을 체포한다는 명목으로 영국해군이 공해상에서 미국선박을 검색하고 때로는 미국인을 탈주병이라고 주장하며 체포까지 해서 미국의 국위를 크게 손상하였다.

제퍼슨은 우선 영국에 대한 경고수단으로 1807년 미국선박의 외국 출항을 금지하는 출항금지법Embargo Act을 제정하였다. 말하자면 미국 편에서 스스로 교역을 끊어 상대 국가에 각성을 촉구하는 소극적 정책이었다. 이로 인해 미국의 대외무역은 일체 정지되었고 영국도 식량이 궁핍해졌다. 하지만 이 법은 영국공산품에 크게 의존하고 있던 미국에 오히려 더 커다란 타격을 주었다. 결국 제퍼슨은 대통령 퇴임 직전 이 법을 폐지하고 통상금지법 Non-Intercourse Act을 제정한 뒤 물러났다.

매디슨의 중립정책

1808년 대통령으로 선출된 제임스 매디슨은 독립과 헌법 제정에 공이 컸고, 제퍼슨과 더불어 공화파를 키우고 그의 밑에서 8년간 국무장관을 지내기도 한 인물이었다. 하지만 매디슨 역시 통상금지법 시행 문제로 고심하였다. 이 법은 영국과 프랑스를 제외한 다른 나라와는 통상을 재개하고 영국과 프랑스의 경우에는 둘 중 어느 나라든 미국과의 통상 제한을 해제하면

우선 그 나라와 통상을 재개한다는 것이었다.

이에 대해 영국이 먼저 호응하여 미국과 영국의 통상이 재개되었지만, 얼마 지나지 않아 영국정부가 친미적인 주미 영국공사의 교섭 결과를 월권이라며 취소해서 양국 간의 통상은 다시 단절되었다. 이로 인해 영국과 미국의 관계는 한층 악화되었다.

그러자 매디슨은 새로이 메이컨 제2법안Macon's Bill No. 2을 제정하였다. 이것은 영국과 프랑스 둘 중 어느 나라든 미국에 대한 통상 제한을 폐지하면 폐지하지 않은 다른 나라에 대해 통상 금지 조치를 취한다는 것이었다. 이번에는 프랑스가 호응하여 통상 제한을 해제했지만, 미국과 프랑스 사이의 교역량은 미국과 영국 사이의 것보다 적었고, 우세한 영국해군이 미국과 프랑스 사이의 통상을 방해해서 미국이 기대한 만큼의 실효는 거두지 못하였다. 더욱이 매디슨이 1810년 말 통상금지법은 영국에만 적용된다는 성명을 발표하자 미국과 영국의 관계는 더욱 악화되어 드디어 1812년 양국 사이에 전쟁이 일어나게 되었다.

제3절_ 미·영전쟁과 먼로주의

1812년 전쟁

미·영 관계가 악화되는 동안 국내에서는 독립혁명 이후 성장한 젊은 세대 정치가들이 주전론主戰論을 들고 나왔다. 켄터키주 출신의 하원의장 헨리 클레이Henry Clay와 사우스캐롤라이나주 출신의 하원의원 존 칼훈John C. Calhoun 등을 중심으로 한 이들 주전파War Hawks는 영국과 개전할 경우 북쪽의 캐나다와 남쪽의 플로리다(당시는 스페인령)를 병합할 수 있는 좋은 기회라고 생각하였다. 영국과의 통상은 금지했지만 전쟁만은 피하려 하였던 매디슨은 이들 주전파의 압력에 밀려 대영 선전포고를 권고하는 교서를 1812년 6월 1일 의회에 보냈다.

이 권고안을 하원은 6월 4일 79표 대 49표로, 상원은 6월 18일 19표 대 14표로 통과시켜 드디어 제2차 미·영전쟁이 일어났다. 이보다 앞서 6월 10일 영국은 대미 통상 제한을 해제하였지만 당시의 통신 사정으로 이 사실은 영국에 전쟁을 선포한 뒤 미국에 알려졌다.

상·하 양원의 표결에서 보듯 이 전쟁은 결코 전 국민적인 지지를 받은 것은 아니었다. 대체로 공화파가 개전에 찬성표를, 연방파가 반대표를 던졌는데, 특히 연방파가 우세한 북부의 상공업 관련 지역에서는 개전에 대한 반대가 처음부터 컸다. 여기에 전쟁 준비태세도 제대로 갖추어져 있지 않았다. 그래서 캐나다와 플로리다의 점령도 뜻대로 되지 않았고 오히려 영국군의 공격으로 수도 워싱턴이 한때나마 점령되었고 백악관이 불타기도 하였다. 그러나 나폴레옹전쟁으로 바빴던 영국은 미국에 결정적 타격을 줄 정도로 전력을 강화할 수는 없었다.

매디슨은 1813년 초 대통령으로서 두 번째 임기를 맞이하자 이 무의미한 전쟁을 종결할 방법을 모색하기 시작하였다. 그리하여 1814년 8월부터 미국과 영국은 벨기에의 겐트Ghent에서 아메리카 대륙에서의 교전 상태는 그대로 둔 채 강화회의를 열었다.

이 회의가 진행되는 동안 영국해군의 해안봉쇄로 커다란 타격을 받고 있던 북부 5개 주의 대표는 12월 중순 코네티컷주의 하트퍼드에 모여 주권론州權論을 내세워 전쟁 반대 결의안을 통과시키고 이것을 대통령에게 전달하기로 결정하였다. 그러나 이듬해 1월 전달 임무를 맡은 대표가 워싱턴에 도착하기 직전에 강화조약이 체결되었다는 소식이 전해져서 결의안이 실제로 정부에 제출되지는 않았다. 또 이즈음 뉴올리언스에서 앤드루 잭슨 Andrew Jackson이 지휘하는 미국군이 영국군을 격파하여 큰 전과를 올렸다. 이 전투의 승리는 1812년 전쟁에서 미국이 올릴 수 있었던 최대의 승리였다. 그러나 이것 역시 강화조약이 체결된 이후의 일이었다.

강화조약은 1814년 크리스마스이브에 극적으로 타결되었다. 그러나 미국이 얻은 것은 별로 없었다. 개전의 구실로 미국이 내세운 공해상에서 중립국의 자유라는 원칙은 무시되었고 캐나다와 플로리다를 병합하려던 의도도 이루어지지 않았다. 다만 5대호 지방의 군비를 양국이 철폐하고 로키산맥에 이르는 캐나다와의 국경을 북위 49도 선으로 확정한 것이 미국이 얻은 수확이라면 수확이었다. 결국 이로써 캐나다에 침투하려던 미국의 의도는 완전히 사라졌다.

전쟁의 영향

이처럼 1812년의 미·영전쟁은 발단부터 종결까지 기이한 전쟁이었다. 하지만 이 전쟁이 그 뒤 미국의 발전에 끼친 영향은 매우 컸다. 우선 이 전쟁을 계기로 영국에 대한 미국민의 열등감이 크게 줄어든 반면, 미국민들의 국민의식이 높아져, 19세기 전반에 유럽문화로부터 독립적인 미국 정신문화를 형성하는 밑거름이 되었다.

경제적으로는 영국공산품의 장기적인 수입 두절과 전쟁으로 발생한 생산자극으로 미국은 산업혁명의 단서를 잡게 되었다. 특히 전후에 다시 열린 미국시장에 영국이 원가 이하로 제품을 팔자, 이러한 경제 침략으로부터 미국시장을 보호하고 동시에 요람기의 공업을 육성하기 위해 의회는 1816년 새로운 관세법을 제정하였다. 세율은 수입 최종가격의 20~25퍼센트였으므로 보호주의적 색채를 띤 세율로는 낮은 편이었지만 조세수입을 2차 목적으로 하였다는 점에서 최초의 보호관세라 할 수 있다.

또한 전쟁으로 늘어난 국가채무의 상환과 공업 육성 등에 국가자본을 효율적으로 이용하기 위해 미국은행을 1816년 부활시켰다. 이보다 앞서 미국은행을 연방파 경제력의 기반이라고 생각한 공화파는 해밀턴이 설립한 미국은행을 특허기간이 끝난 1811년에 폐쇄해버렸다. 이 때문에 1812년의 미·영전쟁 중에는 경제가 주은행에 의해 운영되었으므로 연방정부는 전비 조달에 많은 어려움을 겪었다. 국립은행의 필요성을 느낀 공화파는 전후에 다시 미국은행을 설립하였다. 제2미국은행이라고 불린 이 은행의 특허기간은 먼저와 같이 20년이었지만 자본금은 3,500만 달러로 증액되었다.

감정 융화의 시대

공화파정권에서 과거 연방파가 주장해온 정책인 보호관세가 제정되고 미국은행이 부활한 것은 정치 면에서도 양 파의 세력을 크게 융화하는 결과를 가져왔다. 1816년 대통령 선거에서 버지니아 출신으로 매디슨 밑에서 국무장관을 지냈고 혁명세대로는 마지막에 속하는 제임스 먼로James Monroe가 대통령에 당선되었다. 취임 후 그는 연방파의 근거지인 뉴잉글랜드 지방을 처음으로 순시했는데, 이때 연방파가 그를 따뜻하게 환영하자 신문들은 이것을 보고 '감정 융화의 시대Era of Good Feelings'가 도래했다고 평가하였다. 그 뒤 연방파는 거의 공화파에 흡수되었고 먼로는 1820년의 선거에서

235표의 선거인 표 중 231표를 얻어 대통령에 재선되었다.

플로리다 지방의 매입

먼로의 첫 번째 임기 중의 업적은 스페인령이었던 플로리다를 1819년 미국 영토에 편입시킨 것이다. 플로리다는 전부터 미국을 침공하는 인디언들의 근거지로 이용되고 있었다. 1818년 인디언 토벌에 나선 1812년의 미·영전쟁의 영웅 앤드루 잭슨 장군은 플로리다 지방으로 국경을 넘어가 인디언 족장 2명과 이들을 원조한 미국인 2명을 처형하였다. 이러한 잭슨의 대담한 행동은 국제문제가 되었고 미국 내에서도 잭슨의 월권행위를 처벌해야 한다는 논의가 일어났다.

이러는 동안 플로리다의 유지가 현실적으로 어렵다는 것을 깨달은 스페인은 미국과 교섭하여 종래 미국민이 플로리다에 대해 청구했던 500만 달러의 손해배상액을 미국정부가 보상한다는 조건으로 플로리다를 미국에 양도하는 조약을 체결하였다. 이때 텍사스 지방이 나폴레옹으로부터 미국이 매입한 루이지애나 지방에 포함되는지의 문제도 결론이 나서 텍사스는 일단 스페인령으로 인정되었다. 또 양국은 미국과 스페인령인 멕시코의 북쪽 경계를 로키산맥으로부터 태평양에 이르는 북위 42도로 한다는 것에 합의하였다.

먼로주의

두 번째 임기 중 먼로의 업적은 먼로주의Monroe Doctrine의 선언이다. 이 선언은 외교 면에서 미국민의 국민의식의 표현인 동시에 미국의 국익은 미국이 차지하고 있는 영토뿐만 아니라 서반구 전체에 걸쳐 있다는 대륙주의Continentalism의 표현이었다. 그러므로 먼로주의를 고립주의 외교로만 보는 견해는 이 주의의 배경에 숨어 있는 적극적인 의도를 무시한 소극적 해석이다.

나폴레옹전쟁 중에 스페인의 식민지였던 중남미 여러 지역에서 독립혁명이 일어나 많은 공화국이 탄생하였다. 그러자 전후 유럽의 신성동맹은 중남미의 혁명에 간섭할 움직임을 보였고, 특히 이 동맹의 주동자인 러시아 황제는 1821년 북위 51도 이북의 태평양 지역을 러시아령이라고 선언하고 알래스카에서 남하할 기세까지 보였다. 당시 영국은 중남미 여러 국가와의 통상에 커다란 기대를 걸고 있었기 때문에 이러한 정세에 가장 민감하게 반응하였다. 또 중남미와의 통상은 인접한 미국에도 역시 관심사였으므로 1823년 8월 영국외상은 유럽 열강이 중남미에 간섭하지 못하도록 양국의 공동선언을 미국에 제안하였다.

당시 제퍼슨과 매디슨은 영국과의 동맹선언에 찬성하고 먼로에게 영국의 제안을 수락할 것을 권고하였다. 그러나 국무장관 존 퀸시 애덤스John Quincy Adams(제2대 대통령의 아들)는 중남미 문제에서 장래 미국의 국익을 생각할 때 영국과의 공동선언은 도리어 미국의 행동을 구속할 가능성이 있다며 미국의 단독선언을 건의하였다. 애덤스 장관의 건의를 받아들인 먼로는 1823년 12월 2일 국회에 보내는 연례 연두교서에서 중남미 문제에 대한 미국의 소신을 밝혔다. 이것을 먼로주의라고 한다.

이 선언은 대체로 다음의 네 가지 점을 강조하였다. 첫째, 아메리카의 남북 대륙을 더 이상 유럽 열강의 식민 대상지로 생각해서는 안 된다는 것, 둘째, 미국은 유럽 열강의 아메리카 대륙 내의 기존 식민지에 대해 과거에도 간섭하지 않았고 앞으로도 간섭할 뜻이 없다는 것, 셋째, 유럽의 어느 나라든 아메리카 대륙에 그들의 정치제도를 확장하려 한다면 미국은 그것을 미국의 평화와 안전을 위협하는 행위로 간주한다는 것, 넷째, 미국은 유럽 내부의 싸움에는 과거에도 관심을 가진 일이 없고 앞으로도 관심을 갖지 않을 거라는 것 등이었다. 결국 먼로는 아메리카 대륙에 대해서는 비식민의 원리를, 아메리카 대륙과 유럽 대륙 간의 관계에 대해서는 상호 불간섭의 원리를 내세웠다.

　먼로선언이 유럽에 알려지자 영국을 제외한 유럽 열강은 이 선언을 미국의 당돌한 행위로 해석하였지만 구체적으로는 아무런 항의도 제기하지 않았다. 영국은 미국이 단독으로 선언한 것과 또 비식민의 원리를 달갑게 생각하지는 않았지만 유럽 열강의 위신에 일격을 가했다는 점에서는 만족하였다. 한편 중남미의 신생국가들은 이 선언을 전폭적으로 환영했지만 그들의 안전 보장에는 아직은 미국보다는 영국이 힘이 된다고 생각하였다. 오늘날의 시점에서 이 선언을 평가하면 독립 이후 40여 년의 짧은 역사밖에 갖지 않은 미국이 이 선언을 통해 아메리카 대륙을 하나의 세력권으로 설정할 정도로 성장하였다는 것을 국내외에 밝혔다는 데 역사적 의의가 있다.

제4절_ 서부 개척과 섹션

서부 이주

독립으로 미국의 영토가 미시시피강까지 확대되자 애팔래치아산맥을 넘어 서부로 이주하는 미국인의 대열은 해마다 늘어났다. 제1회 국세조사가 실시된 1790년에 파악된 미국의 총인구 400만 명 중에서 산맥 서쪽에 거주한 인구는 24만 명에 지나지 않았다. 그러나 50년이 지난 1840년에는 총인구 1,600만 명이 산맥을 경계로 동과 서에 반반 정도로 갈라져 살고 있었다.

13주로 출발한 미국의 주는 두 배로 늘어나 26주가 되었고, 이 중 뉴잉글랜드 지방의 북쪽에서 성립한 버몬트Vermont와 메인 두 주를 제외하면 11주가 서부에 위치하였다. 서부 11주 중에서 산맥의 서쪽에 위치한 켄터키와 테네시Tennessee 두 주가 미국이 독립한 지 얼마 안 되어 탄생했고, 1820년대까지 오하이오강 이북의 북서부 지방에서 오하이오, 인디애나Indiana, 일리노이Illinois의 세 주가, 테네시 이남의 남서부 지방에서 루이지애나, 미시시피, 앨라배마Alabama의 세 주가 각각 탄생하였다. 이주의 대열은 드디어 미시시피강 서쪽까지 진출해서 1820년대 초에는 미주리, 1830년대에는 아칸소Arkansas 두 주가 탄생했고 북서부 지방의 북쪽에서는 미시간Michigan이 새로운 주로 성립하였다.

개척의 실태

서부 개척은 단계적으로 이루어졌기 때문에 이주 대열도 개척되어가는 단계에 따라 성격이 달랐다.

첫 대열은 길잡이-개척자pioneer 대열이었다. 여기에는 인디언의 뒤를 따라 모피를 수집하는 상인들, 직접 수렵하여 모피를 수집하는 사람들, 인디언에게 복음을 전파하는 전도사, 토지투기업자와 이들의 대리인이 끼어 있었다. 애팔래치아산맥의 남쪽 끝에 있는 컴벌랜드협곡Cumberland Gap을 통과하여 켄터키의 비옥한 초원지대를 발견한 대니얼 분Daniel Boone은 바로 이 대열을 대표하는 전형적인 개척자였다.

두 번째 대열인 개척농민들은 첫 대열이 찾아놓은 길을 따라 서부로 이주하였다. 가족을 동반했던 이들은 처녀지를 개척하고 통나무집을 지어 어느 정도 정착할 수 있는 터전을 마련하였다.

이어서 거의 같은 시기에 세 번째 대열인 정착민이 개척지로 이주하였다. 이들은 농토를 넓히고 마을을 건설하고 도로를 닦고 학교와 교회당을 세우는 등 황무지였던 서부에 이른바 문명을 옮겨 심었다. 그래서 이 대열에는 농민만이 아니라 여러 직종의 사람들 — 상인, 장인, 교사, 목사, 법률가, 언론인, 때로는 무법자들 — 이 포함되었다.

그러나 서부로의 이주, 개척, 정착은 결코 쉬운 일이 아니었다. 그것은 한마디로 대자연에 대한 도전이었다. 서부에 이주한 사람들은 도끼로 처녀림을 개간해야 했고 때로는 라이플총으로 인디언, 무법자와 싸우기도 하였다. 또 그들이 일군 농지에서 수확을 올릴 때까지 옥수수와 야생 동식물로 연명해야 하였다. 이주자들에게는 용기와 인내, 슬기가 필요하였다. 이러한 어려움을 알면서도 수십만 수백만의 사람들이 서부로 간 이유는, 첫째, 서부에는 비옥한 땅이 얼마든지 있었고, 둘째, 땅은 생활을 향상시킬 수 있는 기회를 주었기 때문이다. 하지만 기회를 잡는다는 건 위험을 각오하는 모험이기도 하였다. 그러나 그들은 무한한 토지, 무한한 기회는 항상 무한한 발전을 약속한다고 생각하였다.

국유지 매각정책

서부의 넓은 토지는 원래는 인디언의 소유지였지만 연방정부의 영토로 편입된 국유지가 되었으므로, 서부로 이주하는 사람들은 입주하는 토지의 권리를 정부로부터 사야 하였다. 이 토지의 가격은 앞에서 살펴본 것처럼 1785년 공유지법에 의해 최소 매각면적은 640에이커, 에이커당 가격은 1달러로 정해져 있었다.

1796년 정부는 매각면적은 전과 같지만 에이커당 가격을 2달러로 올렸다. 당시 동부의 토지 가격이 에이커당 평균 50달러였으므로 서부의 토지는 대단히 싼 가격이었다. 하지만 입주비용 이외에 땅값으로 1,280달러를 미리 준비하는 것은 서부 이주민에게는 커다란 부담이 되었다. 그러나 여기에도 편법이 있어서 정부가 매각하는 토지는 정부의 공식측량이 끝난 지역에 한정되었으므로, 그렇지 않은 지역에서는 먼저 입주하고 그 지역의 측량이 끝난 뒤에 땅값을 지불하도록 하였다.

그러나 국유지의 가격이 비싸다는 여론은 변함이 없었다. 그래서 1800년 정부는 최소 매각면적을 320에이커로 하고 가격은 에이커당 2달러로 하되 4년간 분납할 수 있도록 하고, 현금 지불의 경우에는 에이커당 1달러 84센트로 한다는 새로운 국유지법을 제정하였다. 1804년에는 다시 최소 매각면적을 160에이커로 내리고 외상거래는 전처럼 하되 현금으로 지불할 경우에는 에이커당 1달러 64센트로 인하하였다.

이처럼 토지의 매입조건을 완화한 결과 1800년 이후 10년 동안에 측량이 거의 끝난 북서부 지방에서만 325만 에이커의 국유지가 팔렸다. 그러나 외상거래제도가 실제로 이주한 농민보다는 토지투기업자에게 혜택을 준다는 비난이 커지자, 1820년 정부는 외상거래제도를 없애고 최소 거래면적을 80에이커로 내리는 한편, 가격도 에이커당 1달러 25센트로 하는 새로운 토지법을 제정하였다.

이 결과 서부 이주농민의 부담은 훨씬 줄어들어 그만큼 이들에게 혜택이 돌아갔다. 하지만 이때부터 국유지는 토지를 필요로 하는 농민에게 무상으로 분배되어야 한다는 여론이 일기 시작하였다.

교통문제 ― 유료도로와 운하

개척지인 서부는 동부와 긴밀한 연결을 가져야만 발전할 수 있었다. 그래서 동서를 연결하는 수단인 교통문제의 해결은 서부 이주의 규모가 커짐에 따라 매우 시급한 문제가 되었다. 1815년 이전에 서부로 이주한 사람들은 진흙길이나 산간의 작은 도로를 이용했고 수로는 하류로 내려갈 경우에만 뗏목을 만들어 이용하였다. 그래서 이런 길을 통한 물자거래의 수송료도 매우 비싸서 뉴욕주의 벽지에서 뉴욕시까지의 수송비가 대서양 횡단 수송비보다 비쌀 정도였다.

당시 동부의 도시 사이에는 돌로 포장된 유료有料도로가 건설되어 있었다. 정부는 메릴랜드주의 볼티모어Baltimore와 컴벌랜드 사이에 건설된 유료도로를 북서부 지방까지 연결하기로 결정하고 1810년대에 오하이오주의 휠링Wheeling까지 이르는 최초의 국유도로인 컴벌랜드 도로를 건설하였다. 여기에서 이주민들은 오하이오강을 이용하여 미시시피강까지 갈 수 있었다. 한편 이 도로는 계속 서쪽으로 뻗어나가 인디애나와 일리노이 두 주를 거쳐 미주리주의 세인트루이스까지 닿았다. 이 밖에 남서부에서는 버지니아주로부터 컴벌랜드협곡을 지나 켄터키주에 이르는 윌더니스 도로Wilderness Road와 테네시주로부터 미시시피강에 이르는 나체즈 도로 Natchez Road 등이 건설되었다.

그러나 1829년에 들어서면서 유료도로 건설 붐은 식어갔고 대신 증기선에 의한 수로 이용과 운하 건설이 활발해졌다. 1807년 로버트 풀턴Robert Fulton이 발명한 최초의 증기선인 클러먼트Clermont호가 허드슨강에서 뉴욕시와 올버니시 사이를 5일 만에 왕복하는 데 성공하였다. 4년 뒤에는 펜실베이니아주의 피츠버그Pittsburg에서 건설된 뉴올리언스호가 오하이오강을 거쳐 미시시피강 하류에 있는 뉴올리언스로 가는 데 성공하였다. 그 뒤로 각종 증기선이 건조되어 여러 강에서 하항뿐 아니라 상항으로도 이용되었다.

이즈음 뉴욕 주의회에서는 허드슨강의 올버니와 이리호Lake Erie의 버펄로Buffalo를 연결하는 운하의 건설이 논의되었다. 주 예산으로 1817년에 착공해서 1825년에 준공된 이리운하는 버펄로에서 뉴욕시까지의 화물운임을 종전의 톤당 1마일 20센트에서 1센트 이하로 크게 인하시켰고 그 뒤 7년 후에는 통행료로 운하 건설비를 충당할 수 있었다.

이리운하의 성공은 운하시대를 열었다. 오하이오와 인디애나 두 주에서는 오하이오강과 이리호를 연결하는 운하가 건설되었고, 1815년부터 1840년 사이에 3,000마일의 운하 건설에 1억 2,500만 달러가 투자되었다. 그러나 1830년대에 들어 철도가 새로운 교통수단으로 도입되자 운하 건설 붐도 차츰 시들해졌다.

서부 개척의 영향

서부 개척은 동서 간의 유대를 강화하면서 미국의 경제발전을 크게 촉진했고, 이와 더불어 미국민의 국민성을 형성하고 민주주의를 발전시키는 데에도 기여하였다. 서부는 또 경제발전의 중심지역이 됨으로써 유럽에 대한 의존도를 감소시키고 미국의 국민주의가 자라나는 발판이 되기도 하였다.

과거의 신분, 빈부의 차, 교육 유무에 관계없이 서부에서는 누구든지 일단 동일한 출발점에 서게 되기 때문에 평등사상을 기를 수 있었고, 무엇보다도 개인의 역량이 중요하였기 때문에 남에게 의지하지 않고 독립적으로 행동하는 인간을 만들어냈다. 이와 더불어 인디언과의 싸움이나 지역사회 개발에는 협동이 필요했으므로 건실한 개인주의에 입각한 협동정신도 발달하였다. 이러한 사상, 정신, 행태는 서부에서 민주주의를 발전시키는 기반이 되었다.

정치제도 면에서 서부는 새로운 것을 만들기보다는 동부의 것을 그대로 도입하는 경우가 많았다. 하지만 선거권의 확장, 남녀 평등권 같은 면에서는 동부보다 훨씬 철저하게 사회를 민주화하려던 경향을 엿볼 수 있다. 서부는 누구든지 열심히 일만 하면 좋은 장래가 약속된다는 것이 관념으로서가 아니라 현실로 입증되는 곳이었으므로 고정적 계급관보다는 동적 계급관을 발전시켰고 또 '내일은 오늘과는 다르다'는 낙관주의를 만들어냈다.

끝으로 서부는 사회·경제적으로 안전판safety-valve 역할을 하였다. 예를 들면, 경제불황기에 동부에서 실직한 노동자들은 서부로 이주하여 인생의 새로운 출발을 기약할 수 있었다. 이러한 의미의 안전판 역할은 오늘날에는 부정되는 경향이 있지만, 서부의 광대한 미개척지가 미국사회의 불안을 해소시키고 계급 간 대립감정을 완화하는 데 간접적으로 도움이 되었다는 주장은 아직도 설득력을 갖고 있다. 이처럼 서부는 미국사에서 커다란 의의를 갖고 있다.

섹션의 형성과 대립

서부의 발전으로 종래 북부와 남부로만 구분되었던 미국의 지역, 즉 '섹션section'은 북동부, 북서부, 남부의 세 개 섹션으로 재편성되었다.

북동부는 식민지시대의 북부와 중부가 합쳐진 지역으로 산업혁명의 중심지이며 대외시장의 출구였다.

북서부는 애팔래치아산맥 너머의 오하이오강 유역과 5대호 지방을 중심으로 새로 개척된 지역으로 소맥과 옥수수 등의 농산물 생산지였다.

남부는 식민지시대의 남부와 애팔래치아산맥의 남쪽을 따라 미시시피강 유역으로 개척되어나간 남서부 지방이 합쳐진 지역으로 종래의 연초, 쌀, 남 이외에 면화를 주 생산물로 하는 농업지대였다. 그러나 이 지역에서는 '이상한 제도peculiar institution'인 흑인노예제도에 기반을 둔 플랜테이션 제도가 지배적인 생산양식이었기 때문에 남부는 자유노동을 기반으로 경제적으로 다양하게 발전하고 있던 북동부나 북서부와는 이질적인 성격을 갖고 있었다.

1820년대에 이러한 세 지역은 각 지역의 경제적 이해를 중심으로 독자적인 지역주의sectionalism를 표방하였고, 이에 따라 정치, 경제 면에서 지역 간의 대립이 나타나게 되었다.

산업혁명이 일어나고 있던 북동부에서는 공업 육성과 외국시장으로부터 국내시장 보호를 위해 고율의 보호관세 제정을 요구했지만, 곡물과 면화의 대외수출에 의존하던 북서부와 남부는 저율관세 또는 자유무역을 지지하였다. 국내교통 개선 문제에서는 산업 위주인 북동부와 농업 위주인 북서부는 상호 의존관계였으므로 연방정부의 비용으로 추진하는 데 찬성했지만, 면화를 매개로 유럽시장과 직결되어 있던 남부는 각 주가 독자적으로 해결하는 데 찬성하였다. 공유지 가격문제에서는 북서부는 무상 또는 저렴한 가격을 요구했고, 북동부는 그럴 경우 노동인구의 서부 유출로 노동임금이 올라갈 것을 우려하는 입장에서, 남부는 노예제도의 확장이 자영농민에 밀려 어렵게 된다는 입장에서 각각 반대하였다.

미주리 타협

이러한 섹션 간의 대립은 1820년 미주리의 주 성립 문제를 둘러싸고 처음으로 정치문제로 등장하였다. 미시시피강 서쪽에 있는 미주리는 남부 사람들이 입주하여 1817년에는 노예제도를 인정하는 노예주로 연방 가입을 요구할 정도로 발전하였다. 당시 노예제도를 인정하지 않는 자유주와 노예주의 수는 각각 11로 균형을 이루고 있었기 때문에 만일 미주리가 노예주로 연방에 가입하면 자유주와 노예주의 균형이 깨질 우려가 있었다. 그래서 북동부와 북서부의 자유주는 미주리의 노예주 성립을 반대하였다.

결국 2년 뒤에 타협이 이루어져 1820년 뉴잉글랜드 지방 북쪽에 있는 메인 지방을 자유주로 성립시키는 대신 미주리는 노예주로 연방에 가입하도록 하였다. 이때 프랑스에서 사들인 루이지애나 지방에서 앞으로 주가 성립할 경우에는 북위 36도 30분 선을 경계로 그 이북에서는 자유주가, 그 이남에서는 노예주가 각각 성립한다고 결정하였다. 이것을 '1820년의 타협' 또는 '미주리 타협Missouri Compromise'이라고 한다.

아메리칸 시스템

1824년에는 종전의 20~25퍼센트의 관세율을 30~36퍼센트로 인상하려는 새로운 보호관세의 제정 문제를 둘러싸고 지역 간 대립이 또다시 정치문제로 등장하였다. 이때 1812년 전쟁에서 주전론을 폈고 국민주의적 경향이 강했던 서부 출신의 헨리 클레이가 '아메리칸 시스템American System'을 제창하여 북동부와 북서부를 결합시키는 데 성공하였다. 그는 보호관세에서 얻어지는 수입으로 도로나 운하를 건설한다면 북동부의 공산품과 북서부의 농산물 거래가 활발해져 서로 경제적으로 발전할 수 있다고 주장하였다. 이러한 클레이의 주장으로 북서부 농민의 보호관세에 대한 반대가 수그러져 결국 남부의 반대를 억누르고 새로운 관세법이 통과되었다.

위의 두 사건은 세 개 섹션 간의 대립이 두 개 섹션 간의 대립으로 재편되는 경향을 보여주었다는 데 커다란 의미가 있다. 즉 자유주 지역인 북동부와 북서부는 경제적으로도 상호 의존도를 높여 보다 큰 북부라는 하나의 지역으로 단일화되어갔고, 노예주 지역인 남부는 이러한 다른 지역의 발전과는 별도로 대외수출용 면화 생산지로 독자적으로 발전해갔다. 그러나 북부와 남부로 귀결되는 이 두 섹션 간의 대립은 1830년대 이후 더욱더 날카롭게 나타났다.

제4장

민주주의와 국민경제의 발전

노예제 폐지운동에 앞장선 개리슨(왼쪽)과 더글러스(오른쪽)

제1절 _ 잭슨의 시대

1824년 대통령 선거

먼로의 뒤를 이을 대통령을 선출하는 1824년의 선거전은 연방파가 소멸되었기 때문에 공화파에서 나온 네 명의 후보들로 치러졌다. 이 선거는 지역 간 대립이 처음으로 두드러지게 나타났다는 특색을 지니고 있다. 각 후보의 득표 분포 상황을 보면 테네시주의 앤드루 잭슨만이 전국 각 지역에서 고루 득표했을 뿐 존 퀸시 애덤스는 북동부 지역, 윌리엄 크로퍼드William H. Crawford는 남동부 지역, 헨리 클레이는 북서부 지역에서 각각 지지를 받았다.

선거 결과 잭슨은 일반투표와 선거인단투표에서 다른 세 명을 누르고 가장 많은 표를 얻었지만 선거인단 표가 당선에 필요한 과반수에는 미달이었다. 그래서 수정조항 제12조에 따라 상위 득점자인 세 명의 후보를 놓고 하원에서 각 주가 1표씩을 행사하는 결선투표로 대통령을 선출하게 되었다. 이때 이 투표에서 제외된 클레이는 자신의 주장인 '아메리칸 시스템'의 관철을 위해 자신에 대한 지지표를 차점자인 퀸시 애덤스에게 가도록 공작하였다. 결국 일반투표에서 지지표를 3분의 1밖에 받지 못하였던 퀸시 애덤스가 다수표를 얻은 잭슨을 누르고 대통령에 당선되었다.

공화파의 분열

새로 대통령에 당선된 퀸시 애덤스가 클레이를 국무장관에 임명하자 잭슨 지지파는 둘 사이에 정치적 흥정이 있었다고 비난을 퍼부었다. 이 일로 인해 결국 공화파는 퀸시 애덤스를 지지하는 국민공화파National Republicans와 잭슨을 지지하는 민주공화파Democratic Republicans로 분열되었다. 그리하여 1828년의 대통령 선거전에서는 양 파 사이의 싸움이 북서부와 남부 지역을 휩쓸었다. 결국 북부에서 호각지세를 보였던 잭슨이 퀸시 애덤스를 누르고 대통령에 당선되었다.

잭슨 당선의 의미

잭슨의 대통령 당선은 가문도 전통도 없는 '코먼맨Common Man(서민, 평민이라는 뜻)'이 무시할 수 없는 정치세력으로 성장하였다는 것을 의미한다. 그때까지의 대통령은 매사추세츠주가 아니면 버지니아의 명문 출신들이었다. 하지만 스코틀랜드 – 아일랜드계 이민을 부모로 둔 잭슨은 캐롤라이나 오지의 빈한한 가정에서 태어나 정상적인 교육도 받지 못한 인물이었다. 개척시대에 테네시로 이주하여 변호사 자격을 딴 잭슨은 토지투기업으로 재산을 모았고 정치에 투신해서는 연방의회의 상·하 양원의 의원으로 선출되기도 하였다. 또 민병대에서 정규군으로 편입된 뒤에는 1812년 전쟁에서 명성을 날려 국민적 영웅이 되었다.

대통령이 되었을 당시 잭슨은 거대한 저택에 살면서 100명의 노예를 소유한 대농장주였으므로 이미 코먼맨과는 거리가 멀었지만, 파란만장한 그의 경력 때문에 그는 '통나무집에서 백악관까지from a log cabin to the White House'라는 미국인의 가장 낭만적인 입신출세의 꿈을 처음으로 실현한 인물로 여겨졌다. 그래서 제퍼슨의 당선을 1800년의 혁명이라고 말하듯이 잭슨의 당선을 '1828년의 혁명'이라고도 한다.

선거권의 확장

잭슨의 당선은 코먼맨이 선거권 획득을 통해 정치적으로 크게 성장했기 때문에 비로소 가능하였던 것이다. 1824년 선거에서는 일반투표 수가 35만 정도였으나 4년 뒤인 1828년에는 전체 인구가 크게 늘지 않았는데도 115만 표로 증가하였다. 이것은 이 시기에 선거권이 확장되었기 때문인데, 특히 서부의 새로운 주에서는 백인 성인남자 모두에게 재산 유무에 관계없이 선거권을 부여하였다. 이로 인해 서부의 농민과 도시의 소시민들이 압도적 다수로 지지한 잭슨이 당선되었다.

선거권의 확장은 대통령 입후보를 지명하는 방식에도 커다란 변화를 가져왔다. 일반투표란 대통령을 선출하는 선거인을 뽑는 투표인데, 건국 때부터 유권자가 선거인을 선출하는 주는 5개 주였고, 나머지 주는 주의회가 선출하였다. 그러나 1824년 선거에서는 24주 중 18주에서, 1828년 선거에서는 22주에서 유권자가 직접 선거인을 선출하였다.

한편 대통령 후보는 초대 대통령 이후 각 정파政派의 비밀간부회의caucus에서 결정하여 각 주에서 반영하도록 되어 있었다. 그러나 선거인을 선출하는 데 유권자의 발언권이 차츰 강해지자 간부회의의 결정보다는 유권자가 직접 정치적 집회를 열어 대통령 후보를 결정하려는 경향이 나타났다. 이와 같은 정치적 집회는 1832년 선거에서 각 정파의 전국지명대회로 발전했고 1840년 선거에서는 대통령 후보자의 지명뿐 아니라 정강까지 발표하였다.

이와 더불어 정책보다는 인물을 중심으로 모이는 경향이 있던 정파는 정책을 중심으로 조직되는 정당의 성격을 띠게 되어 1830년대에 민주공화파는 민주당으로, 국민공화파는 휘그당Whig Party으로 발전하여 양당정치의 기초가 마련되었다.

잭슨 정치의 성격

코먼맨의 지지로 대통령이 되었으므로 잭슨은 그 전의 어떤 대통령보다도 국민을 가까이 하려고 하였다. 그의 이런 생각은 여론을 존중하는 데에서도 찾아볼 수 있다.

잭슨은 새로이 정부 기관지로 『워싱턴 글로브Washington Globe』를 발간하여 정부의 정책을 국민에게 알리는 역할을 담당하게 하는 한편, 유력 언론인들을 통해 여론의 방향을 탐지하고 또 이들의 의견을 정책에 반영하기도 하였다. 일종의 '브레인 트러스트brain trust' 역할을 한 측근들은 백악관 식당에 자주 모여 대통령과 같이 회식하고 담소하면서 정책을 논의하였는데, 때문에 이들을 '키친 내각Kitchen Cabinet'이라고 불렀다.

또한 잭슨은 누구든지 관직에 취임할 수 있다는 생각에서 당원임용제 spoils system를 만들었다. 여기에는 자신의 당선에 공헌한 당원의 노고를 관직으로 보답한다는 의도가 없지는 않았지만, 이 제도를 활용하여 관직 보유자의 관료화를 방지하고 보다 국민의 뜻에 맞는 새 사람들을 등용하여 관민관계를 쇄신하는 것이 오히려 민주적이라는 생각에서 나온 것이었다. 그러나 잭슨 자신은 이 제도를 운용하는 데 신중하여 그가 임명권을 발동할 수 있는 관직 중 20퍼센트 정도만을 교체하였다. 하지만 그 뒤 양당정치의 발전과 더불어 이 제도가 남용되어 많은 물의를 일으켰으므로 당원임용제가 잭슨이 생각한 대로 어느 정도 공직사회의 민주화를 가져왔는지는 의문이다.

잭슨은 독자적 경륜을 가진 정치가는 아니었지만 연방권이 주권州權보다 우선이라는 생각은 확고하였다. 이 점에서는 해밀턴과 흡사하지만, 농업적 이해를 중요시하고 농민을 사회의 기초요 자유의 진정한 벗이라고 생각한 것은 제퍼슨과 유사하였다. 하지만 잭슨은 일단 결정된 정책을 관철할 때는 대통령으로서 헌법상의 특권을 최대한 이용하여 때로는 의회에, 때로는 대법원에 도전했기 때문에 정적들로부터 폭군이라는 의미로 '앤드루 왕King Andrew'이라는 별명을 듣기도 하였다. 그의 이러한 성격은 1832년의 관세 문제와 미국은행 문제에서 두드러지게 나타났다.

1832년의 관세 문제

1828년 애덤스정부는 뉴잉글랜드 지방의 양모업자를 보호하기 위해 1824

년에 책정된 관세를 다시 인상하여 평균세율을 수입 최종가격의 44퍼센트로 하는 새로운 관세법을 제정하였다. 이때 보호관세에 반대하던 남부는 이 관세법을 '혐오스러운 관세Abominable Tariff'라고 비난하면서 계속해서 관세인하운동을 벌였다. 관세 문제에서 잭슨은 보호주의에 어느 정도 찬성하고 있었지만 남부가 계속 반대하자 1832년 평균세율을 1824년의 관세 수준으로 인하하는 관세법을 제정하였다.

그러나 1812년 전쟁 당시에는 국민주의적 입장이었지만 그 후 남부 지역의 이익을 대변하는 정치인으로 변한 당시의 부통령 존 칼훈은 남부 농장주의 입장에 서서 이 관세에 반대하였다. 칼훈은 부통령직을 사임하고 자신의 출신 주인 사우스캐롤라이나로 돌아가 주의회에서 연방 탈퇴도 불사하는 강경한 주권론을 전개하여 1832년 관세의 무효를 선언하게 만들었다.

이때 잭슨은 남부의 입장을 이해하지 못한 것은 아니었지만 무효선언을 연방정부의 권위에 대한 도전으로 여겼기 때문에, 연방법 시행을 위해 필요하다면 대통령이 군사력을 동원할 수 있도록 한 강제집행법안Force Bill을 마련하여 무효선언에 대응하였다.

이러는 동안 '아메리칸 시스템'의 창시자인 클레이는 극한 대결을 피하기 위해 연차적으로 세율을 감면하여 10년 뒤에는 20퍼센트 수준으로 머물게 하는 타협관세안을 작성하여 의회에 상정하였다. 결국 두 법안은 1833년 법으로 성립되었고, 사우스캐롤라이나 주의회에서 강제집행법에 대해서는 무효를 선언했지만 타협관세법은 받아들였으므로 관세 문제로 일어난 연방의 위기는 일단 수습되었다.

제2미국은행 문제

관세 문제가 잠정적으로 해결되자 곧이어 미국은행 문제가 일어났다. 1816년 20년 특허기한으로 발족한 제2미국은행은 1823년 정부가 임명한 총재인 니콜라스 비들Nicholas Biddle이 취임한 뒤 통화 안정, 물가 상승 억제에 힘을 쏟아 국가의 재정적 토대를 튼튼히 하였다. 그러나 연방정부의 재정수입을 무이자, 무과세로 운영할 수 있는 특권을 이용하여 주은행과의 경쟁을 물리친 미국은행은 주은행에 은행권 발행을 위해 적정량의 정화를 준비할 것을 강요하여 금융을 독점하려는 경향을 나타냈다. 이 결과 미국은행은 전국에 유통되는 은행권의 5분의 1을 발행하고 전국 은행예금액과 정화의 3분의 1을 보유했을 뿐 아니라, 이러한 자금의 특별융자를 통해 경제계는 말할 것도 없고 정계와 언론계에까지 막대한 영향력을 구사하였다.

잭슨은 대통령에 취임한 1829년 의회에 보낸 최초의 연두교서에서 미국은행법의 합헌성과 타당성에 의문을 제기하여 미국은행에 반대하는 입장을 밝혔다. 이에 당황한 미국은행 지지파는 은행 문제를 다음 선거에서 정치 문제화하기 위해 특허기한이 만료되기 전인 1832년 비들에게 미국은행의 특허 연장을 의회에 요청하도록 하였다. 그러나 잭슨은 거부교서를 발표하여 이 요청을 거부하였다.

이 거부교서는 잭슨의 민주정치를 이해하는 데 대단히 중요한 문서이다. 그는 이 교서에서 미국은행의 배타적 독점과 주권 침해를 비난하고 이미 미국은행은 연방정부의 대행기관 기능을 상실했으므로 위헌적 존재라고 단정하였다. 뿐만 아니라 미국은행 주식의 4분의 1이 외국인 수중에 있고 그 나머지도 불과 수백 명의 미국시민 수중에 있다는 사실을 지적하고, 이러한 현상은 미국의 독립과 자유를 침해하는 것이라고 비난하였다. 법은 만인 앞에 평등함에도 불구하고 법이 일부 부유계급이나 권력자에게 배타적 특권을 허용하여 부자는 더욱 부자가 되고 권력자는 더욱 권력을 누리게 된다면 농민, 기능공, 노동자와 같은 사회의 하층계급이 궐기하여 정부의 부정을 규탄하는 것은 당연한 일이라고 하였다.

이와 같이 대다수 국민의 이익을 위해 미국은행의 재특허를 불허한다는 입장을 밝힌 제퍼슨은 1832년 선거에서는 더욱 많은 국민의 지지를 얻어 미국은행의 재특허를 지지한 클레이에게 압승하였다.

1837년의 공황

그러나 사회 하층계급의 이익을 위해 미국은행 재특허를 반대한 잭슨의 정책은 1837년 미국의 경제발전에 심각한 타격을 준 불황을 초래해서 오히려 하층계급을 경제적 곤경 속으로 몰아넣는 결과를 가져왔다.

재선 이후 잭슨은 정부의 재정수입을 종전과 같이 미국은행에 예금하지 않고 각 주의 은행에 분산 예금하였다. 이 결과 특히 발전해가던 서부 지방에서는 소자본에 기반을 둔 수많은 '페트은행pet bank'이 탄생했고 이들 은행은 주로 토지투기에 열중하였다. 이와 때를 같이하여 각 주는 막대한 주 채권을 발행하여 운하와 철도 건설에 투자하였다. 이 시기에는 남부의 면화를 비롯한 농산물 가격이 안정세를 유지했으므로 1830년대 전반에 걸쳐 미국경제는 경제팽창 속에 호경기를 맞이할 수 있었다.

그러나 1835년 북서부 지방의 소맥 흉작, 1836년 남부 지방의 면화 가격 폭락으로 농민을 상대로 하는 지방은행의 경영이 부실해졌고, 과열된 토지투기를 냉각할 생각으로 잭슨정부가 1836년 7월 국유지 매각대금을 정화로만 징수한다는 조치를 취하자 경기는 차츰 후퇴하기 시작하였다. 드디어 이듬해 5월 이미 미국 금융계를 좌우하는 위치에 있던 뉴욕시의 모든 은행이 정화 지불을 중지하자 전국 788개 은행 중 정화 준비가 거의 없었던 618개 은행이 도산하였다. 또한 주 채권을 남발한 주 가운데 원금 상환마저 거부하는 주가 속출하여 주 채권의 신용도 무너져 본격적인 불황이 시작되었다. 불황에 가장 심한 타격을 받은 곳은 토지투기와 개발의 대상지역이었던 서북부와 남서부 지방이었다. 불황의 영향은 이 지방의 농민과 농장주들에게 직접적으로 미쳤다.

공황은 1840년대 전반까지 정부의 적절한 조치 없이 계속되었다. 이와 같은 공황 상황에서 1837년 잭슨을 계승한 민주당의 마틴 밴 뷰런Martin Van Buren이 국민의 지지를 잃어 1840년 대통령 선거에서는 휘그당이 정권을 장악하였다. 하지만 그 뒤 1852년까지 미국의 대통령직은 단 한 명의 중임도 없이 4년마다 민주당과 휘그당이 교체되는 양상을 띠었다.

제2절 _ 국민경제의 발전

잭슨의 민주정치가 개화한 1830년대 이후부터 남북전쟁이 일어날 때까지 미국경제는 이미 살펴본 것처럼 지역적 특성을 살려가면서 발전 속도를 가속화하였다. 이 시기 경제발전의 주도권을 장악한 지역은 북동부로, 그 원동력은 이 지역을 중심으로 일어난 산업혁명이었다.

산업혁명과 섬유공업

미국의 산업혁명은 1812년 전쟁 이후, 특히 1816년의 관세법 제정으로 국내산업의 보호체제가 확립된 이후부터 본격화되었지만, 그 계기는 18세기 말 뉴잉글랜드 지방을 중심으로 일어난 섬유공업에서 찾아볼 수 있다. 1790년 영국에서 이주한 새뮤얼 슬레이터Samuel Slater는 로드아일랜드주에 수력을 동력으로 72개의 방추를 설치한 소규모 방적공장을 처음으로 설립하였다. 이어서 1793년에는 역시 영국에서 이주한 스코필드 형제John and Arthur Schofield가 매사추세츠주에 최초의 모직물공장을 설립하였다.

그 뒤 동력원인 수력이 풍부하고 또 농가의 자녀를 노동력으로 이용할 수 있었던 뉴잉글랜드 지방을 중심으로 섬유공업이 일어났지만 그다지 활발히 발전하지는 못하였다.

그러나 1812년 전쟁 이후 영국 섬유제품의 수입이 줄어들고 국산품에 대한 수요가 늘면서 그때까지 대외무역에서 축적된 자본이 투자되어 섬유공업은 전반적으로 활기를 띠게 되었다. 특히 면방공업의 발전은 괄목할 정도였다. 1820년대에는 수백 개의 공장이 설립되었고 방추도 50만을 헤아릴 정도로 급속히 발전하였다. 특히 1813년 보스턴의 자본가들이 월섬Waltham 지역에 50만 달러의 자본금으로 세운 공장은, 1820년대에 들어서면서 방적부터 직포에 이르는 모든 공정을 한 건물 안에 통합하여 일괄작업으로 대량의 면포를 생산할 수 있었다.

뿐만 아니라 1804년 필라델피아의 올리버 에번스Oliver Evans가 발명한 고압증기기관이 1830년대에 개발되어 새로운 동력원으로 증기가 등장하면서 면방공업은 중부의 여러 주까지 퍼져나갔다. 그리하여 1840년 200만을 돌파한 방추 수는 1860년 500만으로 늘었고, 이 시기에 자본금과 생산액은 각각 5,000만 달러에서 1억 달러로, 노동자의 수도 7만에서 12만으로 증가하였다. 한편 모직물공업은 기술이 면방공업의 경우보다 복잡하였고 또 원료인 양모를 수입해야 하는 제약 때문에 면방공업보다는 발전의 속도가 느렸다. 하지만 1828년 수입 양모에 대해 보호관세가 부과되어 뉴잉글랜드 지방의 양모 생산업자들의 양모 생산량이 급격히 늘기 시작한 1830년대 이후 발전의 기틀이 잡히게 되었다.

기계공업

이와 같은 섬유공업의 발전은 모자, 종이, 술, 유리, 철 등의 소비재공업과 아울러 제철공업과 기계공업의 발전을 유발하였다. 특히 이민 온 영국인의 도움으로 시작된 직조공업과 달리 기계공업에서는 미국인의 창의적 기술개발이 그 뒤 미국의 공업화를 크게 촉진하였다. 1798년 매사추세츠주 출신의 엘리 휘트니Eli Whitney는 총기 제작기술의 개량에 착수하여 부품을 서로 교환할 수 있는 열 자루의 총을 만드는 데 성공하였다. 부품의 호환이라는 이 착상은 곧 총기와 시계 공업에 도입되었고 점차 세부의 부속품까지 교환할 수 있는 기계가 만들어졌다. 이에 따라 기계 규격이 통일되면서 이러한 기계로 인해 대량생산, 원가 인하의 길이 열렸다.

남부의 면 생산과 노예제도

북동부 지방에서 면직공업을 중심으로 산업혁명이 일어나고 있을 때 남부에서도 중대한 변화가 일어나고 있었다. 여기에 결정적 역할을 한 것이 총기 제작에서 부품의 호환을 착상한 휘트니가 1793년에 발명한 조면기cotton gin였다.

독립 후 연초 가격이 떨어지고 남에 대한 영국정부의 보조금이 없어지자 남부는 경제적으로 어려운 형편에 처하였다. 그러나 당시 영국에서 활발히 일어나던 면직공업이 많은 면을 필요로 한다는 외적 조건과 어느 지역보다도 면 재배에 적합한 기후를 가졌다는 내적 조건을 기반으로 남부는 면 생산에서 새로운 활로를 열었다.

당시 남부가 경작한 면은 해도면sea island cotton과 육지면upland cotton 두 종류였다. 해도면은 목화와 씨의 분리가 쉬웠지만 재배가 해안지대에 한정된다는 제약이 있었고, 육지면은 광대한 내륙지대에서 얼마든지 재배할 수 있지만 목화와 씨의 분리가 어렵다는 단점이 있었다. 휘트니의 조면기는 바로 이 단점을 해결해주었다. 조면기는 목화와 씨를 분리하는 데 1일 1인 1파운드의 작업량을 1일 1인 300파운드로 증대시켜주었다. 이로 인해 육지면의 대량생산 길이 열리자 남서부 지방 개척과 더불어 남부는 19세기가 되면서 면 재배에 주력하였다.

이 결과 남부 생산물 총액에서 1800년 37퍼센트를 차지했던 면이 1820년 60퍼센트, 1840년대 이후에는 80퍼센트를 차지했고, 생산량도 1800년 200만 파운드에서 1820년 800만 파운드, 1840년 3,400만 파운드, 1860년에는 1억 파운드로 증가하였다.

이처럼 막대한 수량의 면이 북부에서 일어나고 있던 면직공업의 원료로만 공급된 것은 아니었다. 연도에 따라 다르기는 하지만 50~80퍼센트는 주로 영국에 수출되었고, 이러한 면의 수출량은 이 시기 미국의 수출 총액에서 거의 50퍼센트 이상을 차지하였다. 남부 총생산에서 면이 차지하는 위치, 또 미국의 총수출에서 면이 차지하는 위치가 매우 컸기 때문에, 같은 미국 안에서도 산업혁명을 통해 자립적 경제체제를 확립하려는 북부와 달리 남부는 대외의존형 경제체제를 유지하려는 경향을 보였다. 또한 면 생산은 노동력을 주로 노예제도에 의지하였으므로 면의 생산증대는 더욱더 노예제도를 강화하는 결과를 가져왔다. 결국 남부는 자유노동제도를 가진 북동부, 북서부 지방과는 확연히 구별되는 독특한 사회상을 보이게 되었다.

북서부의 농업

북동부 지방에서 산업화가 촉진되고 남부가 면 왕국으로 발전하고 있을 때, 북서부 지방은 소맥, 옥수수, 축산 등으로 식량 생산지의 지위를 차지해가고 있었다. 예를 들어 소맥은 1839년 8,400만 부셸bushel(1부셸은 대두 약 2말 1홉), 1849년 1억 부셸, 1859년 1억 7,300만 부셸로, 옥수수는 1839년 3억 7,700만 부셸, 1849년 5억 9,200만 부셸, 1859년 8억 3,900만 부셸로 늘었는데, 소맥은 일리노이, 인디애나, 위스콘신Wisconsin의 3개 주가, 옥수수는 일리노이주가, 돈육 생산은 일리노이, 인디애나 2개 주가 다른 지방을 압도하고 있었다. 이에 따라 북동부 농업은 곡물 생산에서 과수, 야채, 낙농으로 차츰 전환하는 경향을 나타냈다.

농업의 기계화

이와 같은 농업 생산증대는 여러 면에서 북동부에서 일어나고 있던 산업혁명을 촉진했고, 또한 그 결과이기도 하였다. 왜냐하면 농업의 기계화라는 착상은 공업발전과 더불어 싹터서 많은 농기구를 고안해냈기 때문이다. 1820년대 초 뉴욕주 출신의 제스로우 우드Jethrow Wood는 부품의 호환이라는 휘트니의 착상에서 세 부분으로 날을 교환할 수 있는 주철제 호미를 발명하였다. 1837년에는 버몬트주에서 일리노이주로 이주한 존 디어John Deere가 강철제 호미를 만들고 공장을 세웠다. 이 호미는 일리노이주의 서부 지역에서 풀의 뿌리가 깊이 박힌 단단한 땅을 경작하는 데 효과적이었다.

이 무렵 북서부의 일부 지역에서는 1831년 사이러스 홀 맥코믹Cyrus Hall McCormick이 발명한 수확기가 사용되고 있었다. 노동절약형인 이 기계에 대한 수요는 이 지역의 개척과 더불어 증가하여 1847년 시카고에 수확기 제조공장이 세워졌고, 남북전쟁이 일어날 때까지 7만여 개의 수확기가 북서부 지방에서 생산되는 소맥의 3분의 2 정도를 거두어들였다.

노동절약형 기계는 농기구에서만 나타난 것은 아니었다. 공업 생산에 커다란 영향을 끼친 재봉틀도 1840년대에 등장하였다. 1845년 시계공이었던 일라이어스 하우Elias Howe가 발명한 이 기계는 1분에 250바늘을 꿰맬 수 있었다. 이로 인해 기성복과 제화산업이 일어났다. 1851년 이보다 능률이 좋은 재봉틀의 특허를 얻은 아이작 메릿 싱어Isaac Merritt Singer는 2년 뒤 뉴욕에 공장을 세워 대대적으로 이 기계를 가정에도 보급하였다.

철도의 등장

미국처럼 넓은 나라는 각 지역 간의 연결을 통한 국내시장의 형성 없이는 경제발전을 기약할 수 없다. 그래서 지역 간 연결수단으로 이미 살펴본 것처럼 유료 도로와 운하가 건설되었고 1830년대에 들어서면서 새로이 철도가 등장하여 국내시장 확대에 크게 이바지하였다.

이리운하 개통 후 3년이 지난 1828년 미국 최초의 철도로 볼티모어-오하이오선이 착공되어 1830년 13마일의 철로가 개통되었지만 이 철도는 처음에는 풍력 또는 말에 의해 운행되었다. 그 후 영국에서 수입한 증기기관차가 사용되면서 여러 곳에서 철도가 건설되었다. 하지만 이것들은 대부분 단거리에 궤도도 달랐고 서로 연결도 되지 않았다. 1840년대 들어 철도 건설은 급속히 증가하여 1840년 2,800마일이었던 철도의 총마일 수는 1850년

9,000마일, 1860년 3만 마일을 돌파하였다.

　건설된 철도의 대부분은 주로 북동부와 북서부의 양 지역을 연결하였기 때문에 동부에서는 뉴욕, 보스턴, 필라델피아, 서부에서는 시카고Chicago가 철도의 중심지가 되었다. 그동안 국산 기관차가 출현하여 영국의 수입 차를 대체했지만 철로는 아직도 상당한 양을 영국에서 수입하였다.

제철공업

철도 건설은 공업의 전반적인 발전과 더불어 제철공업의 발전을 크게 자극하였다. 즉 1850년대에 생산된 철 648만 톤 중 약 6분의 1에 해당되는 107만 톤이 철로 생산에 사용되었다.

　제철공업의 중심지는 철광석, 무연탄, 석탄 생산지를 부근에 갖고 있던 펜실베이니아주의 피츠버그로, 1840년대 후반부터 본격적인 발전에 돌입하여 1860년경에는 미국의 철 총생산량의 반 이상을 차지하였다. 제철공업에서 생산되는 선철, 봉철, 압연철판은 뉴욕, 펜실베이니아, 매사추세츠의 동부 3개 주와 서부의 오하이오로 수송되어 농기구, 섬유기계, 증기기관, 기관차 등 철의 가공 부문에 사용되었다.

공업수준 – 남북전쟁 이전

미국의 공업은 산업혁명 이후 더욱 발전하여 1849년에는 이 부문에 투자된 자본 총액이 약 5억 달러에 이르렀다. 10년이 지난 1859년에 이 액수는 10억 달러로, 공장 수는 12만에서 14만으로, 연 생산액은 10억 달러에서 18억 달러로 증가하였고 공장 노동자의 수는 1860년 130만, 이 밖에 광산과 운수 노동자 수도 50만이나 되었다.

　이러한 숫자는 건국 초에 비해 확실히 경이적이긴 했지만 남북전쟁이 일어날 때까지는 미국이 근대산업국가로서 확고한 위치를 차지하였다고는 볼 수 없다. 그 이유는 첫째, 대부분의 공업이 농림 산물의 가공업으로, 1860년 미국의 주요산업 중 1위를 차지한 것이 제분업이었다. 둘째, 공업 규모가 영세하여 기업당 평균자본액은 7,500달러, 고용인 수는 10인 이하였다. 셋째, 남부의 면화를 비롯한 농산물이 미국의 주요수출품이었고 외국의 공산품이 주요수입품이었다. 그렇긴 하지만 1860년대까지 미국의 공업은 그 뒤 미국의 경제발전의 토대를 만들 정도로는 충분히 발전하고 있었다.

제3절 _ 새로운 사회와 문화의 태동

코먼맨의 정치적 진출로 민주적 기운이 충만하고 경제공황의 진통을 겪으면서도 국민경제의 기반이 단단히 다져지고 있던 1830년대 이후 남북전쟁이 일어나기 전까지의 30년간은, 보다 명랑하고 평등하고 인도적인 민주사회를 건설하고 보다 미국적인 특색을 지닌 문화를 창조하려는 미국인의 노력이 그 어느 때보다도 활발하였던 시대였다. 이 시대에 이와 같은 미국인의 노력을 가져오는 데 크게 작용한 사상이 유니테리언주의一神敎, Unitarianism와 그 영향으로 발생한 초절주의超絶主義, Transcendentalism였다.

유니테리언주의

유니테리언주의는 1819년 보스턴의 목사였던 윌리엄 엘러리 채닝William Ellery Channing이 제창한 일신교적 기독교에서 비롯한 신학사상이다. 채닝은 정통적인 칼뱅주의에 도전하여 삼위일체설을 부인하고 이신론의 입장에서 신은 하나이며 예수 그리스도는 새로운 종교를 창시한 위대한 인물이라고 하였다. 이처럼 신 중심적인 칼뱅신학을 인간 중심적인 신학으로 바꾸어놓은 그는 인간의 덕성과 완전성, 인간의 의지의 자유, 이에 수반하는 인간의 도덕적 책임을 역설하여 종교의 본질은 내세를 찾는 데 있지 않고 현세에서 선을 실현하는 데 있다고 갈파하여, 자신의 신학과 그 시대의 인도주의적 사회개혁이 연관을 맺을 수 있는 길을 터놓았다.

초절주의

채닝의 신학사상은 이미 형식화된 신앙이 되어버린 칼뱅주의에 안주하고 있던 뉴잉글랜드 지방 지식인들의 사상 형성에 커다란 영향을 끼쳤다. 그중에서도 하버드대학에서 신학을 연구한 랠프 월도 에머슨Ralph Waldo Emerson은 채닝의 신학에 심취하여 졸업 후 유니테리언교회의 목사가 되었다. 신앙 문제에서 채닝보다 자유로운 입장을 취했던 에머슨은 교회를 떠나 유럽으로 건너가 영국의 낭만주의적 작가, 시인들과 교류하고 독일의 관념철학까지 흡수한 뒤 1836년 미국으로 돌아와 보스턴 근교의 콩코드에 은거하였다. 여기서 그는 시어도어 파커Theodore Parker, 헨리 데이비드 소로Henry David Thoreau 같은 젊은 지식인들과 사상적 교류를 도모하는 초절주의자 클럽을 만들고 『다이얼The Dial』이라는 기관지를 발행하여 초절주의라는 독특한 사상을 발전시켜갔다.

초절주의는 협의의 철학도 순수한 종교도 아닌, 동서고금의 철인들의 뛰어난 지혜를 한데 모아놓은 절충적 사상이었다. 하지만 이 사상은 인간이라면 누구든지 가져야 할 도덕적 태도를 가르치고 인간의 자유로운 도덕적 발전을 저해하는 사회의 모든 요소에 대해 비판의 화살을 던져 사람들의 잠자고 있는 양심을 깨웠다. 에머슨과 그를 둘러싼 친구와 제자들은 당시 미국사회가 당면하고 있던 각종 사회문제를 개혁하는 단체를 조직하거나 가입하는 일에 직접 관여하는 일은 드물었지만, 그러한 개혁을 사상적으로 뒷받침하여 사회개혁의 기운을 조성하는 데 크게 이바지하였다.

각종 개혁운동

당시 미국사회는 유럽보다 민주적이기는 했지만 빈민, 범죄자, 정신병자들을 다루는 데는 유럽보다 나은 점이 거의 없었다. 개혁의 손길은 먼저 이 방면으로 뻗쳐서 인도주의적인 개혁가들의 활동으로 채무자의 투옥과 공개적인 처형, 사형 집행 같은 중세적 제도가 하나하나 폐지되었고, 1841년에는 보스턴의 여교수였던 도로시아 딕스Dorothea Dix가 주의 정신병원 설립 비용 부담을 주장하여 상당한 성과를 거두었다. 또한 음주를 빈곤, 범죄, 정신병의 온상이라고 생각한 기독교도들은 금주운동을 벌여 1826년에는 전국적인 협의체가 창설되었고 1846년에는 메인주에서 최초의 금주법이 제정되기도 하였다.

　이러한 개혁운동에는 딕스의 경우처럼 여성들도 참여했지만, 여성의 참여는 여성의 본분이 가정을 지키는 데 있다는 편견 때문에 제약을 받는 경우가 많았다. 이 당시 여성은 남성으로부터 정중한 예우를 받았지만 법과 교육에서 차별을 받아 사회적으로는 남성과 동등한 취급을 받지 못하고 있었다. 그리하여 1848년 엘리자베스 캐디 스탠턴Elizabeth Cady Stanton과 루크리셔 모트Lucretia Mott는 뉴욕주의 세니커폴스Seneca Falls에서 여성 지도자들을 소집하여 최초의 여권대회를 열었다. 대회는 "모든 남성과 여성은 평등하게 창조되었다"라고 선언하고 여성들이 받고 있는 부당한 처우를 열거한 다음 미국시민으로서의 권리와 특권이 여성에게도 즉시 인정되어야 한다고 주장하였다. 그 뒤 몇몇 주에서 조금씩 여권의 신장이 이루어졌고 또 여러 방면에서 훌륭한 여성지도자가 나왔지만 여성에 대한 편견과 불평등한 법적 지위는 쉽게 없어지지 않았다.

　이 시대에는 유럽에서 일어난 공상적 사회주의Utopian Socialism의 영향으로 미국에서도 새로운 이상사회를 건설하려는 공동체운동Communitarianism이 일어났다. 1824년 이 운동의 창시자 가운데 한 사람인 영국의 로버트 오언Robert Owen은 협동노동과 재산 공유를 통해 범죄와 빈곤을 근절할 수 있다는 자신의 포부를 실험하기 위해, 직접 미국으로 건너와 인디애나주의 뉴하모니New Harmony에서 공동체를 만들었지만 2년 뒤 실패하고 말았다. 그 뒤 '팔랑스Phalanx'운동을 제창한 프랑스의 샤를 푸리에Charles Fourier의 사상이 미국에 보급되면서 다시 이 운동이 일어나 1840년대에는 40여 개의 실험적인 공동체가 만들어졌다. 이 중 1841년 조지 리플리George Ripley가 보스턴 근교에 만든 브룩팜Brook Farm에는 초절주의자들도 지대한 관심을 보여 많은 노력을 쏟았으나 이 또한 1847년에 실패하고 말았다.

교육기관의 발전

코먼맨의 출현은 교육에서도 커다란 개혁을 가져왔다. 독립 이후, 주헌법과 그 밖의 법률은 초등학교 교육을 실시한다는 규정을 마련하였지만 매사추세츠주를 제외하면 세금으로 유지되는 수업료 무료의 공립학교제도는 다른 주에서는 거의 실시되지 않고 있었다. 당시 일반 자녀의 교육은 가정과 교회 또는 자선학교에서 간간이 이루어졌고, 부유층 자녀는 비용이 많이 드는 사립학교나 가정교사를 통해 교육을 받았다. 그러나 선거권 확장과 같은 민주주의의 진전은 국민교육의 필요성을 더욱 절실히 느끼게 하였다.

그리하여 1830년대 이후 남부의 여러 주를 제외한, 펜실베이니아주를 비롯한 많은 주에서 초등교육을 위한 공립학교가 설치되었다. 하지만 그 교육 수준은 너무나 빈약해서 보다 충실한 교육을 위해 많은 개혁이 요청되었다. 이 개혁에 지도적 역할을 한 주가 교육을 가장 중시해온 매사추세츠주였다. 1837년 매사추세츠주에 교육국을 창설하고 초대 국장에 취임한 호러스 맨 Horace Mann은 교육개혁에 착수하여 교육 연한을 늘리고 교과과목을 확충하고 교육방법을 개선하였다. 또한 특히 교사의 질적 향상을 위해 최초의 주립사범학교를 세웠다. 그 뒤 각 주가 메사추세츠주의 예를 따라 독자적인 교육국을 설치하여 교육의 충실에 힘썼다.

그러나 초등교육은 3, 4년이면 끝났으므로 고등교육을 받으려면 아카데미Academy라고 불리던 사립학교나 종교단체가 경영하는 학교에 진학해야 하였다. 이러한 학교는 그 수가 상당히 많았지만 중등교육기관인 고등학교 High School제도가 마련되자 점차 줄었고 성격도 대학 진학을 위한 예비학교처럼 되어버렸다. 공적 자금으로 고등학교를 유지하는 제도도 매사추세츠주에서 처음 시작되었다. 1827년 매사추세츠주는 500가구 이상이 거주하는 지역에 고등학교를 설치하는 법을 제정하였다. 이 제도는 각 주로 퍼져 1860년까지 고등학교의 수는 300개를 약간 넘을 정도로 증가하였다. 하지만 이 중 3분의 1이 매사추세츠주에 있었고 남부와 서부에는 그 수가 극히 적었다.

고등교육기관인 대학의 총수는 1850년경 약 50개를 헤아렸지만 대학교육에서는 이렇다 할 개혁이 없었다. 다만 초·중등교육과 달리 고등교육은 주의 비용으로 유지되어야 한다는 생각이 일찍부터 실천에 옮겨져 건국 이후 18세기 말까지 노스캐롤라이나를 비롯한 네 개의 주립대학이 세워졌다. 특히 1803년 오하이오주립대학이 국유지를 기본재산으로 설립된 이후 주가 성립할 때마다 새로운 주립대학이 탄생하였다. 그러나 대부분의 대학은 교양과목에 치중하여 주로 고전어, 철학, 수학, 과학 등을 가르쳤고 교육수준도 낮았을 뿐 아니라 교수와 학생 수도 극히 적어서 대학교육은 '귀족적'이라는 비난을 받기도 하였다.

1826년 조사이어 홀브룩Josiah Holbrook이 일으킨 문화강좌운동Lyceum은 조직적인 성인교육 활동으로, 저명인사의 강연을 통해 어느 정도 높은 수준의 지식을 일반 대중에게 보급하였다. 이 운동에서 에머슨을 비롯한 많은 초절주의자가 인기 있는 연사로 여러 곳에서 초대를 받아 강의하였다.

노예제 폐지운동과 노예제 확장 반대운동

이 시기의 사회개혁가들이 현실문제로 무엇보다 커다란 관심을 가졌던 것은 노예제 폐지 문제였다.

1830년경 북부의 여러 주에서는 노예제도가 거의 폐지된 상태였지만 남부에서는 약 200만 명의 흑인노예가 있었고 면화 경작지가 남서부 지방으로 확대해가면서 노예제도는 더욱 강화되는 경향을 보였다.

그러나 이때까지 반노예제운동이 전혀 없었던 것은 아니었다. 하지만 그 운동은 극히 온건하여 노예의 점진적 유상해방을 주장하였다. 1817년 발족한 미국식민회American Colonization Society는 해방된 흑인노예를 아프리카로 귀환시키는 데 힘썼지만 노예해방보다는 자유흑인의 국외 추방을 기도하는 듯한 인상을 주었다.

이러한 때에 윌리엄 로이드 개리슨William Lloyd Garrison이 등장해서 1831년 1월 노예의 즉시적 무상해방을 논지로 내건 『해방자Liberator』라는 이름의 신문을 발행했고, 1832년에는 동일한 취지에 입각한 단체인 뉴잉글랜드 반노예제협회New England Anti Slavery Society를 조직하였다. 1833년에는 전국적 기관인 미국반노예제협회American Anti Slavery Society가 창설되자 초대 회장에 취임하였다. 이로부터 미국의 반노예제운동은 종래의 점진적 해방에서 즉시적 해방을 주장하는 노예제 폐지운동Abolitionism Movement으로 전환되었다.

개리슨의 노예제 폐지운동은 뉴잉글랜드 지방에서는 웬들 필립스Wendell Phillips, 뉴욕 지방에서는 태펀Tappan 형제, 서북부 지방에서는 시어도어 웰드Theodore Weld와 도망노예 출신인 프레더릭 더글러스Frederick Douglass 등의 활약으로 북부 지방에서 보다 활기를 띠어 1840년에는 24개의 지방단체가 조직되었고 회원 수도 20만 명에 이를 정도로 크게 성장하였다.

그런데 개리슨은 일체의 정치운동과 폭력을 배격하고 오직 도덕적 설득을 통해서만 노예제도를 폐지하려 하였다. 그의 이러한 투쟁방법에 불만을 가진 회원들은 그와 관계를 끊고 정치운동으로 노예제 폐지를 실현할 목적으로 자유당Liberty Party을 결성하였다. 자유당은 1840년의 대통령 선거전에 대통령 후보로 제임스 버니James G. Birney를 출마시켰지만 선거 결과는 참패로 끝났다. 그리고 1848년에 미국이 새로 획득한 영토에 노예제도를 도입하는 것을 반대하는 취지에서 결성된 자유토지당Free Soil Party에 흡수되었다.

그러나 자유토지당처럼 노예제도의 확장을 반대하는 사람, 즉 노예제 확장 반대론자anti-slavery man의 입장은 궁극적으로 노예제도를 폐지하는 데 찬성은 하지만 노예제 폐지론자abolitionist의 입장과는 엄연히 구분된다. 왜냐하면 노예제 확장 반대론자의 입장에는 새로 획득한 영토에 흑인 입주를 반대한다는 인종차별주의가 은연중 내포되어 있었기 때문이다. 개리슨은 노예제 확장 반대라는 뜻의 자유토지주의free-soilism를 백인주의white-manism라고 비난하면서 더욱 강력히 노예의 즉시적·무조건적 해방을 주장하였다.

남부의 반발

개리슨이 『해방자』를 창간하여 노예제 폐지론을 들고 나온 1831년 남부 버지니아에서는 노예인 냇 터너Nat Turner가 주동이 된 노예반란이 일어나 57명의 백인이 살해되는 사건이 발생하였다. 남부에서는 이 사건을 개리슨의 새로운 운동과 관련 있는 것으로 착각하였으므로 그의 운동은 처음부터 남부에 발을 붙이기 어려웠다.

오히려 남부에서는 노예제도를 어느 정도 사악시하면서도 경제적으로 불가피하다고 생각하던 종래의 입장을 버리고, 인종적 견지에서 백인의 안전을 흑인으로부터 보호하기 위해 노예제도가 강화되어야 한다며 노예제도에 대한 적극적 옹호론을 폈다. 남부는 『해방자』를 비롯하여 남부로 우송되는 반노예제 문서를 압수하고, 또 개리슨을 비롯한 노예제 폐지론 지도자에게 살인청부업자를 보내기도 하고 이들의 체포에 현상금까지 걸어 박해를 가하였다. 그러므로 개리슨의 운동은 단 한 명의 노예도 해방시키지 못했다는 점에서는 아무 성과도 거두지 못하였다고 할 수 있다. 그러나 그의 강력한 노예제 폐지론은 자신의 의도와는 다르게 노예제도 문제를 정치문제화하였고 노예제도에 대해 북부를 도덕적으로 무장시켰다는 점에서 눈에 보이지 않는 큰 성과를 거두었다고 평가할 수 있다.

국민문학의 성립

각종 사회개혁운동으로 혁신의 기운이 충만하였던 1830년대 이후의 시기는 문학에서도 새로운 기운이 일어나 미국의 국민문학을 탄생시켰다.

1820년대 미국의 독서층은 미국인의 저서보다는 영국인의 저서를 두 배나 더 많이 읽고 있었다. 당시 미국뿐 아니라 영국에서도 명성을 떨친 미국 작가로는 워싱턴 어빙Washington Irving과 제임스 페니모어 쿠퍼James Fenimore Cooper 등이 있었지만, 이들은 작품에서 미국적 소재를 다루면서도 유럽에서 많은 시간을 보내고 유럽 문인들의 전통을 따르는 데 급급하였다. 또 다른 부류의 작가였던 에드거 앨런 포Edgar Allan Poe는 작품이 너무나 이색적이어서 뛰어난 재능을 인정받았지만 널리 이해되지는 못하였다.

1812년 전쟁으로 국민적 자각이 크게 일어났던 1815년 보스턴에서는 국민문학을 지향하는 문예지로 『북미평론North American Review』이 창간되었으나 얼마 안 가 처음의 의도와는 달리 유럽의 문학 전통을 고취하는 대변지가 되어버렸다.

1837년 에머슨은 하버드대학에서 강연한 '미국의 작가American Scholar'라는 제목의 연설에서 미국의 작가들에게 유럽의 모방을 지양하고 독자적 문학을 창조하라고 충고하였다. 그는

외국 학문에 종속되어 있는 시대, 오랜 도제徒弟의 시대는 바야흐로 종말이 가까이 오고 있습니다. 우리 주위에서 솟아나고 있는 무수한 새로운 생명을 항상 외국 수확물의 시들어버린 찌꺼기로만 기를 수는 없습니다. 여러 가지 사건과 행동이 일어나고 있는데, 이러한 것을 노래해야 하며 또 이러한 것을 자연 그대로 노래할 수 있도록 해야 할 것입니다.

라 하고, 미국의 작가는 '위대하고 먼 낭만적' 세계에서 방향을 돌려 미국

의 가장 훌륭한 산물인 평범한 민중의 생활에 눈을 돌려야 한다고 주장하였다.

에머슨의 충고는 미국 작가들에게 커다란 감명을 주었다. 그리하여 1840~1850년대에 미국문학은 국민문학으로서 독자적 지위를 정립하게 되었다. 식민지시대 뉴잉글랜드 지방의 퓨리터니즘puritanism을 소재로 한 나다니엘 호손Nathaniel Hawthorne의 『주홍글씨The Scarlet Letter』(1850), 바다에서의 인간과 자연의 싸움을 묘사한 허먼 멜빌Herman Melville의 『모비 딕Moby Dick』(1851), 소로의 문명 비평론 『월든Walden』(1854), 코먼맨의 생활과 자연을 힘차게 노래한 월트 휘트먼Walt Whitman의 시집 『풀잎Leaves of Grass』(1855) 등 오늘날에도 높은 평가를 받고 있는 작품들은 모두 이 시기에 나온 것이다.

제4절 _ 영토 확장

1803년 루이지애나 지방을 1819년 플로리다 지방을 사들인 이후 미국은 영토 확장보다는 이미 획득한 영토의 개척에 주력하였다. 그 결과 서부 개척의 대열은 이미 살펴본 것처럼 미시시피강을 넘어 1820년대에는 미주리, 1830년대에는 아칸소의 두 주가 성립하였다. 미국의 개척선은 여기서 일단 정지하는 듯 보였다. 왜냐하면 이 지역에서 서쪽으로 로키산맥까지 뻗쳐 있는 대평원Great Plains은 풀은 무성하지만 나무가 없고 기후가 건조하여 재래의 농경방식으로는 개척이 어려웠기 때문이다. 그래서 한때 미국민은 대평원을 자연이 인디언에게 준 선물이라고 생각하였다. 그러나 1845년 텍사스 지방이 미국에 합병되면서 영토 확장의 열기는 다시 일기 시작하였다.

텍사스 합병

텍사스 지방은 1822년 스페인으로부터 독립한 멕시코공화국의 영토로 되어 있었다. 건국 초 멕시코는 이 지방의 개척을 위해 미국인의 이주를 환영하였다. 그 결과 텍사스 개척의 아버지로 불린 스티븐 오스틴Stephen F. Austin을 따라 이 지방을 면화 경작지로 유망하다고 생각한 남부의 농민들이 노예와 함께 차츰 이주하기 시작하여 1830년경에는 2만 명의 백인과 1,000명의 노예가 정착하였다. 미국 이주민의 수가 늘자 텍사스의 미국화를 두려워한 멕시코정부는 종래의 환영정책을 바꾸어 미국인의 이주와 노예제도를 금지하고 수입하는 미국상품에 무거운 세금을 부과하는 한편 국경경비를 강화하였다. 이러한 강압정책에 불만을 가진 이주민들은 반란을 일으켜 1836년 3월 텍사스의 독립을 선언하고 샘 휴스턴Sam Houston 장군과 의용군의 활약으로 멕시코군을 무찔러 그해 4월 독립을 쟁취하였다.

독립한 텍사스공화국은 곧 미국과의 합병을 요청하였다. 당시 임기가 얼마 남지 않았던 잭슨 대통령은 텍사스공화국을 승인하면서도 합병에는 신중한 태도를 보여 자신의 뒤를 이은 밴 뷰런 대통령에게 합병 문제를 넘겼다. 밴 뷰런은 텍사스의 합병으로 남부의 친노예제 세력이 커질 것을 우려하여 이 문제를 국회에 상정조차 하지 않았다. 그 후 텍사스가 영국의 도움을 받으려는 시도를 하자 이에 놀란 제10대 대통령 존 타일러John Tyler는 1844년 남부 출신의 존 칼훈을 국무장관으로 임명하여 텍사스와의 교섭을 재개하여 합병조약안을 작성하였다.

그러나 상원은 텍사스를 합병할 경우 멕시코와의 관계가 악화될 것을 우려하여 이 안을 부결하였다. 바로 이해 대통령 선거전에서 민주당에서 입후보한 테네시주 출신의 대농장주인 제임스 포크James K. Polk가 텍사스 합병을 강력히 지지하여 승리하였다. 이에 타일러 대통령은 외국과의 조약 비준에는 상원의 3분의 2 이상의 승인이 필요하다는 헌법조항을 무시하고, 합병안을 상·하 양원합동회의에 회부하고 과반수의 찬성으로 성립시킨다는 안을 국회에 상정하여 이 결의안을 통과시켰다. 이 결과 텍사스 합병조약은 상·하 양원합동회의의 결의안으로 타일러 대통령의 퇴임 직전인 1845년 3월 1일 통과되었고 이해 12월 텍사스는 또 하나의 노예주로 미국 연방에 가입하였다.

명백한 운명

텍사스 합병이 시간문제였던 1845년 여름 뉴욕에서 발행되는 『민주평론 Democratic Review』의 편집인인 존 오설리번John L. O'Sullivan은 '합병'이라는 제목을 단 논설에서 "텍사스는 이제 미국의 것이다. …… 미국의 '명백한 운명manifest destiny'은 대륙 전체에 영토를 확대하여 이것을 소유하는 것이며 이것이야말로 자유와 자치정치의 위대한 실험의 발전을 위해 신이 미국인에게 부여한 운명"이라 하고 멕시코가 영유하고 있는 캘리포니아 지방도 결국은 미국의 영토가 될 거라고 예언하였다. 미국의 영토 확장을 신이 미국인에게 부여한 운명이라고 합리화한 이 이론은 당시의 호전적인 영토 팽창론자expansionist들을 만족시켰고 후에 태평양 연안에서 미국의 세력 팽창을 정당화하는 데도 이용되었다.

오리건 문제

미국의 '명백한 운명'은 오리건 지방의 영유 문제를 해결하는 데에서 첫 모습을 드러냈다. 현재의 워싱턴, 오리건Oregon, 몬태나Montana, 와이오밍 Wyoming의 4개 주와 캐나다령 컬럼비아의 일부가 자리 잡고 있는 이 지방에 대해 영국과 미국 양국은 오래전부터 서로 영유권을 주장해오고 있었다. 1818년 양국은 이 지방을 공동관리하에 두고 공동관리를 종결하고자 할 때에는 1년 전에 서로 통고한다는 데 합의하였다.

그 뒤 소수의 미국 상인, 모피 수집업자, 인디언의 개화를 사명으로 한 선교사들이 대평원과 로키산맥을 통과하는 길이 2,000마일의 오리건 통로Oregon Trail를 개척하였다. 1840년대 초 윌라멧계곡Willamette Valley 지대가 농경지로 유망하다는 소식이 동부에 전해지자 갑자기 '오리건 열병 Oregon Fever'이라고 불리는 이주 열병이 일어나 이주민의 수가 1845년 약 5,000명을 헤아리게 되었다. 이들은 곧 영국과의 공동관리에 만족하지 않고 미국의 단독관리하에 들어가기를 희망하였다.

팽창론자인 포크 대통령은 1845년 3월 취임연설에서 오리건 문제를 언급하여 북위 54도 40분 선까지 이르는 지역에 대해 미국의 영유권을 주장하였고, 이해 12월에는 국회에 보낸 첫 교서에서 영국과의 공동관리를 종결할 뜻이 있음을 밝혔다. 이러는 동안 호전적인 팽창론자들은 오리건 지방 전부를 소유할 것을 요구하고 그 요구가 관철되지 않을 때에는 영국과 싸울 각오가 되어 있다는 강경한 태도로 포크의 정책을 뒷받침하였다. 그러나 오리건 문제에 대해 영국은 미국과 타협할 뜻이 있었고 또 포크도 영국과 싸울 생각은 없었다. 또한 미국은 1846년 5월 멕시코와 교전 상태에 들어갔으므로 이해 6월 미국은 요구를 크게 후퇴시켜 북위 49도 선으로 오리건 지방을 분할한다는 영국 측의 제안을 받아들여 이 문제를 매듭지었다.

멕시코전쟁

미국이 텍사스를 합병하자 멕시코정부는 미국과의 국교를 단절하였다. 그러나 양국 사이에는 해결해야 할 문제가 많았다. 그중에서도 가장 시급한 것이 텍사스 합병으로 발생한 양국 사이의 국경을 새로 확정하는 문제였다. 멕시코는 텍사스 쪽에 가까운 누에시스Nueces강을, 미국은 멕시코 쪽에 가까운 리오그란데Rio Grande강을 서로 경계선으로 하자고 주장하였다. 1845년 12월 포크 대통령은 양국의 국교를 재개하여 경계를 확정 짓고 아울러 뉴멕시코와 캘리포니아 두 지방을 사들일 목적으로 존 슬라이델John Slidell을 멕시코에 파견하였다.

하지만 미국의 특사는 멕시코정부로부터 냉대를 받고 아무런 성과도 거두지 못한 채 돌아왔다. 이러한 때 누에시스강을 건너 리오그란데강까지 진출한 미국군은 두 강 사이의 분쟁지역에서 멕시코군의 습격을 받아 16명의 사상자를 냈다. 이에 대해 포크 대통령은 멕시코군이 국경을 넘어와 미국 영토 안에서 미국인의 피를 흘리게 했다고 주장하고 1846년 5월 국회의 승인을 받아 멕시코에 선전포고하였다.

그러나 당시 미국의 여론은 이 전쟁을 전폭적으로 지지하지는 않았다. 남부와 민주당은 이 전쟁을 환영했지만 북부와 휘그당은 반대하는 분위기였다. 특히 노예제도 확장에 반대하던 휘그당의 일부와 노예제 폐지론자들은 미국군이 생명을 잃거나 부상당한 장소가 미국 영토가 아니라 국경이 아직 확정되지 않은 분쟁지역 안이었다는 사실을 지적하고 이 전쟁은 남부 노예주가 세력을 강화하려고 조작한 음모라고 비난하였다. 한편 1847년 매사추세츠 주의회는 이 전쟁이 대통령의 명령으로 시작된 위헌전쟁이며 노예제도 확장, 노예주의 강화, 자유주의 지배라는 세 개의 목적을 가지고 멕시코의 해체를 의도한 전쟁이라는 결의문을 통과시켰다.

초절주의자의 한 사람인 소로는 멕시코전쟁을 불의의 전쟁으로 단정하고 정부에 대한 납세를 거부하여 투옥되기도 하였다. 그는 1849년 '시민의 불복종Civil Disobedience'이라는 글에서 이때의 자신의 입장을 설명하면서 제정된 국법보다 높은 신의 법에 복종하는 것은 시민의 첫 번째 의로운 의무이며 누구든 미국인이기 이전에 인간이어야 한다고 주장하여 미국의 개인주의적 민주주의 전통을 이해하는 데 참고될 불멸의 기록을 남겼다.

이처럼 멕시코와의 전쟁에 대해 여론이 통일되지는 못했지만 5만 명의 미국군은 승승장구하여 1847년 1월까지 뉴멕시코와 캘리포니아 일대를 점령하고 이해 9월에는 멕시코의 수도인 멕시코시티를 함락하였다. 이에 멕시코정부는 미국에 강화를 제의, 1848년 2월 과달루페이달고Guadalupe Hidalgo조약을 맺었다. 이 조약으로 리오그란데강을 양국 간의 경계로 확정 짓고 미국은 뉴멕시코와 캘리포니아를 포함한 약 50만 평방마일의 광대한 영토를 1,500만 달러에 사들였다. 1853년에 미국은 멕시코정부와 교섭하여 개즈던Gadsden조약을 맺어 1,000만 달러에 멕시코 북부의 일부 지역을 사서 멕시코와의 경계 문제를 완결 지었다.

월멋 단서조항

멕시코로부터 획득한 영토는 노예제도와 관련하여 새로운 문제를 일으켰다. 1846년 8월 멕시코전쟁이 일어난 뒤 포크 대통령은 멕시코로부터의 영토 구입비로 200만 달러를 요구하는 추경예산안을 국회에 상정하였다. 이때 펜실베이니아 출신의 민주당 하원의원인 데이비드 월멋David Wilmot은 멕시코로부터 구입하는 영토 내에서는 노예제도를 금지한다는 조항을 예산안에 추가할 것을 제안하였다.

월멋 단서조항Wilmot Proviso이라고 불린 이 안은 하원에서 두 번 모두 무난히 가결되었으나 그때마다 상원에서 남부 출신 의원들의 반대로 부결되었다. 결국 멕시코로부터 획득하는 영토에서 노예제도를 인정하느냐 금지하느냐의 문제는 전쟁이 끝날 때까지 결정되지 못하였고 전후 이 지역에서는 군정이 계속 실시되었다.

캘리포니아 문제

이런 때 캘리포니아에서 뜻밖의 사건이 발생하였는데, 1848년 1월 새크라멘토Sacramento 근방을 흐르는 아메리칸강American River 유역에서 사금砂金이 발견된 것이다. 이 소식은 캘리포니아 주민을 들뜨게 했을 뿐 아니라 이해 말 동부에까지 전해져 미국 국내는 말할 것도 없고 세계 각처에서 일확천금을 꿈꾸는 사람들이 이 지방으로 모여들어 이른바 '골드러시Gold Rush'를 일으켰다. 1850년 초에 이르면 캘리포니아의 인구는 10만 명을 돌파할 정도로 급증하였다. 1848년 멕시코전쟁에서 세운 전공을 배경으로 대통령에 당선된 재커리 테일러Zachary Taylor 장군은 대통령에 취임하자 캘리포니아 주민들에게 헌법을 제정하고 연방에 가입할 것을 권유하였다. 캘리포니아는 1849년 10월 노예제도를 금지하는 헌법을 제정하고 정부를 세워 군정 당국으로부터 행정권을 이양받았다. 이제 남은 문제는 연방 가입뿐이었다.

1850년의 타협

캘리포니아가 자유주로 연방 가입을 요청하자 남부는 크게 분노하였다. 남부는 재커리 대통령이 루이지애나주의 노예 소유주 출신이라는 점에서 그를 배신자라고 규탄하고 노예제도를 금지하는 주의 성립을 보느니 차라리 연방에서 탈퇴하겠다는 강경한 태도를 보였다. 이러한 위기에 당면하자 1820년의 미주리 타협을 성립시키는 데 수완을 보였던 헨리 클레이는 당시 73세의 고령에도 불구하고 일련의 타협안을 작성하여 1850년 1월 상원에 상정하고 남북 간의 화해로 위기를 극복할 것을 역설하였다.

그러자 남부의 대변자 격인 68세의 존 칼훈은 불편한 몸을 이끌고 상원에 나와 동료 의원에게 자신의 연설을 대독시켰다. 그는 클레이의 타협안을 맹렬히 비난하고 남부가 굴복을 강요당했을 때에 취할 태도를 암시하였다. 이에 대해 3일 뒤 매사추세츠주 출신으로 역시 68세였던 대니얼 웹스터Daniel Webster는 하원 연설에서 북부에서 일어나고 있는 반노예제운동의 선동을 비난하여 남부의 격앙된 심정을 진정시키는 한편, 북부 온건파에게 클레이의 타협안을 받아들여 연방을 유지할 것을 강력히 호소하였다.

미국 혁명세대에 이어 성장한 19세기 전반의 3대 정치가라고 일컬어지는 이들 세 사람이 각자의 경륜을 총동원하여 정치적 생애를 결산이나 하는 듯(칼훈은 2개월 뒤, 클레이와 웹스터는 2년 뒤 사망) 열변을 토한 연설은, 당시 남북 간에 존재하였던 정치문제를 이해하는 데 필요할 뿐 아니라 미국의 정치풍토를 이해하는 데에도 헤아릴 수 없는 가치를 갖고 있다.

클레이의 타협안에 대한 찬반 연설은 그 뒤에도 계속되었다. 이러는 동안 남북의 온건파들은 서로 접근하여 클레이의 타협안 원안의 골자를 살려 9월 '1850년의 타협'을 이루었다. 그 내용은 첫째, 캘리포니아를 자유주로 인정하고, 둘째, 멕시코로부터 획득한 그 밖의 지방은 뉴멕시코와 유타Utah의 두 '영지territory'로 분할하고 노예제도의 인정 여부는 주민 의사에 따라 추후에 결정하며, 셋째, 수도가 있는 컬럼비아 지구에서는 노예매매를 금지하고, 넷째, 남부에서 북부로 도망친 노예에 대한 체포와 단속을 강화한다는 것이었다. 이렇게 하여 캘리포니아주의 연방 가입 문제로 일어난 정치 위기는 일단 수습되었다. 그러나 이 타협은 위기의 해결이 아니라 앞으로 다가

올 위기의 처음을 장식하는 서곡에 지나지 않았다.

모르몬교도의 서부 개척

1850년의 타협이 성립할 무렵 멕시코전쟁의 결과 미국 영토로 편입된 유타에서는 소수의 미국인들이 '명백한 운명'과는 관계없는 이색적인 개척을 이루고 있었다. 이들은 1820년대에 조지프 스미스Joseph Smith가 창건한 모르몬Mormons교회(공식명칭은 예수그리스도후기성도교회 The Church of Jesus Christ of Latter-Day Saints)의 교도들이었다.

공동체 생활을 중시하는 모르몬교도들은 처음에는 기성 종교로부터 박해를 받아 뉴욕에서 오하이오, 미주리로 전전하다 1830년대 말 일리노이주의 노부Nauvoo에서 안주의 땅을 찾는 듯하였다.

그러나 1843년 스미스가 일부다처제를 도입하자 다시 박해를 받게 되었고 스미스는 생명을 잃었다. 스미스의 뒤를 계승한 브리검 영Brigham Young은 안주의 땅을 미국 영역 밖에서 찾을 생각으로 전 교도를 이끌고 1846년부터 서부로 이동을 계속하여 최종적으로 로키산맥 너머의 그레이트솔트호Great Salt Lake 지역에 정착하였다. 이곳은 당시 멕시코령이었으나 거의 사막과 다름이 없는 황무지여서 아무도 살 엄두를 못 낸 곳이었다. 모르몬교도들은 여기서 협동작업으로 수리시설을 설치하여 몇 년 만에 사막을 옥토로 바꾸어놓았다. 마침 이곳은 캘리포니아로 가는 길의 요지를 차지하고 있었으므로 골드러시가 일어나 사람들이 캘리포니아로 몰려들자 식량과 그밖의 물품 보급지가 되어 모르몬교도들은 막대한 이익을 보았다. 이리하여 1850년경에는 약 1만 명 이상의 모르몬교도들이 솔트레이크시티Salt Lake City를 중심으로 확고한 기반을 닦았다. 그러나 유타가 미국령이 되자 미국 밖에서 신천지를 건설하려 하였던 모르몬교도들의 꿈은 사라져버렸다.

제5장

남북전쟁과 재건

링컨기념관의 링컨 동상

제1절 _ 위기의 1850년대

타협 이후의 남북 상황

1850년의 타협은 캘리포니아의 자유주 성립 여부 문제로 일어났던 남북 간의 지역적 대립을 일단 해결한 듯하였지만 얼마 안 가 이 타협은 남북 간에 일시적인 휴전만을 가져왔다는 것이 밝혀졌다.

캘리포니아가 자유주로 연방에 가입하자 자유주와 노예주의 수적 대립은 16 대 15가 되었다. 이것은 자유주와 노예주의 수를 항상 동수로 해서 상원에서 남북 간의 정치세력의 균형을 유지하려 하였던 남부 입장에서는 커다란 타격이었다. 그래서 남부는 이런 수적 열세에서 벗어나 안정된 정치세력을 확보하기 위해 지리적으로는 거의 한계에 도달하였다고 볼 수 있는 노예제도의 확장에 더욱 열을 올렸고 노예제도 유지를 위해서는 연방 탈퇴도 불사한다는 강경론이 남부의 과격파 사이에서 나오고 있었다.

한편 북부도 1850년의 타협에 결코 만족하지 않았다. 특히 타협의 조건 중 하나였던 도망노예단속법Fugitive Slave Act의 강화는 도망노예 혐의를 받은 흑인의 배심재판권과 자기변호권을 박탈하고 노예 소유주 또는 그 대리인의 증언만으로도 도망노예라는 것을 입증할 수 있도록 해서 자유흑인조차 때로는 도망노예로 판정되어 남부로 강제 이송되는 사례가 발생하였다.

이 때문에 노예제도를 도덕적으로 사악시하는 감정은 북부에서 오히려 커져갔다. 뿐만 아니라 1852년 해리엇 비처 스토Harriet Beecher Stowe 부인이 노예제도의 비인도성을 고발하기 위해 출판한 『톰 아저씨의 오두막Uncel Tom's Cabin』은 순식간에 30만 부가 팔려 북부의 반노예제 감정을 더욱 부채질하였다. 이로 말미암아 1840년대 초 정치운동 참여 여부로 한때 약화되었던 반노예제운동—노예제 폐지론과 노예제 확장 반대론—도 다시 활기를 띠게 되었다.

캔자스-네브래스카법

1850년의 타협에도 불구하고 남북 대립이 노예제도를 중심으로 오히려 격화되는 양상을 띠고 있던 1854년 5월, 연방정부는 북부 민주당의 지도자이며 상원의 영지위원회 위원장이었던 스티븐 더글러스Stephen A. Douglas의 제안을 토대로 캔자스-네브래스카법Kansas-Nebraska Act을 제정하였다. 이 법은 텍사스 지방 이북, 미주리와 아이오와 양 주의 서쪽에서 로키산맥까지 이르는 광대한 초원지대를 양분하여 남쪽에 캔자스, 북쪽에 네브래스카 두 개의 영지를 조직하고 이 지역에서 노예제도의 인정 여부를 주민 의사에 따라 결정하며 아울러 1820년에 합의하였던 미주리 타협을 무효로 한다는 내용을 담고 있다.

주민 의사에 따라 주의 성격을 결정한다는 이른바 주민주권popular or squatter sovereignty 원리는 이미 1850년의 타협에서 뉴멕시코와 유타 두 영지를 조직할 때 받아들여진 원리이고 또 이 원리를 인정한다고 해서 노예제도를 인정하는 것은 아니었지만, 이 법에 명문화된 미주리 타협의 폐지는 남북 간의 감정적 대립을 정치 문제화하는 데 커다란 요인이 되었다. 왜냐하면 캔자스와 네브래스카 두 지역은 북위 36도 30분 이북에 위치하고 있어 미주리 타협에 의하면 자유주만이 성립할 수 있는 지역이었다. 그런데 이 타협의 폐지로 자유주로 예정된 지역에까지 노예제도가 인정될 가능성이 생겼기 때문이다. 그리하여 북부는 캔자스-네브래스카법의 제안자가 북부 출신이지만 법의 제정 과정을 보면 자유주를 제압하려는 남부 노예주의 음모가 분명하게 드러난다며 이 법을 규탄하였다.

공화당 창당

북부의 이와 같은 반대는 미국 정계를 재편성하는 결과를 가져온 신당운동으로 결집되었다. 캔자스-네브래스카법안이 국회에 상정되어 심의되고 있던 그해 2월, 1848년 자유주로 연방에 가입한 위스콘신주의 리펀Ripon을 비롯한 북부의 여러 곳에서 법안에 반대하는 민주당원과 휘그당원이 연합하여 신당 조직운동을 벌이기 시작하였다. 이들은 캔자스-네브래스카법이 국회를 통과하자 6월 미시간주의 잭슨Jackson에 모여 신당의 명칭을 공화당Republican Party으로 채택하고 도망노예단속법과 캔자스-네브래스카법의 폐지, 노예제도의 확장 반대를 주요정강으로 내걸었다. 이 당이 오늘날 미국 공화당의 기원이다.

남북 간의 유혈사건

한편 주민 의사에 따라 주의 성격을 결정한다는, 언뜻 보기에는 극히 민주적인 해결방식은 생각보다 실현되기가 굉장히 어렵다는 것이 캔자스에서 드러났다. 왜냐하면 남부와 북부에서 각자의 지지세력을 상당수 이 지방에 입주시켜 자신들의 뜻에 맞는 주를 성립하려는 사전 공작을 하였기 때문이다. 이로 인해 캔자스에서는 영지 주민의 대의기관인 입법부를 조직하는 일조차 어려워졌다.

더구나 1856년 5월 노예제도 지지파가 반대파의 근거지인 로렌스Law-rence를 습격하자 열렬한 노예제 폐지론자인 존 브라운John Brown은 그 보복으로 6명의 무장돌격대를 조직하여 포타와토미Pottawatomie에 정착한 노예제 지지파인 이주민을 살해하였다. 이후 캔자스에서는 양 파 사이에 유혈참극이 빈발하게 되었다.

폭력은 캔자스에서 그치지 않고 연방의회에까지 번졌다. 매사추세츠주 출신의 상원의원인 찰스 섬너Charles Sumner가 캔자스에서 일어나고 있는 사태를 범죄로 규정하고 정부와 남부를 맹렬히 비난하자, 의사당 안에서 사우스캐롤라이나주 출신의 하원의원이 그를 구타하여 빈사 상태에 빠뜨리는 불상사가 일어났다. 캔자스뿐만 아니라 연방의회 안에서의 이와 같은 폭력사건은 당시 남북 간의 대립이 정상적인 정치형태로는 도저히 해결하기 어려운 지경에까지 이르렀다는 것을 말해준다.

1856년 대통령 선거

캔자스가 내란 상태에 들어간 1856년의 대통령 선거전에서 민주당은 친노예제 성격을 다소라도 완화하기 위해 오랜 외교관 생활로 국내문제에서는 태도가 명확하지 않은 북부 펜실베이니아주 출신의 제임스 뷰캐넌James Buchanan을 대통령 후보로 지명하였다. 창당 이후 휘그당을 거의 포섭한 공화당은 멕시코전쟁 당시 캘리포니아를 점령하는 데 공을 세운 존 프리몬트John C. Fremont를 후보로 내세우고 노예제도의 확장 반대라는 기치를 분명하게 내걸어 지지를 호소하였다.

결과는 민주당의 승리로 돌아갔지만 이 선거전에서도 지역 간의 대립은 두드러지게 나타났다. 민주당은 남부의 모든 주와 남부와의 대결을 피하려는 북부의 다섯 주에서 승리했지만 공화당은 남부로부터 단 한 표의 지지도 받지 못하였다.

하지만 뷰캐넌은 당시 미국이 처해 있던 난국을 해결할 만한 역량을 가진 정치가가 아니었고 차츰 남부에 동정적인 태도를 보여 위기의 1850년대 후반 지역 간 분쟁을 더욱 격화하는 결과를 가져왔다.

드레드 스콧 사건

뷰캐넌이 대통령에 취임한 직후인 1857년 3월 6일 연방대법원은 오랫동안 계류 중이었던 '드레드 스콧Dred Scott 사건'에 대해 최종 판결을 내렸다. 흑인노예인 스콧은 노예주인 미주리 출신의 군의관인 주인을 따라 자유주인 일리노이주와 미주리 타협으로 노예제도가 금지되어 있던 위스콘신 영지에서 거주한 일이 있었다. 그 후 스콧은 노예주인 미주리로 돌아왔지만 과거 자유주에서 거주하였다는 이유를 내세워 자신의 신분이 자유라는 것을 밝혀달라는 소송을 제기하였다.

이에 대해 연방대법원은 첫째, 헌법은 흑인을 시민으로 인정하지 않고 있으므로 흑인인 스콧에게는 제소권이 없으며, 둘째, 스콧의 자유주 또는 영지에서의 신분이 어떠했든지 간에 자의로 노예주에 돌아왔으므로 현재 노예이며, 셋째, 미주리 타협은 특정 지역에서 재산 보유를 금지하여 개인의 재산권을 침해하였으므로 위헌이라는 판결을 내렸다. 이 판결은 결과적으로 남부에 유리했으므로 남부는 환영했지만 북부는 사법권마저 노예제도를 옹호한다며 비난하였다.

캔자스 사태와 민주당의 분열

이러는 동안 캔자스 사태는 더욱 심각한 양상을 띠었다. 캔자스에서는 노예제도 지지파와 반대파들이 각자 정부를 세워 대립하였고, 연방의회에서는 어느 파의 정부를 정당한 정부로 인정하느냐의 문제를 놓고 크게 논란이 벌어졌다. 이에 뷰캐넌 대통령이 노예제 지지파의 정부를 정당한 정부로 인정하려 하자 캔자스 사태를 야기한 것에 죄책감을 느끼고 있던 더글러스를 중심으로 한 북부 민주당원들의 분노가 끓어올랐다. 이로 말미암아 민주당도 남북 양 파로 분열되는 조짐을 보였다.

1857년의 공황

드레드 스콧 사건에 대한 판결과 캔자스 사태로 국내가 시끄러워진 1857년, 미국경제는 다시 한 번 불황을 맞이하였다. 불황의 원인은 철도와 제조공업에서의 과다투자, 토지 투기, 불건전한 은행 경영에 있었으므로 그 타격은 북부와 서부에서 심하였다. 면 수출에만 의존하던 남부는 별 영향을 받지 않았는데, 불황의 타개책을 강구하는 방법에서 뷰캐넌은 다시 한 번 남부에 동정적인 입장을 나타냈다.

　뷰캐넌은 불황 타개책으로 북부가 제의한 고율 관세법과 서부가 제의한 자작농지법의 제정을 거부하여 관세와 국유지에 대한 남부의 전통적 정책에 결과적으로 동조하였다. 그러나 그의 이러한 정책은 지역적 이해에 있어 북부와 서부를 연결시켜 남부에 대항하는 결과를 가져왔다.

링컨-더글러스 논쟁

이러한 불황 속에서 1858년 중간선거가 치러졌다. 이 선거에서 일리노이주의 연방 상원의원 의석을 둘러싸고 민주당의 더글러스와 공화당의 에이브러햄 링컨Abraham Lincoln 사이에 벌어진 선거전은 국민의 이목을 크게 끌었다. 캔자스-네브래스카법의 입안자이며 북부 민주당의 영수 격인 더글러스는 대통령직을 겨냥하고 있는 '작은 거인Little Giant'으로 그 명성이 전국에 알려져 있는 거물 정치가였다. 이에 비해 켄터키의 빈농의 아들로 태어나 '정직한 에이브Honest Abe'라는 애칭으로 불리던 링컨은 독학으로 입신하여 변호사가 되었고 휘그당원으로 일리노이주의 주의원과 연방 하원의원을 지냈지만 명성은 일리노이주에만 알려진 무명 정치가에 지나지 않았다.

　이 선거전에서 더글러스와 링컨은 8월부터 10월까지 총 7차례에 걸쳐 공개논쟁을 벌였다. 이보다 앞서 링컨은 일리노이주의 공화당대회에서 상원의원 후보 지명을 받았을 때 아래와 같은 연설을 하였다.

　분열된 집은 서 있을 수 없습니다. 나는 이 정부가 반은 노예제도를 허용하고 반은 노예제도를 인정하지 않는 상태로 영속할 수 있다고는 생각하지 않습니다. 나는 연방 해체를 바라지 않습니다. 나는 집이 무너지기를 바라지 않습니다. 나는 연방이 분열하여 싸우지 않기를 바랄 뿐입니다.

이에 대해 더글러스가 '분열된 집' 사상은 내란을 예언하는 것이라고 링컨을 비난하자 링컨은 노예제도에 대한 자신의 입장을 밝혔다. 링컨은 노예제도가 존재하는 지역에 대해서는 노예제도에 간섭할 생각은 없지만 노예제도가 이 이상 확장되는 것은 단호히 반대한다고 하였다. 그리고 링컨은 노예제도 문제를 주민 의사에 따라 결정한다는 더글러스의 주민주권론과 모든 지역에서 노예제도를 인정할 가능성이 있는 드레드 스콧 판결 사이의 모순을 어떻게 해결할 것인지를 반문하였다.

이에 대해 더글러스는 대법원의 판결이 있기는 하지만 노예제도는 그 성질상 노예법과 그 밖의 시행법으로 보호받지 않는 한 단 한 시간도 존재할 수 없으므로 노예제도 반대파들이 이런 법의 제정을 막는다면 노예제도는 결코 확장될 수 없다고 주장하였다.

이 선거전에서 더글러스는 승리하였지만 위의 발언은 그를 남부의 벗으로 생각하였던 남부의 정치가들을 크게 실망시켰다. 결국 다음 대통령 선거에서 남부의 지지를 얻어 민주당의 단일 후보로 출마하려던 더글러스의 꿈은 깨지고 말았다.

한편 링컨은 비록 패배하였지만, 더글러스와의 논쟁으로 그의 명성은 일약 전국적으로 알려지게 되었다. 또한 그는 이 논쟁에서 노예제도 확장에는 반대하지만 노예제 폐지론자는 아니라는 것, 노예제도가 도덕적으로 악이라는 것은 인정하지만 흑백 양 인종이 사회적·정치적으로 평등하다고는 생각하지 않는다는 입장을 밝혔다.

존 브라운의 봉기

남북의 대립을 격화시키는 사건은 그칠 줄을 몰랐다. 1859년 10월 16일 일찍이 캔자스에서 이름을 날렸던 존 브라운은 5명의 흑인을 포함한 18명의 동지를 규합하여 버지니아주의 하퍼스페리Harpers Ferry에 있는 연방무기고를 점령하고 이곳을 근거지로 남부의 노예를 선동하여 노예반란을 일으키려 하였다. 그러나 이 무모한 계획은 출동한 연방군에 의해 진압되었고 그는 체포되어 12월 2일 교수대의 이슬로 사라졌다.

이 사건으로 남부는 노예제도 비난에 더욱 신경을 곤두세웠고 북부에서는 노예제 폐지론자 중에서조차 브라운의 행동을 광신적 폭거라고 비난하기도 하였다. 그러나 브라운이 죽기 이틀 전에 남긴 말인 "이 죄를 지은 땅의 범죄는 피를 흘리지 않고는 씻겨지지 않으리라"는 노예제도에 반감을 갖고 있던 모든 북부인의 심금을 울려 그를 노예해방의 영웅으로 추대하려는 움직임마저 나타났다.

1860년 대통령 선거

브라운 사건으로 일어난 흥분이 아직 가시기 전인 1860년 다시 대통령 선거전이 열렸다. 대통령 후보 지명대회에서 민주당은 분열하여 북부파는 더글러스를, 남부파는 켄터키주 출신의 존 브레킨리지John C. Breckinridge를 각각 지명하였다.

공화당에서는 위기를 극복하는 길은 남북 대결밖에는 없다고 연설했던 뉴욕주 출신의 과격파인 윌리엄 수어드William H. Seward와 링컨 사이에서 지명전이 벌어졌는데, 온건파인 링컨이 지명을 받는 데 성공하였다. 또한 공화당은 노예제도 확장에 반대하는 종래의 정책과 더불어 고율의 보호관세, 자작농지법의 제정, 대륙횡단철도에 대한 정부 보조, 이민 보호 등을 약속하여 북부와 서부의 연결을 더욱 공고히 하는 데 힘썼다.

한편 1850년대 초 대량 이민에 반대하여 미국의 순수성을 수호하자는 목적에서 결성되었던 미국당American Party 또는 무지당Know-Nothing Party은 휘그당의 잔당과 연합하여 새로 입헌통일당Constitutional Union Party을 조직하고 테네시주 출신의 존 벨John Bell을 후보로 내세웠다. 이 당은 민주·공화 어느 당이 승리하든 연방이 해체될 우려가 있다는 입장에서 연방의 유지를 강력히 호소하였다.

선거 결과 링컨은 일반투표에서는 전체의 40퍼센트의 표밖에는 획득하지 못하였다. 그러나 북부의 여러 주를 석권하여 선거인단투표에서 남부의 지지를 받은 브레킨리지와 남북 간의 경계 주에서 지지를 받은 더글러스와 벨을 180표 대 123표로 누르고 대통령에 당선되었다.

남부연합의 탄생

링컨의 대통령 당선이 확정되자 남부의 영수 격인 사우스캐롤라이나주는 더 이상 연방에 머물러 있는 것은 무의미하다고 판단하여 연방 탈퇴를 선언하였다. 미시시피, 플로리다, 앨라배마, 조지아, 루이지애나, 텍사스의 6주가 그 뒤를 따랐다.

이들 7주는 1861년 2월 4일 앨라배마주의 몽고메리Montgomery에 모여 남부연합Confederate States of America을 만들고 대통령으로 미시시피주 출신의 제퍼슨 데이비스Jefferson Davis를 선출하였다.

남부의 7주가 연방에서 탈퇴하자 연방의 상·하 양원에서는 타협책이 모색되었지만 아무런 결실을 보지 못하였다. 이것은 퇴임을 목전에 둔 뷰캐넌 대통령의 경우도 마찬가지였다. 뷰캐넌은 남부의 탈퇴를 비난하였지만 사태를 관망할 수밖에 없었다. 결국 연방의 분열이라는 최악의 사태를 해결하는 문제는 링컨에게 맡겨지게 되었다.

제2절_ 남북전쟁

링컨의 대통령 취임

대통령에 취임하기 위해 1861년 2월 고향인 일리노이주의 스프링필드 Springfield를 떠날 때 링컨은 송별사에서

> 내 앞에는 초대 대통령 워싱턴에게 맡겨진 과업보다 더 어려운 과업이 놓여 있습니다. 언제 다시 돌아올 수 있을지, 또 과연 다시 돌아올 수 있을지를 알지 못한 채 나는 이제 이곳을 떠납니다.

라는 말을 남겼다. 이 말을 통해 당시 연방의 분열이라는 난국에 대처한 그의 각오가 얼마나 비장하였는지를 알 수 있다.

3월 4일 남부와의 화해를 역설한 그의 취임연설은 어조가 전반적으로 부드러웠지만 어떠한 희생이 있더라도 연방은 유지되어야 한다는 주장은 단호하였다. 끝으로 '불만을 가진 국민'인 남부에게

> 내전에 대한 중대한 결정은 내가 아니라 국민 중 불만을 갖고 있는 바로 여러분 손에 달려 있습니다. 정부는 여러분을 공격하지 않을 것입니다. 여러분 자신이 공격자가 되지 않는 한 충돌은 없을 것입니다.

라며 무력충돌이 없도록 간곡히 당부하였다. 그러나 그의 뜻과는 달리 취임 후 40일 만에 남북 간의 무력충돌이 일어나고 말았다.

전쟁의 발단

링컨이 취임하면서 바로 착수해야 하였던 일은 사우스캐롤라이나주의 찰스턴 항만 내에 고립되어 있던 연방의 군사기지인 섬터 요새Fort Sumter를

보호하는 일이었다. 이보다 앞서 남부는 연방에서 탈퇴하면서 남부 지역에 있던 연방의 군사 및 공공 시설을 대부분 접수하였고 바닷가에 있는 몇 개의 기지는 포위만 하고 있었다. 그중 하나가 바로 섬터 요새였다.

이에 대해 뷰캐넌 대통령은 섬터 요새에 식량 보급선을 보냈지만 남부 연합군의 포격으로 목적을 달성하지는 못하였다. 이 요새를 방치하면 그것은 남부의 권위를 인정하는 것이 되었고, 만일 원조를 결의하면 남북 간의 충돌이 일어날 가능성이 컸다. 이 기로에서 링컨은 식량 보급을 결의하고 그 뜻을 남부에 전달하였다. 그러자 남부는 보급선이 오기 전인 4월 12일 포문을 열어 그 이튿날 섬터 요새를 함락하였다.

남북전쟁은 이렇게 하여 시작되었다. 전쟁이 일어나자 사태를 관망하고 있던 남부의 버지니아, 아칸소, 테네시, 노스캐롤라이나의 4주가 연방을 탈퇴하고 남부연합에 참여하였다. 이에 따라 남부연합은 수도를 버지니아의 리치먼드Richmond로 옮겼다. 그러나 노예주 전체가 남부연합에 가담한 것은 아니었다. 남북 간의 경계에 있던 노예주인 델라웨어, 메릴랜드, 켄터키, 미주리는 링컨의 설득과 연방파의 노력으로 연방에 그대로 머물렀으며 버지니아주의 서쪽에 위치한 웨스트 버지니아는 버지니아로부터 분리하여 전쟁 중 자유주로 연방에 가입하였다.

남북 비교

전쟁이 일어날 당시 연방을 지지한 북부는 모든 면에서 연방에서 탈퇴한 남부를 압도하고 있었다. 북부는 23주에 인구가 2,200만이었으나 남부는 11주에 인구는 백인이 550만, 흑인이 350만으로 모두 합쳐 900만이었다. 공업 생산력에서는 자본 총액이 북부가 9억 5,000만 달러였는 데 비해 남부는 1억 달러에 지나지 않았고, 광업 자원의 대부분도 북부에 있었다. 농업 생산에서도 면화를 제외하면 식량 생산은 북부가 압도적이었다. 수송력에서는 북부가 2만 2,000마일의 철도를 가진 데 비해 남부는 9,000마일밖에 되지 않았고, 해운에서도 역시 북부가 남부를 압도하였다. 이처럼 인적 자원과 산업력에서 남북 간에는 격차가 있었다.

그러나 물적으로 열세였던 남부에도 전쟁을 수행하는 데 유리한 점이 하나 있었다. 그것은 이 전쟁이 남부 입장에서는 국토 방위의 성격을 띠고 있었다는 점이다. 따라서 남부는 공세보다는 수세에 치중하여 북부에 남부연합의 존재를 승인시키면 전쟁목적을 달성할 수 있었다. 하지만 북부는 탈퇴한 남부를 연방에 복귀시켜야 했고 그러려면 남부를 정복하고 굴복시켜야 하였다. 그래서 북부는 처음부터 공세로 나올 수밖에 없었고 이에 필요한 막대한 군사력과 경제력을 동원해야 하였다.

그런데 정치 면에서 남부는 북부보다 불리한 점이 많았다. 남부연합의 헌법은 외형상 연방헌법과 비슷하였지만 대통령의 임기를 6년으로 하고 노예제도를 인정하며 남부의 종래 주장을 살려 고율관세를 금지하고 국토 개발에 대한 정부 원조를 금지한 것이 크게 달랐다. 또한 여기에 강력한 주권론州權論이 그 밑바탕을 이루고 있었다. 바로 이 주권론 때문에 데이비스 대통령은 전쟁 지휘에 많은 제약을 받았고 그나마 부족한 남부의 인적·물적 자원을 제때에 총결집하여 북부에 대항할 수 없었다.

한편 북부는 기존의 정치체제로 전쟁에 임할 수 있었지만, 전시 중의 공화당은 보수와 급진, 양 파로 갈라졌고 남부에 동정적인 민주당 세력도 무시할 수 없었다. 여기에 전쟁의 목적이 연방 유지인지 노예제 폐지인지 하는 문제로 의견이 분분하여 이러한 잡다한 세력을 하나로 뭉쳐 전쟁을 수행해나가는 게 결코 쉬운 일은 아니었다. 그러나 북부에는 이런 난국을 타개해나가는 데 성실과 인내, 관용과 결단력을 겸비한 링컨 같은 인물이 있었다는 것이 남부와 비교할 때 절대적으로 유리한 점이었다.

남북의 병력동원

전쟁이 일어나자 북부도 남부도 단기간에 끝날 것으로 예상하였다. 그래서 링컨은 처음에는 3개월을 복무기간으로 한 7만 5,000명의 병력을 동원했지만, 남북 간 최초의 결전인 불런Bull Run 전투에서 패하자 장기전을 예상하고 3년 복무의 4만 2,000명의 병력을 더 모집하였다. 북부는 처음에는 다수의 보상금을 지불하는 지원병제에 병력동원을 의지했으나 그것만으로는 병력이 보충되지 않아 1863년 3월 징병제를 실시, 복무 연한을 3년으로 하고 20~45세 사이의 청장년을 징집하였다. 남부도 처음에는 지원병제였다가 인적 자원이 부족하여 1862년 북부보다 먼저 징병제를 실시하였다. 복무 연한은 북부와 같았으나 징집연령은 크게 달라 처음에는 18~35세 사이로, 뒤에는 17~50세 사이로 연장하였다.

이러한 양측의 징병제는 많은 물의를 일으켰다. 북부에서는 300달러를 지불하면 대리징병을 인정했으므로 뉴욕시에서는 이에 항의하는 폭동이 일어나기도 하였다. 남부에서는 북부와 비슷한 대리징병 말고도 식량 확보와 군수품 전달을 구실로 수많은 면제조항이 있었는데, 특히 20명 이상의 노예를 소유한 농장주를 면제해주었다. 그러므로 남북전쟁은 '부자의 전쟁에 말려든 빈자의 싸움a rich man's war and a poor man's fight'이라는 별명을 갖게 되었다.

전쟁 중 북부는 289만(12만 명의 흑인의용군 포함), 남부는 130만의 병력을 각각 동원하였다. 전쟁이 끝난 4년 뒤 양측의 인적 피해를 살펴보면 북부는 36만의 전사자와 27만의 부상자를, 남부는 26만의 전사자와 10만의 부상자를 각각 냈다. 이러한 인명 손실은 그 후 제1, 2차 세계대전과 한국전쟁에서 미국군이 입은 피해를 합친 것보다도 컸다. 그러므로 남북전쟁은 내전이었지만 대외전쟁 못지않은 참혹한 전쟁이었다는 것을 알 수 있다.

전쟁의 경과

남북전쟁의 전선은 대체로 셋으로 구분된다. 제1전선은 북부의 남부 해안 봉쇄였다. 전쟁이 일어나자 북부는 남부의 면화 수출과 공산품, 군수품의 수입을 막기 위해 3,300마일에 뻗친 해안선을 봉쇄하였다. 해군력이 거의 없었던 남부가 이 봉쇄망을 뚫는 것은 불가능하였다. 그래서 남부는 아주 적은 양의 밀수물자 이외에는 거의 자력으로 군비를 조달할 수밖에 없었다.

제2전선은 북부의 수도 워싱턴과 남부의 수도 리치먼드를 서로 쟁취하기 위한 공방전이 벌어졌던 동부 전선이었다. 여기서는 남군의 사령관 로버트 리Robert E. Lee 장군의 탁월한 지휘로 인해 북군은 패배를 거듭하였다. 그러나 북군은 앤티텀Antietam 전투(1862년 9월)에서 승리하여 남군의 북부 침입을 막는 데 성공하였고, 3일간의 전투에 양측이 각기 2만 명이 넘는 전사자를 낸 최대의 격전지인 게티즈버그Gettysburg 전투에서는 남군의 전의에 결정적 타격을 주었다.

제3전선은 애팔래치아산맥 서쪽 지역에서 미시시피강을 확보하고 남부를 동서로 분단한 뒤 남부의 중심지로 침입하려는 북군의 작전이 벌어진 서부 전선이었다. 여기서는 북군의 사령관인 율리시스 그랜트Ulysses S. Grant 장군의 활약으로 전쟁 상황은 처음부터 북군에 유리하게 전개되어 1863년 말까지 미시시피강 전역을 확보하고 테네시주까지 침투하였다. 이러한 전쟁의 공훈으로 그랜트 장군이 북군의 총사령관으로 임명되어 동부 전선으로 진출하자, 그의 뒤를 이은 윌리엄 셔먼William T. Sherman 장군은 1864년 말 조지아주의 애틀랜타Atlanta로부터 서배너Savannah항으로 진출하는 이른바 '바다로의 행군March to the Sea'을 개시해서 폭 60마일, 길이 210마일에 걸쳐 철저한 초토작전을 폈다. 이 작전으로 남부의 군사력은 거의 괴멸 상태에 이르렀다.

이리하여 1865년 4월 9일 리 장군은 전의와 전력을 상실하고 지칠 대로 지친 동부 전선의 남군을 이끌고 버지니아주의 아포맷톡스Appomattox에서 그랜트 장군에게 항복하였다. 이때 그랜트의 항복조건은 극히 관대해서 지휘관을 제외한 모든 사병은 식량을 배급받고 군마와 더불어 고향으로 돌아가는 조치를 받았다. 이어서 각지에서 패전한 남군도 무기를 버리고 항복하였으므로 남부연합은 탄생 5년 만에 소멸되었다.

연방 유지와 노예해방

북부는 처음부터 남북전쟁을 노예해방을 위해 일으킨 것은 아니었다. 링컨은 어디까지나 이 전쟁을 연방 유지를 위한 전쟁이라 했고 이런 점에서 헌법을 수호한 일종의 호헌護憲전쟁이라고 생각하였다. 그러나 전쟁이 일어나자 북부에서는 특히 노예제 반대운동에 참가한 사람들이 중심이 되어 노예해방을 여론에 호소하고 대통령에게 촉구하였다.

이러한 움직임에 대해 링컨은 북부에 남은 노예주의 이탈을 막는다는 배려에서 극히 신중한 태도를 보였다. 예를 들면, 1861년 8월 미주리주에 진주한 북군의 사령관인 프리몬트 장군이 계엄령을 선포하여 반역 인사들의 재산을 몰수하고 노예해방을 선언하자, 링컨은 이것을 월권 행위로 단정하고 시정을 요구하였으므로 노예해방은 이루어지지 않았다.

이듬해 여론은 더욱 강하게 노예해방을 요구하였지만 노예해방을 연방 유지와 관련 짓는 링컨의 태도에는 변함이 없었다. 이해 8월 『뉴욕 트리뷴New York Tribune』의 편집인 호레이스 그릴리Horace Greeley가 '2천만의 기원The Prayer of Twenty Millions'이라는 제목으로 공개서한을 링컨에게 보내 노예해방을 촉구했을 때 링컨은 다음과 같이 회답하였다.

이 전쟁에서 나의 최고의 목적은 연방을 유지하는 것이지 노예제도의 유지나 파괴에 있는 것이 아닙니다. 만일 한 명의 노예도 해방하지 않고 연방을 유지할 수 있다면 나는 그렇게 하겠습니다. 만일 모든 노예를 해방하여 연방을 유지할 수 있다면 나는 그렇게 하겠습니다. 만일 노예의 일부를 해방하고 다른 노예를 그대로 두는 걸로 연방을 유지할 수 있다면 나는 그렇게 하겠습니다.

그러나 이때 링컨은 노예해방이 북부의 입장을 도덕적으로 강화하여 북부의 승리에 크게 기여할 거라는 관점에서 노예해방을 선언할 적절한 시기를 이미 생각하고 있었다.

전시 중의 외교

한편 남부의 전쟁목적은 어디까지나 노예제도를 옹호하고 이 제도에 입각한 독특한 정치·경제·사회체제를 유지하는 데 있었으므로 남부는 처음부터 역사에 역행하는 불리한 입장에 있었다. 그러면서도 남부가 전쟁을 결의한 것은 남부의 면을 입수하기 위해 유럽의 여러 국가, 특히 영국이 전쟁에 간섭할 것이며 그럴 경우 전쟁의 목적이 어떻든 간에 남부도 승산이 있다고 생각하였기 때문이었다. 사실 당시 영국의 토리당Tory Party정부는 남부에 대해 동정적이었고 영국상품의 대미수출을 저해하는 고율의 보호관세정책 때문에 상공업계급도 결코 북부에 대해 호의적이지 않았다.

전쟁이 일어나자 영국은 곧 중립을 선언하였다. 그러나 중립선언은 남부연합을 교전국으로 인정하는 것이었고, 더 나아가서는 남부의 독립을 승인하기 위한 예비조치로도 생각할 수 있었다. 이러한 영국의 정책은 북부로서는 절대로 받아들일 수 없었다. 그러므로 영국의 간섭을 어떻게 막느냐 하는 것이 전쟁 초기 북부가 당면한 가장 중요한 문제였다. 그러나 사태는 북부에 불리하게 전개되었다. 1861년 11월 북부 해군은 공해상에서 영국상선을 정지시켜 영국으로 부임하던 남부연합의 외교사절을 체포하였다. 영국정부는 중립권의 침해라며 북부에 강력히 항의하고 남부 외교사절의 석방을 요구하면서 앞으로를 대비하기 위해 캐나다에 파병까지 하였다. 이 사태를 냉철하게 다룬 링컨이 외교사절을 석방하여 일단 위기를 모면했지만, 이듬해 6월 영국에서 건조된 남부의 군함 두 척이 영국정부의 정식허가를 받고 취항하여 북부의 상선, 군함과 공해상에서 교전하자 북부와 영국의 관계는 다시 악화되었다. 이때 전보다 강경한 태도를 취한 영국은 프랑스를 끌어들여 남부연합의 독립을 승인하는 조치를 내리기 일보 직전에까지 가 있었다.

노예해방령

이러한 위기를 극복하고 영국의 간섭 의도를 결정적으로 포기시키기 위해 링컨은 연방 유지라는 목적 이외에 또 다른 중대한 의의를 부여하는 조치를 취할 수밖에 없었다. 그러한 조치로 당시 생각할 수 있었던 것이 노예해방이었다. 왜냐하면 북부가 노예해방을 선언하면 이미 노예제도를 폐지한 영국이 노예제도를 옹호하고 있는 남부를 승인하는 건 불가능하기 때문이었다. 이 선언을 계기로 이때까지 남북전쟁을 관망해오던 영국 민중들도 전쟁의 정당성이 북부에 있다고 인식하게 되어 적극적으로 북부를 지지하는 편에 서게 되었다.

하지만 1863년 1월 1일 링컨이 선포한 '노예해방령Emancipation Proclamation'이 미국의 모든 노예를 해방시킨 것은 아니었다. 선언은 1863년 1월 1일을 기하여 북부에 계속 저항하고 있는 남부 지역의 모든 노예가 해방된다고 하였으므로 선포 당시에는 사실상 단 한 명의 노예도 해방되지 않았다. 그러나 이 해방령으로 남부에서 북군의 점령지역이 확대되어감에 따라 북군의 사령관이 그 지역 내의 노예를 해방시킬 수 있는 정당한 권한을 부여받은 것은 의심할 여지가 없다.

한편 북부에 잔류한 노예 소유주의 노예는 이 해방령의 대상에 포함되지 않았다. 그러나 해방령은 전쟁 후의 전면적인 노예해방을 약속한 것이나 다름없었으므로 이런 지역에서도 노예제도는 무너질 수밖에 없었다. 전쟁이 끝나기 전인 1865년 1월 북부의 연방의회는 노예제도를 전면적으로 금지하는 수정조항 제13조를 통과시켰다. 이 조항이 각 주의 비준을 받아 정식으로 헌법의 조항으로 성립된 것은 전쟁 이후인 1865년 12월 6일이었다.

전쟁의 결과

북부가 남북전쟁에서 승리하여 연방은 유지되었고 노예제도는 폐지되었다. 그러나 남북전쟁의 결과는 여기서 그치지 않고 전후 미국의 발전을 위한 도약대를 만들었다는 데에 보다 큰 의의가 있다. 우선 전쟁 중 북부의 연방의회는 남부 출신 의원이 없는 가운데 공화당이 내건 주요정책을 아무런 장애를 받지 않고 입법화해갔다.

첫째, 1862년 '모릴 관세법Morrill Tariff Act'을 제정하여 종래의 관세를 5~10퍼센트로 올려 국내산업 보호를 위한 고율관세정책을 확립하였다. 전시 중 관세율은 계속 올라 1864년에는 평균 47퍼센트에 이르렀다.

둘째, 서부의 농민들이 예전부터 염원하던 '자작농지법Homestead Act'을 1862년에 제정하였다. 이 법의 제정으로 국유지에 5년간 정착하여 살면서 개척에 종사한 미국 시민은 누구든지 160에이커의 토지를 정부로부터 무상으로 받게 되었다. 이와 거의 비슷한 시기에 제정된 '모릴법Morrill Act'은 농학 또는 공학을 주로 가르치는 주립대학을 설립하려는 주에, 해당 주의 상·하 양원 의원 1명에 대해 각각 3만 에이커의 국유지를 무상으로 주어서 주립대학의 설립을 쉽게 하도록 하였다. 또한 이해에 비로소 연방정부에 농무성이 설치되었다.

셋째, 1862년에 '태평양철도법Pacific Railway Act'이 제정되어 대륙횡단철도의 건설이 정식으로 허가되었고, 이 철도에 대해 정부는 방대한 국유지를 무상으로 부여할 뿐 아니라 그 토지를 담보로 재정 지원을 받을 수 있도록 하였다.

넷째, 전쟁비용 조달을 원활하게 할 목적으로 1864년 제정된 '국립은행법National Bank Act'은 대부분의 주은행을 국립은행의 지배하에 들어가게 하는 한편 동북부의 자본가에게 필요한 자본을 공급할 수 있게 하였다.

이러한 전시의 입법은 전후 미국경제를 산업자본주의체제로 전환시키는 데 크게 이바지하였고, 또한 전시 중의 미국경제도 그러한 체제를 이룩할 수 있는 토대를 마련해주었다. 즉 전쟁 수행을 위해 동원된 경제는 제철공업, 화약, 피혁 등의 제조공업을 눈부시게 발전시켰고 광산, 산림 등 자원개발도 크게 촉진하였다. 전시 중의 식량 수요 증대는 농업의 기계화를 더욱 촉진하였고, 전쟁에 동원된 물자의 수송은 철도와 그 밖의 도로망을 확충하여 국내시장의 형성에도 좋은 결과를 가져왔다.

이와 같이 북부가 전시경기로 크게 번영하는 동안 면화를 주산물로 하는 남부는 수출이 불가능해지자 경제적으로 심각한 타격을 받았을 뿐 아니라 전쟁터가 주로 남부에 있던 관계로 국토가 황폐화되었다. 전시 중 남부는 전쟁 수행을 위해 면제품, 피혁, 화약, 총포 제조공장을 만들었으나 자본, 기계, 기술자의 부족으로 군대에 대한 보급조차 제대로 이루어지지 못하였다. 이로 인해 남부는 결국 패전할 수밖에 없었지만, 전시 중에 팽창한 북부의 경제적 입장에서 파괴된 남부는 팽창을 지속하면서 새로운 경제활동의 무대를 제공하는 시장이 되었다.

제3절_ 남부의 재건

링컨의 재건안

남북전쟁은 끝났지만 승리한 북부에는 전쟁 못지않은 어려운 문제가 남아 있었다. 그것은 연방에서 탈퇴한 남부 주들을 어떠한 절차를 거쳐 연방에 복귀시키느냐 하는 문제였다. 남부연합의 소멸이 곧 남부 주들의 연방 자동 복귀를 의미하지는 않았고, 주의 탈퇴에 관해 아무런 규정을 두지 않은 미국 헌법은 주의 복귀에 관해서도 아무런 규정을 두고 있지 않았기 때문이다. 그러므로 남부의 연방 복귀, 즉 재건再建, Reconstruction은 전쟁 중에도 커다란 정치문제로 등장하였다. 남부 재건에 관해 처음으로 구체적 구상을 발표한 인물은 링컨 대통령이었다.

1863년 12월 링컨은 북군의 남부 점령지역이 차츰 확대되는 형세를 보이자 '10퍼센트안'이라고 불리는 재건안을 발표하였다. 이 안은 남부의 어느 주든 남부연합의 주요지도자를 제외한 1860년 대통령 선거 당시의 유권자 중 10퍼센트가 연방에 충성을 서약하고 노예해방을 비롯한 연방의 전시 입법을 수락한다면 주정부를 새로 조직하게 하고 연방에 복귀시킨다는 관대한 내용을 담고 있다. 이에 따라 1864년 초까지 테네시, 루이지애나, 아칸소 3주가 링컨의 재건안을 받아들여 새로운 주정부를 세웠다.

공화당과 재건 문제

그러나 링컨의 재건안은 공화당을 온건·급진의 양 파로 갈라놓았다. 온건파는 링컨의 재건안을 지지하면서 남부의 조속한 복귀를 바랐지만, 급진파는 남부에 대한 철저한 탄압과 남부연합 지도자의 처벌을 요구하였다. 이러한 급진파의 입장은 의회 밖에서는 노예제 폐지론자들에게 강력한 지지를 받고 있었다. 급진파는 남부의 테네시, 루이지애나, 아칸소 3주가 연방의회에 의원을 파견하자 이들의 자격을 승인하지 않았고 1864년 7월에는 '웨이드-데이비스안Wade-Davis Bill'으로 불리는 독자적인 재건안을 작성하여 의회에서 통과시켰다. 이 안에 의하면 점령된 남부의 주에는 우선 대통령이 임명한 장관을 파견하고 그의 감독 아래 유권자의 과반수가 연방에 대한 충성을 서약한 뒤 노예해방, 남부연방 지도자의 처벌, 남부연합이 짊어진 전쟁채무 지불 포기 등 연방이 요구하는 모든 조건을 받아들이는 주헌법을 제정하면 연방에 복귀시킨다는 것이었다. 그러나 링컨이 이 안을 거부하였으므로 재건 문제는 어떠한 결정도 보지 못한 채 종전을 맞이하게 되었다.

존슨의 재건정책

1864년 대통령 선거에서 재선된 링컨은 이듬해 3월 두 번째 임기에 들어간 지 36일 만인 4월 9일 종전을 맞이하였지만 그로부터 5일 뒤인 4월 14일 워싱턴에서 암살되었다. 이로 인해 남부의 재건 문제는 그를 계승한 테네시주 출신의 앤드루 존슨Andrew Johnson 대통령에게 맡겨졌다. 링컨과 마찬가지로 빈한한 가정에서 태어나 입신출세한 자수성가형 인물이었던 존슨은 자신의 출신 주가 연방에서 탈퇴할 때 이에 반대하여 북부에 가담한 민주당 북부파의 정치가였다. 특히 그는 남부 농장주의 세력을 싫어했으므로 급진파는 그가 남부에 대해 강경한 태도를 보일 것으로 기대하였다.

그러나 존슨의 재건정책은 링컨의 재건안을 대부분 수용한 관대한 것이었다. 그는 '10퍼센트안'에 의해 재건된 남부 3주의 새로운 정부를 승인하고, 1865년 5월에는 대사면령을 내려 남부연합의 지도자와 2만 달러 이상의 재산 소유자를 제외한 연방에 충성을 서약한 모든 남부인을 사면하였다. 이어서 노스캐롤라이나선언을 발표하여 이 주에 연방파의 새로운 장관을 임명하고 연방 탈퇴선언의 취소, 남부연합이 짊어진 전쟁채무 지불 포기, 노예제도 폐지를 명시한 헌법 수정조항 제13조의 승인을 조건으로 새로운 주정부의 수립을 명령하였다.

이해 여름부터 가을에 걸쳐 남부 여러 주에서는 사면받은 사람들에 의해 새로운 정부가 세워져 12월에 연방의회가 열렸을 때는 텍사스를 제외한 남부의 모든 주가 의회의 승인을 받을 단계에까지 이르렀다.

급진파의 반대

그러나 급진파는 존슨안에 입각한 남부의 조속한 재건에 만족하지 않았다. 이들은 남부의 재건이 연방의회 폐회 중에 이루어진 것에 불만을 가졌고, 또 남부의 주들이 새로운 정부를 수립할 때 해방된 흑인에게 선거권을 부여하지 않은 것에 격분하였다.

더구나 미시시피주를 비롯한 남부의 모든 주가 '흑인단속법Black Code'을 제정하자 온건파마저 분노하였다. 이 법은 노예해방 후의 혼란을 막는다는 미명하에 흑인으로부터 많은 권리―예를 들면 무기의 휴대, 이동과 집회의 자유 등―를 박탈하여 사실상 노예와 다름없는 상태로 흑인을 묶어놓으려 하였기 때문이다.

연방의회가 열리자 급진파가 우세했던 의회는 대통령과 정면으로 충돌하였다. 의회는 존슨의 재건정책을 검토하기 위해 상·하 양원합동조사위원회를 신설하였다. 위원회에서는 급진파가 다수를 차지하였고 펜실베이니아주 출신의 하원의원인 새디어스 스티븐스Thaddeus Stevens가 급진파를 이끌었다. 스티븐스는 남부 주들의 연방 탈퇴행위는 자살행위와 다름이 없으며 새로운 주의 연방 가입은 의회의 전권사항이므로 남부 재건도 의회만이 다룰 수 있다고 주장하였다. 위원회의 권고에 따라 의회는 1866년 2월부터 4월에 걸쳐 존슨안에 의해 재건된 남부 주가 파견한 연방 상·하 양원 의원의 승인을 거부하고, 전시 중 해방된 흑인의 구제를 목적으로 설치한 해방흑인국Freedmen's Bureau의 업무기한을 연장하고, 흑인에게 시민권을 부여하는 공민권법Civil Rights Act을 제정하였다. 이러한 입법조치는 모두 존슨의 거부를 누르고 가결된 것이었다.

의회는 다시 6월 헌법 수정조항 제14조를 통과시켰다. 이것은 흑인의 시민권을 인정하고 어떠한 주도 시민의 권리를 박탈할 수 없도록 하였다. 그러나 시민의 중요한 권리 가운데 하나인 투표권은 흑인들의 경우 많이 박탈되었으므로 의회는 1869년 2월 투표권은 '인종, 피부색 또는 과거의 노역상태'를 이유로 거부 또는 제한을 받지 않는다는 수정조항 제15조를 통과시켰다. 그 뒤 이 두 조항의 승인은 남부의 연방 복귀에 필수조건이 되었다.

존슨과 의회의 충돌

대통령과 급진파는 1866년의 중간선거에서 각자의 재건정책을 국민들로부터 심판받는 기회를 가졌다. 중간선거 결과는 급진파의 대승으로 끝나 연방 상·하 양원에서 3분의 2 이상의 의석을 차지하였다. 이후 의회는 대통령의 거부권을 배제하면서 급진파의 재건안을 입법화해갔다.

1867년 3월에 제정된 제1차 재건법은 테네시주를 제외한 남부를 5개 지역으로 분할하여 군정을 실시하고 군 관리하에서 흑인도 참여하는 선거를 시행해서 급진파의 요구를 충족시키는 주헌법을 제정하면 연방에 복귀시킨다는 내용을 담고 있다. 이와 동시에 관리의 면직을 상원의 감독하에 두는 관직보유법Tenure of Office Act과 군사령관을 거치지 않은 대통령의 군사명령을 금지한다는 군령법Command of the Army Act을 제정하여 대통령의 권한을 크게 축소하였다.

존슨 대통령은 관직보유법에 도전하여 급진파에 속하는 육군장관 에드윈 스탠턴Edwin M. Stanton을 해임하였다. 그러자 의회는 1868년 2월 대통령을 탄핵재판에 회부하였다. 다행히 존슨은 단 한 표 차로 탄핵을 벗어나 대통령직을 지킬 수 있었다. 그러나 실제로 그가 탄핵을 받을 만한 죄를 저질렀는지는 의문이다. 왜냐하면 그가 해임한 육군장관은 관직보유법 제정 전에 링컨 대통령이 임명한 장관이므로 관례에 따르면 그 장관이 뜻에 맞지 않을 경우 후임 대통령은 면직할 권리를 보유하기 때문이다. 그렇기는 하나 역대 대통령 중에서 처음으로 탄핵재판을 받은 것은 존슨 입장에서는 불명 예스런 일이었다. 재판 이후 존슨은 무력해졌고 남부의 재건은 공화당 급진 파의 주도로 진행되었다. 급진파의 주도권은 1868년 급진파의 지지로 대통 령에 당선된 남북전쟁의 영웅 그랜트 장군의 임기 중에도 변함이 없었다.

군정하의 남부

군정하에 들어간 남부에서는 급진파의 안대로 재건이 촉진되어 1868년에 는 아칸소, 앨라배마, 플로리다, 루이지애나, 노스캐롤라이나, 사우스캐롤라 이나의 6주가 연방에 복귀하였고 1870년에는 버지니아, 미시시피, 텍사스, 조지아 4주가 복귀하였다. 그러나 복귀 전후 상당히 오랫동안 남부 여러 주 의 정부와 의회를 지배한 것은 공화당이었고 그 지배를 수적으로 뒷받침한 세력은 해방된 흑인이었다.

급진파의 재건법으로 남부에서는 약 20만의 백인이 선거권을 박탈당해 백인 유권자의 수가 약 60만으로 줄어든 반면 흑인 유권자의 수는 약 70만 을 돌파하여 이 표가 공화당의 지배에 이용되었기 때문이다. 또한 선거권과 관직보유권을 공화당으로부터 보장받은 흑인이 이 시기 정계로 진출하여 상당수가 주의회의 의석을 차지했고 소수는 연방의회 의원으로 선출되기 도 하였다.

그러나 남부의 재건된 정부에서 실권을 장악한 세력은 흑인들이 아니라 카펫배거carpetbagger와 스캘러왜그scalawag였다. 카펫배거는 전후 남부에 이주한 북부인들로 이들 중에는 전후의 혼란한 남부사회를 수습해서 흑백 양 인종이 공존하는 새로운 사회를 건설하려는 이상에 불타는 사람들도 있었지만, 대부분은 공화당과 군의 세력을 배경으로 이권을 얻어 한몫 잡으려는 데에만 열을 올렸다. 스캘러왜그는 남부의 백인으로 공화당과 군에 협력하여 이득을 보고자 한 사람들이었다. 이들은 말하자면 북부에 봉사하는 남부의 부역자였다.

이들 친북부 인사들은 남부의 재건된 정부에서 요직을 차지하고 흑인의 표를 이용하여 주의회를 좌우하면서 각종 부정부패를 저질렀다. 특히 전쟁 피해를 입은 도시의 재건, 파괴된 철도, 교각, 도로, 그 밖의 공공시설들의 복구라는 명목하에 여러 종류의 공채를 발행하여 공금을 낭비하고, 전쟁 전에 노예를 소유한 옛 농장주에게 부당하게 무거운 세금을 부과하기도 하였다. 이로 인해 이들은 남부인들로부터 커다란 비난을 받았다. 그러나 전후, 특히 그랜트 대통령 치하에서는 북부에서도 실업과 정치의 야합으로 많은 부정부패가 저질러졌으므로 남부에서 자행된 모든 그릇된 정치를 이들만의 책임으로 돌릴 수는 없다.

오히려 이들은 남부사회의 민주화를 위해 커다란 업적을 남기기도 하였다. 북부의 자유주의적 헌법을 모방하여 흑인을 포함한 보통선거제를 확립하고 관직보유에서 재산자격을 폐지하고 채무죄인제도도 없애는 한편, 최소 2년의 의무교육을 실시하는 공립학교제도도 확립하였다. 이러한 내용을 담은 주헌법은 백인의 우월권이 다시 대두되면서 크게 수정되기는 했지만 대체로 19세기 말까지 남부에서 명맥을 유지하였다.

남부의 저항

공화당 급진파의 지배하에 카펫배거, 스캘러왜그, 흑인의 3자 협동으로 이루어지는 재건에 대해 대부분의 남부 백인은 크게 반발하였다. 남부의 옛 농장주였든 백인빈농이었든 간에 빈부에 관계없이 백인우월주의를 믿고 있던 남부인들에게 노예였던 흑인들의 정계 진출은 도저히 참을 수 없는 굴욕이었다. 그리하여 남부에서는 '큐클럭스클랜KKK, Ku Klux Klan'을 비롯하여 여러 비밀 테러단체가 생겨났고, 이들은 흑인에게 사형私刑, lynch, 폭행, 방화를 가해 공포의 도가니로 몰아넣고 백인 공화당원과 이들 동조자의 생명까지 위협하였다. 1870년대 초에 연방정부가 테러행위를 규제하는 법을 제정하자 비밀 테러단체는 대부분 해체되었지만 흑인에 대한 테러행위를 근절시키지는 못하였다.

백인의 무자비한 테러에 위축된 흑인들도 자신들이 공화당의 지배에 이용만 당하고 있다는 현실을 차츰 깨닫게 되었다. 특히 공화당 급진파가 해방된 노예의 경제적 자립을 위해 옛 농장주의 토지를 분할하여 실시하고자 한 '40에이커의 땅과 한 필의 당나귀Forty Acres and One Mule' 정책이 전혀 실현되지 않자 흑인들의 실망은 커졌고 이것은 정치에 대한 무관심으로 이어졌다.

한편 공화당 내부에서도 급진파의 가혹한 재건정책과 그랜트 대통령 치하의 부정부패를 규탄하는 세력이 형성되었다. '공화당 자유파Liberal Republicans'라고 불린 이들은 1872년 대통령 선거에서 독자적으로 호레이스 그릴리를 지명하고 민주당과 연합하여 그랜트에게 도전하였다. 그러나 그랜트는 남북전쟁에서의 공화당의 공적과 아직도 민주당을 기피하는 민심을 교묘히 이용하여 재선에 성공하였다.

흑인의 정치적 무관심과 공화당의 내분은 남부의 백인 세력을 공화당 주도하의 재건정부 타도에 결집시키는 데 많은 도움이 되었다. 더욱이 1872년 그랜트 대통령의 대사면령은 과거 남부연합의 지도자 대부분에게 다시 정계에 진출할 수 있는 기회를 주었다. 남부의 백인들은 선거에서 다수표를 확보하거나 폭력과 모략으로 흑인 유권자를 견제하면서 차츰 정치적 실권을 회복해갔다.

그리하여 1875년까지 남부의 8주 ― 테네시(1868), 버지니아(1869), 노스캐롤라이나(1870), 조지아(1871), 텍사스(1873), 아칸소(1874), 앨라배마(1874), 미시시피(1875) ― 에서 공화당이 주도하였던 재건정부는 자취를 감추고 남부인만의 새로운 정부가 수립되었다. 다만 루이지애나, 플로리다, 사우스캐롤라이나의 3주만이 공화당 지배하에 남아 있었다.

1877년의 타협

1876년 대통령 선거전에서 공화당은 러더퍼드 헤이스Rutherford B. Hayes를, 민주당은 새뮤얼 틸던Samuel J. Tilden을 각각 후보로 내세웠다. 선거 결과 틸던은 일반투표에서 헤이스보다 25만 표를 더 얻었지만 대통령 선거인단투표에서는 단 한 표 차로 낙선하고 말았다. 이러한 결과가 나오게 된 것은 민주당의 우세가 전해졌던 루이지애나, 플로리다, 사우스캐롤라이나의 3주에서 공화당이 재빨리 자기 당의 승리를 선언하여 이 3주의 선거인단 표가 공화당이 이미 얻은 표 수에 가산되었기 때문이다. 물론 이러한 선거 결과에 민주당이 납득할 리는 없었다.

양당 간의 분규는 '1877년의 타협'으로 매듭지어졌다. 즉 이해 2월 남북을 대표하는 양당의 지도자가 회합하여 남부 측은 위에서 언급한 남부의 3주에서 공화당이 승리한 것으로 인정하여 헤이스의 대통령 당선을 확인하였다. 대신 헤이스는 남부에서 군대를 철수하여 군 점령을 종식하고 각료 중 최소한 한 사람은 남부인으로 임명하고 남부의 교통 개선, 특히 철도 건설에 연방정부의 자금을 제공할 것을 남부 측에 공약하였다.

이로써 군대가 철수한 루이지애나, 플로리다, 사우스캐롤라이나 3주에서는 공화당정부가 무너지고 남부 백인에게 다시 정권이 돌아가 전후 12년에 걸친 남부의 재건은 그 막을 내렸다.

제4절_ 신남부와 흑인

1877년 타협의 의미

남부의 재건을 종결한 1877년의 타협은 북부 입장에서는 남부 재건에서 스스로의 패배를 인정하는 행위로 생각될 수 있었고, 남부 입장에서는 남부의 문제는 남부인에게 맡겨져야 한다는 전통적인 자치원리가 승리한 것으로 생각될 수도 있었다. 그러나 1877년의 타협은 어느 쪽도 승리한 것도 패배한 것도 아니었다.

북부의 경우 연방정부의 실권은 계속 공화당이 장악하였고 공화당이 전시, 전후에 결정한 중요한 국가시책은 이제 확고한 뿌리를 박아 더 이상 공화당 지배하의 남부의 지원을 받을 필요가 없었다. 오히려 남부 문제에 깊이 개입할 경우 1872년의 공화당 자유파의 형성에서 볼 수 있듯이 당내 결속을 해칠 우려마저 있었다. 그러므로 공화당의 관점에서 보면 1877년의 타협은 남부에 대한 자신 있는 정책 전환이라고 볼 수 있다.

남부의 경우 공화당 지배하의 정권을 완전히 제거한 것은 사실이었지만 이른바 자치를 회복하는 데 주동적인 역할을 한 사람들은 남부사회를 지배하였던 농장주가 아니었다. 그러므로 이미 정치적·경제적으로 몰락한 구지배층에게는 남부의 문제가 남부인에게 맡겨지게 된 것이 특별히 기뻐할 일은 아니었다.

전후 남부의 신흥계층

남부에서 구지배계층인 농장주와 교체되어 재건 이후 정치적 실권을 장악한 신흥계층은 상업·산업자본가였다. 이들은 공화당 지배하의 재건정부를 쓰러뜨리고 남부를 구제하였다고 하여 '구세주Redeemers'라고도 불리었고, 또 공화당 급진파에 반대한 남부의 보수파라는 뜻에서 '부르봉

Bourbons'으로도 불리었다.

이들은 사업의 성격상 북부의 자본가계급과 밀접한 관계를 유지하려 했고, 전후에 재생하는 '신남부New South'를 과거처럼 면화 단일작물을 기반으로 하는 농업사회가 아니라 북부처럼 다양한 산업사회로 발전시키려 하였다. 그래서 북부와의 관계에서 대립보다는 화해를 촉구하였고 바로 이러한 정신이 1877년의 타협을 성립하는 바탕이 되었다.

그러나 이들은 공화당을 적극적으로 지지하지는 않았다. 흑인의 다수가 공화당을 지지하고 있었기 때문이다. 그렇지만 공화당과 마찬가지로 정권 쟁취에 흑인 표를 이용하려 하였기 때문에 흑인의 참정권을 박탈하지는 않았다. 하지만 백인이 정치적으로 분열하면 재건시대처럼 흑인이 진출할 것을 두려워한 이들은 흑인들에게 백인의 단결을 보여줄 필요가 있다고 생각하였다. 그래서 이들은 정책과 가치관에서는 공화당과 흡사했지만 남부의 전통적 정당인 민주당으로 집결하였다. 이리하여 신남부는 민주당의 견고한 정치적 기반이 되었다는 뜻에서 '견고한 남부Solid South'라고 불리었다.

신남부의 사회적 성격 – 농업사회

산업적으로 다양한 사회를 만들려는 신흥계급의 노력에도 불구하고 신남부는 여전히 농업사회였다. 1890년 펜실베이니아주 이북의 대서양 해안지대가 51.7퍼센트나 도시화된 데 비해 메릴랜드주 이남의 대서양 해안지대는 불과 8.5퍼센트만이 도시화되어 있었다. 또 10년 뒤인 1900년 북부의 도시인구가 7퍼센트 증가한 데 비해 남부의 도시인구는 1퍼센트만이 증가하는 데 그쳤다.

이와 같이 신남부가 농업사회를 탈피하지 못한 중요한 원인 가운데 하나는 남부의 농업성격이 전쟁 이후에도 별로 달라지지 않은 데 있다. 옛 농장주의 농토는 해체되어 소유주의 수는 증가하였지만 대토지 소유가 사라진 것은 아니었다. 또 과거의 노예는 소수를 제외하고는 대부분 소작농 sharecropper 상태였다. 이들은 지주에게서 생산기구를 빌려 경작한 뒤 수확을 지주와 분배하였다.

한편 남부처럼 전후 금융신용이 파괴된 곳에서 대지주를 제외한 일반 농민의 영농자금이 풍족할 리 없었다. 따라서 이들은 상인들로부터 자금을 빌릴 수밖에 없었고 상인들은 수확을 담보로 자금을 대부하였다. 여기서 수확질권제도croplien system가 만들어졌다. 이 제도는 농작물의 가격 변동에 구애받지 않아 채권자인 상인이 손해를 보지 않도록 되어 있었으므로 이 제도의 구속을 받게 된 농민들은 결과적으로 채무만 짊어졌다.

게다가 19세기 후반의 농업경기는 전반적으로 불황이었으므로 채무 상환이 불가능해진 자작농들은 소작농으로 전락하였다. 그리하여 재건시대에 남부 농민 중 약 30퍼센트로 추산되던 소작농의 수가 19세기 말에는 70퍼센트로 급증하였다. 또한 이 제도는 수익성이 높고 현금화하기 쉬운 작물의 경작을 요구하였으므로 자연히 남부의 농업은 과거와 마찬가지로 면화와 연초 재배에 집중되었다. 결국 남부는 자급자족할 수도 있는 식량의 공급을 전쟁 전보다 더 많이 다른 지역에 의존하였다.

신남부의 산업화

신남부가 농업사회를 탈피하지 못한 또 하나의 원인은 산업화가 기대한 만큼 이루어지지 않은 데 있다. 전후 남부에서 가장 크게 일어난 산업은 전쟁 전에 이미 싹터 있던 면방공업이었다. 1880년경 남부에 세워진 면방공장의 수는 161개였는데, 여기에 52만 개의 방추가 설치되었고 노동자의 수도 2만 명을 헤아렸다. 1900년까지 이 공업에 투자된 자본금은 20년 동안에 7배로 늘어났다. 이로 인해 뉴잉글랜드 지방의 면방공업이 큰 타격을 받았을 정도였다.

면방공업 다음으로는 연초제조공업과 제재製材공업이 발전하였고 철, 석탄, 석유 자원 등이 개발되었다. 특히 앨라배마주의 버밍햄Birmingham은 남부 제철공업의 중심지로 19세기 말 선철 생산량이 세계 3위 규모였다. 또한 철도의 복구와 건설이 촉진되어 전쟁 전 9,000마일이었던 철도의 총 마일수는 1890년경 3만 9,000마일로 증가하였다.

이와 같이 전후에 여러 산업이 일어났지만 농업 이외의 각종 제조공업에 종사한 남부의 인구는 19세기 말이 되어도 15퍼센트에 불과하였다. 그러므로 남부의 산업은 전쟁 전에 비해 다양화된 것은 사실이지만 북부에 비하면 공업화는 아직도 뒤떨어져 있었다고 할 수 있다.

또한 남부의 이 정도의 공업화도 남부 자본에 의해 전적으로 이루어진 것이 아니었다. 면방공업을 제외하면 특히 철도와 제철은 북부 자본에 크게 의존하였다. 그래서 남부경제는 자연히 북부에 예속되는 현상이 일어났다.

노조에 편입되지 않은 대량의 노동력을 가졌던 북부는 임금이 저렴한 남부에 경쟁산업이 일어나는 것을 억제하기 위해 남부의 공업에 많은 제약을 가하였다. 남부의 공산제품을 수송하는 북부의 자본으로 운용되는 철도에는 운임 차별을 실시하였고, 남부의 공업을 원료의 1차 가공에 머물게 하기 위해 1차 생산물을 북부로 수송하여 완제품을 북부에서 생산하도록 만들었다. 또한 남부의 공업화를 이끌었던 버밍햄의 제철공업의 경우 저렴한 강철을 생산할 수 있는데도 불구하고 선철 생산에서 멈추게 해서, 결국 북부 제철공업의 중심지인 피츠버그의 하청 공업 수준에서 만족하게 하였다. 이러한 제약은 결국 남부를 원료 생산지로 머물게 하였다. 이와 같은 남부의 경제적 예속성은 제2차 세계대전 이후에야 비로소 사라졌다.

신남부의 후진성

신남부의 경제 사정이 이러했으므로 재산, 생활수준, 복지에서도 남부는 북부에 비해 훨씬 뒤떨어져 있었다. 1880년 미국의 전체 국민소득이 1인당 870달러였는데 남부는 376달러에 지나지 않았고, 20년 뒤인 1900년에 북부가 1,165달러였던 데 비해 남부는 509달러에 머물렀다. 19세기 후반 미국의 경제는 비약적으로 발전하였지만 남부는 이 발전에서 제외되었고, 전쟁 전에 부유한 농장주가 살던 남부는 전후에는 백인빈농과 노예에서 해방된 흑인빈농poor blacks의 남부로 탈바꿈한 것에 지나지 않았다.

경제적으로 북부에 예속된 남부는 정치적으로도 북부에 예속되어 전쟁전 남부가 연방정치에서 차지하였던 지위를 전후에는 찾아볼 수 없었다. 초대 대통령 워싱턴부터 제16대 대통령 링컨에 이르는 72년 동안 8명의 대통령이 남부 출신이었으며 통치 연수는 50년에 이르렀고, 대법원장의 지위는 60년 동안 남부 출신이 차지하였다. 또 남북전쟁 전까지 남부 출신은 대법관, 주요국가에 파견된 외교사절, 대통령의 각료, 하원의장 등 여러 공직의 거의 반수를 차지하였다. 그러나 전후 50년이 지난 1912년 버지니아주 출신의 우드로 윌슨Woodrow Wilson이 대통령에 당선될 때까지 남부 출신 대통령은 링컨을 계승한 앤드루 존슨 한 사람뿐이었으며, 이 동안 임명된 133명의 각료 중 13명, 31명의 대법관 중 7명, 12명의 하원의장 중 2명, 외교사절의 10퍼센트 정도만이 남부 출신이었다. 이러한 숫자는 바로 전후 연방정치에서 남부의 쇠퇴를 설명해주는 것이다.

흑인과 투표권

1877년의 타협으로 남부가 남부인에게 맡겨지자 노예에서 해방된 흑인의 시민으로서의 지위에도 차츰 변화가 일어났다. 신남부의 정치 지도자들은 처음에는 재건시대의 공화당과 마찬가지로 정권 유지에 흑인을 이용하였다. 흑인의 이러한 이용가치가 지속되는 한 재건시대에 흑인이 차지하였던 지위는 어느 정도 유지될 수 있었고 또 흑인에 대한 박해도 심하지 않았다.

그러나 신남부의 지배계급은 온정주의적인 면이 있었다 하더라도 흑인을 열등하게 생각하는 점에서는 남부의 일반 백인들과 별로 다르지 않았다. 흑인을 이용하지만 흑인의 권리를 적극적으로 지킨다는 입장은 결코 아니었다.

한편 신남부에서 지배계급과 흑인의 연합세력으로 인해 정치적으로 배제된 계층은 지배계급의 친실업적 정책에 반발한 백인농민들이었다. 이들은 흑인 표가 자신들에게 불리하게 이용되는 현실을 막으려면 흑인의 투표권을 박탈해야 한다는 결론에 도달하였다. 1890년대 남부에서 농민운동이 고조되자 흑인의 투표권을 박탈하려는 움직임 역시 거세졌다. 이러한 움직임 속에서 흑인에 대한 관점이 백인농민들과 큰 차이가 없던 지배계급들은 백인대중을 회유하기 위해 흑인의 투표권을 박탈하는 데 동조하지 않을 수 없었다. 이리하여 흑인은 남부에서 이류 시민으로 전락하고 말았다.

남부 주들은 1890년 이후 흑인의 투표권을 박탈하는 데 대체로 수정조항 제15조의 정신을 교묘히 회피하는 방법을 썼다. 즉 수정조항 제15조는 피부색을 이유로 참정권 거부를 금지한 것이지 결코 참정권을 부여한 것은 아니라고 해석하였다. 그래서 박탈의 근거를 피부색에 두지 않으면서 흑인의 투표권을 박탈할 수 있는 방법을 고안하였다. 결국 생각해낸 것이 인두세 또는 재산 제한을 두자는 것과 문맹 테스트였다. 그러나 문맹 테스트는 문맹인 백인빈농에게도 적용될 수 있었으므로 다시 '조부조항grandfather clause'을 만들어 재산 제한에 걸리거나 문맹 테스트에 떨어진 사람이라도 조부가 남북전쟁 이전에 투표권을 가졌다면 투표권을 부여하였다. 결국 조부가 노예였던 대부분의 흑인은 투표권을 가질 수 없었다. 이러한 방법에 대해 1898년 연방대법원은 위헌이 아니라는 판결을 내려 흑인의 투표권 박탈을 인정하였다.

짐 크로법

이와 같이 흑인의 투표권이 박탈되어가는 동안 흑인에 대한 차별도 남부 여러 주에서 합법화되었다. 흑인에 대한 편견은 어느 곳보다도 남부에서 심했지만 이 편견이 곧 인종차별로 발전하지는 않았다. 사실 전후 오랫동안 철도와 공공시설에서 흑인은 백인으로부터 차별대우를 받지 않았다. 또한 흑백 간의 평등은 모든 사람은 인종에 관계없이 공공시설을 '충분히 그리고 평등하게' 이용할 수 있다고 한 1875년의 공민권법이 뒷받침하고 있었다. 그러나 1883년 대법원은 이 법을 위헌이라고 판결했는데, 그 이유로 수정조항 제14조는 흑인 차별을 금지하는 것이기는 하지만 연방정부가 흑인을 일반 시민들의 차별로부터 보호해야 할 법적 권한은 없다는 주장을 내세웠다. 이로부터 흑인에 대한 차별은 차츰 구체화되어갔다.

차별은 철도 이용, 극장, 여관, 식당, 공원의 벤치, 음수장, 재판소에서 사용되는 선서용 성서에까지 미쳤다. 1896년 흑백 인종을 차별하는 교회에 대해 '분리하되 평등하면seperate but equal' 위헌이 아니라는 대법원의 묘한 판결은 백인의 흑인에 대한 차별을 완전히 합법화하였다. 이리하여 백인과 동등한 인권을 가진 인간인 흑인의 입장에서는 도저히 참을 수 없는 '짐 크로법Jim Crow Law'의 시대가 열리게 되었다.

애틀랜타 타협

이와 더불어 흑인에 대한 박해도 차츰 심해졌다. 1889~1899년에 이르는 10년 동안 미국 전체에서 연평균 187건의 사형사건이 일어났는데, 이 중 80퍼센트가 남부에서 일어났으며 희생자는 대부분 흑인이었다. 즉 남부의 흑인은 생명의 위협까지 느끼며 살아가고 있었다. 하지만 남부 흑인이 당면하였던 암담한 현실에 대해 남부 문제에서 이미 손을 뗀 공화당과 인종 편견에 비교적 사로잡혀 있지 않았던 북부의 백인들은 별다른 항의를 제기하지 않았다.

이러한 차별과 박해, 북부의 냉대 속에서 흑인이 인간으로서 살아갈 수 있는 길은 흑인 스스로가 찾지 않으면 안 되었다. 이 시기에 과거 노예였던 부커 워싱턴Booker T. Washington이 등장해서 흑인들에게 새로운 길을 제시하였다. 그는 무력한 흑인이 권리를 외치다 희생당하기보다는 일정한 기술을 습득하여 경제적 지위를 향상해야 한다고 주장하였다. 그래서 지식교육보다는 기술교육에 중점을 둔 흑인 직업학교를 1881년 앨라배마주의 터스키기Tuskegee에 창설하였다. 이러한 교육활동이 성공하여 전국적으로 이름이 알려지자 워싱턴은 1895년 조지아주의 애틀랜타에서 흑인에게 참정권 투쟁을 일단 중지하고 대신 경제적 안정을 위해 산업과 농업 기술을 함양할 것을 역설하여 백인과의 화해를 촉구하였다. '애틀랜타 타협Atlanta Compromise'이라고 알려진 그의 연설은 당시 남북의 백인과 다수의 흑인으로부터 커다란 지지를 받았다.

그러나 워싱턴의 이러한 사상은 당시 소수의 기술자, 자유직업인, 실업가로 형성되어가던 흑인 중산층의 이해만을 대변하였을 뿐 남부의 흑인인구 중 75퍼센트를 차지하는 흑인 소작농의 입장은 전혀 고려하지 않았다고 볼 수 있다. 그래서 현대의 민권운동가로부터 백인사회에 순종하는 '엉클 토미즘Uncle Tomism'을 선전한 데 지나지 않는다는 비난을 받고 있다. 그러나 19세기 말 흑인에게 살벌했던 남부사회를 생각한다면, 정치보다 경제에 눈을 뜨게 한 워싱턴의 사상은 이류 시민으로 자족하려는 면이 있기는 하였지만 흑인의 입장에서는 하나의 시대적 요청이었다고 할 수 있다.

제6장

세계적 강국으로의 발전

대서부 개척

제1절_ 대서부 개척

남북전쟁 전의 서부 개척 상황

남북전쟁이 일어날 무렵 서부 개척선은 네브래스카, 캔자스 두 영지의 동부 근처까지 진출해 있었다. 이 지역의 서남쪽으로는 텍사스, 서쪽으로는 태평양 연안의 캘리포니아와 오리건 지방(1859년 주로 성립)이 이미 개척되어 있었으나, 그 중간에 위치한 대평원과 로키산맥 그리고 캐스케이드Cascade와 시에라Sierra산맥 사이의 고원지대에는 전혀 개척의 손길이 뻗쳐 있지 않았다. 그러나 남북전쟁이 끝나고 약 30년이 지나는 동안 그때까지 개척된 지역보다도 훨씬 넓은 미개척지대가 개척되었다. 마지막 남은 대서부의 개척에는 대륙횡단철도의 건설과 연방정부의 국유지정책이라는 두 가지 요소가 크게 기여하였다.

대륙횡단철도

대륙횡단철도의 건설은 1840년대부터 동양과의 무역을 추진한다는 목적에서 주장되었지만 1850년 캘리포니아주가 연방에 가입하자 그 필요성이 한층 절실해졌다. 당시 육군성은 조사 결과 북부, 중앙부, 남부에서 횡단철도의 건설이 가능하다는 판단을 내렸지만 남북 간의 대립으로 어떠한 결정도 보지 못한 채 남북전쟁을 맞이하였다. 남북전쟁으로 남부가 연방에서 탈퇴하자 연방정부는 1862년 중앙부를 통과하는 횡단철도의 건설을 원조하기로 결정하였다. 이에 따라 전후 유니언 퍼시픽Union Pacific 철도회사는 네브래스카주의 오마하Omaha를 기점으로 해서 서쪽으로, 센트럴 퍼시픽Central Pacific 철도회사는 캘리포니아주의 새크라멘토Sacramento를 기점으로 해서 동쪽으로 철도를 건설하는 데 착수하였다.

정부는 건설에 필요한 토지를 무상으로 회사에 주고 회사는 이 토지를 담보로 1마일당 평지에서는 1만 6,000달러, 야산지대에서는 3만 2,000달러, 산악지대에서는 4만 8,000달러의 자금을 대부받았다. 이로 인해 두 철도회사는 약 24만 에이커의 대지와 6,000만 달러의 자금 원조를 받을 수 있었다. 노동력의 부족으로 유니언 퍼시픽은 아일랜드계 이민을, 센트럴 퍼시픽은 중국인 노동자를 이용하였다. 두 회사는 때로는 인디언과 싸우고 때로는 산악지대를 돌파하는 고초를 겪은 뒤 마침내 1869년 유타주의 프로몬토리 Promontory에서 두 철도를 연결하는 데 성공하였다. 당시 이 연결의 역사적 순간을 축하하기 위해 그랜트 대통령은 워싱턴의 백악관 관저에서 유선전신으로 현지에 축사를 보냈고 또 연결의 실제 상황을 유선전신으로 보도하였다.

그 뒤 북부선으로는 1883년 노던 퍼시픽Northern Pacific 철도가, 남부선으로는 1884년 산타페Santa Fé철도가 각각 준공되었다. 이제 동서 간의 거리는 시간적으로 단축되었을 뿐 아니라, 이들 철도를 중심으로 한 철도망은 서부로의 이주를 촉진하고 국내자원의 개발, 국내시장의 확대를 수반하여 전후 미국의 경제발전을 추진하는 원동력이 되었다.

국유지정책

연방정부의 국유지정책 가운데 1862년 제정된 자작농지법은 대평원으로의 이주를 더욱 촉진하였다. 그러나 160에이커의 토지로는 대평원에서 수익성 있는 농경에 착수하기가 어려웠으므로, 정부는 1873년 식목법Timber Culture Act을 제정하여 40에이커의 토지에 나무를 심는다는 조건으로 다시 160에이커의 토지를 무상으로 주었고, 1877년에는 사막개발법Desert Land Act을 제정하여 3년 안에 소유지의 일부를 관개하면 에이커당 1달러 25센트로 640에이커의 토지를 살 수 있게 하였다. 또 1878년에는 새로운 토지법에 의해 경작이 불가능한 토지를 에이커당 2달러 50센트로 160에이커의 토지를 살 수 있게 하였다. 이러한 여러 가지 토지법으로 대평원의 이주민은 최소의 비용으로 1,280에이커까지 토지를 소유할 수 있었다.

그러나 이들 토지법에는 맹점이 많아 그러한 맹점을 이용한 토지 사기가 횡행하여 착실한 영세자작농보다는 대토지회사가 큰 이득을 보았다. 실제로 1890년까지 자작농에게 부여된 토지는 약 5,000만 에이커에 불과하였지만 이 동안 철도회사에 부여된 토지만도 1억 8,000만 에이커에 달하고 있다. 이 밖에 대토지회사와 주에 넘어간 토지를 합치면 자작농이 받은 혜택은 결코 크지 않았다. 그렇기는 하지만 광대한 토지는 이주를 촉발하는 커다란 원인이 되었고 각 지역에 맞는 효과적인 토지 이용이 발견되면서 대서부는 차츰 그 모습을 달리해갔다.

대서부와 광부

대서부 개척에 앞장선 사람들은 미시시피강 이동의 경우처럼 농민이 아니라 골드러시로 캘리포니아에 몰려든 광부들이었다. 이들은 1848~1858년 10년 동안에 5억 5,500만 달러의 금을 캘리포니아에서 캐냈다. 그러나 1858년 콜로라도의 파이크스 피크Pike's Peak에서 금광이 발견되자 골드러시는 방향을 동쪽으로 돌렸다.

이로 말미암아 불과 1년 동안에 콜로라도에는 10만 명의 광부가 모여들었고 하룻밤 사이에 덴버Denver와 같은 도시가 만들어졌다. 이즈음 네바다Nevada의 콤스톡Comstock에서 또 금광이 발견되어 1859~1879년 20년 동안에 3억 4,000만 달러의 금, 은이 채굴되었고 이곳에서도 하룻밤 사이에 버지니아시티Virginia City 같은 도시가 발생하였다.

그러나 일단 광맥이 줄어들어 경기가 쇠퇴하면 광부들은 새로운 광맥을 찾아 다른 지역으로 이동하였으므로 하룻밤 사이에 생긴 광산도시는 곧 유령도시ghost town로 변모하였다. 그 뒤 광부들은 아이다호, 몬태나, 와이오밍, 애리조나, 뉴멕시코에서 금과 은, 그 밖의 귀금속광산을 개발하다 마지막으로 다코다Dakota의 서부 블랙힐스Black Hills에서 대규모 금광을 발견하여 다시 한 번 골드러시를 일으켰다.

골드러시 기간은 결코 길지 않았지만 미국사회에 끼친 영향은 매우 컸다. 채굴된 금과 은은 미국의 국부를 증대하였는데, 특히 대량의 은은 1890년대에 농민들이 은화자유주조운동Free Silver Movement을 일으키는 원인이 되었다. 또 이 시기에 광산지대에 왔던 마크 트웨인Mark Twain(본명은 새뮤얼 랭혼 클레멘스Samuel Langhorne Clemens)은 광부의 생활을 주제로 『고난을 넘어Roughing It』(1872)라는 걸작을 썼다. 무법과 폭력이 난무했던 다코타의 데드우드Deadwood와 애리조나의 툼스톤Tombstone은 서부영화의 소재를 제공하였다. 비록 골드러시는 사라졌지만 로키산맥 지대와 캐스케이드와 시에라산맥 사이의 고원지대는 그 뒤에도 광산지대로 존속하였고, 보난자 Bonanza(노다지라는 뜻)를 캐는 데 실패한 광부들은 농민 또는 목동이 되거나 구겐하임Guggenheim 같은 커다란 광산회사의 광부로 일자리를 옮겼다.

대서부와 목동

골드러시가 일어난 뒤 얼마 안 가서 대평원에서는 목동牧童의 세계가 펼쳐졌다. 원래 소의 방목은 멕시코인들이 텍사스에서 시작한 사업이었다. 텍사스가 미국에 합병된 이후 미국인들은 멕시코인의 방목기술을 배워 소를 길렀는데, 남북전쟁이 끝날 무렵에는 약 500만 마리의 소가 텍사스의 넓은 평야를 배회하였다.

당시 소의 가격은 동부 시장에서는 마리당 40달러를 호가했지만 텍사스에서는 3, 4달러에 지나지 않았다. 소를 동부로 운송할 경우 막대한 이윤을 얻을 수 있다고 생각한 텍사스의 목축업자들은 1866년 초 당시 개통한 미주리 퍼시픽Missouri Pacific 철도의 종착역인 세달리아Sedalia까지 약 25만 마리의 소를 몰고 북상하였다. 도중에 이들은 무법자를 만나기도 하고 인디언과도 싸우고 농경지를 해친다는 이유로 농민의 저항을 받기도 하여 많은 손실을 보았지만 소몰이가 채산에 맞는 사업이라는 것을 깨달았다. 이것이 이른바 '장거리 소몰이Long Drives'의 시작이었다.

그 뒤 철도선이 연장됨에 따라 목동들은 캔자스의 애빌린Abilene, 위치토Wichita, 엘스워스Ellsworth, 도지시티Dodge City 등을 향해 소를 몰고 갔다. 심지어는 텍사스로부터 뉴멕시코, 콜로라도를 거쳐 유니언 퍼시픽 철도가 닿는 와이오밍의 샤이엔Cheyenne까지 몰고 가기도 하였다. 한 번에 2,000~5,000마리의 소를 몰고 가는 일도 어려웠지만, 목동들은 이 밖에도 인디언과 정착농민에도 신경을 써야 했고, 토지 사용권과 수리水利권을 둘러싸고 혈투가 벌어지기도 하였다. 그러므로 장기간의 소몰이 끝에 종착지에 도착하면 자연히 거칠어져 종착지는 무법과 폭력의 거리로 변하기 일쑤였다.

막대한 수익을 올리던 소몰이도 1885년이 되자 막을 내렸다. 목축업에 대한 과잉투자로 소 가격이 떨어졌고, 1885~1887년까지 두 번의 혹한과 한 번의 혹서로 소가 많이 죽은 데다가, 농민이 대평원에 진출하여 방목과 소몰이가 사실상 어렵게 되었기 때문이다. 이 동안 목동들은 약 400만 마리의 소를 동부 시장으로 보냈다. 그 뒤 대평원의 목축형태는 방목경영에서 울타리를 친 목장ranch farm으로 바뀌었다.

대서부와 농민

광부와 목동에 이어 세 번째로 대서부 개척에 참여한 사람들은 농민이었다. 이들은 1870년대 말부터 대거 대평원으로 진출하기 시작하여 다음 10년 동안에 대평원을 거대한 농업지대로 바꾸어놓았다. 그러나 이들은 대평원을 농업지대로 바꾸어놓기까지 많은 문제를 해결하지 않으면 안 되었다.

첫째로, 농민보다 앞서 진출한 목축업자에게서 농토와 작물을 어떻게 보호하느냐 하는 문제가 있었다. 농민들은 방목하는 소의 침입을 막는 데에는 농토에 울타리를 치는 방법밖에 없다는 것을 알고 있었으나 재목으로 쓸 만한 나무들이 없는 대평원에서 목책은 너무 비쌌다. 그래서 이들은 목책 대신 가시철선barbed wire을 이용하여 울타리 문제를 해결하였다. 가시철선은 1876년부터 1일 4만 톤이 생산되어 값이 목책보다 훨씬 쌌다.

둘째는, 강수량이 부족한 대평원에서 농경에 필요한 만큼의 물을 어떻게 얻느냐 하는 문제였다. 이 문제는 풍차를 이용하여 지하에서 물을 끌어올리는 것으로 일단 해결했지만, 60~240미터를 파야 수원에 도달하였고 30센티미터를 파는 데 2달러의 비용이 들었으므로 풍차의 시설비를 합치면 보통 농민으로서는 거의 불가능한 일이었다. 그래서 '건조농업dry farming' 방식을 도입하여 물의 부족을 보충하였다. 즉 땅을 깊이 갈아 물기가 있는 흙으로 작물의 뿌리를 싸고 그 위를 흙으로 덮어 물기의 증발을 막았다.

셋째로, 동부에서 재배되는 연질軟質의 동소맥冬小麥은 대평원에는 적합하지 않았으므로 북부 유럽, 터키, 크림krym반도에서 새 품종인 경질硬質의 춘소맥春小麥과 동소맥을 수입하여 작물 문제를 해결하였다.

한편 대평원의 농업은 소단위 농토보다는 대단위 농토에서 수익을 올릴 수 있었으므로 농업의 기계화가 촉진되었다. 기계화는 특히 소맥 생산에서 그 위력을 발휘하여 1에이커의 땅을 경작하는 데 인력으로 61시간이 걸리던 것을 기계를 사용하면 3시간이면 충분하였고, 1890년대에 이르면 인력의 경작 가능면적이 7.5에이커였던 데 비해 기계는 135에이커를 경작할 수 있었다. 그러자 자작농지법에 의해 160에이커의 땅을 무상으로 받고 대평원에 진출한 동부의 농민과 유럽에서 이주한 농민은 기계화에 필요한 막대한 영농자금을 마련할 길이 없어 대기업농의 소작인 또는 농업노동자로 전락하였다. 이러한 경향은 1890년대에 들어서면서 해를 거듭할수록 더해갔다.

남북전쟁 전후의 인디언정책

대서부 개척의 역군이었던 광부, 목동, 농민들의 경우 대서부는 위에서 살펴본 것처럼 처음부터 결코 황금의 서부는 아니었다. 그러나 그들이 맞이하였던 운명은 대평원의 원주민인 인디언에 비해서는 좋은 편이었다. 인디언은 대서부의 개척이 진행되어가는 동안 종족의 소멸이라는 위기에 빠졌기 때문이다.

남북전쟁이 일어날 당시 미국에는 약 30만 명의 인디언이 남아 있었고 이중 20만 명이 대평원에 살고 있었다. 이들의 문화는 대체로 신석기시대에 머물러 있었고 푸에블로족처럼 농경을 하는 소수의 부족을 제외하면 일반적으로 생활의 근거인 들소buffalo를 따라 이동생활을 하였고 성격은 용맹스러웠다. 인디언에 대해 미국정부는 남북전쟁 전에는 거류지를 지정하여 백인과 격리했고 인디언이 소유하고 있는 토지가 필요할 때에는 대등한 조약을 맺은 뒤 진출하였다. 또 인디언 거주지에는 국내성 소속의 인디언 사무국 관리를 파견하여 이들의 생활을 보살피게 하고 백인과 충돌이 일어나면 군이 개입하는 정책을 사용하였다. 그러나 백인들은 이러한 조약을 무시하고 인디언 거류지역에 침입하는 일이 비일비재하였고 게다가 거류지 관리인은 악덕상인과 결탁하여 여러 가지 부정을 저질렀으므로 인디언과 백인의 분쟁은 그칠 줄을 몰랐다.

그리하여 남북전쟁 중인 1862년 미네소타주의 수Sioux족이 협소한 거류지에 불만을 품고 반란을 일으켜 700명의 백인을 살해하였다. 이 반란을 진압한 군은 38명의 인디언을 공개적으로 처형하고 수족을 다코타 지방으로 추방하였다. 2년 뒤인 1864년에는 콜로라도에서 광부의 불법 진출에 분개하여 아라파호Arapaho족과 샤이엔족이 반란을 일으켰다. 이 반란을 진압하기 위해 출동한 존 치빙턴John M. Chivington 대령은 인디언의 족장 블랙케틀Black Kettle(검은 주전자라는 뜻)과 협정을 맺어 보호를 약속한 뒤, 이들을 급습하여 약 500명의 인디언을 학살하였다.

이 때문에 각지에서 인디언 반란이 일어났다. 특히 와이오밍에서는 광부에게 거류지를 부당하게 빼앗긴 수족이 1866년 페터맨W. J. Fetterman 대령의 부대를 급습하여 80여 명의 군인을 살해하는 사건이 일어났다.

위의 두 사건이 너무도 충격적이었기 때문에 전후에 정부는 종래의 인디언정책을 재고하지 않을 수 없었다. 이에 따라 1867년 5명의 민간인과 3명의 장군으로 구성된 인디언평화위원회가 발족하여 수족과 일단 휴전을 맺었으나 위원회가 작성한 새로운 정책은 인디언을 오히려 궁지로 몰아넣었다. 이 정책은 인디언을 조약의 당사자로 처우하던 종래의 관례를 깨고 전보다 거류지를 축소했고 이 속에서 인디언을 백인의 보호하에 동화시키려고 하였다. 특히 거류지의 축소화는 들소를 사냥해서 살아가는 인디언에게는 치명적인 타격을 주었다. 더욱이 들소의 모피에 대한 수요가 1870년 초부터 동부에서 증대하자 직업적인 사냥꾼들이 대평원에 몰려들어 인디언은 생활의 위협마저 느끼고 있었다. 당시 백인들은 1년에 300만 마리의 들소를 잡을 정도로 남획하였으므로 1865년 당시 1,500만 마리로 추산되던 들소는 1870년대 말에는 거의 멸종 상태였다. 그러므로 들소라는 생활자원을 지키기 위해서라도 인디언은 계속 백인에게 저항할 수밖에 없었다.

운디드니의 비극

1874년 수족의 거류지로 지정된 다코타의 블랙힐스에서 위에서 살펴본 것처럼 금광이 발견되어 백인들이 이 지역으로 몰려들자, 족장 시팅불Sitting Bull(앉아 있는 소라는 뜻)은 인접한 다른 부족과 연합하여 다시 반란을 일으켰다. 이때 4,000명의 인디언 전사가 궐기하여 인디언 항전 사상 최대의 병력을 과시하였다. 반란은 쉽게 진압되지 않았고 오히려 1876년에는 인디언 토벌로 전국에 이름을 떨쳤던 조지 커스터George A. Custer 장군과 휘하의

265명의 장병이 포위되어 섬멸되기도 하였다. 그러나 우세한 백인의 병력 앞에 결국 수족은 굴복하여 다시 거류지로 되돌아갔다.

1877년에는 아이다호Idaho의 네페르세Nez Percé족이 협소한 거류지를 떠나 캐나다로 도피하려고 시도하였다. 족장 조지프Joseph의 지휘를 받은 200명의 전사와 350명의 남녀노소는 75일 동안 1,300마일을 걸어 거의 국경에 도달하였지만 추격한 군에 잡혀 다시 거류지로 되돌아오는 도중 질병과 기아로 쓰러졌다. 이러는 동안 인디언의 유격대 역할을 하며 각지에서 백인에게 저항하던 아파치Apache족도 1886년 족장 제로니모Geronimo가 체포되자 저항을 끝냈다.

마지막으로 이러한 인디언의 애화哀話를 또 하나의 애절한 이야기로 장식하려는 듯, 1890년 12월 사우스다코타에서 운디드니Wounded Knee(다친 무릎이라는 뜻)의 비극이 일어났다. 들소의 소멸로 생활근거를 박탈당하고 백인의 막강한 군사력 앞에 저항도 무위로 돌아가 짙은 절망감에 빠진 수족의 인디언들은 새로운 구세주의 출현을 기원하면서 인디언 고유의 종교의식을 올렸다. 하지만 이를 지켜보던 거류지의 관리인은 이것을 새로운 반란의 전조로 착각하고 군병력을 불러들였다. 이 뜻하지 않은 일로 200명의 인디언과 29명의 군인이 생명을 잃었다.

인디언의 저항이 차츰 약해질 무렵 연방정부는 1887년 도스 개별토지소유법Dawes Severalty Act을 제정하여 새로운 인디언정책을 마련하였다. 이 법은 부족의 토지 공유를 인정한 거류지제도를 고쳐 개인별로 토지를 분할 소유하게 하고, 성인 토지 소유자에게는 시민권을 주어 농업으로 생활근거를 마련하도록 하였다. 1891년에는 인디언에게도 의무교육제를 실시했고 1924년에는 모든 인디언에게 시민권을 부여하였다. 그러나 이 정책의 근본이 되는 동화정책이 인디언 고유의 문화와 풍습을 많이 해쳤으므로, 1930년대에는 다시 정책을 바꾸어 동화정책을 지속하되 인디언의 문화와 풍습을 보존 또는 부활시키도록 하였다.

프런티어의 소멸

1890년 미국의 국세조사보고서는 미개척 지역에 정착지가 많이 들어선 관계로 1평방마일당 2~3명이 거주하는 '프런티어frontier'를 표시하는 선을 그을 수 없다고 발표하였다. 이것은 대서부의 개척이 끝났다는 것을 의미하였다. 이리하여 광부, 목동, 농민 그리고 인디언이 등장한 대서부의 일대 서사시도 그 막을 내리게 되었다.

제2절_ 독점자본주의의 형성

경제발전의 여러 양상

남북전쟁 이후 미국경제는 대서부 개척과 병행하면서 어떤 역사가의 말을 빌린다면 '통계학을 놀라게 할 속도'로 비약적으로 발전하였다. 우선 숫자로 그 발전의 양상을 더듬어보면 다음과 같다.

인구는 1860년 3,100만 명에서 1900년 7,600만 명으로 증가하였고, 이 시기 공업에 대한 투자액은 10억 달러에서 100억 달러, 공업 생산물 총액은 18억 달러에서 130억 달러로 늘어났다. 근대공업의 기간산업인 제철공업에서는 선철 생산량이 82만 톤에서 920만 톤으로, 강철은 1870년 7만 톤에서 427만 톤으로 증가하였고, 동력원인 석탄은 1,300만 톤에서 1억 4,000만 톤으로, 새로 등장한 석유는 1869년 250만 배럴에서 6,360만 배럴로 늘었다. 이 동안 국내시장을 연결하는 철도는 3만 마일에서 19만 마일로 연장되었고, 수출은 4억 달러에서 15억 달러로, 수입은 3억 6,000만 달러에서 9억 3,000만 달러로 늘어 항상 수출초과였으나, 1870년 한 해만 약 1,000만 달러의 수입초과를 보였다.

이리하여 미국은 1860년 세계 제4위의 공업국에서 1900년 세계 제1위로 뛰어올라 영국이 산업혁명 이후 1세기 동안 차지했던 위치를 반세기도 안 걸리는 동안에 차지하였다. 이와 더불어 미국경제에서 농업과 공업이 차지하는 위치가 바뀌어 공업과 농업의 총생산액 비율이 2 대 1이 되었다.

경제발전의 요인

19세기 후반 미국의 경제가 이렇게 크게 발전한 데에는 여러 가지 요인이 있었다.

첫째, 남북전쟁이 경제발전에 커다란 계기가 되었다는 것을 들 수 있다.

전쟁은 북부와 서부의 여러 산업에 새로운 활기를 불어넣어 그때까지 지속되어 왔던 발전 속도를 가속화했고, 또한 전시 중에 공화당이 지배한 연방의회는 이미 살펴본 것처럼 보호관세, 국립은행, 대륙횡단철도, 자작농지법 등 그 후의 경제발전에 크게 기여한 주요 경제법들을 제정하였다.

둘째, 물적 자원이 풍부하였다는 것을 들 수 있다. 펜실베이니아, 웨스트버지니아를 중심으로 한 석탄, 미네소타의 철광, 오하이오, 펜실베이니아, 그 후 남부에서도 채굴된 석유, 이 밖에 거의 무한이라고 할 수 있는 목재와 수력 등 근대산업이 필요로 하는 모든 자원을 갖추고 있었다.

셋째, 인적 자원을 들 수 있다. 노동력은 항상 부족하였지만 유럽에서 온 이민자들로 그 부족을 상당수 보충할 수 있었다. 이민의 수는 1860년대 230만, 1880년대 524만, 1890년대 370만 등 40년 동안에 무려 1,400만 명이 미국에 들어왔다. 그러나 이 시기에는 이민의 질이 달라져 종래의 북유럽, 서유럽계 이민은 감소하고 중유럽, 남유럽, 동유럽계 이민이 급증하였다. 이들은 교육수준도 낮고 빈곤하여 농민보다는 미숙련 노동자로 공업도시와 광산에서 일하였다.

넷째, 풍부하였던 자본을 들 수 있다. 전쟁 전에 이미 상당한 액수의 국내자본이 축적되어 있었지만 전후의 급속한 발전에는 국내자본만으로는 부족하여 막대한 액수의 외국자본을 도입하였다. 1860년 당시 외자는 4억 달러 정도였으나 1869년에는 15억 달러로 증가하였고 1899년에는 33억 달러에 이르렀다. 한편 외자는 유럽, 그중에서도 주로 영국의 투자가들에게 막대한 이익을 주었다. 이들은 철도에서만 1898년 당시 31억 달러 상당의 가치를 지닌 각종 증권을 소유하고 있었다.

다섯째, 새로운 기술의 발명과 개발을 들 수 있다. 이것은 1860년 3만 6,000건에 지나지 않던 특허 건수가 40년 동안에 44만 건으로 증가한 것으로도 알 수 있다. 크리스토퍼 숄스Christopher L. Sholes의 타이프라이터

(1867), 에드워드 캘러한Edward A. Callahan의 증권시세표시기(1867), 금전 등록기(1888) 등이 이 시기에 발명되어 사업 거래에 많은 편리를 제공하였다. 알렉산더 그레이엄 벨Alexander Graham Bell의 전화(1876)는 곧 실용화되어 통신수단에 또 하나의 변혁을 일으켰고, 토머스 에디슨Thomas A. Edison의 백열전구(1879)를 비롯한 무수한 발명이 쏟아져나온 것도 바로 이 시기였다.

특히 벨의 전화 관련 사업은 19세기 말 2억 달러가 넘는 대기업으로 발전했고, 전기 부문에서 에디슨의 업적은 20세기에 본격화된 전기공업의 발전에 크게 기여하였다.

독점의 여러 형태

19세기 후반의 이러한 경제발전은 미국의 자본주의 형태를 독점형태로 발전시켰다.

기업의 통합, 독점 경향은 무질서하게 과잉 건설된 철도 부문에서 제일 먼저 나타났다. 1867년 뉴욕 센트럴 철도로부터 시작하여 1894년 펜실베이니아 철도에 이르기까지 무수한 철도가 몇 개의 계열회사로 통합되었다. 1880년대에만 425개의 철도가 통합되었고 펜실베이니아 철도의 경우는 73개의 작은 철도를 흡수해서 총 5,000마일의 선로를 지배하였다.

철도의 경우는 통합이 지배적이었으나, 1873년 공황이 일어나자 공황 타개안의 하나로 풀pool이라는 형태가 등장하였다. 이것은 동업자들이 자주적으로 모여 가격, 시장 분할, 품질 등을 결정하고 상호 경쟁을 피하는 데 목적을 둔 일종의 협정이었는데, 경기가 회복되면서 협정이 지켜지지 않아 자연 소멸하고 말았다.

풀에 이어 등장한 독점형태는 트러스트trust였다. 1882년 스탠더드Standard 석유회사는 흡수한 경쟁 회사의 주식을 신탁증권으로 바꾸고 이것을

9명의 수탁인受託人에게 맡겨 석유업계를 지배하게 하였다. 석유업계에서 시작된 트러스트는 곧 설탕, 강철, 동, 연초 등의 각 업계로 번져갔다. 1890년 정부는 뒤늦게 셔먼 반트러스트법Sherman Anti-Trust Act을 제정해서 트러스트의 형성을 방지하려 했지만 별 성과를 거두지 못했을 뿐 아니라 오히려 트러스트보다 더 강력한 독점인 지주회사holding company를 낳게 하였다. 1901년 창설된 미국강철U. S. Steel회사는 최초의 지주회사로 회사의 자본금이 처음으로 10억 달러를 돌파하였다. 그리하여 20세기 초에는 독점에 의해 대기업으로 발전한 92개의 회사가 미국 산업계를 지배했고, 이 중 24개의 회사가 동업 부문의 80퍼센트를 지배하였다.

재벌의 출현

이와 같은 독점자본주의의 형성은 이 시기에 수많은 대재벌을 탄생시켰다. 남북전쟁 이전에 백만장자의 수는 5명을 헤아릴 정도였지만 1892년에는 4,000명을 넘었다. 대부분의 재벌은 공업, 철도, 상업 등 각종 업계에서 나왔으며 불과 84명만이 농업 부문에서 나왔다. 또한 대부분이 무에서 출발하여 불과 20~30년 동안에 커다란 부를 쌓아올린 신흥재벌이었다.

석유의 존 록펠러John D. Rockefeller는 약을 팔던 행상인의 아들로 농상물중개인이었고, 강철의 앤드루 카네기Andrew Carnegie는 가난한 스코틀랜드계 이민자의 아들로 13세에 방직공으로 사회생활을 시작하였다. 유니언 퍼시픽 철도의 에드워드 해리먼Edward H. Harriman은 뉴욕 금융가Wall Street에서 사환으로 일하였고, 센트럴 퍼시픽 철도의 콜리스 헌팅턴Collis P. Huntington은 행상인이었고, 식품 가공업의 필립 아머Philip D. Armour는 빈농의 아들이었다. 이에 비해 금융, 철도, 강철의 존 모건John P. Morgan은 독일에서 대학을 다니다 영국 모건회사에서 미국으로 파견되어 사업을 확충하였고, 뉴욕 센트럴 철도의 윌리엄 헨리 밴더빌트William Henry Vanderbilt

는 허드슨강의 도선渡船사업으로 부를 축적한 아버지 코넬리어스Cornelius 밴더빌트로부터 유산을 물려받았다.

그리하여 새로운 신화인 '누더기에서 부자로from rags to riches'가 만들어졌다. 이 신화는 전쟁 이전의 '통나무집에서 백악관으로'의 신화를 밀어내고 인생의 성공이란 부의 축적이라는 관념을 전파하였다. 그래서 이 시기의 신흥재벌은 성공이 부의 축적이라는 것을 입증하려는 듯이 무분별하게 돈을 낭비하여 자신들의 성공을 과시하였다. 역사가 찰스 비어드Charles A. Beard는 다음과 같이 당시 벼락부자의 값싼 과시벽을 묘사하였다.

> 말 잔등에 올라탄 채 식사를 한 어떤 만찬회에서는 말에게도 샴페인을 주었다. …… 어떤 연회에서는 담배를 100달러 지폐로 말아 대접했고 굴 속에 흑진주를 박아 손님에게 선사하였다. …… 이러는 동안 한정된 오락에 싫증이 난 부호는 보다 진기한 것을 고안해냈다. 원숭이를 손님 사이에 앉히기도 하고 금붕어 모양의 옷을 입힌 여자를 실내 수영장에서 수영시키기도 하고 합창대의 여자들을 파이 속에서 뛰어나오게 하기도 하였다. …… 어떤 부호는 혼수로 딸에게 60만 달러의 목걸이, 6만 5,000달러의 화장대, 7만 5,000달러의 오페라글라스를 사주었다. …… 친구를 접대하기 위해 극단 전원을 고용하기도 하고 갓난아이에게 세레나데를 들려주기 위해 오케스트라 전원을 뉴욕에서 시카고로 보내기도 하였다. 그런가 하면 감상적 박애심을 발휘하기 위해 남부의 가난한 흑인가족에게 큰돈을 주어 호화로운 저택에서 사치스럽게 살도록 하기도 하였다.

록펠러는 지나칠 정도로 검소했고 카네기는 사업에서 은퇴한 뒤 막대한 재산을 자선사업에 기부하였지만 이러한 예는 드물었다. 재벌들이 당대에 모은 재산을 사회에 환원하기 시작한 것은 독점에 대한 규제와 비난이 차차 시끄러워진 20세기에 들어온 이후의 일이었다.

독점의 합리화

대재벌을 낳게 한 독점은 처음에는 기업의 능률을 증진하여 제품의 값을 인하한다는 구실 아래 진행되었다. 예를 들면 카네기는 원광석과 제강에 필요한 그 밖의 원료, 제철소까지의 운송기관을 통합하여 "2파운드의 철광석, 1.5파운드의 석탄, 0.5퍼센트의 석회석, 소량의 망간 등 4파운드의 원료를 피츠버그의 제철소로 가져오면 1파운드의 강철이 생산되고 그 값은 1센트가 된다"라고 하였다.

그러나 이 시기의 독점은 보다 많은 이윤을 올리기 위해 소자본과 경영 부실업체를 흡수하는 과정에서 더 크게 이루어졌다. 이 결과 과다한 경쟁이 동업자 간에 일어났고 대자본이 소자본을 흡수하는 약육강식 현상이 두드러지게 나타났다. 이러한 현상은 찰스 다윈Charles Darwin의 진화론을 바탕으로 한 영국의 철학자 허버트 스펜서Herbert Spencer의 사회적 다위니즘 Social Darwinism 이론으로 합리화되었다.

스펜서는 적자생존, 자연도태, 생존경쟁 등의 생물학적 용어를 원용하면서 승자인 독점기업과 대자본의 입장을 옹호하였다. 그래서 그의 저서는 일종의 베스트셀러가 될 정도였다.

미국에서는 윌리엄 섬너William G. Sumner가 이 사상을 대변하여 『부의 집중과 경제적 정당성The Concentration of Wealth: Its Economic Justification』이라는 저서를 발표하였다. 이 책에서 그는 경쟁이 자연의 한 법칙이며 이로 인해 사회는 물질적으로 성장·발전한다고 주장하였다.

한편 약육강식 현상을 낳는 자유경쟁은 정부의 경제적 방임주의laissez-faire정책으로 크게 뒷받침되었다. 즉 당시의 미국정부는 개인의 기업활동에 일체 간섭하지 않는다는 입장을 견지하였다. 그래서 정부는 법에 저촉하지 않는 한, 부당한 이윤 추구와 경쟁으로 기업활동이 사회적 물의를 일으켜도 전혀 개의치 않는다는 태도를 취하였다.

독점에 대한 비판

그러나 독점이 자유경쟁을 인정하는 경제활동의 필연적 소산이라 하더라도, 모체인 자유경쟁 자체를 파괴해서 소수의 자본가를 제외한 모든 사람의 경제활동의 자유를 박탈하는 결과를 가져오는 것은, 미국의 민주주의 이념과는 크게 어긋나는 것이었다. 더욱이 독점자본주의하에 일어나는 부익부 빈익빈 현상은 민주주의의 존립 자체를 위협하였다.

그리하여 자유경쟁의 결과이면서도 자유경쟁 자체를 말살하는 독점을 뒷받침하는 경제적 방임주의와 사회적 다위니즘에 대한 비판이 미국 내에서 일기 시작하였다.

1883년『동태적 사회학Dynamic Sociology』이라는 방대한 저서를 발표한 레스터 프랭크 워드Lester Frank Ward는 진화론이 지성을 가진 인간에게는 적용될 수 없으며 인간은 동물과는 달리 스스로 진화의 방향을 설정하여 사회를 개선해나갈 수 있다고 하였다. 그리고 자유경쟁을 부활시키려면 방임주의가 아니라 정부가 기업활동에 간섭하여 독점자본에 대항하는 개혁을 추진해야 한다고 주장하였다.

이보다 앞서 헨리 조지Henry George는 1879년『진보와 빈곤Progress and Poverty』을 발표하여 부동산의 가격 앙등으로 불로소득이 발생하는 토지에 대한 과세를 주장하고 세금은 오직 토지 하나에만 과세하자는 단일세운동을 일으켰다. 에드워드 벨러미Edward Bellamy는 1888년『뒤를 돌아보면서 Looking Backward』라는 일종의 공상소설을 발표하여 자유경쟁의 폐단을 지적하고 온건한 사회주의적 집산주의collectivism를 제창하였다. 또 헨리 로이드Henry D. Lloyd는 1894년 록펠러의 석유트러스트를 고발할 목적으로 쓴『부와 민주체제의 대립Wealth Against Commonwealth』에서 독점자본주의와 자유방임사상을 비판하고 소수 개인의 경제적 자유를 존중한 나머지 사회의 평등이 사라져가는 현실을 개탄하였다. 소스타인 베블런Thorstein

Veblen은 1899년 『유한계급론Theory of the Leisure Class』을 발표하여 유한계급인 독점자본가의 과시적 경쟁이 사회의 진보를 담당하고 있는 노동자와 기술자의 경쟁과 진화를 방해하고 있다고 주장하였다.

이러한 비판은 19세기 후반의 경제적 발전 속에서 자본가에 비해 너무나 부당한 처우를 받았던 노동자와 농민을 각성시켜 1880년대 이후 노동운동과 농민운동을 일으키는 사상적 바탕이 되었다.

제3절 _ 금권정치하의 노동자와 농민

19세기 후반 미국정치를 지배한 정당은 공화당이었다. 그러나 이 시기 공화당에서 배출한 대통령 중에는 링컨처럼 탁월한 인물이 없었고 또 당 자체는 실업계와 밀접한 연관을 맺고 있어서 이들의 이익에 봉사하는 성격을 지녔다. 남북전쟁 중의 경제입법으로 자본가의 지지를 받은 공화당이 계속 그 지지를 유지하려 한 것이 가장 큰 이유였지만, 자유방임사상이 정계에도 깊이 침투되어 비약적 경제발전으로 격변하던 국내 정세 속에서 되도록 무사안일주의를 택한 점도 무시할 수 없다.

공화당과 금권정치

그랜트 대통령은 바로 이러한 정치풍토를 가장 잘 나타내는 인물로, 군인으로서는 뛰어났지만 정치가로서는 무능하였다. 그는 재건시대부터 강화된 의회의 권력을 견제하지 못하였고 측근들을 주요관직에 등용하여 이들에게 좌우되었다. 또 일부 실업가들은 대통령과의 특수한 관계를 이용하여 거금을 벌기도 하였다. 그리하여 정치와 실업의 결탁으로 발생한 부정부패사건이 속출하였다. 그중 하나가 유니언 퍼시픽 철도회사의 대륙횡단철도 건설과 관련하여 2,300만 달러를 횡령한 크레디트 모빌리에Credit Mobilier 사건이다. 당시의 신문은 부통령과 각료, 다수의 의원이 이 사건과 관련이 있다고 보도하였다.

이 시기에는 또 새로운 정치형태인 보스정치Boss Politics가 등장하였다. 보스는 유권자의 표를 매수하여 당의 정치기관을 장악하고 부하들을 요직에 안배하여 실질적으로 연방, 주, 도시의 정치를 좌우하였다. 실업가들도 이들의 권력을 이용하여 공익사업의 경영권, 공유재산의 매각 등 각종 이권을 획득하였다. 따라서 보스정치에는 자연히 부정과 부패가 수반되었다. 뉴욕시의 태머니홀Tammany Hall 사건은 그 단적인 예로, 시정을 좌우하던 보스인 민주당의 윌리엄 트위드Willam M. Tweed는 300만 달러밖에 들지 않은 재판소 건설비를 1,100만 달러가 들었다고 보고하여 그 차액을 횡령하였다.

이리하여 공화당 내부에서도 그랜트를 비판하는 세력이 일어나 이미 살펴본 것처럼 공화자유파가 탄생하기도 하였지만 1872년 대통령 선거에서 패배하자 사라지고 말았다.

1877년 타협의 결과 대통령이 된 헤이스는 자유파의 인사를 각료로 등용하여 부정부패를 없애려 했지만 상원의원으로 형성된 의회 내 보스세력의 방해로 이렇다 할 성과를 얻지 못하였다. 헤이스의 뒤를 이어 대통령이 된 제임스 가필드James A. Garfield는 1881년 7월 영사직을 얻는 데 실패한 구직자에게 암살되어 보스정치하에서 횡행하였던 엽관獵官운동에 희생되었다. 뒤를 이은 체스터 아서Chester A. Arthur 대통령은 엽관운동을 근절할 목적으로 1883년 공무원법Civil Service Act을 제정하였다. 이 법은 공개시험을 통한 관리 선발을 규정했는데, 처음에는 연방정부의 전체 관직 중 10퍼센트에만 적용하다가 그 뒤 차츰 적용 범위를 넓혀 19세기 말에는 공무원의 약 40퍼센트를 시험을 통해 등용하였다.

민주당과 금권정치

엽관제 근절을 위해 실시한 정책 때문에 아서 대통령은 공화당 내부의 보스세력의 미움을 받아 1884년 대통령 선거전에서는 지명조차 받지 못하였다. 하지만 이때 공화당 내에서도 자유파가 다시 대두하여 당내 내분이 생겼으므로 대통령직은 1856년 이래 오랜만에 민주당의 그로버 클리블랜드Grover Cleveland에게 넘어갔다. 당시 민주당은 이미 강력한 기반을 서부에 구축하고 공화당을 싫어하는 도시민, 상인, 서부 농민들의 커다란 지지를 받고 있었다. 하지만 보스정치의 지배를 받고 실업계와 결탁하였다는 점에서는 공화당과 별 차이가 없었다. 당시의 어떤 평론가는 양당을 표지만 달리한 동일 내용의 상품에 비유하기도 하였다.

클리블랜드 자신은 뉴욕 주지사로 있을 때 개혁파라는 말을 들었으나 그의 경력은 다수 실업가의 지지를 받을 정도로 보수적이었다. 다만 그는 민주당의 전통적인 저율관세정책을 견지하여 공화당이 제정한 고율관세를 인하하는 데서 민주당의 특색을 보여주려 하였지만 공화당이 우세한 상원의 반대로 그의 노력은 수포로 돌아갔다. 하지만 클리블랜드는 1887년 주간통상법Interstate Commerce Act을 제정하여 철도회사의 자의적인 운임 결정에 연방정부가 개입할 수 있는 길을 터놓았다. 방임주의적 경제활동에 대한 미약하지만 최초라고 할 수 있는 이 제동은 그의 업적으로 평가된다. 1888년 대통령 선거전에서 클리블랜드는 일반투표에서 공화당의 벤저민 해리슨Benjamin Harrison에 6만 표나 앞섰지만 선거인단 표에서 65표를 뒤져 정권은 다시 공화당으로 넘어갔다.

당시 대통령 선거운동을 관리한 보스들이 각료직을 포함한 요직을 정치헌금한 사람들에게 이미 분배하였으므로 해리슨은 자신의 뜻대로 각료조차 임명할 수 없었다. 해리슨 통치하의 공화당정부는 민주당에 대한 반동으로 관세율을 더욱 올려 국내산업 보호가 아니라 마치 외국상품 수입을 금지하는 듯한 성격을 띠었다.

한편 독점을 규제하라는 여론 때문에 이미 살펴본 것처럼 셔먼 반트러스트법을 제정하였지만 법조문에 맹점이 많아 독점업체의 횡포를 막기보다는 오히려 전국적 노동조합운동을 탄압하는 데 이용되어 입법 취지에 크게 역행하는 결과를 가져왔다.

이와 같이 전후 1890년대 초까지 양대 정당인 공화당과 민주당은 대체로 실업계와 결탁하여 주로 자본가의 이익을 대변하는 금권정치를 하였다. 그러나 금권정치하에서 국민의 다수를 차지하고 생산의 주역을 담당하였던

노동자와 농민은 이 시기에 이루어진 경제발전에서 자신들이 응당 받아야
할 대가를 제대로 받지 못하고 있었다.

노동운동

미국의 노동자 수는 1860년 130만 명에서 1900년 530만 명으로 증가하였
다. 공업화의 결과 생활수준이 높아지고 고용의 기회도 많아진 것은 사실이
지만 일반적으로 이들은 저임금과 장시간 노동에 시달렸다. 그래서 노동조
건 개선을 위해 노동자들도 점차 전국적 규모의 조합을 만들어 대자본에 대
항하기 시작하였다.

우선 전국적인 조합운동은 남북전쟁 이전과 마찬가지로 숙련 노동자를
중심으로 한 기능조합 결성에서 시작되었다. 1866년 주물공인 윌리엄 실비
스William H. Sylvis가 각 지방의 기능조합을 규합하여 조직한 전국노동연맹
National Labor Union이 바로 그것으로 64만 명의 회원을 가질 정도로 발전
하였다. 그러나 노동조건 개선보다는 정치적 개혁운동에 더 많은 관심을 두
었고 투쟁방법도 파업보다는 노동자와 자본가 사이의 분규 중재에 역점을
두었으므로 1873년의 공황 이후 세력의 대부분을 잃었다.

또 하나의 전국적 노동조합으로 노동기사단The Noble Order of Knights
of Labor이 있었다. 1869년 재단사인 유라이어 스티븐스Uriah S. Stephens가
조직한 이 조합은 처음에는 비밀결사의 성격을 지녔다. 전국노동연맹과는
달리 개인 노동자를 가입 대상으로 했으므로 숙련, 미숙련, 성별, 피부색에
상관없이 넓은 의미의 근로자는 누구든지 가입할 수 있었다. 노동기사단은
8시간 노동제, 미성년자 노동의 폐지를 요구했고, 이 밖에 소득세 실시, 국
립은행 폐지 등 광범한 경제개혁에도 관심을 두었으나, 파업보다는 중재에
역점을 두었으므로 노동조합으로서는 성격이 온건하였다. 그래서 처음에
는 발전이 더디다가 1878년 기계공인 테렌스 파우덜리Terence V. Powderly

의 지도하에 파업을 무기로 한 뒤에는 급속히 발전하여 1886년에는 회원 수가 약 70만 명으로 늘어났다. 그러나 이해 5월, 뒤에 설명할 헤이마켓 Haymarket 사건에 관련되었다는 혐의를 받은 뒤로는 과격하다는 여론의 비난 때문에 급속히 몰락하여 1893년경에는 사실상 소멸해버리고 말았다.

이러는 동안 1881년 피츠버그에서 기능공을 중심으로 조직된 또 하나의 노동조합이 1886년 연초공이었던 새뮤얼 곰퍼스Samuel Gompers에 의해 오하이오주 콜럼버스에서 개조되어 미국노동총연맹American Federation of Labor으로 발전하였다. AFL로 약칭되는 이 연맹은 숙련공 중심의 직업조합을 그 산하에 규합하고 기사단과는 달리 처음부터 경우에 따라 파업도 불사한다는 투쟁방법을 제시하였다. 또 1일 8시간, 1주 6일제 노동, 임금 인상, 미성년자 노동의 폐지 등 경제투쟁에 주된 목표를 둔다는 것을 밝히고, 노사 협조정신에 입각하여 직접적인 정치활동은 되도록 피하되, 노동문제에 유리한 정강을 내세우는 기성정당을 지지한다는 방침을 세웠다. 미숙련 노동자는 이 조직에서 제외되었지만 기사단이 세력을 잃어가는 동안에 조직을 확대하여 1900년에는 회원이 100만 명에 이르렀다.

노사의 충돌

이와 같이 남북전쟁 이후 노동조합운동은 크게 발전했지만 19세기 후반 노동자의 권익이 신장된 것은 아니었다. 오히려 불경기를 맞이할 때마다 해고, 임금 삭감으로 제일 먼저 희생당한 사람들은 노동자였다. 그때마다 노동자들은 생존을 위해 파업으로 기업주에 대항했지만 기업주들은 재판소의 파업 금지명령, 공장 폐쇄, 폭력단 사용, 어용조합 조직 등 온갖 수단을 써서 파업을 막았다. 그래서 이 시기에는 노동쟁의가 유혈사태로 번지는 일이 비일비재하였다.

1886년 5월 34만 명의 노동자가 메이데이May Day 행사로 시카고의 헤이마켓 광장에 모여 매코믹수확기회사 파업에 대한 경찰의 간섭에 항의하고 있을 때 경비 중인 경찰대에 던져진 폭탄으로 다수의 사상자가 발생하였다. 이것이 헤이마켓 사건이다. 이 사건의 진범은 끝내 밝혀지지 않았으나 4명의 무정부주의자가 재판 결과 처형당했고 노동기사단도 이미 살펴본 것처럼 큰 타격을 받았다.

1892년에는 펜실베이니아주의 홈스테드Homestead에 있는 카네기의 제철공장에서 3,300명의 노동자가 파업을 일으켰다. 그러나 회사가 고용한 300명의 사설폭력단이 경찰의 협조를 얻어 무력으로 진압하였다.

1894년 시카고 교외에 있는 풀먼객차Pullman Car회사의 파업에는 철도노조가 합세하여 시카고에서 서쪽으로 가는 철도가 한때 마비 상태에 빠지기도 하였다. 그러나 회사는 재판소로부터 파업 금지명령을 받아 파업노동자를 위협하였고 연방정부는 연방우편물의 운송을 보호한다는 명목으로 일리노이 주지사의 반대에도 불구하고 연방군대를 출동시켰으므로 파업은 실패로 돌아갔다. 파업을 지휘한 철도노조의 지도자 유진 데브스Eugene V. Debs는 재판소의 명령에 불복하였다는 이유로 유죄판결을 받았다. 이 파업은 19세기 후반에 일어난 어떠한 파업보다도 격렬하였는데, 파업 탄압에서 정부와 실업계의 결탁이 명확하게 드러난 사건으로 유명하다.

농업의 발전과 문제점

노동자들이 19세기 후반의 경제발전 속에서 커다란 곤욕을 치르고 있을 때 농민 또한 이들보다 나을 것이 없었다. 이 시기 미국의 농업은 숫자적으로는 공업 못지않은 커다란 발전을 보여주었다. 농장 수는 1860년 200만에서 570만으로, 경지면적은 1억 6,000만 에이커에서 3억 에이커로, 토지, 건물, 농기구, 가축을 포함한 농장재산 총액은 20억 달러에서 200억 달러로 각각 늘어났다. 생산량도 소맥은 1억 7,310만 부셸에서 6억 5,580만 부셸로, 옥수수는 8억 3,880만 부셸에서 26억 6,330만 부셸로, 면화는 384만 베일bale, 梱包(1베일의 면화는 약 500파운드)에서 1,012만 베일로 각각 늘었다. 그러나 이러한 발전이 곧 농민의 소득증대를 의미하지는 않았다. 오히려 생산원가 앙등과 판매가격 하락으로 농민들은 만성적 불황에서 헤어나지 못하였다.

이 시기 농민은 농업의 기계화, 고율관세로 보호받고 있던 고가의 비료, 농기구의 구입과 수송, 철도회사의 곡물창고 보관료 폭리 등으로 생산부터 판매에 이르는 전 과정에 막대한 자본을 투자해야 하였다.

더구나 남북전쟁 중 국내수요 증대와 해외시장 확대로 높은 수준을 유지했던 농산물 가격은 1870년대에 들어서면서 급속히 하락하기 시작하였다. 대내적으로는 대서부 개척에서 살펴본 것처럼 경작지 확대의 결과로 일어난 생산과잉과 대외적으로는 아르헨티나, 오스트레일리아, 캐나다 등의 신흥농업국가와의 경쟁이 그 원인으로 지적되었다. 실제로 농산물 가격은 소맥의 경우 1870~1873년까지의 평균가격이 부셸당 106.7센트였으나 1894~1898년까지의 평균가격은 63.3센트로, 옥수수는 43센트에서 29.7센트로, 면화는 파운드당 15.1센트에서 5.8센트로 각각 하락하였다.

이 밖에 농업에 수반되는 각종 재해, 예를 들면 한발, 병충해, 홍수 등이 빈발하여 농민의 고통을 가중시켰다. 그리하여 19세기 말에 이르면 서부에서 저당 잡힌 농장 수는 전체의 거의 3분의 1에 해당되었고 남부에서는 소작농의 수가 전체 농민 중 70퍼센트에 이르렀다.

농민운동

농민의 처지가 이처럼 어려워지자 농민들도 차츰 그들의 경제적 이익을 지키고 현실을 개선하기 위해 조직적인 운동을 일으켰다. 당시 남부의 농업지대를 시찰한 농무성의 관리 올리버 허드슨 켈리Oliver Hudson Kelly는 농민들의 처참한 현실에 커다란 충격을 받았다. 그리하여 1867년 농민의 경제적 향상을 목표로 농업보험조합Patrons of Husbandary을 조직하였다. 이 조합은 지방에 조직된 하부기관을 그레인지Grange라고 하였으므로 조합의 활동을 그레인저운동Granger Movement이라고 한다. 조합은 1873년 공황을 계기로 급속히 발전하여 1870년대 중반에는 전국적으로 2만여 개의 그레인저와 100만 명에 가까운 회원 수를 자랑하였다. 그러자 이 운동은 정치활동에도 눈을 돌리는데, 당시 부당한 운임 책정으로 농민의 분노를 산 철도회사의 부정과 곡물창고의 폭리를 규탄하고 이를 규제하는 그레인저법을 여러 주에서 통과시켰다. 그러나 이 법은 농민이 기대한 만큼의 실효를 거두지 못했고 또 조합의 운용도 효율적이지 못하였으므로 그 뒤 회원 수는 서서히 감소하여 1880년대 말에는 10만 명 정도로 줄어들었다.

그레인저운동을 대신하여 1880년대에 일어난 것이 농민동맹Farmer's Alliance운동이다. 협동조합운동을 주된 목표로 한 이 운동은 남부에서 시작되어 차차 서부 지방으로 파급되었다. 철도·통신기관에 대한 정부의 엄격한 규제와 국유화, 통화증발, 농민에 대한 공평한 과세, 분고제도分庫制度, Subtreasury System의 실시 등을 요구하면서 세력이 급속히 성장하여 1890년경에는 회원 수가 300만 명에 이르렀다.

분고제도란 정부가 설치한 창고에 농민이 농작물을 보관할 경우 시장가격의 80퍼센트까지를 대부해주고 농민은 시세가 가장 좋을 때 작물을 처분하여 채무를 상환하는 제도다.

인민당의 결성

이러한 요구를 달성하기 위해 농민동맹은 정치운동을 벌일 수밖에 없었다. 이에 따라 남부에서는 민주당의 이름으로 농민동맹에서 4명의 지사가 나왔고 8주의 의회를 농민동맹이 지배하였다. 또 농민동맹의 요구를 지지하는 44명의 하원의원과 3명의 상원의원을 선출하였다. 한편 서부에서는 기성

정당을 이용하는 대신 농민동맹을 중심으로 제3당 운동이 일어나 농민동맹 출신을 주의회와 연방의회에 진출시키는 데 성공하였다. 자신을 갖게 된 농민동맹은 드디어 1892년 2월 세인트루이스에 모여 기성정당에 불만을 가진 각 정파를 규합하여 인민당People's Party을 결성하였다.

인민당이 탄생한 해는 바로 대통령 선거의 해였으므로, 인민당은 7월 네브래스카주의 오마하Omaha에서 다시 전국민대회를 열어 대통령으로는 아이오와주 출신의 제임스 위버James B. Weaver를, 부통령으로는 버지니아 주 출신의 제임스 필드James G. Field를 지명하여 선거전에 나섰다. 선거운동에서 이들은 농민동맹의 요구를 집약한 것 이외에 상원의원의 직접선거, 누진소득세, 8시간 노동제, 비밀투표, 정·부통령의 재선 금지를 내걸었다. 또한 소수의 독점자본가가 수백만 노동자의 결실을 박탈하고 국가를 파멸 위기에 몰아넣었으며 3권을 부패시키고 있다고 맹렬히 규탄하였다.

인민당의 어조는 과격하였지만 그 주의주장도 그랬던 것은 아니었다. 인민당은 급속한 공업화 과정에서 정치·사회·경제적으로 소외되었던 농민의 절박한 심정을 대변하였을 뿐이었다. 경제발전을 외면하고 과거의 전원적인 미국으로 돌아가자고 부르짖은 면에서는 오히려 시대착오적인 성격을 드러내기도 하였다. 그러나 인민당은 자유방임주의가 공업화 과정에서 발생하는 모든 문제를 해결하는 유일한 방책이 아니라는 것과 연방정부는 사회복지에 대해 책임을 져야 한다고 주장한 최초의 정당이라는 데에서 역사적 의의를 갖고 있다.

공화, 민주, 인민의 3당이 참가한 1892년 대통령 선거전에서 승리는 민주당이 지명한 클리블랜드에게 돌아갔다. 그러나 인민당은 비록 패배했지만 일반투표에서 100만을 넘는 표를 얻어 4주를 확보하여 선거인단투표에서 22표를 얻었고 지방선거에서도 10명의 상원의원, 5명의 하원의원, 3명의 주지사를 당선시켰을 뿐 아니라, 1,500명의 주의원을 배출하였다. 이와 같은 인민당의 정계 진출은 기존의 양대 정당의 입장에서 보면 위협이 아닐 수 없었다.

1893년의 공황

그러나 1893년 다시 대통령직에 돌아온 클리블랜드는 바로 이해 일어난 공황과 싸우는 과정에서 국민 대중의 이해보다는 자본가의 이해를 우선시하는 입장을 계속 견지하였다. 공황은 이듬해 더욱 악화되어 노동자 5명 중 1명꼴로 실업자가 나와 그 수는 300만에 이르렀다. 실업자의 항의시위와 파업이 속출하였지만 정부의 대책은 앞에서 살펴본 것처럼 탄압뿐이었다.

한편 공황으로 금 보유량이 감소하는 것을 우려한 클리블랜드가 은의 구입을 중지하면서 은화의 자유주조를 요구하던 서부와 남부의 농민들로부터 반감을 샀다. 이러한 상황 속에서 관세를 인하하려 했던 클리블랜드의 정책은 실효를 얻지 못했고 연 수입 4,000달러 이상 소득자에 대해 2퍼센트의 세금을 부과하려 하였던 소득세법은 대법원으로부터 위헌판결을 받았다. 결국 오랜만에 정권을 장악한 민주당은 공황을 수습하지 못한 채 1896년의 대통령 선거전을 맞이하였다.

1896년 대통령 선거

1896년 선거전에서 이미 유리한 고지를 점령하고 있던 공화당은 보호관세와 금본위제를 내걸고 오하이오주의 윌리엄 매킨리William McKinley를 대통령 후보로 내세웠다.

하지만 민주당은 클리블랜드를 중심으로 한 보수파와 이에 반대하는 농민파로 분열하여 대통령 후보 지명 전국대회에서 양 파의 대립으로 커다란 파란이 일어났다.

이때 농민파의 영수 격인 36세의 네브래스카주 출신의 윌리엄 제닝스 브라이언William Jennings Bryan은 "노동자의 이마에 가시관을 씌워서는 안 되며 인류를 금 십자가에 못 박아서도 안 된다"라고 열변을 토하여 노동자 억압에 반대하고 은화의 자유주조론에 찬성한다는 입장을 밝혔다. 결국 브라이언은 민주당 전당대회에서 금본위제를 주장하는 보수파를 제압하고 대통령 후보 지명을 획득하였다.

한편 1894년의 중간선거에서 2년 전의 대통령 선거 때보다 더 활발히 정계에 진출한 인민당도 은화의 자유주조론을 내걸고 있었다. 인민당은 민주당에 합류하면 당은 소멸되지만 은 지지세력의 분열을 막을 수 있다는 입장에서 민주당이 내세운 브라이언안을 지지하고 부통령만 따로 지명하였다. 그러나 민주, 인민 양당의 합동세력은 풍부한 선거자금을 유포한 공화당 앞에 열세를 면치 못하여 결국 매킨리가 대통령에 당선되었다.

매킨리는 대통령에 취임하자 평균 57퍼센트라는 미국사상 최고의 관세율을 정한 딩글리Dingley 관세법을 제정하고 금본위제를 확립하여 공화당이 자본가의 당임을 다시 한 번 과시하였다. 민주당에 흡수된 인민당은 그후 다시 제3당으로서 독자적 운동을 펴지는 못했지만 공화당과 성격상 별 차이가 없었던 민주당을 다소나마 노동자와 농민의 이해를 반영하는 정당으로 변화시키는 역할을 하였다.

제4절_ 19세기 후반의 사회와 문화

독점자본주의체제가 확립되고 인생의 성공이 금전으로 측정되는 배금사상
이 널리 퍼졌던 19세기 후반의 미국은, 경제의 비약적 발전으로 겉으로는
화려하지만 내면에서는 저속한 취미가 횡행하고 있었기 때문에 '도금시대
Gilded Age'라고 불린다. 이러한 시대의 특징을 가장 잘 나타낸 것이 바로 도
시였다.

도시화 현상

미국에서 처음으로 국세조사가 실시된 1790년 당시 8,000명 이상의 도시에
살고 있던 인구의 수는 전체 인구 400만 명 중 25분의 1도 채 되지 않았다.
그러나 1860년에는 3,100만 명의 총인구 중 6분의 1, 1900년에는 7,600만
명 중 3분의 1이 도시인구였다.

 이와 같은 도시화 현상은 남북전쟁 이후 특히 현저하여 1900년에 인구
10만 이상 도시의 수는 38개나 되었고 그 인구수는 1,400만을 돌파하였다.
이 중 뉴욕, 시카고, 필라델피아는 100만을 넘는 대도시로 발전하였다. 도시
화 현상은 공업화가 촉진된 지역일수록 현저하여 산업의 중심지인 북부 지
역에서는 10명 중 6명이, 중서부 지방에서는 10명 중 3명이, 농업지역을 탈
피 못한 남부에서는 10명 중 1명이 각각 도시에 살고 있었다.

 이 시기의 도시는 이농하는 농촌인구와 이민을 대거 흡수하였다. 특히 공
업화가 활발하였던 북부와 중서부 지방에서는 이농 현상이 현저하여 1880
년대에 아이오와, 일리노이 두 주에서는 타운의 반 이상이, 뉴잉글랜드 지
방에서는 1,520개의 타운 중 932개의 타운이 없어진 반면, 이들 지역의 도
시 인구는 20퍼센트나 증가하였다. 또 19세기 후반 대량으로 입국한 외국
이민자 대부분이 도시로 몰려 1890년경 필라델피아의 경우는 인구의 4분

의 1, 시카고와 보스턴의 경우는 3분의 1이 외국 태생이었으며, 뉴욕의 경우는 5명 중 4명이 외국 태생이거나 외국인을 부모로 둔 사람이었다.

도시문제

19세기 후반 미국에서는 새로운 기술의 개발로 전화, 전등, 전차 등 수많은 문명의 이기가 사용되어 도시생활을 편리하게 만들었다. 이러한 이기의 이용으로 말미암아 도시화 현상이 촉진되기도 하였다. 고층건물이 즐비하고 사람의 왕래가 빈번한 도시생활은 활기에 넘치고 외견상 화려한 인상을 주었다. 그러나 도시에는 노동자와 이민자가 밀집하여 거주하는 빈민굴이 있어 각종 범죄와 전염병의 온상이라는 인상을 주었고, 또 도시 행정을 담당한 시 정부는 실업가와 결탁한 정치보스의 지배하에 도시의 어두운 면을 외면한 채 도시생활에 반드시 필요한 상하수도, 가스시설, 교통, 전기 같은 공익사업체의 이권을 둘러싸고 각종 부정행위를 저질렀다.

시정개혁운동

일찍이 토머스 제퍼슨이 예언했던 도시의 부패와 타락은 청결과 품위를 자랑하는 미국 중산계층의 양심을 자극하여 커다란 분노를 자아냈다. 그래서 이들은 도시의 각종 악폐를 없애는 운동에 앞장섰다.

1880년부터 뉴욕, 시카고, 보스턴을 비롯한 여러 도시에서 지도적인 위치에 있던 중산계층은 각종 개혁위원회를 조직하여 시의 행정을 좀먹는 정치보스를 규탄하기 시작하였다. 시정개혁운동은 전국적으로 퍼져 1894년에는 200개의 지부를 가진 전국도시연맹National Municipal League으로 발전하였다. 연맹은 모범적인 도시헌장을 만들어 건전한 도시행정을 확립하는 지침으로 삼게 해서 여러 곳에서 성과를 올렸다.

사회개혁운동

시정개혁운동과 발맞추어 자선단체, 사회사업가들의 사회개혁운동도 일어났다. 이 운동에는 중산계층의 젊은 부녀자들이 많이 참가하였다. 이들은 1886년 이후 북부의 여러 도시에서 사회복지관을 설치하여 불우한 노동자와 그 자녀들을 도왔다. 이 중에서도 런던의 빈민굴에 있는 토인비홀 Toynbee Hall을 참고하여 1889년 제인 애덤스Jane Addams가 시카고에 세운 헐하우스Hull House는 특히 유명하다. 이 밖에 소비자보호운동, 금주운동도 벌였으며 빈민구제와 더불어 여권신장에도 힘을 기울였다.

이러한 움직임 속에서 사회의 부조리, 특히 빈곤문제에 무관심했던 교회도 차츰 도시문제에 관심을 갖게 되었다. 종래 교회는 빈민굴, 공황, 실업이 사회발전 과정에서 불가피한 산물이라는 견해를 견지하고 교회의 사명은 개인의 영혼구제에 있지 사회복지에 있지 않다고 주장해왔다. 특히 헨리 워드 비처Henry Ward Beecher 같은 목사는 자유방임주의와 사회적 다위니즘을 설교단에서 선전하여 부유층의 이해를 옹호하기도 하였다.

그러나 1879년 영국에서 시작된 구세군운동이 미국에 도입되어 빈민구제에 나서기 시작하였고 다수의 이민자가 믿었던 가톨릭교회도 사회개혁에 관심을 나타냈다. 특히 1891년 로마교황의 회칙은 교회의 사회개혁운동을 교리적으로 뒷받침해주었다. 개신교계에서는 회중파 목사인 워싱턴 글래든Washington Gladden과 침례교파의 월터 라우션부시Walter Rauschenbusch 등이 사회복음운동Social Gospel Movement을 일으켜 사회개혁이 기독교신자의 사명 가운데 하나라고 역설하였다.

교육기관의 발달

미국경제가 비약적으로 발전한 19세기 후반은 초등교육부터 고등교육에 이르기까지 전 교육기관이 크게 발전한 시기이기도 하였다. 초등교육기관인 공립학교에 소요된 교육비는 1870년 학생 1인당 15달러로 연간 6,900만 달러였으나 1900년에는 학생 1인당 23달러로 연간 2억 5,000만 달러로 늘어났고, 남부를 제외한 거의 모든 주에서 의무교육제가 실시되었다. 또 중등교육기관인 고등학교의 수는 1870년 160개에서 1900년 6,000개로 늘어났고, 이 밖에 종교단체가 경영하는 교구학교와 하계문화교육학교Chautauqua 운동으로 일어난 성인교육도 활기를 띠었다. 보통교육이 널리 보급된 결과 문맹률은 1880년 17퍼센트에서 1900년 11퍼센트로 저하되었다.

이 시기에는 고등교육기관인 대학교육도 크게 발전하였다. 이미 살펴본 것처럼 1862년의 모릴법은 각 주에서 농공업 기술교육을 중심으로 하는 대학교육을 일으키는 커다란 계기가 되었다. 위스콘신, 미네소타, 캘리포니아, 텍사스 등, 뒤에 동부의 전통 있는 사립대학에 비견할 만한 대학으로 발전한 주립대학들이 바로 이때 설립되었다. 또 거부를 축적한 실업가들도 사재를 기부하여 대학을 창설하였다. 그리하여 코넬Cornell(1868), 밴더빌트 Vanderbilt(1873), 존스홉킨스Johns Hopkins(1876), 스탠퍼드Stanford(1885), 시카고Chicago(1891) 등의 사립대학이 탄생하였다.

중서부 지역과 주립대학의 대부분은 남녀공학이었지만 보수적인 동부에서는 그렇지 못하였다. 그래서 여성만을 위한 대학으로 바사Vassar(1867), 웰즐리Wellesley(1870), 스미스Smith(1871), 브린모어Bryn Mawr(1885) 등이 설립되었다. 이리하여 19세기 말 미국의 대학 총수는 약 150개 교를 헤아릴 정도가 되었다.

그러나 이러한 대학들이 모두 대학다운 교육을 실시하였던 것은 아니었다. 하지만 몇 개의 대학은 장차 미국의 대학교육에 커다란 영향을 끼칠 개혁에 착수하였다. 이 시기 하버드대학은 선택과목제도를 채택하고 자연과학교육을 확충하여 목사 양성기관에서 고등학술기관으로 탈바꿈하고 있었고, 새로 설립된 존스홉킨스대학은 독일의 세미나Seminar 중심의 교수제도를 도입하여 대학원교육을 이끄는 영예를 갖게 되었다.

도서관

보통교육의 보급과 이에 따른 문맹률의 저하는 공공도서관 건립 붐을 일으켰다. 특히 앤드루 카네기는 거액의 기금을 기부하여 여러 곳에 공공도서관을 세우는 데 적잖은 공헌을 하였다. 또 국회도서관을 비롯하여 보스턴, 뉴욕의 대규모 도서관도 이 시기에 새로 지어졌는데, 여기에는 100만 달러 이상의 비용이 들었다. 이리하여 1900년경 미국에서는 9,400여 개의 공공도서관이 생겼고 장서도 4,500만 권을 돌파하였다.

언론기관의 발달

신문, 잡지의 발행부수도 크게 증가하였다. 일반 독자를 대상으로 한 일종의 종합잡지는 1885년 4종으로 발행부수는 모두 합쳐도 10만 부에 지나지 않았으나, 1900년에는 20종이 되었고 발행부수도 550만 부에 이르렀다. 일간신문의 경우에는 1870년 574종 260만 부가 간행되었으나 1900년에는 2,226종 1,500만 부로 증가하였다. 이는 당시 세계에서 발행되던 신문의 반이상이 미국에서 발행되었다는 것을 말해준다.

이와 같은 경이적인 신문의 보급은 라이노타이프의 발명으로 저렴해진 인쇄비와 광고미디어로서 신문의 기능이 널리 인식된 결과이기도 하지만, 신문 자체가 보도와 더불어 흥미 본위의 기사를 많이 실어 독자의 저속한 취미에 영합했기 때문이기도 하였다. 조지프 퓰리처Joseph Pulitzer의 『월드World』와 윌리엄 랜돌프 허스트Willam Randolph Hearst의 『뉴욕 저널New York Journal』은 이른바 '옐로 저널리즘'의 대표적 신문으로 발행부수를 크게 확장하여 여론을 좌우하는 힘까지 가졌다.

문학

문학에서는 일반적으로 점잖은 성격에 천박하고 자기만족에 도취된 인물을 소재로 한 작품이 많았으나, 이와는 달리 근대 산업사회로 변화하고 있는 사회적 현실을 소재로 예리한 비판을 던진 거장들도 나왔다.

남부에서 태어나 황금을 찾아 서부를 방랑하면서 풍부한 인생경험을 쌓은 마크 트웨인은 풍자와 해학을 섞어 활기에 넘치는 개척기의 서부를 그리는 한편, 향수 어린 심정으로 남부를 바라보면서 배금사상에 물들어가는 미국사회의 부패와 타락을 고발하는 작품들도 발표하였다.

중서부 지방에서 태어난 윌리엄 딘 하우얼스William Dean Howells는 남북전쟁 중 이탈리아에서 외교관 생활을 하는 동안 유럽의 사실주의문학에 영향을 받았다. 귀국 후 동부에 정착한 그는 금권정치하의 부정부패와 경제성장 속에서 서민들이 겪는 고통을 소재로 자본주의사회의 모순을 파헤치는 작품들을 발표하였다.

동부에서 태어나 도금시대의 미국을 외면하듯 삼십 대 초에 유럽으로 건너가 영국에서 여생을 보내면서 작품을 발표한 헨리 제임스Henry James는 트웨인이나 하우얼스와 달리 상류계급을 소재로 신구문화를 대조시켜 미국 상류사회의 천박한 성격을 비판하였다.

사상

19세기 후반 미국 사상의 주조를 이루었던 개인주의, 자유방임주의를 합리화한 사상으로 널리 받아들여진 사회적 다위니즘과 이에 대한 비판은 앞에서 소개하였다. 바로 이러한 진화론의 과학성을 둘러싼 시비가 엇갈리는 가운데 극히 미국적인 특색을 지닌 새로운 철학인 프래그머티즘pragmatism(실용주의라고도 함)이 이 시기에 형성되었다.

찰스 퍼스Charles S. Peirce와 윌리엄 제임스William James, 20세기에 들어

존 듀이John Dewey가 발전시킨 이 철학은 인간의 제도와 행동의 타당성은 그 결과로 결정되며 만일 그 결과가 사회적 요구를 만족시키지 않는다면 제도와 행동을 고쳐야 한다고 주장하였다.

진리를 실용적인 면에서 파악하려는 생각은 법률사상에도 영향을 주어 올리버 웬들 홈스Oliver Wendell Holmes는 절대적인 법의 관념을 배격하여 법도 사회의 변화에 따라 그 해석이 달라져야 한다고 주장하였다. 경제학자인 존 코먼스John R. Commons는 고전경제학을 금과옥조로 생각하던 학계에 경제학이 사회개혁의 수단으로 봉사해야 한다고 주장하였다.

결국 프래그머티즘은 사회적 다위니즘에 대한 비판과 더불어 19세기 말 미국사회에 어떤 변혁이 있어야 한다는 것을 시사하면서 20세기에 펼쳐진 혁신운동의 사상적 기반을 제공하는 데 커다란 역할을 하였다.

제5절 _ 제국주의국가로의 발전

1850년경에 미국은 '명백한 운명'의 기치 아래 북미 대륙에서 영토 확장을 끝내고 있었다. 그 뒤 1890년대에 이르는 약 40년 동안 노예제도 문제로 일어난 1850년대의 위기와 남북전쟁을 겪었고 전후에는 남부 재건, 대서부 개척, 북동부를 중심으로 한 공업화 등 국내 개발에 바빴으므로 북미 대륙의 경계를 넘어 해외로 진출하는 것에 대해서는 별 관심이 없는 듯 보였다. 그러나 이 시기에 해외 진출이 전혀 없었던 것은 아니었다. 소극적이긴 하였지만 해외 진출에 대한 관심은 미국에 인접한 카리브 해역, 중미, 태평양, 멀리 동양에 이르기까지 다양하게 나타나고 있었다.

해외 진출 — 남북전쟁 이후부터 1890년까지

1867년 남북전쟁 중 멕시코에 침투한 프랑스 세력을 먼로주의의 명분하에 물리친 국무장관 슈어드는 이해 제정러시아로부터 알래스카를 720만 달러(에이커당 2센트)라는 싼값에 사들였다. 또 1870년 그랜트 대통령은 카리브 해역에 있는 산토도밍고Santo Domingo를 합병하려 했지만 상원의 반대로 뜻을 이루지 못하였다.

태평양 해안을 기점으로 이루어진 미국과 동양제국 사이의 무역은 남북전쟁 이후 더욱 긴밀하게 이루어졌다. 이에 따라 태평양제도에 대한 미국의 관심도 차츰 높아져갔다. 1820년대 이후 선교사, 포경捕鯨업자, 설탕 및 파인애플 재배업자 등 많은 미국인이 진출하고 있던 하와이와 1875년 제3국이 하와이를 소유할 수 없다는 조약을 맺었고, 이어서 1878년에는 태평양무역의 중계지로 요지에 위치한 사모아군도 내에 해군기지를 설치할 수 있는 권리를 확보하였다.

동양에서는 남북전쟁 전 이미 중국(1844), 일본(1854)과 조약을 맺은 미국은 이 지역에서 무역을 증진할 의도로 한때 무력까지 사용해서(1871년의 신미양요) 개국시키려 했던 조선과 1882년 중국의 알선으로 우호통상조약을 맺는 데 성공하였다.

그러나 이러한 성과는 1870년 이후 급속히 전개된 유럽 열강의 제국주의적 진출에 비하면 아주 보잘것없었다. 그러므로 1880년대 말에 이르러 국내 일각에서는 해외 진출에 대한 종래의 소극적 정책을 비판하고 적극적 정책으로의 전환을 요구하는 주장들이 차츰 형성되었다.

적극적 해외 진출론의 대두

1885년에 이미 종교가이며 사회개혁가였던 조사이어 스트롱Josiah Strong은 『우리의 나라Our Country』라는 저서에서 영국의 제국주의자들이 내세운 지배민족으로서 앵글로색슨족의 우수성에 입각하여 동일한 민족에 속하는 미국인도 세계를 지배할 운명을 신으로부터 부여받았으므로 미국은 국력을 중남미, 태평양, 아프리카로 신장해야 한다고 주장하였다. 같은 시기 하버드대학의 역사학 교수로 사회적 다위니즘을 전파하는 데 기여한 존 피스크John Fiske는 앵글로색슨 우월주의에 다윈의 적자생존 이론을 결부하여 종래 북미 대륙의 영토 확장에만 적용했던 '명백한 운명'을 미국의 적극적 해외 진출을 합리화하는 데 이용하였다.

그러나 적극적 해외 진출은 그것을 추진할 만한 해상세력이 없이는 불가능하였다. 바로 이 점을 누구보다 명확하고 강력하게 주장한 사람이 현역 해군대령이었던 앨프리드 머핸Alfred T. Mahan이다. 그는 1886년 해군대학에서 행한 연속강연에서 영국이 대제국으로 발전한 바탕에는 무역이 있었다고 지적하고 무역증대를 위해서는 상선대商船隊가 필요한데 이 상선대를 보호하려면 대규모의 해군이 필요하다고 역설하였다. 이 강연은 『제해권이 역사에 미친 영향The Influence of Sea Power upon History』이라는 저서로 출판되었다. 이어서 머핸은 제해권과 영국의 국가적 이해의 관계를 다룬 논문을 주요잡지에 기고하여 1897년『제해권과 미국의 이해, 현재와 미래The Interest of America in Sea Power: Present and Future』라는 저서를 발표하였다. 여기서 그는 미국은 중미에 운하를 건설하여 대서양과 태평양을 연결하고, 또 카리브 해역을 세력범위로 하여 운하의 안전을 확보하고, 태평양의 여러 섬에는 해군기지와 상선의 기항지를 설치하여 태평양의 제해권을 장악하여 동양에서 미국의 입장을 강화해야 한다고 주장하였다.

당시 머핸의 이론은 각국에서 번역되어 제국주의국가에 커다란 영향을 끼쳤을 뿐 아니라 미국 내에서는 대해군 건설이라는 구체적인 결과를 가져왔다. 1890년 의회는 해군법을 제정하여 근대적인 신예 함정의 건조를 승인하였고 이에 따라 19세기 말 미국의 해군력은 세계 제4위에서 제3위로 올라갔다. 뿐만 아니라 머핸의 이론은 적극적 해외 진출을 갈망하던 팽창주의자expansionist에게 더할 나위 없는 이론적 무기를 제공해서 이들의 사기를 북돋아주었다.

사모아, 중남미, 하와이 문제

해외 진출에 대한 미국의 정책 전환은 1889년 해리슨 대통령 밑에서 국무장관에 취임한 제임스 블레인James G. Blaine으로부터 나타나기 시작하였다. '강경파 짐Jingo Jim'으로도 불린 그는 1889년 영국, 독일과 교섭하여 사모아군도를 3국 공동으로 보호령화하는 데 합의하였다. 그의 이 정책은 전임 행정부의 정책을 계승한 것에 지나지 않았지만 3국 공동관리는 선례가 없는 일로 적극적 해외 진출의 시작으로 볼 수 있다.

이어서 그는 중남미에서 미국의 이해를 증진할 생각으로 남북아메리카 대륙의 18개국을 워싱턴으로 초청하여 무역 및 중재에 관한 조약을 맺으려 하였다. 이들 국가의 반대로 조약을 맺는 데는 실패했으나 범아메리카연합

Pan-American Union을 결성하여 남북아메리카 대륙에서 일어나는 모든 문제가 이 대륙에 자리 잡고 있는 모든 나라의 공동관심사라는 것을 표명하는 데에는 성공하였다. 1891년에는 미국 수병의 살해사건을 구실로 내란이 일어난 중미의 칠레Chile와 충돌할 뻔하기도 하였다.

1893년 해리슨에 이어 대통령이 된 클리블랜드는 잠시 적극적 해외 진출을 머뭇거리는 듯한 모습을 보였다. 그의 소극적 정책은 하와이 합병 문제에서 나타났다. 1891년 하와이 왕에 즉위한 릴리우오칼라니Liliuokalani 여왕은 '하와이인을 위한 하와이'를 내세워 미국인 설탕업자를 중심으로 한 백인의 하와이 지배에 과감히 도전하였다. 1893년 하와이에 거주하던 미국인들은 하와이 주재 미국공사와 해군의 원조를 받아 여왕의 퇴위를 강요하면서 미국정부에 하와이 합병을 요구하였다. 그러나 하와이 주민들이 여왕을 절대적으로 지지하고 있다는 보고를 받은 클리블랜드 대통령은 미국의 하와이 합병을 반대하였다. 하지만 그의 이러한 결정은 하와이 합병을 잠시 지연시켰을 뿐이었다. 그 뒤 하와이는 사실상 미국인을 주체로 한 하와이혁명위원회의 지배하에 들어갔고 1898년 7월 미국-스페인전쟁 중에 미국에 합병되었다.

클리블랜드는 하와이 합병에는 반대했지만 아메리카 대륙에서 발생한 문제에 대해서는 적극적인 자세를 취하였으므로 그의 정책은 전임 정부와 다르지 않았다. 1895년 중미의 베네수엘라Venezuela와 영국령 기아나 Guiana 사이에 국경분쟁이 일어나자 국무장관 리처드 올니Richard Olney는 먼로주의에 입각하여 미국은 '사실상 서반구의 주권자'라고 주장하면서 영국 측에 미국의 조정을 받을 것을 강력히 요구하였다. 당시 국제정치에서 고립되어가던 영국은 미국의 협조를 바라고 있었으므로 일단 미국의 조정을 수락하여 이 문제는 해결되었다. 이 교섭 과정에서 미국은 영국에 대해 전례 없이 강경한 태도를 보였다.

쿠바혁명과 미국

1895년 스페인의 식민지 쿠바에서는 식민 통치에 항거하는 혁명이 일어났다. 혁명은 장기화되었고 그러는 동안 스페인의 혁명 진압도 과격해졌다. 혁명군으로부터 양민을 보호한다는 구실로 스페인이 설치한 격리수용소에서는 2년 동안에 쿠바 인구의 8분의 1에 해당되는 20만 명의 양민이 기아와 질병으로 생명을 잃었다. 이러한 비인도적 처사는 당시 치열한 신문 판매경쟁을 벌이고 있던 허스트계의 『뉴욕 저널』과 퓰리처계의 『월드』에 의해 과장 보도되어 미국민의 반스페인 감정을 부채질하였고 미국 내에서 쿠바혁명에 대한 간섭을 요구하는 여론을 크게 일으켰다.

그러나 쿠바 간섭론은 인도주의에만 입각한 것은 아니었다. 적극적 해외진출을 주장해온 사람들은 쿠바혁명이야말로 카리브 해역에서 미국의 '명백한 운명'을 실현할 수 있는 절호의 기회라는 입장에서 쿠바 간섭을 강력히 지지하였다.

클리블랜드 대통령과 그를 계승한 매킨리 대통령은 처음에는 쿠바 사태를 신중히 관망하는 입장을 취해 국내에서 높아져가던 간섭론에 귀를 기울이지 않았다. 그러나 1898년에 연이어 일어난 두 개의 사건으로 쿠바 사태에 대한 정책은 달라지게 되었다. 1월 허스트계 신문이 주미 스페인공사가 매킨리 대통령을 모욕하는 내용을 담은 개인 서신을 입수하여 그것을 공표하자 미국민의 반스페인 감정은 크게 고조되었다. 2월에는 쿠바에 머물고 있는 미국민을 보호하기 위해 아바나Havana에 파견된 미국 포함砲艦 메인Maine호가 원인불명의 폭발사건으로 침몰하여 266명의 장병이 생명을 잃는 사건이 일어났다. 그러자 여론은 '메인호를 잊지 마라Remember the Maine'라고 부르짖으면서 스페인에 대한 개전을 강력히 요구하였다. 사태가 이에 이르자 미국의 개전을 두려워한 스페인은 미국 측의 요구인 쿠바에 대한 자치 부여를 수락할 용의가 있다고 미국정부에 통고하였다. 그러나 이

미 때는 늦어 이 통고가 미국에 도착한 다음 날인 4월 11일 여론의 힘에 눌린 매킨리 대통령은 의회에 선전포고에 관한 교서를 보냈다. 이어서 상·하 양원은 4월 19일 스페인과의 전쟁을 결의하였다.

미국-스페인전쟁

이렇게 하여 일어난 미국-스페인전쟁에서 미국은 쿠바의 스페인군만을 상대로 싸우지 않았다. 미국은 쿠바에 인접한 푸에르토리코Puerto Rico와 태평양의 괌Guam을 점령하고 다시 필리핀까지 진출하였다. 필리핀에 대한 공격은 필리핀에 있는 스페인함대가 쿠바의 스페인함대와 합류하는 것을 방지한다는 군사적 목적에서 이루어지긴 했지만, 실은 '명백한 운명'을 새롭게 이끌었던 사람들에 의해 전쟁 전부터 이미 꾸며지고 있었다.

그중의 한 사람으로 해군차관보로 있던 시어도어 루스벨트Theodore Roosevelt는 선전포고 2개월 전에 장관의 승인을 받지도 않고 홍콩에 있는 미국 동양함대 사령관인 조지 듀이George Dewey에게 전쟁이 일어나면 마닐라만에 있는 스페인함대를 공격하라는 극비지령을 내렸다. 전쟁이 일어나자 듀이 제독은 지체 없이 필리핀으로 출동하여 5월 1일 스페인함대를 궤멸하고 이어서 마닐라시를 점령하였을 뿐 아니라 마닐라시를 방위한다는 구실로 미국 본토로부터의 증원부대와 필리핀 독립운동가들의 협조를 얻어 전선을 확대하였다.

전력에서 미국의 상대가 되지 않는 스페인은 휴전을 제의하였고, 10월부터 파리에서 미국과 스페인의 강화회의가 열렸다. 5개월도 계속되지 않은 실제 전투에서 미국의 부상자와 사상자는 379명에 지나지 않았으나 12월에 체결된 강화조약은 미국에 커다란 이익을 안겨주었다. 이 조약에서 스페인은 쿠바의 독립을 승인하고 전쟁배상으로 푸에르토리코와 괌을 미국에 양도하였다. 또 필리핀을 미국이 2,000만 달러에 사들이는 데 동의하였다. 그래서 국무장관이었던 존 헤이John Hay는 이 전쟁을 '눈부신 소전쟁Splendid Little War'이라고 평하기도 하였다.

미국의 제국주의

강화조약이 비준을 받기 위해 상원에 상정되자 필리핀 영유에 대한 찬반 양론이 일어났다. 찬성하는 사람들은 필리핀 영유가 태평양과 동양에서 미국의 입장을 강화한다고 주장했고, 반대하는 사람들은 장차 미국의 주로 성립할 가능성이 없는 해외 영토를 차지하는 것은 헌법에 위배될 뿐 아니라 동양에서 일어나는 열강의 분쟁에 말려들 것을 우려하였다. 이때 반대파들이 제시한 것은 필리핀의 스페인 반환이 아니라 미국의 지도하에 필리핀을 독립시키는 것이었다. 그러나 여론은 필리핀의 영유를 지지했으므로 결국 상원은 강화조약을 승인하였다.

미국의 필리핀 영유에 대해 필리핀인들은 크게 실망하였다. 왜냐하면 이들은 미국군이 필리핀의 스페인군을 공격하자 독립을 위한 절호의 기회로 생각하고 미국에 협력을 아끼지 않았기 때문이다. 그러나 단지 통치자가 바뀌었을 뿐이라는 사실을 알게 된 필리핀인들은 미국에 대한 항전을 시작하였다. 조직적 저항은 이듬해 끝났으나 산발적인 유격전은 1902년까지 계속되었고, 이 동안 미국은 쿠바 점령에 사용한 것 이상의 병력과 전비를 소비하였다. 결국 쿠바 해방을 위해 전쟁을 일으킨 미국은 필리핀에서는 제국주의열강과 다를 바 없는 압제자라는 오점을 남기고 말았다.

쿠바 해방도 결코 진정한 것이 아니었다. 미국은 미군정하에서 쿠바인이 제정한 헌법에 필요할 경우에는 쿠바의 독립 보전을 위해 미국이 언제든지 쿠바에 간섭할 수 있다는 권리를 명기한 플랫 수정조항Platt Amendment을 첨가한 뒤 1902년 군대를 철수하고 쿠바의 독립을 승인하였다. 미국의 보호국과 같았던 쿠바는 플랫 수정조항이 삭제된 1934년에 이르러 비로소 진정한 독립국가가 되었다.

중국 문제와 문호개방정책

미국이 필리핀을 영유할 당시 청·일 전쟁의 패전으로 무력함을 노출시킨 중국에서는 제국주의열강들이 조차지, 세력권, 특수권익을 둘러싸고 어느 때보다도 치열한 경쟁을 벌이고 있었다. 미국과 중국 사이의 무역량은 이 시기 미국의 전체 무역량에서 불과 2퍼센트에 지나지 않았다. 하지만 무역은 앞으로 얼마든지 확대할 수 있었으므로, 필리핀을 영유하여 동양 진출에 강력한 발판을 구축한 미국은 제국주의열강의 중국에 대한 정치적·경제적 침략을 방관할 수만은 없었다. 그래서 국무장관 존 헤이는 제국주의열강의 진출로 기득권이 침해받을 것을 우려한 영국의 암묵적인 양해와 중국을 유망한 미국의 상품시장으로 기대하던 국내 실업계의 요청에 따라서 1899년 9월 제1차 문호개방Open Door 통첩을 영국, 독일, 러시아, 곧이어 프랑스, 이탈리아, 일본 6개국에 발송하였다.

이 통첩에서 헤이는 첫째, 어떤 나라도 그 나라의 세력권 안에서 다른 나라의 무역권을 간섭할 수 없다, 둘째, 중국이 여러 나라와 맺은 관세협정은 각국의 세력권 안에서 계속 유효하다, 셋째, 어떤 나라도 그 나라의 세력권 안에서 항만사용료와 철도요금을 다른 나라에 대해 차별할 수 없다는 세 가지 원칙에 동의할 것을 요청하였다. 결국 이 통첩은 중국에서 이미 세력권을 구축한 열강에 대해, 뒤늦게 중국시장에 등장한 미국에도 대등한 무역권을 인정하라고 요구한 것이었다.

이에 대해 러시아를 제외한 모든 나라는 다른 나라들이 문호개방의 세 원칙을 승인할 경우 그 원칙에 찬성하겠다는 회답을 보냈다. 이처럼 각국의 회답은 조건부였으나 헤이는 각국이 전적으로 동의한 것으로 보고 1900년 3월 문호개방의 원칙이 확립되었다는 성명을 발표하였다.

이즈음 중국에서는 부청멸양扶淸滅洋을 내건 의화단이 궐기하여 도처에서 외국인 선교사와 중국인 기독교도를 살해하고 6월에는 북경의 외국공관 지역을 포위하여 외부와의 왕래를 차단하였다. 열강은 군대를 파견하여(미국도 5,000명의 해병대를 파견) 8월 이 포위를 해제시켰다. 이런 소란 속에서 열강이 중국을 분할하지나 않을까 우려한 헤이는 7월 제2차 문호개방 통첩을 중국과 이해관계가 있는 11개 국가에 발송하였다.

여기서 헤이는 미국이 추구하는 대중정책은 중국에 항구적 안전과 평화를 가져와 중국의 영토적·행정적 보전을 유지하고 중국 전역에서 공평한 무역을 할 수 있는 권리를 보장하는 데 있다고 밝혔다. 제2차의 경우에도 헤이는 제1차의 경우처럼 각국에 회답을 요청하지는 않았으나, 남의 나라의 영토를 보전하자는 데 정면으로 반대하여 침략자의 오명을 스스로 쓸 나라는 없었으므로 러시아를 포함한 모든 나라가 이 통첩에 동의한다는 회답을 보냈다. 문호개방정책을 헤이외교의 승리라고 기뻐한 미국민들은 의화단 사건의 처리 과정에서 중국의 분할이 방지되고 배상금 지불로 일단 사건이 해결된 것은 바로 이 정책의 구체적 성과라고 생각하였다.

이때 미국도 2,500만 달러의 배상금을 중국으로부터 받았다. 미국은 미국민이 사적으로 입은 손실에 대한 배상금을 지불한 뒤의 잔액인 1,000만 달러를 중국에 반환했으므로 중국은 이 잔액을 중·미 양국의 문화교류 기금으로 사용하였다.

이와 같이 미국은 중국의 환심을 샀을 뿐 아니라, 문호개방정책으로 중국에 대한 경제적 진출의 길을 열었고, 또 중국의 영토 보전을 제창하여 중국의 안전에 도의적 책임도 지게 되었다.

제7장

혁신주의와 제1차 세계대전

혁신주의 정치가 시어도어 루스벨트(왼쪽)와 윌슨(오른쪽)

제1절_ 혁신주의운동의 발생

1900년의 미국은 남북전쟁 이후의 비약적인 경제발전으로 안으로는 풍요
로운 물질적 번영을 누렸고 밖으로는 제국주의국가로 군림하기 시작한 부
강한 나라로 인식되었다.

배경

그러나 이러한 미국은 그때까지 미국인이 마음속에 간직하였던 미국, 자유
와 평등이 보장된 미국, 누구든지 열심히 일하면 성공의 기회가 풍부한 미
국, 그러므로 모든 사람이 중산계층이 될 수 있고, 또 그런 계급이 지배하는
미국이 아니었다.

   현실의 미국은 소수의 독점자본가들이 경제적 특권을 누리며 대다수 국
민의 생활을 좌우하고, 정치가들은 이들과 결탁하여 국민의 복리를 외면하
고 이에 따라 민주주의가 정치적·경제적으로 크게 위협받고 있었다.

   이처럼 변해가는 미국에 대해 상당수의 미국인이 차츰 의심과 공포를 품
게 되었으며, 1890년대부터는 물질적 번영 속에서 빈부 격차를 줄여 사회정
의를 실현하고 금권정치 아래서 자행되는 부정부패를 일소하여 새로운 변
화에 적응하는 진정한 민주사회로 미국을 개혁하려는 기운이 높아졌다. 앞
에서 살펴본 인민당의 운동, 도시의 빈곤 추방, 경제적 방임주의에 대한 비
판은 바로 그러한 기운이 싹트고 있었음을 보여주는 예이다. 20세기에 들어
서면서 개혁을 염원하는 미국인의 요청은 더욱 높아져 마침내 혁신주의운
동Progressive Movement이 일어나게 되었다.

성격

혁신주의운동은 정당이나 또는 사회단체가 전국적으로 추진한 통일된 운

동은 아니었다. 이 운동은 미국 각지의 농촌에서 도시에서, 또 주 규모에서 연방 규모에서 여러 가지 개혁의 목표를 내걸고 같은 시기에 일어난 운동이었다. 개혁의 주된 목표는 대체로 정치의 민주화, 독점기업체에 대한 규제, 근로대중의 생활권 보호 등에 있었으나 모든 혁신주의자가 동일한 정책관을 가졌던 것은 아니었다. 그래서 혁신주의의 통일된 정치관을 제시하기는 어렵지만 개혁에 국가권력의 개입을 요구한 점에서는 정도의 차이는 있으나 대체로 일치된 견해를 보였다.

이 운동을 지지하고 추진한 사회계급도 규정하기가 쉽지 않지만, 이 운동에는 대체로 중소기업가, 변호사, 언론인, 지식인, 종교인, 도시의 중간계층에 속하는 인사들이 많이 참가하였으므로 본질적으로는 중산계급이 중심이 된 개혁운동이라고 볼 수 있다. 그래서 운동의 성격도 과격하지 않고 온건했으며 기존의 정치 테두리 안에서 조용한 변화를 기대하였다. 혁신주의운동의 주된 공격 대상이 된 실업계도 혁신주의운동이 내세운 개혁에 전적으로 반대하지는 않았고, 기존의 양대 정당도 정권의 유지 또는 획득을 위해 혁신주의자들의 개혁을 지지하고 밀어주는 역할을 하였다.

과제

사회정의의 실현은 혁신주의자들이 해결하고자 한 긴급한 과제 중 하나였다. 빈곤의 추방은 19세기 말부터 이미 사회사업가와 종교·자선단체들이 시작하고 있었는데, 이들은 빈곤 때문에 노동을 할 수밖에 없는 16세 이하 아동노동자의 상태 개선에 차츰 관심을 가졌다. 그리하여 1904년 발족한 전국아동노동위원회National Child Labor Committee 등의 활동으로 1914년까지 거의 모든 주에서 14세 이하의 아동노동을 금지하고 또 많은 주에서 14~16세 사이의 아동노동자의 야간취업을 금지하는 법이 제정되었다. 이와 더불어 부인노동자를 보호하는 운동도 크게 일어났는데, 전국소비자연맹National Consumer's League이 중심이 되어 노동시간 단축에 주력한 결과, 1896년 이후 많은 주에서 노동시간을 1주 60시간으로 제한하는 법이 제정되었다. 그러나 이에 못지않게 중요했던 부인노동자에 대한 최저임금제 실시는 몇 주를 제외하고는 별 성과를 거두지 못하였다.

개인의 경제적 독립을 존중하는 기풍이 강한 미국에서는 사회보장에 대한 관념이 당시 유럽에 비해 훨씬 뒤떨어져 있었다. 혁신주의자들은 사회보장의 첫걸음으로 노동자상해보상제도의 실시에 관심을 가져, 그 결과 1920년까지 여러 주에서 이에 관한 법들이 제정되었다. 이 법에는 많은 결함이 있어 노동자에 대한 상해보상이 충분하지는 않았으나 사회보장의 필요성을 처음으로 인식시켰다는 점에서 커다란 의의가 있다.

이러한 법들은 시행 과정에서 주 또는 연방에서 제정된 법에 대해 위헌 여부를 가릴 수 있는 특권을 가진 주 또는 연방의 재판소로부터 많은 저항을 받았다. 사회정의보다는 개인의 자유, 공익보다는 개인의 재산권을 존중하는 영미법적 전통에서 자란 미국의 판사들은 사회 개선을 목적으로 한 이러한 사회입법이 고용주와 피고용인을 막론하고 개인의 권리를 침해한다는 입장을 취하였다.

그러나 이러한 입장은 혁신주의운동에 참가한 변호사들에 의해 차츰 무너지기 시작하였다. 1907년 오리건주가 부인노동자에 대해 1일 10시간제 노동법을 제정하자 고용주 측이 이 법의 무효를 주장하며 소송을 제기한 일이 있었다. 이때 노동법을 변호하는 입장에 선 보스턴의 젊은 변호사 루이스 브랜다이스Louis D. Brandeis는 당시 부인노동자들의 비참한 처우를 변론 자료로 제시하여, 이러한 현실을 모를 때 법의 공정한 집행을 다루는 법률가들이 대중의 적이 되기 쉽다고 경고하면서, 노동시간 규제는 결코 개인의 노동할 수 있는 권리를 박탈하는 것이 아니며 근로대중의 이익을 위해서는 이러한 종류의 사회입법이 정당하다고 역설하여 승소하였다.

이 재판 후 주 또는 연방의 재판소는 노동시간 규제뿐만 아니라 아동노동 보호, 최저임금제, 상해보상에 관한 각종 사회입법에 동조하는 입장을 취하게 되었다.

폭로 문학

사회사업가들의 활동과 사회입법 제정에 부응하여 머크레이커스muckrakers(폭로가라는 뜻)라고 불리는 언론인들은 『매클루어스 매거진McClure's Magazine』, 『코스모폴리탄Cosmopolitan』, 『먼지스 매거진Munsey's Magazine』 등의 대중잡지를 통해 실업계의 내막, 정치계의 추문, 사회의 부조리를 풍부한 자료와 함께 고발하는 등 대중에게 개혁의 필요성을 각성시키는 글들을 발표하였다. 이러한 글 중에서 아이다 타벨Ida M. Tarbell이 『스탠더드 석유회사의 역사The History of the Standard Oil Company』(1904)에서 록펠러 석유왕국의 내막을, 토머스 윌리엄 로슨Thomas William Lawson이 『광란의 금융Frenzied Finance』(1902)에서 금융트러스트의 죄악을, 데이비드 필립스David. G. Phillips가 『상원의 반역The Treason of the Senate』(1906)에서 미국상원의 부패를, 링컨 스테펀스Lincoln Steffens가 『도시의 수치The Shame of the Cities』(1904)에서 시정 운용의 비민주성을, 레이 베이커Ray S. Baker가 『법정에 세워진 철도회사The Railroad on Trial』(1906)에서 철도업체의 횡포를 각기 폭로한 글들이 특히 유명하다.

혁신주의운동의 기반이 된 현실사회에 대한 비판은 문학작품에서도 나타났다. 서던 퍼시픽 철도회사의 캘리포니아주 정치에 대한 지배를 소재로 한 프랭크 노리스Frank Norris의 『문어The Octopus』, 운수 재벌의 일대기를 다룬 시어도어 드라이저Theodore Dreiser의 『금융업자The Financier』와 『거인The Titan』, 시카고의 통조림 제조공장의 비위생적 식품 처리와 이민노동자의 참상을 그린 업턴 싱클레어Upton Sinclair의 『밀림The Jungle』, 자본주

의사회의 모순을 다룬 잭 런던Jack London의 작품들은 사회고발문학으로
머크레이커스와 통하는 점이 많았다.

미술에서도 애시캔파The Ash Can School가 등장해서 도시 서민생활의
애환을 그림의 소재로 삼아 많은 걸작을 내놓았다.

지적 활동

혁신주의운동이 전개되어가면서 이 운동을 이론적·학문적으로 지지하고
발전시키는 지적 활동도 활발해졌다. 그 하나는 자유경쟁이 민주주의의
바탕이라는 전통적 사상을 깨뜨리고 새로운 민주주의상을 제시하는 일이
었다.

혁신주의의 대표적 논객 가운데 한 사람인 허버트 크롤리Herbert D. Croly
는 『미국생활의 약속The Promise of American Life』(1909)에서 대부분의 미
국인은 아직도 자유경쟁을 믿고 있으나 독점기업이 군림하고 있는 현실에
서는 자유경쟁이 이들의 특권만 증대하고 대중을 격심한 빈곤으로 몰아넣
을 뿐이므로, 주 또는 연방 정부가 선의의 지도자 밑에서 국민의 이익을 위
한 계획을 세우고 법을 제정하여 독점기업의 경제활동에 강력히 간섭한다
면 국민이 바라는 민주주의의 꿈과 기회의 평등이 실현될 것이라고 하였
다. 월터 웨일Walter Weyl은 『신민주주의론The New Democracy』(1912)에서
민주주의는 대다수 국민이 경제적으로 몰락하는 것을 방관하지 않을 것이
며 이러한 상태가 지속된다면 결국은 폭력혁명이 일어날 것이라고 경고하
면서 독점기업체를 규제할 수 있는 사회적·산업적 민주주의계획을 제시하
였다. 월터 리프먼Walter Lippmann은 『정치학서론Preface to Politics』(1913)
에서 도덕을 바탕으로 한 객관적·과학적 입법의 필요성을 강조하면서 집
산주의를 제창하였다. 이 세 사람은 1914년에 창간된 『뉴 리퍼블릭The New
Republic』의 편집과 논설을 맡아 이 잡지를 혁신주의운동을 대변하는 잡지

로 만들어 혁신주의사상을 전파하는 데 크게 기여하였다.

또 다른 지적 활동은 혁신주의적 정치개혁에 반대하는 인사들이 자신들의 입장을 수호하는 방패로 삼아온 미국 헌법의 신성론을 깨뜨리는 것이었다. 미국 헌법을 신이 미국민에게 부여한 신성한 문서로 보는 전통적 사고에 대해 노스캐롤라이나주의 대법원장 월터 클라크Walter Clark와 위싱턴대학의 정치학 교수 앨런 스미스J. Allen Smith 등이 1906년에 회의론을 제기하였다. 특히 컬럼비아대학의 젊은 역사학 교수인 찰스 비어드는『미국 헌법의 경제적 해석An Economic Interpretation of the Constitution of the U. S.』(1913)이라는 저서에서 미국 헌법은 건국 초의 상인, 대지주, 금융업자, 투기업자의 경제적 이익을 보호하기 위한 문서에 지나지 않는다는 학설을 발표하여 전통적 사고에 큰 충격을 주었다. 그의 학설은 헌법의 신성성을 모독하였다는 비난을 받아 큰 물의를 일으켰으나 혁신주의자들에게는 정치개혁을 추진하는 데 사기를 북돋아주었다.

성과

혁신주의운동은 시정개혁에서도 추진되었다. 시정개혁운동은 19세기 말에 이미 뉴욕, 디트로이트, 시카고에서 시작되어 20세기에 들어서자 더욱 활발해졌다. 1901년 자본가 출신이지만 헨리 조지의 사상에 감화를 받은 톰 존슨Tom L. Johnson은 클리블랜드Cleveland시의 시장으로 당선되자 어느 한쪽에 치우치지 않는 공평한 정부, 공평한 과세, 공익사업체에 대한 규제, 하층민을 위한 사회봉사기관의 확장을 목표로 개혁을 추진하여 클리블랜드를 정치보스와 정당기관의 지배를 받지 않는 '미국에서 가장 훌륭한 도시'로 만드는 데 성공하였다.

그러나 도시의 보스와 기관은 주의 보스와 기관에 연결되어 있었으므로 도시는 주의 입법체로부터 자주 간섭을 받았다. 그래서 근본적인 시정개혁을 이루기 위해서는 주의 간섭을 물리칠 수 있는 방편으로 시의 자치가 확립되어야 하였다. 클리블랜드시에서 개혁이 이루어질 무렵 텍사스의 갤버스턴Galveston시에서는 시의 독립적 행정권을 주의 입법체로부터 받는 데 성공하였는데, 시장과 시참의회로 구성되는 행정제도를 없애고 대신 비정당 출신 인사들로 구성되는 시정위원회를 설치하여 이 위원회 밑에 유능한 행정관을 두어 시정을 운용하는 제도를 만들었다. 이러한 위원회제도는 곧 다른 도시에서도 채택되어 시정개혁에 커다란 성과를 올렸다.

혁신주의의 정치개혁은 주 정치에서도 추진되었다. 주 정치의 개혁에서는 중서부 지방에 있는 위스콘신주의 지사 로버트 라폴레트Robert M. LaFollette가 앞장섰다. 1880년 보스정치 타도와 독점기업체에 대한 규제를 내걸고 정계에 투신한 그는 1900년 주지사에 당선되자 혁신주의자들의 자문을 받아가며 세제개혁, 철도요금 규제, 보스정치 타도를 위한 선거제도 개혁으로 직접 예비선거제를 실시하는 데 성공하였다.

라폴레트는 1906년 연방 상원의원으로 당선되어 주지사직을 사임했지만 그 뒤에도 이 주의 행정은 혁신세력이 장악하여 위스콘신주는 '민주주의의 실험실'이라는 평가를 받았다. 위스콘신주의 혁신정치는 각 주에 영향을 미쳐 진정한 민주주의를 되찾기 위한 여러 가지 정치개혁이 이루어졌다. 위스콘신주가 채택한 국민발의제initiative와 국민투표제referendum는 1910년경 18주에서 채용되었고, 이 주가 고안한 공직자해임제recall는 1914년까지 14주에서 채용되었다. 또 종래 주의회가 선출하던 연방 상원의원을 주민이 직접 선출하는 직선제도는 1909년에는 29주가 채용하였다. 이 밖에 선거비용을 규제하는 법도 1911년 35주가 제정하였다.

사회입법

주의 혁신정치는 정치개혁뿐 아니라 사회입법에서도 성과를 올렸다. 정치개혁이 추진되는 동안 거의 모든 주가 공공기업규제위원회를 설치하여 어떠한 형식으로든 독점기업체의 경제활동을 주민州民의 복리를 위하는 입장에서 간섭할 수 있는 태세를 갖추었다. 또한 1915년에는 25주가 고용주책임법을 통과시켰고 5주가 파업 금지명령의 이용을 제한했으며 9주가 부녀자에 대한 최저임금제를 실시했고 20주가 빈한한 가정에 연금을 부여했고 많은 주가 노동시간을 제한하고 노동조건을 개선하는 법들을 제정하였다.

이처럼 혁신주의운동이 전국적으로 퍼져나가는 동안 이 운동은 두 사람의 뛰어난 대통령에 의해 연방정치 규모에서도 추진되기 시작하였다.

제2절_ 연방정부의 혁신정책

시어도어 루스벨트

1900년의 대통령 선거전은 1896년과 마찬가지로 공화당의 매킨리와 민주당의 브라이언이 겨뤄 매킨리가 재선되었다. 그러나 매킨리 대통령이 두 번째 임기에 취임한 지 6개월 만인 1901년 9월에 암살되자 부통령인 시어도어 루스벨트가 대통령직을 승계하였다.

동부 상류계급 출신으로 하버드대학을 나온 루스벨트는 뉴욕 주의원으로 정계에 첫발을 들여놓았다. 그 후 연방공무원 임용위원, 뉴욕주 경찰위원장, 해군 차관보를 역임하다가 미국-스페인전쟁이 일어나자 의용군을 이끌고 쿠바에서 싸워 이름을 날리기도 하였다. 정치가로서는 이색적인 인물이었던 그는 전시 중에 얻은 명망 덕택으로 1898년 뉴욕 주지사에 당선되었고, 주지사로 일하면서 공무원 임용제도를 개혁하고 부패 공무원을 숙청하여 혁신정치가로 명성을 날렸다. 루스벨트의 이러한 과감한 행동에 두려움을 느낀 뉴욕 정계의 보스들은 그를 뉴욕주의 정치에서 몰아내기 위해 1900년 선거에서 부통령 지명을 받게 하였다. 그러나 이제 미국 역사상 최연소인 43세로 대통령이 된 루스벨트는 평소 구상해왔던 혁신정치를 대통령으로서 단행할 기회를 예상보다 빨리 얻게 되었다.

루스벨트의 혁신정치

혁신대통령으로서 루스벨트의 성격은 1902년에 일어난 두 개의 사건으로 뚜렷하게 나타났다. 이해 2월 그는 북부의 3대 철도를 합병하여 만든 대지주회사인 모건 계열의 북부증권회사를 반트러스트법 위반혐의로 연방재판소에 고발하여 이듬해 이 회사를 해산시켰다. 그 후 대통령 재직 중 록펠러의 스탠더드 석유, 미국연초회사 등 44개의 독점기업체를 고발하였다. 이로써 그는 대기업에 대한 규제와 통제가 연방정부의 임무 중 하나라는 것을 명백히 하였다.

북부증권회사의 고발로 '트러스트 파괴자Trust Buster'라는 별명을 갖게 된 루스벨트는 이해 10월 펜실베이니아주에서 일어난 탄광노동자의 파업을 조정하여 여기서도 큰 성과를 거뒀다. 이보다 앞서 5월 탄광노동자들은 임금 인상, 노동조합 승인, 8시간 노동제를 내걸고 파업에 돌입하였지만 경영자 측은 조금도 양보할 기색을 보이지 않았다. 루스벨트는 노사 대표를 백악관으로 초청하여 조정을 시도했는데, 경영자 측이 그의 조정마저 거부하려 하자 10만의 연방군을 출동시켜 탄광을 접수하겠다고 압력을 가하였다. 이 압력으로 결국 경영자 측도 조정을 받아들였다.

대통령이 직접 노사문제에 개입하여 분규를 해결하기 위해 노력한 것은 처음 있는 일이긴 했지만 루스벨트 대통령의 입장이 반자본주의적·친노동자적이었던 것은 아니었다. 그는 뒤에 자신의 입장이 노사 양자 사이에서 '공정한 거래Square Deal'를 만드는 데 있었다고 회고하였다.

이러한 두 가지 사건이 있기는 했지만 루스벨트는 전임자인 매킨리의 남은 임기를 채우는 동안에는 당내 보수파와 대기업과는 되도록 충돌을 피하면서 비교적 신중한 자세를 잃지 않았다. 그 결과 1904년 공화당의 대통령 후보 지명을 받은 루스벨트는, 혁신대통령이라는 명성에 힘입어 자력으로 대통령에 당선되자 전보다 더 과감하게 혁신정치를 추진하였다.

루스벨트가 제일 먼저 착수한 개혁은 철도업체에 대한 규제였다. 1906년 헵번법Hepburn Act을 제정하여 공정한 철도요금을 책정할 수 있는 권한을 주간통상위원회에 주어 철도가 자의적으로 높은 요금을 결정하는 데 제동을 걸었다. 주간통상위원회의 이러한 권한을 점차 철도뿐 아니라 운수업체 전체에 미치도록 했으며, 1910년에는 전신·전화요금에까지 확대하였다. 이어서 식품의약규제법Pure Food and Drug Act을 제정하여 부정 식품 및 약품의 제조, 판매, 수송을 금지하여 국민 보건을 위해 기업을 규제할 수 있다는 선례를 만들었다.

당시 광산, 산림, 농경지, 하천 등의 천연자원은 대기업들이 무계획적으로 개발하여 황폐해지고 있었다. 자원은 당대뿐 아니라 후대 국민의 공유재산이라고 생각하였던 루스벨트는 자원의 낭비를 더 이상 묵인할 수 없었다. 그래서 1901년 이후 자원의 합리적 개발과 보존을 위해 전국적인 계몽운동을 일으켜 1907년에는 하천 보호를 위해 내륙수로위원회를 설치했고, 1908년에는 농무성 산림국장인 기포드 핀쇼Gifford Pinchot를 위원장으로 하는 전국자원보존위원회를 설치하여 1억 5,000만 에이커의 밀림을 보호지역으로 지정하여 함부로 들어가지 못하게 하였다. 또 전국주지사회의를 소집하여 주별로도 자원보존책을 강구하도록 하였다. 이와 같은 그의 노력 덕분에 자원보존정책은 그 뒤 연방정부의 영속적인 정책이 되었다.

그러나 이러한 업적만으로 루스벨트를 혁신정치가라고 평가할 수는 없다. 오히려 그는 개혁을 추진하면서 때로는 당내 보수파와 대기업과 타협하기도 하였으므로 그의 개혁에 결함이 없었던 것은 아니었다. 그러나 그의 강력한 지도력과 정력적인 활동은 연방정부의 위신을 높였고 또 당시 전국적으로 일어나고 있던 혁신주의운동을 크게 촉진한 점에서 보이지 않는 업적을 쌓아올렸다. 그러므로 만일 1908년의 대통령 선거전에 출마하였다면 무난히 당선되었을 것이다. 하지만 루스벨트는 예전부터의 공약대로 출마를 거절하고 윌리엄 태프트William H. Taft를 지지한 채 일단 정계에서 물러났다.

태프트와 공화당의 분열

태프트는 선거전에서 민주당이 세 번째로 입후보시킨 브라이언을 물리치고 대통령에 당선되었다. 그는 대기업 규제에서는 루스벨트의 정책을 그대로 계승하여 재직 중 전임자의 배에 가까운 90여 개의 대기업을 반트러스트법 위반으로 고발했고, 1913년에는 헌법 수정조항 제16조로 누진소득세를 제정하였다. 또 수정조항 제17조로 연방 상원의원을 주민이 직접 선출하도록 해서 혁신정치가로서의 일면을 보여주기도 하였다. 그러나 그는 루스벨트만큼 행동적인 인물이 아니었고 공화당에서는 보수파에 가까웠으므로 혁신파의 커다란 반발을 사 루스벨트에서 시작된 공화당의 혁신정치는 그의 재직 중에는 잠시 침체한 듯한 인상을 주었다.

태프트는 1909년 국민의 여망이었던 관세 인하 문제에서 보수파에 이끌려 실질적으로는 관세를 인상시킨 새로운 관세법을 두둔하였고, 1910년 자원보존 문제에서는 루스벨트의 친구이며 보존운동의 핵심인물이었던 산림국장 핀쇼를 파면하여 급기야는 공화당을 보수와 혁신의 두 파로 분열시켰다. 이 결과 1910년 중간선거에서 민주당이 16년 만에 하원에서 과반수를 차지하였고 상원에서는 공화당 혁신파의원이 크게 진출하여 태프트는 정치적으로 곤경에 빠졌다.

당시 공화당의 혁신파는 위스콘신주에서 혁신정치가로 명성을 떨친 라폴레트 상원의원 밑에 결집해 있었다. 라폴레트는 1911년 1월 전국공화당 혁신파연맹을 조직하여 1912년에 있을 대통령 선거전에 대비하고 있었다. 그런데 은퇴 후 떠난 아프리카 여행에서 돌아온 루스벨트가 1910년 중간선거 당시 '신국민주의New Nationalism'를 표방하며 혁신파의 입장에서 태프트를 공공연히 공격하기 시작하였고 1912년 2월에는 대통령 선거에 출마할 뜻을 밝혔다. 그러자 이때까지 라폴레트를 지지했던 혁신파는 루스벨트를 지지하기 시작하였다. 이 결과 1912년의 공화당 전당대회에서는 현직 대통령인 태프트와 루스벨트 사이에 후보 지명전이 벌어졌다. 이 대회에서 태프트가 지명을 획득하자 혁신파는 퇴장하여 별개의 대회를 열고 혁신당Progressive Party을 창설하여 루스벨트를 대통령 후보로 지명하였다.

우드로 윌슨

한편 민주당은 공화당의 분열을 민주당의 승리에 유리한 징조라고 기대하면서 대통령 후보로 우드로 윌슨을 지명하였다. 버지니아주의 장로교파 목사의 아들로 태어난 윌슨은 정치학과 역사학을 전공하여 학자로 이미 명성을 얻고 있었다. 1908년 대통령 선거 후 장차 대통령 후보로 지명할 만한 인물을 물색하고 있던 민주당은 당시 프린스턴대학 총장으로 있던 윌슨에게 정계 진출을 권유하였다. 윌슨이 이 권유를 수락하자 민주당은 뉴저지주의 민주당기관을 이용하여 1910년 그를 주지사로 당선시켰다.

주지사에 취임한 윌슨은 당선을 지원한 뉴저지주의 민주당 보스와 기관과는 단호히 관계를 끊고 혁신주의적 개혁을 단행하여 혁신정치가로 두각을 나타냈다. 그러나 윌슨은 민주당의 대통령 후보 지명을 받긴 했지만 실제 정치에서는 초년병이나 다름없었다.

신국민주의와 신자유주의

공화, 혁신, 민주 3당의 싸움으로 시작된 1912년의 대통령 선거는 차츰 루스벨트와 윌슨, 두 후보의 싸움으로 좁혀졌다. 이 싸움에서 윌슨은 루스벨트의 신국민주의에 대해 '신자유주의New Freedom'를 표방하며 맞섰다. 두 후보 모두 혁신주의적 개혁을 내세웠지만 윌슨이 '경쟁의 규제'를 주장한 데 반해 루스벨트는 '독점의 규제'를 주장하였다.

윌슨은 독점업체는 너무도 강력해서 정부가 그것을 규제하려 해도 오히려 정부가 거꾸로 규제되고 있다고 지적하고, 그것의 해결을 위해 독점업체를 해체하여 진정한 경쟁을 부활시켜야 한다고 주장하였다. 즉 윌슨은 미국의 자유, 번영, 진보의 근원인 경제적 자유를 지키기 위해서는 독점을 육성한 부정한 경쟁을 정부가 적극적으로 억제해야 한다고 생각하였다.

이에 대해 루스벨트는 '경쟁의 부활'은 시대착오적 견해라고 윌슨을 비판하고, 오늘날 그것은 바람직하지도 않고 가능한 일도 아니며 오히려 대기업이 갖는 능률과 장점을 해칠 뿐이라고 지적하고, 해결방법은 공공의 이익을 대표하는 강력한 정부가 좋은 업체와 나쁜 업체를 구별해서 대기업이 갖는 장점은 유지하면서 나쁜 업체의 활동을 규제해야 한다고 하였다.

그러나 두 사람의 견해가 근본적으로 다른 것은 아니었다. 경쟁의 규제든 독점의 규제든 두 사람 모두 미국의 자유와 민주주의를 유지하려면 국가권력의 적극적 개입이 필요하다고 인정한 점에서는 견해의 일치를 보여주고 있다. 그러나 윌슨은 독점업체의 해체를 요구하는 데에서 중산계층 이하 미국민의 이익을 대변하는 듯했고, 독점업체를 현실적으로 수용하려 하였던 루스벨트는 자본가에 타협적인 듯 보였다. 실제 선거 유세 중 윌슨은 독점세력과 야합한 기존 정치권으로부터 버림받은 일반 대중의 편이라는 것을 강조했고, 루스벨트는 독점의 규제가 독점업체에도 유리하다는 것을 강조하였다.

1912년 대통령 선거

1912년 대통령 선거의 승리는 민주당의 윌슨에게 돌아갔다. 그가 승리한 결정적 요인은 신자유주의가 신국민주의를 눌렀다기보다는 공화당의 분열에 있었다. 일반투표에서 윌슨은 629만 표의 다수표를 얻었으나, 이 표 수는 공화당이 분열하지 않았을 경우 루스벨트가 얻은 411만 표와 태프트가 얻은 348만 표를 합친 표 수보다 적었다.

그러나 혁신정치를 표방한 윌슨과 루스벨트 두 사람의 표를 합치면 1,000만 표를 넘어 태프트가 얻은 표를 압도했기 때문에 이 선거는 혁신주의의 승리를 보여준 것이기도 하였다. 또한 1912년 선거에서 민주당은 상·하 양원에서도 과반수를 차지하여 1892년 클리블랜드의 민주당정권 이래 실로 20년 만에 공화당으로부터 정권을 탈환하였다.

윌슨의 혁신정치

대통령에 취임한 윌슨은 혁신정치의 첫 승리를 관세 인하 문제에서 거뒀다. 1913년에 제정된 언더우드 관세법Underwood Tariff Act은 관세의 보호주의적 성격을 완전히 없애지는 못했지만, 종래 독점업체에 도움을 주었던 평균 40퍼센트의 고율관세를 약 29퍼센트 선까지 인하하여 산업의 자유경쟁을 보장하였다. 이어서 제정된 연방준비법Federal Reserve Act은 대통령에 직속된 연방준비국의 관할 아래 전국 12개 지구에 연방준비은행을 설치하고 모든 은행을 가입시켜 그 기능을 보장하고 종래 사기업인 대규모 은행에 집중되었던 통화 독점을 배제하였다. 1914년에 제정된 클레이턴 반트러스트법Clayton Anti-Trust Act은 새로운 연방통상위원회Federal Trade Commission를 설치하여 독점업체의 부정거래를 조사·적발할 수 있는 권한을 부여하는 한편 노동조합의 파업권을 인정하였다. 1916년 제정된 연방농장대여법Federal Farm Loan Act은 농민에게 장기 저리의 금융을 보장하였다.

이상 네 개의 법은 윌슨 혁신정치의 기둥이라는 평가를 받고 있다. 이 밖에도 윌슨은 해상노동자의 노동조건 개선, 정부공무원에 대한 상해보상, 철도종업원에 대한 8시간 노동제 실시, 14세 이하의 아동노동자를 고용하는 공장의 제품 판매 금지, 연 4,000달러 이상 소득자에 대한 1~6퍼센트의 누진소득세 부과 등 혁신주의자들이 주장해온 많은 정책을 연방 규모에서 입법화해갔다.

제3절_ 혁신주의시대의 대외정책

혁신주의시대에 등장한 루스벨트, 태프트, 윌슨 세 대통령은 대외정책에서도 국내정치와 마찬가지로 종래와는 다른 면을 나타냈다. 이들은 미국-스페인전쟁 이후 열강의 대열에 끼게 된 미국의 국익을 수호하고 신장하는 데 동일한 보조를 취했고 그 전의 어느 대통령보다도 적극적인 대외정책을 전개하였다.

루스벨트의 강력외교

19세기 말 제해권制海權을 가진 나라가 세계를 지배한다고 주장했던 앨프리드 머핸의 제자로 자처한 루스벨트는 미국이 국제정치에서 강력한 입장을 취하려면 무엇보다도 강력한 군비, 특히 해군력이 증강되어야 한다고 생각하였다. 당시 영국과 독일 양국 사이에서 벌어지고 있던 건함 경쟁에 자극을 받은 그는 해군 건설을 의회에 강력히 권고하여 1902~1905년 사이에 10척의 전함과 4척의 순양함을, 1906~1913년에는 매년 1~2척의 최신예 드레드노트Dreadnought형 대형전함을 건조할 수 있는 승인을 받았다.

그의 대외정책은 바로 이러한 무력에 바탕을 두었으므로 '강압정책big stick policy'이라고도 한다. 그러나 무력을 행사하기 어려운 경우에는 무력을 시위하면서 '부드럽게 말하는speak softly' 외교를 잊지 않았다. 전자는 중남미정책에서, 후자는 동양정책에서 두드러지게 나타났다.

파나마운하 문제

미국-스페인전쟁의 결과 하와이와 필리핀을 영유하여 태평양과 동양에 중대한 이해관계를 갖게 된 미국은 중미의 협소한 지역에 태평양과 대서양을 연결하는 운하를 건설하는 것이 무엇보다 시급하였다. 미국은 이미 1850년에 영국과 운하 건설을 양국의 공동사업으로 한다는 클레이턴-불워조약 Clayton-Bulwer Treaty을 맺었었다.

루스벨트는 당시 영국이 보어전쟁Boer War에 바쁜 틈을 타 영국을 설득하여 헤이-폰스포트조약Hay-Pauncefote Treaty을 맺어 운하 건설을 양국 공동사업에서 미국의 단독사업으로 바꾸는 데 성공하였다.

당시 운하 예정지로는 니카라과Nicaragua와 파나마Panama 두 지역이 물망에 오르고 있었는데, 파나마에서 운하를 건설하려다 실패한 프랑스 회사가 건설권을 미국에 양도할 뜻을 비치자 루스벨트는 이 권리를 매수하기로 결정하였다. 미국은 파나마를 영유하고 있는 콜롬비아정부와 교섭을 벌여 폭 6마일의 땅에 운하를 건설할 수 있는 권리를 획득하는 대가로 일시금으로 1,000만 달러, 연간 사용료로 25만 달러를 지불하기로 약정하였다. 그러나 이 금액은 미국이 프랑스 회사에 지불할 4,000만 달러의 권리금보다 훨씬 적었기 때문에 콜롬비아의회는 이 조약의 비준을 거부하였다.

그러자 미국이 방침을 바꾸어 니카라과에 운하를 건설할까 두려워한 프랑스 회사는 파나마 지역 주민들을 선동하여 1903년 11월 파나마 독립혁명을 일으켰다. 사전에 이 사실을 알고 있던 루스벨트는 혁명이 일어나자 해병대를 파견해서 콜롬비아정부의 혁명 진압을 방해하는 한편 파나마공화국을 승인하고 운하 건설에 관한 조약을 체결하였다.

이 조약은 콜롬비아가 거부하였던 조약안보다 더 굴욕적이었다. 운하 건설 예정지는 폭 10마일로 늘어났고 이 지역 내에서 미국은 영원히 '마치 주권국가인 것처럼' 행동할 수 있는 모든 권리를 취득하였다. 그래서 이 조약이 미국의회의 비준을 받기 위해 상정되자 파나마를 탈취하다시피 한 루스벨트의 비도덕적 행위를 둘러싸고 논란이 벌어졌으나 파나마운하 건설의 필요성은 부인할 수 없어 의회는 결국 이 조약을 승인하였다. 그 후 운하 건설에 10년의 세월이 소요되어 운하는 1914년에야 개통되었다.

먼로주의의 확대 해석

파나마운하 건설이 시작되면서 카리브 해역에 대한 미국의 관심도 달라졌다. 운하의 안전 확보를 위해 이제 이 지역은 미국의 세력권이 되어야 하였기 때문이다. 그러나 이 해역에 있던 군소 공화국들은 큰 액수의 외채를 짊어져 정치적으로 불안정하였고 이에 따라 채권을 가진 유럽 열강의 내정 간섭을 받을 위험성이 많았다. 실제로 1902~1903년에 걸쳐 베네수엘라는 영국과 독일 양국으로부터 간섭을 받았다. 루스벨트는 이 간섭을 물리치기 위해 1904년 의회에 보내는 교서에서 먼로주의를 확대 해석한

서반구에서 먼로주의를 견지하고 있는 미국으로서는 만일 만성적 부정부패와 혼란 상태가 심해질 경우 결코 우리가 원하는 바는 절대 아니지만 국제경찰력을 발동할 수밖에 없습니다.

라는 주장을 발표하였다. 이 주장을 먼로주의에 대한 루스벨트의 보충이론 Roosevelt Corollary이라고 한다. 이리하여 아메리카 대륙에 대한 유럽 열강의 간섭을 배격하기 위해 선언된 먼로주의는 이제 미국이 아메리카 대륙 내여러 나라에 간섭하는 행위를 정당화하는 이론으로 변질되었다.

루스벨트의 이런 주장은 물론 단순한 허세가 아니었다. 1905년 도미니카 공화국이 2,200만 달러의 대외채무를 청산하지 못하자 루스벨트는 도미니카의 세관을 접수하였고, 1906년 쿠바에서 혁명이 일어나자 해병대를 파견해서 1909년까지 주둔시켰다. 무력을 배경으로 한 이러한 강력외교는 서반구의 패권국으로 군림하던 미국 입장에서는 극히 현실적인 선택이었을지 모르나, 이 외교의 대상국 입장에서는 미국의 정책이 어떻게 윤색되든 제국주의적 침략정책으로 여겨졌다.

루스벨트와 러·일전쟁

카리브 지역 다음으로 루스벨트가 크게 관심을 가졌던 곳은 동양이었다. 중국에서 미국의 문호개방정책을 위협하는 러시아의 세력 팽창을 막기 위해서는 무력한 중국보다는 일본을 방패로 삼아야 한다고 생각하였던 루스벨트는 1904년 러·일전쟁이 일어나자 친일·반러의 입장에서 일본에 대해 전채戰債 모집에 응해주는 등 호의를 베풀었다.

뿐만 아니라 1905년 일본이 러시아와의 해전에서 승리한 뒤 일본과 러시아 양국 간의 강화 알선을 요청하자 루스벨트는 이를 수락하고 러시아를 설득하여 일본의 강화 요청에 응하도록 하였다. 이리하여 조선의 국가적 운명이 결정된 러시아와 일본의 강화회의가 뉴햄프셔주의 포츠머스Portsmouth에서 열렸다.

일본을 이용하여 러시아의 팽창을 막는 데 성공한 루스벨트는 곧 일본의 세력 팽창을 경계하기 시작하였다. 그래서 그는 강화회의에 앞서 필리핀 시찰여행을 떠난 육군장관 태프트를 일본으로 보내 일본수상 가쓰라와 가쓰라-태프트밀약Katsura-Taft Secret Agreement을 맺게 하여 사실상 일본의 세력하에 들어가 있던 조선에 대한 일본의 침략을 승인하는 대가로 필리핀의 안전을 확보하였다.

이 비밀협정은 1924년 미국의 역사가 타일러 데닛Tyler Dennett에 의해 그 내용이 처음 세상에 알려졌다.

1906년 루스벨트는 러시아와 일본의 강화를 알선한 공로로 노벨 평화상을 받았다. 그러나 미국의 이익을 위해 약소국을 희생시킨 루스벨트의 정책은 당시 국제정치의 주류인 현실주의에 입각한 것이기는 하지만 약소국가로부터 침략주의라는 비난을 면키는 어려웠다.

모로코 문제

루스벨트는 유럽 문제에 대해서도 관심을 가졌다. 러시아의 패전으로 러시아의 동맹국인 프랑스의 세력이 약해진 틈을 타서 독일이 1905년 프랑스의 세력권인 북아프리카의 모로코에 간섭하자, 관련된 여러 국가와 교섭하여 1906년 알헤시라스Algeciras에서 국제회의를 열어 위기를 모면하였다. 루스벨트의 이러한 역할은 먼로주의에서 이탈했다는 비난을 받았으나, 이때 그는 미국과 같은 강국은 장차 유럽에서 일어나는 위기에 무관심할 수는 없을 거라고 말하였다.

태프트와 달러외교

루스벨트부터 시작된 혁신주의시대의 적극적 대외정책은 태프트의 경우에도 변함이 없었다. 그러나 태프트의 외교정책의 바탕이 된 것은 루스벨트와는 달리 미국의 자본력이었다. 태프트는 1912년 의회에 보낸 교서에서 그의 정책의 특징을 '총탄 대신 달러를 사용'하는 것이라고 하였다. 그래서 태프트의 외교는 일명 '달러외교Dollar Diplomacy'라고 불린다. 즉 태프트와 국무장관 필랜더 녹스Philander C. Knox는 미국자본의 대외투자를 적극 권장하여 이를 통해 미국의 지위를 한층 높이고자 하였다.

달러외교는 우선 중국에서 시도되었는데, 미국은 1910년 영국, 프랑스, 독일 3국이 한커우漢口 철도 건설을 위해 결성한 대중차관단에 미국투자가를 참가시키는 데 성공하였다. 그러나 만주 철도 중립화를 위해 미국의 주도로 결성하려 했던 국제차관단 계획은 실패하였고, 오히려 만주에 커다란 철도 이권을 갖고 있던 일본과 러시아 양국을 접근시키는 결과를 가져왔다.

실질적 성과를 거두지 못한 중국에서와는 달리 달러외교는 카리브 해역에서는 어느 정도 수확을 거두었다. 여기서는 니카라과, 온두라스Honduras 등 유럽 여러 국가에서 차관을 받은 나라의 대외채무를 미국투자가에게 인

수시키고 대신 미국은 이들 나라의 국고 수입의 중심이 되는 세관을 관리하여 채무를 청산시키는 방법을 썼다. 그러나 이 방법이 순조롭게 진행되지 않을 때에는 1912년 니카라과에 해병대를 파견한 것처럼 국제경찰력을 발동한다는 원칙하에 총탄의 사용도 서슴지 않았다. 그래서 이러한 탄압적 방법은 중남미 국가들의 반미 감정의 근원이 되었다.

윌슨과 도의외교

윌슨의 대외정책은 언뜻 보기에는 루스벨트나 태프트와는 다른 양상을 보여주었다. 왜냐하면 그는 '미국의 힘은 도덕적 원리의 힘'이라고 하여 도의외교道義外交, Moral Diplomacy를 강조하였기 때문이다.

그래서 그는 자신 못지않게 이상주의자였던 국무장관 브라이언과 협력하여 1913~1914년 영국, 프랑스, 이탈리아를 비롯한 총 30개 국가와 국제분쟁을 중재와 조정으로 해결한다는 내용의 조약('Cooling Off' Treaty)을 맺었다. 특히 이 조약은 문자 그대로 국제분쟁이 일어날 경우 1년간의 냉각기를 두어 분쟁의 원인을 조사하는 것을 특징으로 하였다. 루스벨트와 같은 현실주의자는 이 조약을 냉소했지만 전 세계 평화주의자들은 조약을 환영하고 윌슨을 찬양하였다. 그는 또 달러외교가 경제침략의 한 방법에 지나지 않는다는 입장에서 이 외교의 포기에도 힘을 써, 1913년 미국은행단의 대중 6개국차관단 가입을 원조하지 않는다는 성명을 발표하여 미국은행단을 차관단에서 탈퇴시켰다.

그렇다고 윌슨이 중국에 대한 미국의 경제 진출을 외면한 것은 아니었다. 그는 신해혁명(1913)으로 탄생한 신생 중화민국을 강대국으로서는 처음으로 승인하고 미국의 선교단과 교육기관이 중국에 진출하여 중국의 근대적·민주적 발전을 돕고 대중무역을 확대하여 중국을 미국상품의 고객으로 해야 한다고 하였다. 그리고 반미 감정이 일어나고 있는 중남미 여러 국가와의 관계를 개선하기 위해 콜롬비아정부에 파나마를 잃은 대가로 2,500만 달러를 지불하려 했으나 상원의 반대로 실현하지 못하였다.

그러나 이상과 현실이 합치하지 않는 경우가 많은 것처럼, 윌슨의 도의외교도 도의가 지나치게 강조된 나머지 윌슨은 자신의 뜻과는 달리 카리브 해역에서 두 전임 대통령보다도 더 많은 무력을 행사하였다. 1915년에는 아이티Haiti가 정치적 혼란에 빠지자 해병대를 파견하여 재정관리권을 장악했고, 1916년에는 도미니카공화국에 해병대를 보내어 군정을 실시했으며, 1917년에는 잠시 동안이긴 했지만 쿠바에도 간섭하였다. 그때마다 그는 미국의 무력행사를 이들 나라 국민의 복리를 위한 것이며 국민을 돌보지 않는 위정자에 대한 징벌행위라고 정당화하는 것을 잊지 않았다.

윌슨과 멕시코혁명

윌슨의 도의외교가 가장 큰 시련을 겪은 곳은 멕시코였다. 멕시코에서는 1910년에 혁명이 일어나 그때까지 멕시코 개발을 위해 관대한 외자 도입책을 써왔던 포르피리오 디아스Porfirio Diaz의 독재정부가 쓰러지고 1911년 민주적인 프란시스코 마데로Francisco I. Madero정부가 수립되었다. 그러나 1913년 빅토리아노 우에르타Victoriano Huerta가 마데로를 암살하여 정권을 탈취하자, 멕시코는 다시 우에르타파와 그를 반대하는 베누스티아노 카란사Venustiano Carranza파 사이에 내란이 벌어졌다. 윌슨은 우에르타정부가 폭력으로 수립되었다는 이유로 승인을 거부하고 우에르타에게 공정한 선거 실시와 자발적 은퇴를 요구하였다. 또 카란사파를 군사적으로 돕고 우에르타에 대한 외국의 무기 공급을 방지할 목적으로 해병대를 파견하여 급기야는 베라크루스Vera Cruz를 점령하였다. 이러한 조치는 양 파로부터 커다란 비난을 받았다. 이에 윌슨은 멕시코 문제를 아르헨티나, 브라질, 칠레의 이른바 ABC 3국의 조정에 맡겨 우에르타를 추방하고 카란사정부를 수립시키는 데 성공하였다.

　그러나 이것으로 멕시코혁명이 수습된 것은 아니었다. 1916년에는 판초 비야Pancho Villa가 반란을 일으켜 미국과의 국경지대에서 미국인을 살해하는 사건이 일어났다. 그러자 윌슨은 1만 5,000명의 정규군을 파견하여 멕시코령 내에서 비야를 추적하는 한편 15만 명의 민병대를 동원하여 국경을 경비하게 하였다.

　카란사정부는 사전에 미국의 원정을 승인하긴 하였지만 미국의 개입을 결코 환영한 것은 아니었다. 그래서 카란사는 양국의 교섭에서 장차 미국이 개입할 가능성이 있는 국경 공동방위와 미국군의 철수를 교환하자는 미국 측의 제안을 쉽게 받아들이지 않았다.

　이즈음 유럽의 정세는 더욱 긴박해지고 있었으므로 윌슨은 결국 미국 원정대를 철수하고 그 뒤 실시된 선거에서 대통령으로 선출된 카란사정부를 승인하여 멕시코 문제를 종결하였다.

　윌슨의 멕시코 간섭은 미국에 이웃하여 미국인의 권익도 많이 포함되어 있는 멕시코에 하루라도 빨리 안정된 정부가 수립되는 것이 양국 모두에 바람직하다는 선의에서 나왔다 하더라도 결코 멕시코인의 호감을 사지는 못하였다. 결국 윌슨의 대외정책은 도의를 바탕으로 하였지만 그 결과는 루스벨트나 태프트 못지않은 적극적 대외정책에 해당되었다. 그의 도의외교는 제1차 세계대전에서 더욱 커다란 시련을 받게 된다.

제4절 _ 제1차 세계대전과 미국

중립선언

1914년 유럽에서 제1차 세계대전이 일어나자 윌슨은 8월 4일 즉각 미국의 엄정중립을 선언하고 국민에게 '사고에서나 행동에서나 중립'을 지킬 것을 호소하였다. 당시 9,200만의 미국 인구 중 3분의 1이 외국 출생이거나 그 2세라는 것을 고려할 때 미국의 중립은 미국이 유럽의 전쟁에 말려드는 것을 막기 위한 대외조치라기보다는 국민의 동요를 막기 위한 대내조치라고 볼 수 있다.

세계대전과 미·영 관계

그러나 전쟁 초반부터 윌슨과 미국민의 감정은 독일, 오스트리아의 동맹국 측보다는 영국, 프랑스의 연맹국 측에 유리하게 기울어지고 있었다. 젊을 때 영국의 정치제도를 연구하였던 윌슨은 평소부터 영국의 문화와 전통에 경의를 표하고 있었을 뿐 아니라 친영적 인물이 측근에 많았고 또 영국인을 가깝게 여기는 미국인의 감정은 역사적으로도 뿌리가 깊었다. 이에 반해 독일 황제의 신중하지 못한 언동은 미국민의 정서에 맞지 않고 독일의 중립국 벨기에 침범은 독일을 무법국가로 여기게 하였다.

미국의 이러한 친영적 경향은 개전 후에 차츰 드러나기 시작하였다. 왜냐하면 영국은 주미 대사를 지낸 자타가 공인하는 미국통이었던 제임스 브라이스 경Lord James Bryce을 미국으로 파견하여 대대적인 친영적 선전공작을 펼친 데 반해, 독일은 미국과의 유일한 통신수단인 해저전신이 영국을 경유하는 관계로 절단당했으므로 제대로 자국의 사정을 전달할 수 없어 선전공작에서 처음부터 열세였다.

미국의 친영적 경향은 전쟁으로 발생한 경제적 약화로 더욱 구체화되었다. 중립국 미국은 국제법상 교전국 어느 나라와도 통상할 수 있는 권리를 갖고 있었으나 우세한 해군력을 가진 영국의 방해로 미국과 동맹국 사이의 통상량은 격감한 반면 미국과 연합국 사이의 통상량은 급증하였다. 즉 미국과 동맹국의 통상액은 1914년 약 1억 7,000만 달러에서 1916년 1만 달러로 급속히 줄어든 반면, 미국과 연합국의 통상액은 1914년 8억 2,486만 달러에서 1916년 32억 1,448만 달러로 4배 가까이 급증하였다. 결국 대전은 미국에 커다란 군수경기를 일으켰고 연합군은 미국 군수상품의 충실한 고객이 되었다.

그러나 연합국의 대미구매력은 무한한 것이 아니었다. 개전 후 연합국은 대미채권을 미국시장에 팔아 구매자금을 조달하였으나 얼마 안 가 바닥이 드러났다. 그러자 연합국은 미국에 차관을 요구하였다. 교전국에 대한 차관이 중립법을 위반하는 것은 아니지만 중립정신에는 어긋난다는 이유로 국무장관이었던 브라이언이 반대하자 윌슨도 처음에는 이에 동조하였다. 하지만 1915년 7월 루시타니아Lusitania호 문제로 브라이언 국무장관이 사임하자 새로 국무장관이 된 로버트 랜싱Robert Lansing은 차관이 미국의 경기를 유지하는 데 필요하다는 이유로 윌슨을 설득하여 교전국에 차관을 제공하기 시작하였다.

이에 따라 연합국에 대한 차관액은 급증하여 미국이 참전할 때까지 23억 달러에 달하였다. 독일에도 물론 차관을 제공하였지만 그 액수는 2,700만 달러에 지나지 않았고 그나마 영국의 통상 방해로 물자 조달보다는 대부분 미국 내에서 선전비와 반전 공작비로 사용되었다.

세계대전과 미·독 관계

이처럼 미국의 친영적 경향은 경제적인 뒷받침으로 강화되어갔지만, 미국과 독일의 관계는 해를 거듭할수록 악화하는 경향을 보였다. 여기에 결정적인 역할을 한 것이 독일잠수함의 영국 해안봉쇄였다. 독일의 이 조치는 독일로 통하는 북해 어귀를 봉쇄한 영국에 대한 대항으로 1915년 2월에 취해졌는데, 중립국선박에도 위험이 있을 수 있다는 경고 때문에 윌슨으로부터 중립권 침해라는 항의를 받았다.

독일은 중립국선박의 안전보장을 미국에 약속했지만 교전국선박으로 여행하는 미국인의 안전에 대해서는 보장을 회피하였다. 이러는 동안 1915년 5월 독일잠수함이 사전 경고 없이 영국선박 루시타니아호를 격침하여 이 배에 탄 미국인 부녀자 124명이 생명을 잃는 사건이 일어났다. 윌슨이 전보다 더 강력히 독일에 항의하자 국무장관 브라이언은 미국의 강력한 대독일 항의가 미국의 중립을 포기하게 만들지도 모른다는 입장에서 이에 반대하고 장관직을 사임하였다. 이에 따라 강력한 대독일항의가 발동되어 그 결과 독일은 미국인에 대한 보상을 약속하고 앞으로 여객선에 대해서는 무력공격을 하지 않고 민간인의 생명을 보장하겠다고 약속하였다.

이렇게 하여 독일은 일단 위기를 모면했지만 독일잠수함의 루시타니아호 격침을 비인도적·야만적 처사로 생각하는 미국인의 감정을 완화하지는 못하였다.

강화 알선과 윌슨의 재선

한편 윌슨은 유럽의 전쟁을 강 건너 불을 보듯 관망하고만 있지는 않았다. 하루바삐 평화가 회복되려면 미국과 같은 강대국이 조정 역할을 담당해야 한다고 생각한 그는 1915년 1월 자신의 개인고문인 에드워드 하우스 Edward M. House를 유럽에 파견하여 교전국의 화해 의향을 타진했으나 아무런 성과를 거두지 못하였다.

그러나 이해 12월 다시 유럽에 파견된 하우스는 영국외상 에드워드 그레이Edward Grey와의 교섭에서 영국, 프랑스 양국이 윌슨의 평화교섭에 응하고 만약 독일이 거부할 경우에는 미국이 연합국 측에 가담하여 참전할 용의가 있다는 의사를 밝히고 1916년 2월 각서를 교환하였다.

물론 이러한 교섭은 윌슨과 하우스 이외의 사람에게는 전혀 알려지지 않았으나 경우에 따라 미국이 대전에 참가해야 할지도 모른다는 생각은 이때부터 벌써 윌슨의 마음속에서 싹트고 있었다고 볼 수 있다. 하지만 전황이 영국과 프랑스 측에 유리하게 진전되자 양국은 윌슨의 평화교섭에 별 흥미를 보이지 않기 때문에 위의 각서는 한낱 휴지가 되어버렸다.

제1차 세계대전이 3년째로 접어든 1916년은 미국에서는 대통령 선거의 해였다. 민주당의 지명을 받은 윌슨은 대내적으로는 혁신정치의 지속과 대외적으로는 중립의 유지를 공약하였다. 다시 통합된 공화당은 찰스 에번스 휴스Charles Evans Hughes를 지명했는데, 그의 선거공약도 윌슨과 별 차이가 없었다. 그래서 그때까지 중립을 유지한 윌슨이 쉽게 승리할 것으로 예상되었으나 선거 결과는 윌슨의 힘겨운 승리로 나타났다. 일반투표에서 휴스와의 표 차는 59만 표, 선거인단투표에서의 표 차는 23표에 지나지 않았다.

재선된 윌슨은 자신에 대한 국민의 지지가 평화의 조속한 실현을 열망하기 때문이라고 생각해서 대전의 종결에 더욱 힘을 기울였다. 그리하여 12월 교전국에 평화 조건을 제시해줄 것을 요구하고, 이에 대한 반응이 만족스럽지 못하자 1917년 1월 상원 연설에서 '승리 없는 평화Peace without Victory'를 제창하였다. 그는 이 연설에서 승자가 패자에게 강요하는 평화는 항구성이 없으므로 항구적 평화를 유지하려면 승자 없는 평화가 이루어져야 한다고 주장하면서, 이런 평화를 실현시키려면 영토 변경이나 배상금 부과가 있어서는 안 되며 모든 분쟁을 평화적으로 처리할 수 있는 국제기구를 설치해야 한다고 역설하였다.

참전

그러나 윌슨의 이상주의적 평화구상안을 교전국이 수락하기에는 이미 때가 늦었다. 독일은 1917년 2월 1일부터 무제한잠수함작전의 개시를 선언하고 독일의 봉쇄 수역 안에 들어오는 선박은 교전국과 중립국, 무장과 비무장을 막론하고 공격할 것이라고 경고하였다. 윌슨은 즉각 독일과의 국교단절을 국회에 요청하였지만 아직도 전쟁을 피할 희망은 버리지 않고 있었다.

그러나 3월 1일 '치머만 각서Zimmermann's Note'가 미국 신문에 발표되자 여론은 급격히 미국의 참전으로 기울어졌다. 이 각서는 독일외상 치머만Zimmermann이 주멕시코 독일대사에게 보낸 문서로, 미국과 독일이 개전하면 멕시코가 미국에 빼앗긴 옛 영토를 되찾는 데 협력하는 조건으로 멕시코에 동맹을 제의하라는 내용을 담고 있었다. 이 문서는 송신 도중 영국정보부가 가로채어 미국정부에 보고해서 2월 5일에 이미 윌슨의 수중에 들어가 있었다. 더구나 3월에 미국상선 4척이 독일잠수함에 희생되자 독일을 규탄하는 여론은 더욱 높아져갔다.

한편 연합국 진영에도 큰 변화가 일어났는데, 러시아에서 3월혁명이 일어나 동부 전선이 무너지면서 영국과 프랑스가 담당하고 있는 서부 전선에 대한 독일의 압력이 가중되었다. 이러한 정세에 당면하자 친영적이었던 윌슨은 드디어 참전을 결심하였다.

윌슨은 4월 2일 의회에 선전포고에 관한 교서를 보내고 이 교서에서 '세계 민주주의의 안전'을 위해 참전한다고 미국의 전쟁목적을 밝혔다. 상원은 4월 4일 찬성 82표 대 반대 6표로, 하원은 6일 찬성 373표 대 반대 50표로 선전포고를 결의하여 미국은 동맹국 측을 상대로 제1차 세계대전에 참전하게 되었다.

군사동원과 전시체제

참전을 결정한 미국은 군대를 즉시 유럽으로 출동시킬 수 있는 만반의 태세를 갖추고 있지는 못하였다. 하지만 전혀 준비가 없던 상태는 아니었다. 대전이 일어난 뒤 중립을 유지하기 위해서는 어느 정도의 군비가 필요하다고 생각한 윌슨은 의회에 요청하여, 1916년 6월 9만 명의 상비군을 17~22만으로 늘릴 것과 16세 이상의 고교생과 대학생들에게 군사훈련을 실시하는 등의 내용을 담은 국방법을 제정했고, 8월에는 해군력을 증강하고 9월에는 상선을 전시에 동원할 수 있는 법을 마련하였다. 그러나 본격적인 군사 준비는 참전이 결정된 후에야 비로소 시작되었다.

우선 병력동원을 위해 1917년 5월 징병제를 실시하였다. 이 제도로 약 300만 명을 징집하였고 이 밖에 200만 명이 지원하여 전쟁이 끝날 즈음에는 미국의 육·해군 병력은 약 500만 명에 이르렀다. 물자동원을 위해 1916년에 발족한 국방협의회 밑에 식량, 연료, 철도, 선박, 통상, 산업의 독립된 부서를 설치하여 부분적인 계획경제를 추진하였다. 군비는 증세와 공채로 조달했는데, 증세에서는 소득세의 공제액을 인하하고 누진세율을 인상하는 한편, 술, 담배, 보험, 수송, 자동차에 대해 새로운 세금을 부과하여 전시 중 105억 달러를 징수했고, 공채 230억 달러를 발행하였다. 이렇게 조달한 군비는 총 335억 달러에 달하였다.

미국의 총력체제는 전쟁 수행을 위한 인적·물적 자원의 동원에서만 이루어진 것은 아니었다. 윌슨은 국내 결속과 독일 측이 미국 내에서 책동하리라 예상되는 반전운동에 대비하기 위해 필요한 조치를 단행하였다. 미국이 참전하자 그는 곧 언론계 출신의 조지 크릴George Creel 밑에 공보위원회를 설치하여 미국의 전쟁목적을 밝히고 반독일 감정을 부추기기 위해 대내·대외적으로 선전을 개시하였다.

이어서 6월에는 방첩법을 제정하여 이적행위, 징집 방해, 반전운동에 대해 최고 20년의 징역과 최고 1만 달러의 벌금으로 처벌하도록 하였다. 이듬해 5월에는 이 법을 치안법으로 수정·강화하여 정부·헌법·국기·군복에 대한 비방, 모욕, 태업 등 전쟁 수행에 유해한 모든 행위에 대해 처벌하도록 하였다.

이 법들은 평화주의자, 친독분자, 사회주의자들을 대상으로 한 것이지만, 가끔 언론의 자유와 인권을 침해해서 양심적 징병 기피자나 전쟁은 예수 그리스도의 가르침에 위배된다고 주장하는 사람들을 투옥하기도 하였다. 특히 1917년 11월 러시아에서 볼셰비키혁명이 성공하자 '적색분자 색출red hunt' 선풍이 불어 과격한 사상을 지닌 외국인, 좌경 노동운동자를 공산주의자라는 혐의를 씌워 6,000명이나 체포영장 없이 구속하기도 하였다. 그러나 실제로 유죄판결을 받은 사람은 극소수였다.

미국의 군사적 역할

이처럼 국력을 전쟁 수행을 위해 총동원하는 동안 존 퍼싱John J. Pershing 장군을 총사령관으로 하는 미국군은 1917년 6월 이후 유럽에 속속 파견되었다. 미군은 서부 전선의 한 부분을 맡아 싸웠으나 대포와 전쟁 중에 발명된 신무기인 전차와 비행기는 영국과 프랑스의 지원을 받았다. 종전 시 유럽에 파견된 미국의 병력은 200만 명을 돌파하였지만 전투에서 미국군의 공헌은 별로 크지 않았다.

그것은 미국군이 받은 인적 손실을 살펴보아도 알 수 있다. 미국군의 인적 손실은 전사자와 부상자를 모두 포함하여 약 32만이었는 데 반해 영국군은 90만, 프랑스군은 138만이었다. 그러나 미해군의 공헌은 컸다. 해군은 참전하자마자 대함 건설계획을 변경하여 잠수함을 비롯한 대잠수함작전용 함선 건조에 주력하여 적극적으로 독일잠수함을 공격하는 한편, 호위선단 제도를 창안해서 수송선단을 독일잠수함의 공격으로부터 방어하여 독일의 잠수함작전의 효력을 격감시키는 데 성공하였다.

14개조와 휴전

미국의 참전으로 새로운 전기를 맞은 제1차 세계대전은 1917년 말이 되자 고비를 맞이하였다. 11월혁명으로 러시아에서 탄생한 볼셰비키정권이 독일과의 단독강화를 모색하면서 민족자결, 무병합, 무배상의 원칙에 입각한 즉시 휴전을 제창하여 연합국의 전쟁목적에 커다란 혼선을 가져왔기 때문이다.

그러자 윌슨은 독일과 러시아의 단독강화를 견제하면서 전쟁목적에 대한 연합국의 결속을 다짐하기 위해 1918년 1월 8일 전후 평화에 대한 자신의 구상을 담은 '14개조Fourteen Points'를 발표하였다.

이 안은 이미 '승리 없는 평화'를 제창한 윌슨의 이상을 집대성한 것으로, 비밀외교의 폐지, 해양의 자유 확립, 관세장벽 철폐, 군비 축소, 식민지 문제의 공정한 해결, 민족자결주의 원칙에 입각한 유럽제국의 영토 수정, 마지막으로 항구적 평화기구로서의 국제조직 창설 등을 내용으로 하였다. 이 안이 발표되자 연합국 국민들로부터 커다란 환영을 받았다. 하지만 유럽의 정치가 중에는 각국이 전쟁 중 체결한 비밀조약과 이 안을 어떻게 조화시키느냐며 우려를 표명하는 이도 있었고, 미국 국내에서도 공화당 정치가들 중에서 윌슨의 독주라고 비판하는 소리가 나왔다.

그러나 동맹국 측은 14개조를 휴전의 조건으로 해석하였다. 그래서 1918년 3월 독일·러시아 단독강화회의 성립 이후 수차에 걸친 연합국에 대한 대규모 공세로 군사력을 거의 소모한 독일은 10월 14개조를 토대로 미국에 직접 휴전을 제의하였다. 윌슨은 독일 측에 제정 폐지를 요구하는 한편 영국과 프랑스에 휴전을 호소하였다. 11월 9일 독일에서 혁명이 일어나 제정은 폐지되었지만 영국은 해양의 자유를 거부하고 프랑스는 배상의 권리를 강조하여 14개조만을 토대로 한 휴전 호소에 난색을 표시하였다.

그러자 윌슨의 특사 하우스는 미·독 단독강화의 가능성을 시위하면서 해양 및 배상 문제를 보류한다는 조건을 내세웠으므로 결국 영국과 프랑스도 휴전에 동의하였다. 이리하여 1918년 11월 11일 제1차 세계대전은 그 막을 내리게 되었다.

파리강화회의

휴전 후 1주일이 지나고 윌슨은 스스로 미국 측 수석대표로 취임하여 파리강화회의에 참석한다고 발표하였다. 1918년 중간선거의 승리로 다수당이 된 공화당은 재임 중의 대통령이 해외에 나간 적이 없었다는 이유를 들어 그의 파리행을 반대하였다. 더구나 윌슨은 대표단을 구성하면서 공화당이 다수당인 현실을 무시하고 공화당을 대표할 만한 단 한 사람의 위원도 임명하지 않았다. 장차 체결될 강화조약에 대해 상원이 비준권을 갖고 있었기 때문에, 이러한 윌슨의 행동은 앞으로 그가 강화외교를 수행하는 과정이 결코 순탄하지 않을 거라는 예상을 하게 만들기에 충분하였다.

강화회의에 참석한 윌슨은 유럽 국민들로부터 거의 구세주 대접을 받았다. 그러나 회의에서 윌슨의 입장은 영국수상 데이비드 로이드 조지David Lloyd George와 프랑스수상 조르주 클레망소Georges Clemenceau의 현실주의적 정책에 부딪혀 곤경에 빠졌다. 이들은 정도의 차이는 있으나 대독강경론을 주장하였으므로 윌슨의 14개조는 수정될 수밖에 없었다. 그리하여 1919년 6월 28일 성립된 대독강화조약인 베르사유조약Treaty of Versailles은 윌슨이 주장한 '승리 없는 평화'와는 전혀 거리가 먼 조약, 즉 승자가 패자에게 일방적으로 강요하는 가혹한 조약이 되어버렸다.

장차 항구적인 평화기구로 국제조직이 창설되면 강화조약의 미비점이 시정될 거라 믿은 윌슨은 로이드 조지 수상과 클레망소 수상을 설득해서 국제연맹규약Covenant of the League of Nations을 베르사유조약안에 삽입하는 데 성공하였다. 그러나 그가 자부한 바로 이 최대의 성과 때문에 윌슨의 외교는 국내에서도 패배를 맛보게 되었다.

상원과 국제연맹 문제

1919년 2월 윌슨이 잠시 귀국하였을 때 강화조약안을 상원 외교위원회와 상의한 일이 있었다. 이때 공화당은 국제연맹이 가맹국의 내정에 간섭할 가능성이 있고 먼로주의가 침해될 우려가 있다는 점을 들어 반대 입장을 밝혔다. 그러나 여론은 일반적으로 지지하는 경향을 보이고 있었다. 4월 유력한 잡지인 『리터러리 다이제스트Literary Digest』가 전국 주요신문 편집장들의 의견을 물었을 때 미국의 국제연맹 가입은 압도적 지지를 받았다. 이러한 여론의 지지로 윌슨은 조약안이 비준에 필요한 3분의 2 이상의 표를 받을 거라고 확신하면서 7월 10일 조약안을 상원에 제출하였다.

당시 상원 외교위원장은 공화당이 다수파였던 관계로 공화당의 헨리 캐벗 로지Henry Cabot Lodge가 맡고 있었다. 내외정책에서 반윌슨적 인물로 알려져 있던 그는 조약안의 무수정 통과에 대해 난색을 표명하였다. 그러나 여론의 방향을 알고 있던 로지는 자신의 입장을 관철하기 위해서는 우선 조약안의 심의를 지연시켜야 한다고 생각하였다. 그래서 외교위원회에서 264페이지의 조약을 낭독시키는 데에만 7월 14일부터 2주일을 보냈고 이어 6주일에 걸쳐 공청회를 열었다. 이 결과 국제연맹규약 제10조—가맹국은 가맹 각국의 영토 보존 및 정치적 독립을 존중하고 또 외부의 침략에 대해서는 이것을 수호할 의무를 지닌다는 내용의 조항—를 아무런 유보조건 없이 통과시키는 것이 거의 불가능하다는 우려가 차츰 커져갔다.

그러나 제10조는 바로 윌슨 자신의 도의적 원리를 구현한 것이었으므로 그 조건이 어떠한 것이든 간에 유보조건을 붙이는 것은 윌슨으로서는 절대로 용인할 수 없었다. 자신의 정당성을 인식시키려면 국민에게 직접 호소하는 길밖에는 없다고 생각한 윌슨은 주치의의 반대에도 불구하고 9월 3일 전국 유세에 나섰다. 22일 동안 주로 중서부와 태평양 해안지대를 대상으로 8,000마일을 여행하면서 32회의 대연설을 하고 그때마다 커다란 감동을 국민에게 주었으나, 9월 25일 콜로라도주의 푸에블로연설을 마지막으로 좌반신 마비로 쓰러지고 말았다. 그 뒤 사경을 헤매던 그는 건강을 약간 회복하긴 하였지만 대통령 임기가 끝날 때까지 병상에서 지냈다.

윌슨의 패배

이러는 동안 상원 외교위원회는 9월 10일 심의를 끝내고 45개의 유보조건을 붙여 조약안을 본회의에 보고하였다. 민주당의원들은 윌슨에게 비준을 얻으려면 약간의 유보조건을 인정해야 한다고 역설하였지만 그는 전혀 듣지 않았다. 드디어 11월 19일 상원은 표결에 들어갔다. 이 표결에서 본회의에서 손질된 14개의 유보조건이 붙은 조약안은 찬성 39표 대 반대 55표로 부결되었고 이어서 유보조건을 붙이지 않은 조약안도 찬성 38표 대 반대 53표로 역시 부결되었다.

그러나 이것으로 조약안이 완전히 부결된 것은 아니었다. 공화당의원 중 온건파는 민주당과 합세하여 다시 한 번 표결에 부치기를 바랐고 약 2,000만 명의 미국인을 대표하는 여러 단체가 타협과 비준을 상원에 탄원하였다. 한편 영국과 프랑스 측에서도 유보조건을 어느 정도 수락할 의사가 있다고 표시하였다. 그러자 유력한 민주당의원들은 다시 한 번 윌슨에게 타협할 것을 강권하였으나 이번에도 그의 태도에는 변함이 없었고 오히려 조약안 비준 문제를 1920년의 선거 문제로 제기할 뜻을 밝혔다. 이러한 국내외의 움직임 속에 상원은 1920년 2월 다시 심의를 시작하여 지난번의 유보조건을 약간 손질하였다. 3월 19일 이 조약안이 표결에 부쳐졌는데 표결 결과는 찬성 49표 대 반대 35표로 나타났다. 그러나 조약 비준에 필요한 3분의 2의 표수에서 7표가 부족했으므로 베르사유조약안은 최종적으로 부결되었다. 결국 윌슨이 누구보다도 창설하는 데 공이 컸던 국제연맹의 미국 가입은 미국 스스로에 의해 거부되고 말았다.

월슨은 이에 실망하지 않고 국제연맹 가입을 민주당의 강령 가운데 하나로 내걸고 1920년의 대통령 선거전에 마지막 기대를 걸었으나 민주당의 후보인 제임스 콕스James M. Cox가 공화당의 후보인 워렌 하딩Warren G. Harding에게 패배하자 마음의 상처만 깊이 받았다.

한편 국제연맹 문제로 상원이 베르사유조약안 전체를 부결하였기 때문에 미국과 독일 사이에는 법적으로는 전쟁 상태가 지속되었다. 1921년 7월 21일에 상·하 양원합동의회가 전쟁 종결 결의를 통과시킨 다음에야 비로소 양국 사이에 평화가 회복되었다.

제8장

영원한 번영과 그 종말

인도의 차 박물관에 전시되어 있는 포드 승용차 [CC BY-SA 4.0 SnapMeUp]

제1절 _ 공화당 치하의 1920년대

정상 상태로의 복귀

1920년 선거에서 대통령으로 선출된 공화당의 하딩은 선거 유세 중

> 미국이 현재 필요로 하는 것은 영웅적 행위가 아니라 요양이며, 특효약이 아니라 정상 상태이며, 혁명이 아니라 복고이며, 선동이 아니라 조정이며, 외과수술이 아니라 안정입니다.

라고 말하면서 미국민이 전시에 지속된 긴장 상태에서 하루라도 빨리 빠져나올 것을 호소하였다. 그러나 그가 강조한 '정상 상태Normalcy'로의 복귀는 20세기에 들어와 미국정치의 주류가 된 혁신주의를 부정하는 방향에서 그 모습을 나타냈다.

혁신주의의 부정은 자유방임정책을 부활시킨 실업위주정책으로 표현되었다. 하딩정부는 경제적 총력체제 확립을 위해 세계대전 중에 급격히 진행된 기업의 독점화를 거의 방관하였을 뿐 아니라 정부의 개입이 기업활동에 유리할 경우에는 개입도 서슴지 않았다.

그리하여 1921년의 세입법에서 전시 중에 지나치게 늘어났던 이득세를 폐지하고 소득세의 누진세율을 크게 인하하였다. 또 1922년의 관세법에서 관세율을 다시 올려 보호주의체제로 되돌아갔다.

실업위주정책은 정부의 노동정책에도 반영되었다. 전후 미국은 전시경기가 수축되면서 한때 심각한 불황을 맞이하였다. 이러한 불황에서 제일 먼저 희생이 강요된 노동자들은 기업 측의 해고와 임금 삭감에 대해 파업으로 대항하였다. 그러나 정부의 조정활동은 소극적이었을 뿐 아니라 오히려 기업 측이 볼셰비즘의 위협을 이용하여 파업을 탄압하는 데 동조하여 수차에

걸쳐 파업 금지령을 발동하였다.

한편 하딩 주변에서는 불미스러운 추문이 나돌았는데 그러한 추문의 근원은 하딩의 측근들과 관련된 것이었다. 하와이 여행이 인연이 되어 원호처장으로 하딩이 발탁한 인물은 병원 건설과 물품 구입에서 2억 5,000만 달러를 횡령하였고, 하딩의 선거참모를 지낸 법무장관은 아메리카금속회사의 독직瀆職사건에 관련되었다는 혐의를 받았다. 상원의원 출신의 내무장관은 직무상 권한을 이용하여 해군 연료용지로 지정된 유전지역을 특정업자에게 부정 대여하였다.

이러한 추문이 알려지자 몹시 격노한 하딩은 태평양 연안을 순시하는 도중 1923년 8월 샌프란시스코에서 심장마비로 갑자기 사망하였다. 이 때문에 그와 그의 측근들과의 관련 여부는 미궁에 빠져 대통령으로서의 명예만은 간신히 지킬 수 있었으나 역대 대통령 중에서 가장 품위 없는 대통령이라는 평가를 받게 되었다.

쿨리지체제

하딩의 사망으로 대통령직을 계승한 부통령 캘빈 쿨리지Calvin Coolidge는 전임자와는 대조적인 인물이었다. 그는 '캘빈'이란 이름에 이미 나타나 있듯이 캘빈교파의 독실한 신자였다. 그의 경건하고 도덕적인 인품은 국민들이 하딩시대의 추문을 쉽사리 잊게 하는 데 크게 도움이 되었다.

프로테스탄트의 직업윤리에 철저했던 그는 누구보다도 성공한 사람, 즉 돈을 번 사람들인 실업계의 거물들을 존경하였다. 그의 세계관은 무엇보다도 "미국의 할 일은 사업이다American business is business"라는 말에 단적으로 나타나 있다.

쿨리지는 하딩이 임명한 백만장자인 상무장관 허버트 후버Herbert Hoover와 재벌의 한 사람인 재무장관 앤드루 멜런Andrew Mellon을 유임시켜 실업

위주의 경제정책을 지속해나가 1920년대를 '영원한 번영'의 시대로 이끄는 길잡이가 되었다.

쿨리지는 1924년 선거에서 대통령으로 선출되자 실업 위주의 정치경제 체제를 더욱 확고히 하였다. 이 대통령 선거에서 공화당 혁신파의 라폴레트는 사회주의자도 참가한 혁신적정치행동회의CPPA, The Conference for Progressive Political Action의 지명을 받아 쿨리지체제에 도전하였다. 하지만 이미 본궤도에 오르기 시작한 경제적 번영 속에서 미국민들은 혁신주의와는 점점 멀어지고 있었기 때문에 라폴레트는 대통령 선거에서 예상외의 참패를 당하고 말았다.

번영의 기초가 된 새로운 산업

1920년대의 번영을 주도한 것은 새로운 산업으로 각광을 받은 자동차, 화학, 전기 공업이었다.

1920년 200만 대를 돌파한 자동차 생산대수는 1929년에는 500만 대를 돌파하였고 자동차 등록 수는 2,600만으로 인구 5명 중에 1대꼴이 되었다. 자동차공업의 발전은 관련 공업의 성장을 유발하여 1926년 당시 자동차공업은 철강제품의 14퍼센트, 판유리의 50퍼센트, 고무제품의 85퍼센트, 니켈제품의 28퍼센트, 알루미늄제품의 25퍼센트, 주석제품의 21퍼센트를 사용하고, 1929년 당시 전체 공업의 12.7퍼센트, 고용의 7.1퍼센트, 급료의 8.7퍼센트를 차지하고, 도로의 20퍼센트를 포장시켜 토건업에도 커다란 자극을 주었다. 자동차공업은 또한 석유 산출량을 크게 증대시켰다. 이 시기에는 텍사스, 오클라호마Oklahoma, 캘리포니아에서 새로운 유전이 발견되어 석유 산출량이 종전의 16배로 증대하여 세계 총산유량의 70퍼센트를 미국이 차지하였다.

자동차공업에도 일찍부터 독점이 촉진되어 1930년대에 이르면 디트로

이트를 현대문명의 메카로 만든 헨리 포드Henry Ford의 포드를 비롯하여 제너럴모터스General Motors, 크라이슬러Chrysler의 세 회사가 총생산의 83퍼센트를 차지하였다. 미국의 자동차 생산대수는 세계 총생산대수의 80퍼센트나 되었다. 포드사의 창업자인 헨리 포드의 "기계야말로 새로운 구세주다"란 말은 번영에서 자동차의 역할이 얼마나 컸는지를 말해준다.

화학공업은 제1차 세계대전을 계기로 특히 합성화학 분야에서 활기를 띠었다. 베이클라이트Bakelite는 라디오와 전기기구의 발달과 더불어 성장했고, 1920년대에 들어서서는 인조견이 실용화되어 차츰 본견공업을 압도했고, 듀폰DuPont회사는 셀로판을 생산하기 시작하였다. 이리하여 1929년에는 생산액이 1914년의 1.5배나 되는 38억 달러에 이르렀다.

전기공업에서는 투자액이 1910년대의 17억 달러에서 1920년대에는 81억 달러로 증가하였다. 전력 사용량은 이 동안 2배로 늘었고, 제너럴일렉트릭General Electric, 웨스팅하우스Westinghouse의 2대 독점회사가 제작해내는 청소기, 세탁기, 냉장고 등의 가정용 전기기구는 이른바 '부엌혁명'을 일으켜 미국인의 가정생활을 보다 편리하게 하는 데 크게 이바지하였다.

새로운 산업의 발전은 공장과 주택 건축에도 커다란 활기를 불어넣어 건축자본의 소비액은 1922년 120억 달러에서 1928년 174억 달러로 늘었고 전체 고용의 6퍼센트, 급료의 7.5퍼센트를 차지하였다.

라디오와 영화도 이 시기에 등장한 새로운 산업이었다. 1920년 11월 웨스팅하우스가 건설한 최초의 민간방송국인 KDKA가 하딩 대통령의 당선을 보도한 뒤 여러 곳에 방송국이 개국되어, 1928년에는 전국적 방송망을 가진 NBC, CBS를 비롯하여 667개의 방송국이 설치되었다. 이에 따라 1922년 약 300만의 미국가정이 소유하고 있던 라디오 수신기도 1929년에는 미국가정의 3분의 1이 가질 정도로 그 수가 늘어났다.

1910년대부터 착실하게 성장하고 있던 무성영화는 1920년대가 되면서 대형 산업으로 발전하여 연 수입 100만 달러 이상을 올리는 '스타'가 탄생하였고 캘리포니아에 있는 할리우드Hollywood는 영화산업에서 미국뿐 아니라 세계의 메카가 되었다. 1927년에는 '토키Talkie'가 발명되어 유성영화시대가 열리면서 관객 수가 더욱 늘어 1929년 주간 관객 동원 수는 평균 9,500만이나 되었다.

그러나 새로운 산업이 제조하는 상품들은 소비되지 않으면 경제적 번영을 기약할 수 없었다. 그러므로 '소비는 미덕'이라는 구호 아래 광고와 판매업이 크게 발전하였다. 기업은 신문과 라디오를 통해 상품을 선전하는 데 아낌없이 돈을 썼고 국민의 소비욕망을 자극하기 위해 새로운 유행까지도 창조해냈다. 한편 고객을 직접 상대하면서 판매를 촉진하는 '세일즈맨'이 화려한 직업으로 등장하기도 하였다.

경제대국으로의 발전

새로운 산업의 제품은 주로 국내시장을 상대로 하였지만 대외무역과 대외투자도 이 시기 번영의 커다란 요인이 되었다.

19세기 말 미국의 수출무역액은 연평균 12억 달러였는데, 세계대전 중에 갑작스런 증가 추세를 보여 연평균 65억 달러로 늘어났다. 이러한 대외무역은 전후에 잠시 침체에 잠겼지만 상무장관 후버의 해외시장 개척정책으로 점차 활기를 되찾아 1920년대에는 수출무역이 연평균 45억 달러로 비교적 호조를 보였다.

직접·간접의 대외투자액도 이 시기에 크게 늘어 1930년경에는 150억 달러에 달하였다. 미국은 제1차 세계대전을 계기로 세계 최대의 채무국에서 세계 최대의 채권국이 되었는데, 위의 투자액에 전쟁 중 연합국이 미국에 진 전채 120억 달러를 합치면 미국은 279억 달러라는 거액의 해외자본을 소유하고 있었다는 계산이 나온다. 또한 금 보유량도 세계대전 이전에는 19

억 달러이던 것이 전후 수년 동안에 46억 달러로 늘었고 얼마 안 가 세계 금보유량의 반을 차지하게 되었다.

이와 같이 미국의 번영은 세계경제 면에서도 강국으로서의 지위를 확고히 해주었다.

높은 생활수준

대내·대외적으로 경제가 순조롭게 발전한 결과, 1920년대의 국민총생산액은 1929년의 가격기준으로 환산할 때 1921년 820억 달러에서 1929년 1,040억 달러로 늘었고 국민소득도 1921년 1인당 570달러에서 1929년 850달러가 되었다.

이러한 번영 속에서 가장 커다란 이득을 올린 것은 기업이었다. 1923~1929년 사이에 기업이 올린 이익은 62퍼센트, 배당은 65퍼센트로 각각 늘어났다. 노동자계층도 많은 이득을 보았는데, 전후의 불황이 사라진 1923년 이후 실업률은 현저히 떨어져서 1929년까지 연평균 3.9퍼센트를 유지하였고, 실질소득은 1929년의 가격기준으로 환산하여 1919년 543달러에서 1929년 716달러로 늘었다. 이 때문에 노동운동이 타격을 받아 노조 가입 노동자 수는 1929년 500만에서 1929년 350만으로 감소하였다.

그러나 1920년대에 번영을 지속한 공업에 비해 농업은 만성적 불황에서 헤어나지를 못하였다. 세계대전 중 미국의 농업은 전시 수요의 증대로 한때 호경기를 맞이하였으나 전후 유럽시장이 거의 폐쇄되면서 불황에 빠졌다. 이 결과 1919년 780억 달러였던 농가자산은 1929년 576억 달러로 떨어졌고, 농가수입도 농산물 가격의 하락으로 150억 달러에서 120억 달러로 줄어들었다. 농업이 곤경에 빠지자 의회 안에서는 농업지역 출신 의원단이, 의회 밖에서는 전국농업연합회가 농업보호정책을 강력히 정부에 요구했으나 쿨리지의 냉담한 태도에 부딪혀 전혀 성과를 거두지 못하였다.

이와 같이 이 시기에는 농업처럼 번영의 이미지를 흐리는 분야도 있었지만, 전반적으로 미국인의 생활수준은 당시 세계의 어떤 나라도 따라갈 수 없을 정도로 높아졌다. 예를 들면 자동차와 각종 가정용 전기기구는 유럽에서는 여전히 부유층의 사치품이었지만 미국에서는 극빈자가 아닌 한 이미 생활필수품이 되어 있었다. 하지만 이러한 번영에도 불구하고 빈부의 격차는 전과 다름이 없었다.

1929년 당시 미국의 총가구 수는 2,750만이었으나 비교적 쾌적한 생활을 보장할 수 있는 수입으로 평가된 연 수입 2,500달러 이상을 올린 가구는 전체의 30퍼센트에 지나지 않았다. 또 빈민으로 규정되는 연 수입 1,500달러 이하 가구의 수는 1,200만이었다. 이들의 총수입은 재벌에 속하는 3만 6,000가구가 올리는 총수입과 맞먹었다.

워싱턴회의

베르사유조약을 거부하고 국제연맹에 가입하지 않은 미국은 서반구에서 미국의 주도적 지위를 천명한 먼로주의로 되돌아가 이에 자족하는 듯한 인상을 주었다. 그러나 국제연맹에 가입하지 않은 것은 어디까지나 자의에 의한 것이었으므로, 그것은 오히려 국제정치에서 독자적으로 행동할 여지를 확보하고 필요에 따라서는 국가 이익에 맞게 행동할 수 있는 권리를 주장한 것이나 다름없었다. 그러므로 1920년대 미국의 대외정책은 결코 고립주의적인 것이 아니었다.

미국의 이러한 의도는 1921년 1월 미국의 제창으로 열린 워싱턴회의에서 나타났다. 이 회의에서 주도적 역할을 담당했던 하딩정부의 국무장관 찰스 에번스 휴스는 회의 초반에 해군군비축소조약의 체결을 제안하여 미국, 영국, 일본, 프랑스, 이탈리아 등 5대 해군국 주력함의 비율을 결정하는 데 성공하였다. 이어서 태평양의 현상 유지를 위해 미국, 영국, 일본, 프랑스가 참가한 4국조약을, 또 중국의 독립과 영토 보전을 보장하기 위해 미국, 영국, 일본, 프랑스, 이탈리아, 중국, 벨기에, 네덜란드, 포르투갈의 9개국이 참가한 9국조약을 각각 성립시켰다.

워싱턴회의는 당시 미국이 당면했던 대내·대외상의 문제를 해결해주었는데, 첫째, 해군 군비 축소는 주력함 건조에 소요되는 막대한 경비를 절감시켜 그만큼 국가재정의 부담을 덜어주었고, 둘째, 4국조약은 20세기 초부터 지속된 영국과 일본의 동맹관계를 해소시켜 전후 일본의 약진에 제동을 걸 수 있었으며, 셋째, 9국조약은 19세기 말 이래 미국이 제창해온 문호개방 정책을 열강이 승인하였기 때문에 중국에서 미국의 지위를 확고히 할 수 있었다. 그래서 미국의 여론은 워싱턴회의의 성과를 크게 환영하였다.

미국과 전후 독일의 배상 문제

워싱턴회의에서 태평양과 동양에서 안전보장체제의 확립과 해군 군비 축소에 성공한 미국 외교는 쿨리지시대에는 유럽의 배상금 문제 해결에서도 주도적 역할을 담당하였다. 미국이 번영의 길에 들어선 1923년 유럽에서는 배상금 문제로 새로운 위기가 발생하고 있었다. 독일이 배상금을 지불할 수 없게 되자 프랑스가 독일의 중공업지대인 루르Ruhr 지방을 점령하여 독일 경제는 파탄에 직면하였고 독일과 프랑스의 관계는 다시 악화되었다.

미국은 원래 배상금을 요구하지 않았고 연합국배상위원회에도 정식으로 위원을 파견하고 있지 않았으나, 연합국이 독일로부터 받을 배상금과 미국이 연합국으로부터 상환받을 전채와는 직접, 간접으로 관련이 있었으므로 배상금 문제를 외면할 수는 없었다. 더구나 대외무역 확대를 꾀하고 있던 당시의 미국으로서는 비록 패전국이라 하더라도 독일과 같은 대국이 오랫동안 경제적으로 불안정한 상태에 있는 것도 결코 바람직하지 않았다.

따라서 미국은 종래의 정책을 바꾸어 은행가인 찰스 도스Charles Dawes

를 위원회에 파견하여 1924년 도스안이라고 불리는 새로운 배상금 지불계획을 마련하였다. 이에 따라 독일은 미국으로부터 차관을 얻어 화폐가치를 안정시키고, 연액 2억 3,500만 달러를 기준으로 연합국에 다시 배상금을 지불하기 시작하였다. 1929년에는 오언 영Owen Young을 파견하여 크게 삭감한 독일의 배상금 지불 총액과 지불 완료기간을 결정한 영안을 성립시켰다. 그러나 미국은 연합국의 수차에 걸친 교섭에도 불구하고 연합국의 대미전채를 삭감하지는 않았다.

도스안 이후 한동안 배상금 지불과 전채 상환은 비교적 순조로웠다. 도스안을 계기로 독일경제가 차츰 안정되기 시작하자 미국의 대독투자액은 1931년까지 총액이 26억 달러에 이르렀고 이 돈으로 독일은 배상금을 지불하고 연합국은 거의 같은 액수의 전채를 미국에 상환하였다. 이러한 사실은 결국 1920년대에 미국의 경제적 개입 없이는 유럽의 경제 안정이 불가능하였다는 것을 의미한다.

부전조약과 중남미정책

배상금 문제를 일단 해결한 미국은 프랑스와 상의하여 1928년 8월 켈로그-브리앙조약Kellogg-Briand Pact을 성립시켰다. 부전不戰조약이라고도 불리는 이 조약은 자위를 위한 전쟁을 제외하고는 전쟁을 일체 불법화한다는 내용을 담고 있으나 자위의 정의가 애매하고 또 전쟁에 호소한 국가에 대한 제재가 없었으므로 실질적으로는 아무런 효과가 없었다.

한편 내정간섭을 기조로 하는 미국의 중남미정책도 쿨리지시대에는 특별한 변화가 없었다. 그래서 1928년 범아메리카회의가 열렸을 때 아르헨티나 대표는 "아메리카 대륙의 어떠한 나라도 아메리카 대륙의 다른 나라에 간섭할 권리가 없다"라는 결의를 통과시켜 먼로주의에 도전하려 했지만 미국의 강력한 반대로 실패하였다.

제2절_ 1920년대의 사회와 문화

1920년대에 미국은 이미 살펴본 것처럼 세계에서 가장 부강한 나라로 발전하고 있었다. 하지만 당시 미국사회 일부에서는 선진문명을 가진 국가로서는 상상하기 어려운 보수 반동 풍조가 일어나고 있었다. 그러한 풍조의 하나가 바로 이민배척운동이었다.

새로운 이민법의 제정

편협하고 배타적인 인종차별주의가 깔려 있는 이 운동은 물론 1920년대에 처음 시작된 것은 아니다. 19세기 말 남동유럽 지방에서 가톨릭계와 유태계 이민이 물밀 듯이 쏟아져 들어왔을 때 양키 프로테스탄트 우월주의를 신봉하는 일부 국민들이 이민배척운동을 일으킨 적이 있었다. 이러한 바탕에 세계대전 중의 반독 감정, 러시아혁명이 일으킨 볼셰비즘에 대한 공포가 전후 미국의 국제연맹 불가입에서 나타난 외견상의 고립주의적 경향과 합쳐져 미국에 아직 동화하지 않은 비프로테스탄트계와 동양계 이민을 전반적으로 불신·배척하는 풍조를 더욱 조장하여 드디어 외국이민을 제한하는 운동이 세차게 일어났다. 이 결과 두 종류의 이민법이 제정되었다.

우선 1921년에 제정된 이민법은 1910년의 인구조사를 토대로 당시 미국에 거주하고 있는 외국 태생의 인구를 출생국별로 분류하여 출생국별 인구의 3퍼센트에 해당하는 수로 이민을 제한하였다. 그러나 1910년을 기준으로 하면 가톨릭계와 유태계 이민에게 유리했으므로 1924년에 다시 이민법을 개정하여 기준을 1890년 현재로 올리고 입국 허가율을 3퍼센트에서 2퍼센트로 인하하였다. 개정된 이민법은 앵글로색슨과 프로테스탄트를 핵심으로 하는 북서유럽계 이민에게 크게 유리하였다. 이때 동양인은 귀화 자격이 없다는 이유를 내세워 이민을 완전히 금지하였다.

그러나 이와 같은 이민 제한의 제정은 독립 이래 주장해온 세계의 억압받는 자유인을 위한 피난처인 미국, 기회의 나라인 미국이라는 영상을 스스로 지워버리는 어리석음을 저지른 것이었다.

근본주의와 큐클럭스클랜

한편 농공업 간의 불균형 발전으로 번영의 혜택에서 소외되고 있던 농촌, 특히 중서부와 남부의 농업지대에서는 공업화와 도시화, 과학기술의 발전이 가져온 사회의 급격한 변화에 반발하여 전원적이고 정태적인 미국의 전통을 지키려는 새로운 운동이 일어났다. 이 운동은 성서에 대한 근본주의 Fundamentalism적 해석에 사상적 기반을 두고 현대문명의 기수인 과학을 배격하는 행동에서 그 반동적 성격을 드러냈다. 특히 다윈의 진화론을 과학의 미명하에 신의 창조 대업을 부정하는 이론이라고 규정하고 이 이론에 공격의 화살을 돌려 남부와 중서부의 공립학교에서 진화론을 가르치는 것을 금지하는 운동을 일으켰다.

이 운동은 급기야 1925년 테네시주에서 진화론교수금지법을 통과시키는 데 성공하였다. 그러자 이 주의 고등학교 생물교사인 존 스콥스John Scopes가 법을 어기고 진화론을 가르쳐서 고발당하는 사건이 일어났다. 스콥스 재판 또는 '원숭이 재판Monkey Trial'이라고도 불리는 이 재판에서 결국 피고인 스콥스가 승리했는데, 피고의 변호를 맡은 클래런스 대로Clarence Darrow는 검찰 측의 특별변호인이었던 윌리엄 제닝스 브라이언을 논박하는 과정에서 남부와 중서부 지방의 농민들이 과학과 변화를 적대시하는 편견을 통렬히 비판하였다.

스콥스 재판은 현대문명의 선구자로 자처하고 있던 대부분의 미국인에게는 웃음거리에 불과했지만, 재판을 발생시킨 궁극적 요인인 근본주의적 사고방식은 당시 미국사회에 횡행하였던 인종차별주의 풍조와 결부하여 또 다른 반동적 사건을 일으켰다. 재건시대 이후 무력화된 흑인배척단체인 큐클럭스클랜의 부활이 바로 그것이다. 1915년 조지아주에서 재조직된 이 단체는 전후 남부에서는 흑인을, 중서부에서는 가톨릭계 이민을 박해하면서 서서히 그 세력을 뻗어나갔다. 그리하여 1924년경에는 회원 수가 500만 명을 돌파하였고, 이해 열렸던 민주당 전당대회에서 아일랜드계의 가톨릭 교도인 알 스미스Al Smith를 대통령 후보 지명에서 제외시킬 정도로 정치적으로도 무시할 수 없는 세력이 되었다. 그러나 근본주의적 신앙과 도덕을 존중하는 큐클럭스클랜의 일부 지도자들이 부녀 폭행과 같은 추행을 저지르자 큐클럭스클랜의 지나친 폭력행위가 차츰 선량한 시민들의 빈축을 사게 되어 1924년을 고비로 쇠퇴의 길로 들어섰다.

금주법과 그 영향

폭력은 농촌에만 있었던 것은 아니었다. 도시도 폭력에 오염되어가고 있었다. 헌법 수정조항 제18조에 의거하여 1920년 1월 16일부터 금주법이 시행되었다. '고귀한 실험Noble Experiment'이라는 이름 아래 제정된 이 법은 농촌에 경제적 기반을 두고 있으며 근본주의적 사고방식에 젖어 있는 중산계층의 편협하고 옹졸한 도덕심의 발로의 소산이었다. 그러나 금주로 사회를 도덕적으로 정화하려 한 이들의 기대는 얼마 안 가 산산이 부서지고 말았다. 금주법은 사람의 음주벽을 고칠 수 없었을 뿐 아니라 오히려 밀주, 밀매 같은 범법행위를 성행시켰기 때문이다. 특히 밀주, 밀매 등의 범법행위는 대도시에 조직적인 범죄단체를 떼지어 나타나게 만드는 계기가 되었다. 이로 인해 금주시대는 알 카포네Al Capone 같은 갱gang이 난무하는 갱시대의 대명사가 되어버렸다.

금주법이 이처럼 사회 정화는커녕 새로운 사회악을 만들어내자 여론은 차츰 이 법을 철폐하는 방향으로 기울어졌다. 민주당은 1928년 선거에서 정식으로 금주법 철폐를 정강의 하나로 채택하였고 1933년 12월에는 헌법 수정조항 제21조가 의회를 통과하여 결국 금주법은 폐지되었다. 하지만 이 법은 금주 여부를 각 주에 맡겼으므로 미시시피주만은 주법으로 금주를 실시했으나 이 주도 1966년 폐지하였다.

미국적 생활양식과 대중문화

그러나 1920년대는 이민의 제한, 근본주의의 유행, 큐클럭스클랜의 발호, 금주법 시행 등과 같은 보수 반동만이 난무한 시기는 아니었다. 이 시기는 현대에서 미국적 생활양식이 확립된 시기이기도 하였다.

이제 자동차는 극빈자를 제외한 모든 미국인의 생활필수품이 되었기 때문에 도로, 도시, 상점, 여관, 그 밖의 모든 시설이 자동차 이용에 편리하도록 정비되어갔고 미국인의 일상생활이 자동차를 중심으로 펼쳐졌다.

또 가정용 가전제품은 부엌혁명을 일으켜 여성을 가사에서 해방시켜 그만큼 여성의 직장 진출 기회를 증대시켰다. 따라서 미국인의 가정관, 결혼관도 남녀협력 또는 남성의존형에서 남녀분업 또는 여성자립형으로 바뀌어갔다.

소비가 미덕이 된 이 시기에 미국인은 농촌과 도시의 구별 없이 매스미디어의 광고와 세일즈맨들의 판매전술에 이끌려 자동차, 전기제품을 비롯한 대량으로 생산되는 규격화되고 획일화된 각종 상품을 사들였다. 이러한 과정에서 미국인은 적어도 상품 구매에서는 개성을 강조할 기회가 차츰 사라졌고 선전과 광고에 의존하는 일종의 타인지향적 취향이 형성되어갔다.

그러나 선전과 광고는 상품 판매에서만 위력을 발휘한 것은 아니었다. 1920년대의 실업 또는 상업지상주의는 새로운 대중문화를 창조하는 데에서도 위력을 과시하였다. 라디오, 영화, 스포츠가 단순한 오락수단에서 새로운 산업으로 주목받게 된 것도 바로 이 시기였다. 그리고 이러한 산업의 생존수단으로 상업주의는 수많은 영웅을 만들어냈다. 미남배우 루돌프 발렌티노Rudolph Valentino, '백만인의 연인'이라고 불린 여배우 클라라 바우 Clara Bow와 메리 픽퍼드Mary Pickford, 권투계의 잭 뎀프시Jack Dempsey, 테니스계의 빌 틸던Bill Tilden, 야구계의 베이브 루스Babe Ruth 등이 바로 그러한 영웅들이었다. 심지어 1927년 뉴욕-파리 사이를 처음으로 무착륙 횡단비행하는 데 성공한 찰스 린드버그Charles A. Lindberg도 민간항공의 장래성을 선전하는 수단으로 이용되었다.

대중문화에 대한 비판

상업지상주의에 기반을 둔 대중문화는 미국문화를 대중화하여 전반적으로 국민의 지적 수준을 높이는 데 기여하였지만, 한편에서는 대중문화의 저속성에 소외와 실망을 느끼고 이에 반발하는 문화가 자리 잡고 있었다. 재즈음악과 프로이트 심리학은 젊은 미국인의 상업주의 문화에 대한 저항수단으로 새로운 의미를 갖고 등장하였다. 『스마트 세트The Smart Set』지를 편집한 멩켄H. L. Mencken은 미국적인 모든 것을 신랄하게 비판하여 젊은 지식인들의 갈채를 받았다.

상업주의가 횡행하는 미국에 절망하여 안주의 땅을 찾아 유럽으로 이주한 문화적 망명가와 국내에서 문화적 피난처를 찾아 뉴욕시의 그리니치빌리지Greenwich Village에 모여든 잔류파들로 구성된 '방황하는 세대A Lost Generation'의 작가들은 작품을 통해 미국적 이상에 대한 환멸을 실토하고 새로운 가치를 모색하려는 진지한 시도를 보여주었다. 어니스트 헤밍웨이 Ernest M. Hemingway의 『태양은 다시 떠오른다The Sun Also Rises』(1926), 스콧 피츠제럴드F. Scott Fitzgerald의 『위대한 개츠비The Great Gatsby』(1925), 윌리엄 포크너Willam Faulkner의 『음향과 분노The Sound and the Fury』(1929)는 그 대표적 작품들이다.

한편 이들과는 다른 입장에 서 있는 작가로 싱클레어 루이스Sinclair Lewis, 시어도어 드라이저, 셔우드 앤더슨Sherwood Anderson 등의 기성작가들도 미국의 부조리를 파헤치는 작품들을 발표하였다.

이 중에서도 루이스의『메인 스트리트Main Street』(1920)와『배빗Babbitt』(1922)은 미국 중산계급의 속물성, 안이성, 비합리성을 폭로하여 속물의 대표적 인간형을 가리키는 '배빗트리Babbitry'라는 신어를 유행시키기도 하였다. 루이스는 유럽에서도 높이 평가되어 1930년 미국 작가로서는 처음으로 노벨 문학상을 받았다.

1920년대에는 문학뿐만 아니라 다른 예술 분야에서도 세계적으로 명성을 떨친 미국인이 나왔다. 연극의 유진 오닐Eugene O'Neil, 음악의 조지 거슈윈George Gershwin, 건축의 프랭크 라이트Frank L. Wright가 바로 그들이다. 그들의 창조적인 문화활동은 대중문화가 풍미하고 있던 미국에서는 고답적이고 고고하다는 비판을 받았으나 상업주의는 이러한 문화도 상품화하여 대중들에게 소개하는 데 인색하지 않았다.

1923년에 새로 창간된 주간지『타임Time』은 그때까지의 주간지의 정형을 깨뜨리고 국내외의 동향을 비롯하여 예술, 과학, 종교, 학술에 이르기까지 전문용어를 쉽게 풀이하여 일반 대중들에게 제공하였다. 1920년대 말이 되면 대중문화와 고급문화high-brow culture 사이에 중류문화middle-brow culture가 만들어지고 이 문화가 점차 미국문화의 주류를 차지하는 경향이 짙어졌다.

제3절_ 대공황

번영의 성과에 대한 자랑

1928년의 대통령 선거전은 공화당이 지명한 후버와 민주당이 지명한 알 스미스 사이에서 치뤄졌다. 선거 결과는 '영원한 번영'이라는 구체적 실적으로 뒷받침을 받은 공화당의 압승으로 나타났다. 그러나 공화당도 대통령 당선자인 후버도 그 앞에 어두운 그림자가 다가오고 있다는 징조를 전혀 눈치채지 못하고 있었다.

후버는 선거 유세 중 1920년대의 번영이 가져다준 성과를 과시하면서

이제 미국은 역사상 어떤 나라보다도 빈곤에 대한 마지막 승리에 접근하고 있습니다. 미국은 아직 그 목적지에 도달하고 있지는 않습니다. 그러나 지난 8년간의 정책을 가지고 계속 앞으로 나아갈 기회가 주어진다면 신의 도움을 받아 빈곤이 미국에서 추방되는 날을 머지않아 보게 될 것입니다.

라고 자신만만하게 말하였다. 뿐만 아니라 1929년 3월의 대통령 취임연설에서 후버는 "미국의 장래에 대해서는 아무런 두려움이 없고 오직 희망만이 충만해 있다"고 강조하였다. 그러나 그로부터 7개월이 지난 10월부터 그를 비웃기나 하듯이 미국경제는 커다란 위기에 직면하였다.

대공황과 그 영향

10월 24일 그때까지 강세를 유지하던 주가가 뉴욕증권거래소에서 갑자기 대폭락하였다. 1,300만 주가 시장에 쏟아져나왔기 때문이다. 그러나 '암흑의 목요일'의 주가 폭락은 5일 후인 '비극의 화요일'에 비하면 가벼운 편이었다. 이날은 1,600만 주가 시장에 쏟아져나왔다. 그리하여 주가는 9월의 최

고가에 비해 평균 50퍼센트의 하락을 나타냈고 주가 폭락으로 발생한 금융 손실은 1929년 말까지 약 400억 달러로 추산되었다. 대공황이 시작된 것이다. 그리고 공황은 1920년대의 '영원한 번영'에 종지부를 찍었다.

주가가 이처럼 크게 폭락한 직접적 원인으로 지나칠 정도로 올라간 증권 투기열이 지적되고 있다. 이러한 투기열은 일부 투자가뿐만 아니라 일반인들까지도 사로잡아 상당수의 국민이 경기상승을 믿고 쌈짓돈까지 털어 주식에 투자하였으므로 주가 폭락은 일반 대중에게까지 영향을 미쳤다. 주가 폭락을 계기로 일어난 대공황의 주요원인으로는 농업 부문에서는 만성적 불황, 공업 부문에서는 1928년 이후 부분적으로 나타나기 시작한 생산과잉, 금융 부문에서는 방만한 신용정책이 지적되고 있다.

공황이 일어나자 정부와 경제계는 공황의 심각성을 인식하지 못하고 이듬해 봄이 되면 경기가 회복될 것이라고 이구동성으로 낙관적 견해를 표명하였다. 하지만 나날이 경기는 후퇴에 후퇴를 거듭하였다. 이 결과 수많은 공장, 은행, 회사, 상점이 문을 닫거나 도산하였고 많은 농장이 폐기되었고 이에 따라 실업자 수는 늘어만 갔다. 1929년 공황의 심각성은 각종 통계가 증명해주고 있는데, 실업자 수는 1929년 150만에서 1932년 1,200∼1,500만으로, 국민소득은 833억 달러에서 399억 달러로, 지불된 봉급과 임금은 100억 달러에서 10억 달러로 각각 하락하였다.

한편 경제대국인 미국의 공황은 그 영향이 국내에서 그치지 않고 해외에도 막대한 타격을 주었다. 미국의 해외투자액은 위에 열거한 기간에 15억 달러(1928년 통계)에서 8,800만 달러로, 수출은 46억 달러에서 15억 달러로, 수입은 55억 달러에서 17억 달러로 각각 감소하였다. 이 바람에 미국 달러화의 공급으로 유지되던 외국의 경제는 직접적인 타격을 받아 1931년에 독일에 금융 위기가 발생하였고 이것은 그 뒤 여러 나라에 연쇄 반응을 일으켜 전 세계를 공황으로 몰아넣었다.

후버의 공황대책과 실패

공황이 지속되자 경기회복을 낙관적으로 내다보았던 후버 대통령은 연방 정부의 책임과 역할을 인식하고 적극적으로 대책을 강구하였다.

농업 부문에서는 이미 공황이 일어나기 전부터 불황 타개에 고심하고 있었다. 1929년 6월 농산물시장법을 제정하여 정부 원조로 농산물 가격의 안정을 도모하고 이에 대해 총 5억 달러의 융자계획을 마련하였다. 1930년 6월에는 농업을 보호할 목적으로 관세를 인상하였다.

공황이 일어나자 1929년 11월 노사 양측의 대표를 백악관에 초청하여 기업 측에는 임금과 고용의 유지, 생산활동의 지속을 약속시키고 노동자 측에는 파업을 가능한 한 회피할 것을 종용하여 노사 협조로 공황의 진전을 방지하려고 하였다.

1930년 초에는 7억 달러의 자금을 확보하여 공공의 토목사업을 일으켜 실업자를 구제하는 데 착수하였다. 이런 종류의 구제자금으로 1932년 말까지 22억 5,000만 달러가 방출되었다. 1932년 초에는 20억 달러의 정부자금으로 부흥금융공사Reconstruction Finance Corporation를 세워 자금이 부족한 회사에 대출하여 기업활동을 유지하려 하였다.

그러나 이미 제시한 각종 통계가 말해주듯이 후버의 공황대책은 공황의 진전을 방지하는 데 별다른 성과를 올리지 못하였다. 농업 불황을 타개하기 위해 제정된 농산물시장법에도 불구하고 팔리지 않는 면화와 소맥이 현지에서 소각되거나 폐기되었고 자작농에서 소작농으로 전락하거나 아예 이농하는 농민의 수가 늘어만 갔다. 노사 양측에 대한 후버의 간곡한 당부에도 불구하고 기업 측은 임금을 계속 삭감하거나 노동자를 해고할 수밖에 없었고 이러한 현실 앞에 노동자 측은 기업에 대항할 만한 의지와 기력도 잃어갔다.

실업구제를 위해 방출된 자금은 결코 적은 액수가 아니었지만 그 정도로는 임금 살포에 의한 경기부양에는 미흡하였다. 또 부흥금융공사의 자금 대부는 본래 의도와 달리 공화당정권과 관계가 깊은 대기업에 대부분 집중되었으므로 중소기업에는 아무런 혜택이 없었다.

한편 공황의 진전으로 미국에서는 전에 볼 수 없었던 새로운 풍경이 나타났다. 무료급식소 앞에 늘어선 행렬의 길이는 해를 거듭할수록 길어졌고 노점상이나 구두닦이로 전락하여 겨우 연명하는 사람도 그 수를 헤아릴 수 없을 정도였다. 방세를 내지 못해 쫓겨난 사람과 도시로 몰려든 농민들은 공원에서 노숙하거나 빈터에 제멋대로 판잣집을 짓고 비바람을 피하였다. 이런 판잣집이 세워진 곳에는 어느덧 '후버촌Hooverville'이라는 달갑지 않은 별명이 붙었다.

공황의 진전은 이러한 진풍경만 만들어낸 것은 아니었다. 공황은 또한 사회불안을 조성하는 커다란 요인이 되었다. 1932년 초 위스콘신농민연합회 회장은 농민의 절망적 기분을 상원 공청회에서 다음과 같이 증언하였다.

원래 농민은 보수적입니다. 그러나 오늘날 보수적인 농민은 단 한 사람도 없습니다. 나도 어느 누구 못지않게 보수적입니다. 그러나 이 나이에 나와 나의 가족이 길거리에 앉게 되는 경제제도라면 사회주의자 말고 무엇이 될 수 있겠습니까.

이러한 절박한 감정은 노동자도 마찬가지였다. AFL의 대표는 상원 청문회에서 다음과 같이 증언하였다.

우리 조직의 지도자는 인내를 설교해왔습니다. 그러나 어떠한 대책도 없이 기아가 계속된다면 폭동의 문이 활짝 열리게 될 것입니다.

공황이 가져온 미국경제체제의 위기는 그 위에 세워진 미국의 생활양식인 민주주의조차 뒤흔들 정도로 심각하였다.

1932년 대통령 선거

이러한 상황 속에서 1932년 미국은 다시 대통령 선거의 해를 맞이하였다. 공화당은 후버를 후보로 지명하였다. 전당대회에 모인 대표들은 후버의 공황대책을 결코 지지한 것은 아니었지만 후버 말고 지명할 다른 인물도 없었다. 민주당은 뉴욕 주지사인 프랭클린 루스벨트를 후보로 지명하였다. 루스벨트는 지명 수락연설에서 '뉴딜New Deal'이라는 말을 처음으로 사용하여 그가 대통령에 당선될 경우 공화당과는 다른 '새로운 정책'을 시행하겠다고 국민들에게 약속하였다.

후버와 루스벨트

선거운동 중 후버와 루스벨트는 공황정책을 세우는 데 서로의 입장이 다르다는 것을 밝혔다. 경기가 회복되지 않는 근원이 국제무역의 부진에 있다고 진단한 후버는 전쟁채무를 삭감하는 한편 국제무역에 활기를 불어넣는 정책을 실시하면 공황에서 빠져나올 수 있다는 국제제일주의를 제창하였다.

　루스벨트는 공황이 심화된 근원이 국내 경제체제 어디인가에 잘못된 부분이 있기 때문이라고 진단하고 따라서 이러한 부분을 적절히 수술한다면 경기는 다시 회복될 것이라고 주장하였다. 즉 루스벨트는 국내제일주의를 제창하였다.

　이러한 주장 속에서 후버는 그가 산업과 금융 편에 서 있다는 것을, 루스벨트는 버림받은 국민 대중과 지식인 편에 서 있다는 것을 드러냈다. 사실 두 사람 모두 자본주의체제의 유지라는 점에서는 서로 일치하였지만, 공황의 탈출에서 후버는 위로부터의 구제, 즉 기업의 구제를 우선시하는 인상을 주었고, 루스벨트는 아래로부터의 구제, 즉 국민의 대다수를 차지하는 근로대중의 구제에 역점을 두는 인상을 주었다.

　그러나 루스벨트가 약속한 뉴딜의 전모는 선거운동 중에 명확하게 드러나지는 않았다. 오히려 그의 정치적 의견은 지지를 받으려는 대상에 따라 달라졌으므로 후버 측으로부터 일관성이 없다는 비난을 받기도 하였다. 예를 들면, 소득의 적절한 분배와 공공사업 확장에 대한 그의 주장을 보수세력이 반박하면 건전재정을 내세우며 후버의 재정정책이 방만하였다고 공격하는가 하면, 혁신세력의 뿌리가 깊은 서부에서는 자본가 측을 비판하는 것도 서슴지 않았다.

그러나 전반적으로 보면 선거운동의 양상은 후버에게는 불리하게, 루스벨트에게는 유리하게 돌아가고 있었다. 후버는 과거 3년간의 정책의 실정에서 오는 비관과 실의를 도저히 감출 수 없었다. 하지만 루스벨트는 뉴욕 주지사로서 몇 개의 혁신정책을 실행하여 명성을 올린 실적을 등에 업고 있었으므로 앞으로 그가 부딪힐 난관에 대해서도 자신만만한 태도를 보일 수 있었다. 더욱이 1920년 대통령 선거에서 민주당의 부통령으로 입후보하여 패배의 고배를 마신 뒤 소아마비에 걸려 일단 정계를 은퇴했다가 불굴의 의지로 투병하여 건강을 회복하고 복귀한 그의 경력이 선거운동에 커다란 도움을 주었다. 즉 강인한 의지력을 가진 루스벨트라면 식물인간 상태에 빠진 것이나 다름없는 미국경제도 치유할 수 있을 거라는 보이지 않는 기대를 국민에게 갖게 한 것이다.

루스벨트의 승리

1932년 대통령 선거의 결과는 루스벨트의 압승으로 나타났다. 그는 일반투표에서 57퍼센트의 지지율을 얻었고 선거인단투표에서는 472표 대 59표로 후버를 크게 눌렀다. 그가 지지를 받지 못한 주는 6주에 지나지 않았고 지역적으로는 서부와 남부를 휩쓸었고 대도시에서도 크게 승리하였다. 루스벨트를 지명한 민주당도 상·하 양원에서 절대 다수를 차지하였다.

공황은 미국인에게서 미국문명에 대한 깊은 신뢰와 강한 자부심을 앗아가고 있었다. 그러나 이제 12년간 지속된 공화당정권에 종지부를 찍은 미국민들은 그들이 선출한 루스벨트와 민주당에 새로운 희망과 기대를 걸어보기로 결정하였다.

제9장

뉴딜과 제2차 세계대전

대공황 당시 무료 커피를 마시기 위해 늘어선 사람들

테네시계곡개발공사 현장

얄타회담에서의 처칠, 루스벨트, 스탈린(왼쪽부터)

제1절_ 뉴딜

뉴딜의 출범

1933년 3월 4일 제32대 대통령에 취임한 루스벨트는 취임연설에서

우리가 두려워해야 할 것은 오직 두려움 그 자체입니다. 즉 후퇴를 전진으로 바꾸기 위한 모든 노력을 마비시키는 막연하고 이치에 맞지 않는 부당한 두려움이 바로 그것입니다.

라고 하여 공황에 지쳐 있는 국민들에게 희망을 가지고 미래를 바라볼 것을 다짐하고

이 나라는 행동을 요구하고 있고 그 행동은 곧 취해지지 않으면 안 됩니다.

라고 하여 공황 타개에 대한 자신의 소신을 즉각 정책으로 옮기겠다고 엄숙히 맹세하였다.

자신의 말처럼 루스벨트는 신속 과감하게 행동하였다. 3월 9일 긴급은행법에서 시작하여 6월 16일 전국산업부흥법NIRA, National Industrial Recovery Act으로 끝나는 133일 동안에 국회에 10여 차례에 걸쳐 교서를 보내고 15개의 중요법안을 통과시켜 뉴딜의 골격을 국민 앞에 내놓았다. 한편 백악관에 마이크를 설치하여 전국의 방송망을 통해 노변담화爐邊談話, fireside chat를 내보내어 뉴딜에 대한 지지를 전 국민에게 호소하였다.

보통 '100일간The Hundred Days'이라고 불리는 이 기간에 세워진 뉴딜은 부흥Recovery, 구제Relief, 개혁Reform을 골자로 하고 있으므로 3R정책이라고도 한다.

부흥정책

부흥정책에서 루스벨트는 우선 위기에 빠진 은행과 통화 문제에 착수하였다. 공황 이후 1932년 말까지 36억 달러의 예금을 맡고 있던 5,700여 개의 은행이 파산하였고 루스벨트의 취임을 전후하여 다시 은행공황이 일어나고 있었다. 그는 취임하자 곧 4일간의 은행휴일을 선포하고 이 동안 전국 은행의 실태를 조사시켜, 구제 가능한 은행에는 새로 대부를 주어 살리도록 하고 그렇지 못한 은행은 정리시키는 한편, 연방예금보험공사를 설치하여 1인당 5,000달러까지 은행이 도산해도 예금을 보장해주도록 하였다. 그 뒤 금본위제를 폐기하고 민간은행의 통화발행권을 용인하되 통화관리제를 도입하여 통화에 대한 정부의 통제를 강화하였다.

전국산업부흥법은 산업부흥의 중심법이었다. 이 법은 정부가 기업 간 경쟁을 통제하고 생산, 가격, 시장을 안정시키기 위해 산업별로 일종의 협동체를 조직하도록 하였다. 각 산업체는 자발적으로 모여 '공정경쟁규약'을 7월 말까지 작성하여 정부의 산업부흥정책에 부응하였다. 이 규약은 최저판매가격과 생산량을 결정하고 부정광고와 차별가격을 금지하는 동시에 노동자에 대한 최고노동시간과 최저임금의 제정, 연소노동자의 금지 등과 같은 근로기준 설정으로 노동자에 대한 안정된 고용과 임금을 확보하게 하였다.

그러나 1935년 5월 대법원이 입법권을 부당하게 행정부에 이양시켰다는 이유로 전국산업부흥법에 대해 위헌판결을 내리자 그 뒤 이 법을 세분하여 재입법하였다.

농업부흥은 농업조정법AAA, Agricultural Adjustment Act을 중심으로 진행되었는데, 이 법은 만성적인 농업 불황이 생산과잉에 있다는 판단 아래 주요농산물에 대한 생산 제한을 장려하고 생산 제한을 하는 농민에게 보상금을 주도록 하였다. 이렇게 하여 정부는 농산물 가격을 전반적으로 호경기였던 제1차 세계대전 중의 가격수준까지 올리려고 하였다. 그러나 이 법도

1936년 1월 대법원의 위헌판결을 받았다. 보상금의 재원을 농산물 가공업자에게 부과하는 가공세로 충당하는 것이 부당하다는 이유였다. 그래서 정부는 토양보전과 경작지배분법을 제정하여 농업조정법이 의도한 바를 달성하도록 하였다.

구제정책

구제에서 가장 시급하였던 것은 실업구제였다. 우선 정부는 자원보존단 CCC, Civilian Conservation Corps을 조직하여 18~25세까지의 청소년을 모집하여 식목, 산불 방지, 제방 건설, 해충 방지 등의 사업에 종사시켰다. 보존단원의 의식주 비용은 정부 부담이었고 따로 매달 30달러의 수당을 단원에게 지불하여 이 중 25달러를 가족에게 송금시켰다. 이러한 송금으로 위급한 때에는 자식들도 부모를 부양할 의무가 있다는 정신을 길러 공황으로 파괴되어가던 가족제도를 최소한이나마 유지하려고 하였다. 이 보존단으로 구제받은 청소년 실업자의 수는 1941년 말까지 약 300만 명에 달하였다.

또 연방긴급구제법FERA, Federal Emergency Recovery Act을 제정하여 각 주에서 소비하는 구제자금의 3분의 1을 연방정부가 원조하도록 해서 주정부 자체의 구제사업을 촉진하였다. 이와는 별도로 정부 자체가 공공사업국과 구제사업국을 설치하여 도로, 수리, 학교, 공원 등의 개축사업을 일으켜 약 450만 명의 실업자를 고용하였다. 1935년에는 기존의 구제사업기관을 통합하여 공공사업촉진국WPA, Works Progress Administration(1939년 이후에는 Works Projects Administration으로 개칭)을 설치하고 48억 8,000만 달러의 방대한 예산을 지출하여 공공의 토목사업뿐 아니라 도서관 건립, 음악·미술·연극 등의 예술활동, 역사적 유적 보전에도 배정해서 500만 명 이상의 실업자를 흡수하였다.

개혁정책

뉴딜에 나타난 개혁정신은 테네시계곡개발공사TVA, Tennessee Valley Authority에 상징적으로 나타나 있다. 이것은 테네시강이 통과하는 테네시 주와 인접한 7주의 종합개발을 의도한 정부의 사업체였는데, 테네시강을 이용하여 수력발전을 일으켜서 농촌에 전기를 공급하고 식목, 홍수 방지, 하천 운행의 편리를 도모하여 미개발 지역인 이 지역을 개발하는 데 주력하였다. 이와 같은 개발공사가 진행되면서 이 지역의 고용을 증대하였고 아직 이용이 덜 된 자원을 충분히 개발하는 커다란 성과를 거두었다.

개발공사의 성과는 여기서 끝나지 않았다. 개발공사는 종래 자치단체와 사기업만이 진출하던 분야에 정부가 적극적으로 진출하여 보다 큰 실적을 남길 수 있다는 실례를 보여줘서 사기업만이 존중되던 미국의 풍토에서 국민들에게 정부기업에 대한 새로운 인식을 불어넣었다.

노동문제에서도 개혁이 단행되었다. 전국산업부흥법 제7조 A조항Section 7A은 미국 노동 사상 처음으로 단체교섭권을 인정하고 전국노동국을 설치하여 노동쟁의를 조정하도록 하였다. 이로 말미암아 침체되었던 노동운동이 다시 활기를 되찾았고 조직노동자의 수는 1933년 285만에서 1935년에 372만으로 늘어났다. 그러나 전국산업부흥법이 위헌판결을 받자 노동관계조항만 따로 떼내어 전국노동관계법NLRA, National Labor Relations Act(일명 와그너법Wagner Act이라고도 함)을 제정하여 뉴딜이 표명한 노동개혁정책을 지속하였다. 한편 뉴딜의 친노동정책으로 직업별 조합인 종래의 AFL과 구별되는 미숙련노동자를 중심으로 하는 산업별노동조합회의CIO, Congress of Industrial Organizations가 1938년 조직되었다.

경제적 방임주의를 신봉하는 미국에서는 실업이나 빈곤은 개인의 책임이라는 관념이 지배적이었다. 이러한 관념은 이미 살펴본 것처럼 혁신주의시대 이후 서서히 바뀌기는 했지만 사회입법과 사회보장정책에서는 아직도 그 성과가 미약하였다. 뉴딜의 개혁은 이러한 상태의 개선에도 주력하였다.

1935년 8월 연방법으로 사회보장법을 제정하여 양로연금, 실업보험, 노약자와 극빈자 부조에 착수하였다. 이 밖에 일명 부유세법이라고 하는 세입법을 제정하여 소득세의 누진세율을 높여 연 수입 500만 달러 이상에 대해 75퍼센트의 소득세를 부과하였다. 또 1937년에는 연방주택국을 설치하여 빈민굴 철거와 저렴한 주택 건설 등을 목적으로 연방정부가 주와 자치단체에 저리의 장기대부를 제공하여 대중의 주택문제 해결에 힘썼고, 1938년에는 공정노동기준법을 마련하여 최저임금을 시간당 40센트, 최고노동시간을 주당 40시간으로 규정하였다.

지금까지 살펴본 것처럼 뉴딜은 단순히 경기회복에만 주력한 정책이 아니라 기존의 미국의 정치제도에 대해서도 대담한 혁신을 시도한 정책이었다.

뉴딜에 대한 반대

그러나 루스벨트의 뉴딜은 순조롭게 진행되지만은 않았다. 위에서 살펴본 것처럼 대법원은 뉴딜의 두 기둥인 전국산업부흥법과 농업조정법에 위헌판결을 내려 뉴딜의 진행에 찬물을 끼얹었다. 더구나 대법원의 위헌판결 이전에 뉴딜은 이미 보수와 진보 양 파로부터 강력한 공격을 받았다.

여전히 경제적 자유주의를 신조로 삼고 있던 보수파는 뉴딜을 통한 연방정부의 사기업에 대한 통제와 구제사업 활동이 사기업의 발전과 국민의 창의성을 저해한다는 비난을 퍼부었다. 또 방대한 자금을 살포하여 구매력을 창조해서 경기를 부양하는 유수이론誘水理論, pump-priming theory에 입각해서 방대한 적자예산을 서슴지 않고 편성하는 정부의 재정정책이 국가재정을 파탄으로 몰고 간다며 공격하였다. 공화당의 후버 전 대통령은 바로 이러한 보수파의 대표 격이었다.

한편 미국 공산당을 비롯한 급진적 사회주의자들은 처음부터 뉴딜에 나타난 혁신정책을 사이비 또는 기회주의적이라고 단정하고 자본주의체제의 타파 없이는 진정한 개혁은 있을 수 없다고 주장하였다.

그러나 이들 좌·우 양 극단의 세력은 그리 크지 않았으므로 뉴딜이 대응하기에 그다지 어렵지 않았다. 오히려 보수, 진보와는 명확하게 선을 긋고 미국적 전통에 입각하였다고 주장하는 선동파 또는 과격파의 공격이 대응하기 어려웠다.

루이지애나 주지사를 지내기도 했던 민주당 출신의 상원의원 휴이 롱 Huey Long은 선동정치의 대표적 인물이었다. 그는 1934년 '재산분배운동 Share-the-Wealth Movement'을 일으켜 정부가 100만 달러 이상의 수입에 소득세를 부과하여 징수하고 상속재산액을 500만 달러 이하로 한정한다면 누구든지 연 소득 2,000달러를 올릴 수 있다고 주장하였다. 롱의 운동은 한때 민주당을 분열시킬 정도로 커지기도 하였지만 1935년 9월 사적인 원한을 품은 사람에게 롱이 암살되자 이 운동은 차차 사라졌다.

또 롱처럼 야심적이지는 않았지만 공상적인 성격을 지닌 반뉴딜운동도 있었다. 디트로이트의 신부 찰스 코플린Charles E. Coughlin은 은행의 국유화, 자원의 국가관리, 은화자유주조로 통화팽창을 일으키라고 주장했고, 캘리포니아주의 의사 프랜시스 타운센드Francis E. Townsend는 60세 이상의, 노인에게 매월 200달러를 지급하라고 주장하였다. 이 밖에 미네소타 주지사 플로이드 올슨Floyd B. Olson과 위스콘신주의 라폴레트 형제Bob and Phil LaFollette는 집산주의운동을 일으켰고, 소설가 업턴 싱클레어는 캘리포니아 주지사 선거에 출마하여 빈곤 근절의 정책을 내걸기도 하였다.

대법원 개조 문제

그러나 뉴딜의 입안자이며 추진자인 루스벨트에게 가장 커다란 타격이 된 것은 무엇보다도 대법원의 공격이었다. 이 때문에 정책 시행에서 제약을 받은 루스벨트는 1936년 대통령 선거에서 공화당 후보인 앨프리드 랜던Alfred M. Landon을 4년 전보다 더 큰 압도적 표 차로 누르고 국민의 신임을 다시 한 번 획득하자 1937년 2월 대법원 개혁안을 담은 교서를 의회에 보냈다. 이 개혁안에서 그는 대법원의 능률을 증진한다는 이유를 내세워 판사의 정원을 9명에서 15명으로 증원할 것을 요청하였다. 즉 루스벨트는 개조안이 통과되면 뉴딜을 지지하는 법조인으로 나머지 판사직을 충원해서 뉴딜에 유리한 대법원을 구성하고자 하였다.

그러나 이 안은 입법부의 사법부에 대한 보복이라는 인상을 주지 않을 수 없었다. 물론 당시의 대법원은 개혁 전반에 대해 보수적이라는 비판을 받기도 했지만 법의 지배와 사법의 중립성을 존중하는 미국의 전통 앞에 루스벨트의 개혁안은 사면초가에 빠졌다. 공화당은 말할 것도 없고 민주당 내부에서조차 개조안 반대의 소리가 높아져갔고 언론은 3권분립의 위기를 부르짖으면서 여론을 개조안 반대의 방향으로 부채질하였다.

이와 같이 루스벨트의 개조안은 졸속이라는 비난을 받으면서 난관에 봉착하였지만 결과적으로는 하나의 성과를 거두었다. 대법원 자체가 뉴딜에 대한 종래의 태도를 변경하였기 때문이다. 대법원은 1937년 3월 이후 최저임금법, 전국노동관계법, 사회보장법에 대해 합헌성을 인정하는 판결을 내렸다. 이로 말미암아 대법원의 개혁은 불필요해졌고 6월 상원 사법위원회는 대법원 개조안을 부결하였다. 또 이즈음부터 보수파에 속하는 대법관이 1941년까지 7명이 퇴직했으므로 루스벨트는 그때마다 뉴딜파의 인물을 후임으로 임명하였다. 그래서 루스벨트는 대법원 개조에는 실패했지만, 본의 아니게 대법원을 자신을 지지하는 판사로 알맞게 채우는 데 성공하였다.

공황 속의 경기후퇴

뉴딜 자체는 미국의 경기를 크게 회복시켰다. 1933년 3월 당시의 공업생산량, 고용, 지불된 임금은 1923~1925년 사이 그것의 평균지수를 100으로 할때 56, 58.5, 37.1이었다. 그러나 3년이 지난 1936년 5월에는 각각 101, 96.4, 84로 상승하였다. 또한 농산물 가격도 면화는 1932년 파운드당 6.5센트에서 1936년에는 12.3센트로, 소맥은 부셸당 38센트에서 1달러 2센트로 상승하였다.

물론 1925년 이후 미국의 인구 증가와 생산력의 발전을 감안할 때 위의 숫자만으로는 경기의 완전 회복이 이루어졌다고는 볼 수 없다. 실제로 1936년 말에 이르러도 실업자의 수는 700만에 가까웠다. 그래서 루스벨트는 1937년 두 번째 임기에 취임하는 연설에서 미국민의 3분의 1이 아직도 의식주의 궁핍에서 벗어나지 못하고 있다고 말하였다.

1937년 10월 그때까지 회복의 징조를 보이던 경기가 갑자기 후퇴하기 시작하였다. 공황 속에서 또 하나의 공황이 일어난 것이다. 이런 경기후퇴의 원인으로는 공공사업촉진국에 대한 정부의 자금 지출 삭감, 고율의 과세로 인한 민간기업 활동 위축, 사회보장을 위한 자금 축적에 따른 구매력 감소 등이 지적되고 있다.

루스벨트는 1938년 4월 의회에 실업구제자금의 지출을 다시 증액해줄 것을 요청하였다.

그러나 이즈음부터 급격히 변화하기 시작한 국제정세는 루스벨트의 관심을 국내에서 국외로 돌리게 만들었다. 이로써 국내정책 위주였던 뉴딜은 준전시 또는 전시 체제로 전환되는 과정에서 본래의 성격이 점차 변질되었다.

뉴딜의 의의

뉴딜이 미국사에서 지니는 의의는 대단히 크다. 뉴딜은 경제적 자유주의 입장에서 수동적이었던 국가를 간섭주의국가로 바꾸어놓았고, 소득분배의 공평을 기하고 사회보장의 필요성을 인식시켰다.

또 정치적으로는 하층 중산계급과 노동자계급이 크게 대두하였다. 뉴딜을 지지한 사람은 바로 이 계층에 속하는 사람들이었다. 그러면서도 기성정당의 분해와 개편은 없었다.

하지만 뉴딜의 내용이 전혀 색다른 것은 아니었다. 독점 타파, 노동자의 권익 옹호, 사회보장제도는 19세기 말부터 혁신주의운동이 항상 내걸었던 정책이었다. 뉴딜은 다만 미국이 커다란 국가적 경제 위기를 맞이하였을 때 그러한 정책을 단시일에 대담하게 구현한 것뿐이다. 뉴딜의 성격이 이러하였기 때문에 제2차 세계대전 후에 어떠한 정당이 정권을 장악해도 그 정신을 살리고 그 정책을 보다 현실에 맞게 추구한 것이다.

제2절_ 선전포고 없는 전쟁 – 중립에서 참전으로

루스벨트의 뉴딜이 시작될 무렵, 제1차 세계대전 이후 10여 년 동안 지속된 세계의 평화에는 심상치 않은 조짐이 나타나고 있었다. 동양에서는 일본이 1931년 중국 침략의 첫걸음으로 만주사변을 일으키고 그 이듬해인 1932년에는 만주에 괴뢰국가를 세웠고, 유럽에서는 베르사유조약의 파기를 공공연히 선언한 나치당의 영수 아돌프 히틀러Adolf Hitler가 1933년 1월 독일 수상에 취임하였다. 이러한 정세 속에서 공황 탈출을 최우선으로 하고 있던 루스벨트는 대외정책에서는 당분간 전임 후버 대통령의 정책을 답습하는 방향을 택하였다.

공황 중 미국의 대외정책

후버는 중남미에 대해 미국의 무력사용과 내정간섭을 배격하는 선린정책Good Neighbor Policy을 추진하였다. 루스벨트정권의 국무장관 코델 헐Cordell Hull은 1933년 12월 우루과이Uruguay의 수도 몬테비데오Montevideo에서 열린 범아메리카회의에 출석하여 선린정책의 지지를 공식적으로 선언하였다. 그리고 이 정책을 실제로 증명하기 위해 아이티에서 해병대를 철수시키고 쿠바혁명에는 불간섭 태도를 견지하면서 쿠바에 굴욕적이었던 플랫 수정조항을 1934년에 폐기하였다.

　일본의 만주 침략에 대해 후버는 국무장관 헨리 스팀슨Henry L. Stimson의 건의에 따라 불승인정책을 밝혔다. 이 정책은 경제적 제재를 수반하지 않았으므로 일본의 침략을 저지하는 데는 아무 효과가 없었지만, 루스벨트도 이 정책을 받아들여 만주 사태를 관망하는 것에서 멈추었다. 이러한 태도는 나치 독일의 출현에 대해서도 계속 지켜졌다.

　후버는 또 공황 탈출의 방법으로 수출시장 확대에 노력했는데, 뉴딜외교도 이 확대정책을 더욱 적극적으로 추진하였다. 1933년 11월 미국의 소련 승인도 바로 이러한 정책의 결과였고, 1934년 6월 호혜통상협정법을 제정하여 1939년까지 21개국과 협정을 맺었다. 이 법을 통해 미국은 협정상대 국으로부터 들어오는 특정수입품에 대한 관세를 인하하는 한편 협정상대 국이 일정한 양의 미국상품을 수입할 수 있도록 길을 터놓았다.

제2차 세계대전의 발발

뉴딜이 시작될 당시 세계를 뒤덮기 시작한 어두운 그림자는 해를 거듭할수록 짙어져만 갔다. 1933년 만주 문제로 국제연맹을 탈퇴한 일본은 1934년 워싱턴회의의 해군군비축소조약을 일방적으로 파기하였다. 군비 축소 문제에 대한 견해 차이로 일본과 같은 해 국제연맹을 탈퇴한 독일은 1935년 3월 베르사유조약의 군비조항을 또다시 일방적으로 파기한 뒤 군비 증강에 착수하였다. 이탈리아는 5월 에티오피아Ethiopia에 대한 침략 준비로 총동원령을 발포하고 이어서 10월에는 에티오피아 침략을 개시하였다.

1936년에 접어들자 3월 독일은 비무장지대인 라인란트Rhineland 지방에 군대를 진주시켰고, 5월 이탈리아는 에티오피아를 정복하였다. 7월 스페인에서 내란이 일어나 파시스트의 프랑코Franco정권이 세워지자 10월 독일과 이탈리아 양국은 이른바 로마-베를린 추축樞軸을 형성하고 프랑코정권을 공공연히 돕기 시작하였다.

만주사변 이후 잠시 잠잠했던 일본은 1937년 7월 7일 북경 교외의 루거우차오蘆溝橋에서 일어난 중·일 양국 군의 사소한 충돌사건을 중국 본토에 대한 침략구실로 삼아 선전포고 없이 전선을 확대하여 12월에는 수도 난징南京을 점령하여 대학살을 감행하고 내륙으로 후퇴하는 중국군을 추격하였다.

1938년이 되자 독일이 행동을 개시했는데, 4월 오스트리아를 공갈과 협박으로 무혈 합병하고 9월에는 체코슬로바키아의 수데텐Sudeten 지방에 침략의 마수를 뻗쳤다. 이 문제로 일어날 뻔하였던 대전의 위기는 영국, 프랑스, 독일, 이탈리아의 수뇌들이 맺은 뮌헨협정에서 수데텐 지방의 희생으로 일단 저지되었다. 그러나 1939년 3월 독일은 뮌헨협정을 깨뜨리고 체코슬로바키아를 해체하고, 이어서 회랑回廊, corridor 문제의 해결을 폴란드에 강요하고 9월 1일에는 선전포고 없이 전면적인 침공을 개시하였다.

그때까지 독일에 대해 유화정책을 추구했던 영국과 프랑스는 사태가 이에 이르자 9월 3일 독일에 선전포고 하였다. 이로써 유럽은 다시 전쟁의 소용돌이에 빠져들었다. 제2차 세계대전이 일어난 것이다.

폴란드에 침공한 독일은 이른바 전격전을 전개하여 2주일 동안에 폴란드의 서쪽을 제압하였다. 이보다 앞서 독일과 불가침조약을 맺은 소련은 폴란드의 동쪽을 점령하였다. 폴란드작전을 종결한 독일은 병력을 서부로 이동시켜 독일과 프랑스 국경에서 영국과 프랑스, 양군과 대치하였다.

1940년 4월 독일은 다시 작전을 개시하여 순식간에 덴마크, 베네룩스Benelux 3국을 제압하고 프랑스에 침공하여 6월 14일 파리를 무혈 점령하였다. 이보다 4일 전 독일이 유럽 전체를 제압할 것을 우려한 이탈리아는 영국과 프랑스에 선전포고 하였다.

대프랑스작전을 종결한 독일은 이어서 영국 본토에 대해 대대적인 폭격을 감행하여 영국에 '고독한 싸움'을 강요하였다. 한편 유럽에서 독일의 승리를 선망의 눈초리로 바라보던 일본은 9월 독일에 패배한 프랑스의 식민지인 프랑스령 인도차이나에 진주했고, 독일, 이탈리아와 더불어 3국동맹을 체결하여 이른바 로마-베를린-동경의 추축을 형성하였다.

제2차 세계대전 이전의 중립정책

동서양에서 일본, 독일, 이탈리아 세 나라가 침략국가의 모습을 드러낼 무렵, 미국에서는 이들 3국의 침략행위가 대전을 유발할 가능성이 있음을 우려하면서도 대전에 말려들지 않으려면 중립을 지켜야 한다는 여론이 지배적이었다. 이러한 여론에는 1934년 군수산업의 실태를 조사하기 위해 상원에 설치된 제럴드 나이Gerald P. Nye를 위원장으로 하는 나이위원회의 활동이 크게 작용하였다. 나이위원회는 1935년 미국이 제1차 세계대전에 참가하게 된 데에는 일부 군수업자와 금융업자의 이해가 적잖은 영향을 끼쳤다는 것을 조사 과정에서 밝혀냈다. 이러한 보고는 신문에 보도되어 미국의 여론을 고립 또는 중립으로 기울도록 유도하였다.

루스벨트는 이러한 여론을 반영하듯이 이탈리아의 에티오피아 침공이 가까워진 1935년 8월 중립법을 제정하여 교전국에 대한 군수품의 매각과 수송, 교전국선박에 의한 미국민의 해외여행을 금지하는 조치를 취하였다. 이 중립법은 1936년 개정되어 교전국에 대한 곡물 수출도 금지하였다. 그 뒤 스페인에서 내란이 일어나자 1937년 5월 중립법을 다시 보완하여 중립법에 규정된 금지조항을 전쟁뿐 아니라 내란에도 적용한다는 조항을 삽입하였다. 그러나 확대 강화된 중립법에 대해 일부에서는 이 법이 침략국과 피침략국을 엄격히 구별하지 않아 결과적으로 파시스트국가에 유리하다는 비난이 일기도 하였다.

미국 정부와 국민은 모두 중립을 견지하는 태도를 지녔지만 일본의 중국 침략이 본격화되자 중립에 대한 루스벨트의 견해는 차츰 변화하기 시작하였다. 그 첫 신호는 1937년 10월 시카고 '격리연설Quarantine Speech'에서 나타났다. 그는 이 연설에서 "공포와 국제적 무법이 군림하고 있는 현재, 문명의 기반은 중대한 위협을 받고 있는 단계에까지 도달했다"고 지적하고 침략이 이 이상 계속된다면 미국도 안전할 수는 없다고 국민에게 경고하였다. 이어서 그는 전 세계에 만연되고 있는 무법 상태를 전염병에 비유하여 "전염병이 퍼지기 시작하면 인간사회는 보건 유지를 위해 환자의 격리에 동의하고 협조한다"는 전염병 예방방법을 상기시켰다. 즉 그는 이 연설에서 중립만이 미국이 취할 방안이 아니라는 것과 침략국을 국제사회에서 격리시켜 집단적으로 대항할 필요가 있다는 것을 시사하였다.

그의 이러한 발언은 당시에는 별로 커다란 반응을 일으키지는 못하였다. 따라서 루스벨트도 그 이상 어떠한 조치도 취할 수 없었다. 오히려 미국민은 1937년 말부터 나타나기 시작한 경기후퇴로 인해 국내의 경제문제에 더욱 관심을 기울여 1938년 9월 뮌헨협정으로 대전의 위기가 일단 넘어가자 그 협정에 나타난 영국과 프랑스의 유화정책을 환영하는 빛마저 보여주었다.

제2차 세계대전 이후의 중립정책

제2차 세계대전이 유럽에서 일어나자 루스벨트는 곧 중립을 선언하였다. 그러나 루스벨트의 중립에 대한 결의는 제1차 세계대전이 일어났던 당시에 윌슨이 보여주었던 결의에 비하면 강력하지 못하였다. 왜냐하면 그는 중립선언에 이어 중립법의 강화가 아니라 중립법에 규정된 무기금수 조항을 폐기하기 위해 의회에 특별회기를 요청하였기 때문이다.

이 결과 1939년 11월 새로 제정된 중립법은 현금 지불과 자국선박에 의한 수송이라는 조건 아래 무기를 구입할 수 있도록 한 '현금 지불 및 자국선박 수송Carry and Cash' 조항을 삽입하여 사실상 영국이 미국으로부터 무기를 구입할 수 있는 길을 터놓았다. 다시 1940년 5월에는 국방자문위원회를 설치하여 방위산업에 대한 계획 작성에 착수했고 6월에는 의회에 해군 확장안을 제출하였다. 9월에는 미국이 영제국 내의 기지를 빌리는 대가로 영국에 독일의 대잠수함작전용으로 구축함 50척을 양도하였다. 같은 달 루스벨트는 평시선발징병제를 실시하였다.

이러한 일련의 조치에 대해 루스벨트는 중립의 이탈이 아니라 미국의 참전을 회피하는 방책의 하나라고 주장했지만, 미국의 중립을 지지하는 일부 여론은 이것은 명백한 전쟁행위이며 국제법에도 위배된다고 루스벨트를 규탄하였다.

루스벨트의 3선

루스벨트의 중립정책을 둘러싸고 논의가 분분한 가운데 1940년 미국은 다시 대통령 선거의 해를 맞이하였다. 민주당은 전국대회에서 역사상 처음으로 대통령 3선을 겨냥하는 루스벨트를 단 한 번의 표결에서 후보로 지명하였다. 공화당은 인디애나주 출신으로 과거 민주당원이었던 웬들 윌키 Wendell Willkie를 후보로 지명하였다. 그러나 두 후보 사이에는 내정과 외교의 기본정책에서 뚜렷한 차이가 없었다. 루스벨트는 뉴딜을 계속 밀고 나갈 것을 주장했고 윌키도 뉴딜에 상응하는 경제정책을 제시하였다. 다만 윌키는 대통령의 3선에 반대하고 헌법을 수정하여 3선 금지를 명문화할 것을 제의하여 간접적으로 루스벨트의 3선을 견제하려 하였다.

당시 미국민이 가장 크게 관심을 가졌던 중립 유지 문제에 대해 윌키는 미국의 참전에 적극적으로 반대하는 입장을 밝혔다. 이에 대해 루스벨트는 선거전이 막바지에 이른 10월 30일 보스턴에서 국민 앞에 엄숙히 공약하였다.

이 나라의 어머님과 아버님, 여러분의 자제는 외국의 전쟁에 파견되지 않으리라는 것을 나는 여러분에게 다시 한 번 약속합니다. 이 약속은 이전에도 말한 적이 있고 이후에도 몇 번이든지 거듭 말할 것입니다. 그러나 여러분의 자제들은 오직 막강한 군대가 되기 위해 훈련을 받을 것이고 막강한 군대가 존재한다면 전쟁의 위협은 이 나라의 해안에서 물러갈 것입니다. 우리가 군비를 준비하는 목적은 오로지 방어에만 그칠 것입니다.

이와 같은 중립 유지에 대한 그의 공약은 국민들에게 많은 감명을 주었다. 그리하여 미국민은 1932년 공황의 절정에서 루스벨트에게 걸었던 기대를 중립 유지에 대해서도 걸게 되었다. 여기에 기본정책에 별다른 차이가 없는 한 현직 대통령이 유리하다는 과거의 선례가 작용하여 루스벨트는 전통을 깨뜨리고 쉽게 3선이라는 영광을 차지하였다.

네 개의 자유와 대서양헌장

그러나 3선이 확정되자 루스벨트는 12월 17일 기자회견에서 무기대여법의 구상을 발표하고 12월 29일 노변담화에서 미국은 '민주주의의 병기창'이 되어야 한다고 역설하였다. 이어서 해가 바뀐 1941년 1월 6일 의회에 보내는 일반교서에서 '언론의 자유, 신앙의 자유, 결핍으로부터의 자유, 공포로부터의 자유'에 대해 언급하며 민주주의국가는 하나로 뭉쳐 '네 개의 자유 Four Freedoms'를 구현하는 세계를 재건해야 한다고 호소하였다.

의회는 이 교서에 나타난 정신과 정책에 입각하여 70억 달러의 지출을 승인하는 무기대여법Lend-Lease Act을 상원에서는 3월 8일 60표 대 31표로, 하원에서는 3월 11일 317표 대 71표로 각각 통과시켰다. 이 표결을 통해 미국의 참전을 반대하고 엄정중립을 고수하려는 의회 내의 세력이 이 시기에도 여전히 강력하였다는 것을 알 수 있다.

그러나 미국의 정책이 이제 친영·반독적이라는 것은 의심할 여지가 없었다. 이에 독일은 잠수함을 그린란드 수역까지 진출시켜 미국의 대영원조 수송선을 방해하기 시작하였다. 그러자 4월 루스벨트는 그린란드를 미해군의 초계 수역 안에 포함시켜 독일잠수함에 대항할 태세를 갖추었다. 6월 미국은 국내의 독일, 이탈리아 자산을 동결하고 7월 해군 병력을 아이슬란드 Iceland에 파견하였다.

이보다 앞서 6월 22일 독일은 독소불가침조약을 깨뜨리고 소련에 전면적 침공을 개시하였다. 그러자 미국은 영국과 더불어 소련에 지원을 약속하고 무기대여법을 소련에도 적용하였다. 9월 독일잠수함이 드디어 미국의 구축함을 대서양의 공해상에서 공격하자 루스벨트는 즉각 미해군에 독일과 이탈리아의 함선에 대한 반격을 명령하였다.

미국과 독일, 이탈리아 추축국 사이에 '선전포고 없는 전쟁'이 실질적으로 벌어지고 있을 무렵, 루스벨트는 영국수상 윈스턴 처칠Winston Churchill과 8월 9일부터 12일까지 대서양의 미국함상에서 제2차 세계대전 개시 이래 처음으로 회합을 갖고 8월 14일 공동성명을 통해 미국과 영국 양국의 전쟁목적을 밝힌 대서양헌장The Atlantic Charter을 발표하였다. 이 헌장에는 영토 불확대, 불침략, 무역과 자원에서 기회균등, 경제협력, 공포와 결핍으로부터의 자유, 해양의 자유, 군비 축소, 집단안전보장체제의 확립 등의 8항목이 들어 있었다. 소련이 헌장 작성에서 제외된 데 불만을 표시하기도 하였지만 미국이 참전한 뒤 이 헌장은 연합국의 전쟁목적의 기초가 되었다.

이처럼 미국은 참전 이전에 전쟁목적을 밝힐 정도였지만 미국민 사이에서는 아직도 참전의 회피를 바라는 여론이 높았다. 11월의 어떤 여론조사는 참전 찬성자가 전체의 35퍼센트에 지나지 않는다고 발표하였다. 그러나 참전을 망설이던 여론은 미국에 대한 일본의 도전으로 참전을 전면적으로 지지하는 방향으로 전환하였다.

미국과 일본의 대립

1937년 7월 이후 일본과 홀로 싸우고 있던 중국에 1938년부터 미국과 영국 양국은 서서히 원조의 손길을 뻗치기 시작하였다. 그리하여 1939년 7월 미국은 대중원조 방안의 하나로 일본에 미·일통상조약의 파기를 통고하였다. 당시 일본은 전략물자의 상당한 부분, 예를 들면 선철의 90퍼센트, 동의 91퍼센트, 석유의 66퍼센트를 미국으로부터 구입하였으므로 통상조약의 파기는 일본에는 커다란 타격이었다. 일본은 외교 교섭을 통해 미국의 결정을 번복시키려고 했지만 타협을 보지 못한 채 미·일통상조약은 예정대로

1940년 1월을 기해 효력을 상실하였다. 이후 미·일 관계는 급속도로 악화되었다.

1940년 이른바 대동아공영권의 구상을 밝힌 일본은 6월 독일이 유럽을 석권하자 이에 자극을 받아 이미 살펴본 것처럼 프랑스령 인도차이나에 주둔하였고 9월에는 독일, 이탈리아와 3국동맹을 맺었다. 이 조약 제3조에서 3국동맹은 "현재 유럽의 전쟁 및 중·일전쟁에 관련이 없는 일국一國도 대상으로 한다"고 하여 미국이 적대국임을 은근히 표시하였다. 그러므로 미·일 관계의 평화적 해결은 이미 기대하기 어려운 상태였다.

한편 일본 정계와 민간의 일부에서는 아직도 미·일 교섭의 여지가 있다고 판단하여 1941년 봄부터 워싱턴에서 미·일회담을 갖도록 하였다. 아 결과 4월 16일 미국 국무장관 헐은 헐 노트Hull note를 일본 측에 제시하였다. 하지만 이 안은 양측의 주장을 열거하여 교섭의 토대로 삼으려는 시안에 불과하였다. 일본 측은 이것을 거부하고 미국에 반발하듯이 7월 프랑스령 인도차이나 남부에 군대를 파견하여 사이공을 점령하였다. 미·일통상조약의 폐기 이후 항공기용 휘발유를 비롯하여 전략물자의 금수 범위를 확대해서 일본을 경제적으로 압박하고 있던 미국은 사태가 이에 이르자 미국 내의 일본 자산을 동결하고 석유의 대일수출을 전면적으로 금지하였다.

드디어 일본은 9월 초 어전회의에서 10월 초까지 미국과 일본 사이에 타결이 성립되지 않을 경우에는 미국과 영국에 대해 개전한다는 정책을 결정하고 일본의 최저요구사항으로 미국의 중국에 대한 원조 포기와 미·일 통상관계의 정상화를 미국 측에 제안하였다.

이에 대해 미국은 11월 26일 일본에 중국과 프랑스령 인도차이나에서의 일본군의 철수, 3국동맹의 해체 등 종래의 주장을 요약하여 제시하였다. 당시 미국은 일본정부와 주미 일본대사관 사이의 암호전보문을 해독하고 있었으므로 미·일 교섭이 파국에 이르리라는 것을 알고 있었다. 그러나 루스벨트는 미·일 교섭을 타결하기 위한 최후의 노력으로 12월 6일 일본천황에게 평화를 호소하는 친서를 타전하였다.

진주만 공격과 미국의 참전

이보다 앞서 대미 개전을 결정한 일본은 11월 26일 기동함대를 쿠릴열도에서 발진시켜 미국 태평양함대의 근거지인 진주만으로 향하도록 하였다. 일본의 기동함대는 12월 7일 미국 측의 제안에 대한 일본 측의 최후회답을 주미 일본대사가 통지하기 전에 진주만을 기습하여, 순식간에 정박 중인 전함 8척을 비롯하여 그 밖의 함정을 격침하고 군용기 300대를 격파하였을 뿐 아니라 2,300명의 장병의 생명을 빼앗는 커다란 전과를 올렸다. 선전포고 없이 감행된 일본의 선제 기습에 대해 국무장관 헐은 서슴지 않고 '기만적 공격Treacherous Attack'이라는 오명을 선사하였다.

진주만이 기습을 당한 다음 날인 12월 8일 루스벨트는 의회의 상·하 양원합동회의에 나와 대일 개전을 촉구하는 짤막한 교서를 읽었다. 단 한 시간 만에 상원 82표 대 0표로, 하원은 388표 대 1표로 대일 선전포고 결의를 통과시켰다. 이에 따라 미국은 12월 9일 정식으로 일본에, 11일에는 독일과 이탈리아에 선전포고하였다. 이제 제2차 세계대전은 말 그대로 전 세계의 전쟁으로 확대되었다.

제3절_ 제2차 세계대전의 승리

민주주의의 병기창

'진주만을 잊지 마라Remember Pearl Harbor'라는 구호 아래 참전한 미국은 민주주의의 병기창이라는 것을 여실히 증명하였다. 미국의 방대한 생산력이야말로 제2차 세계대전에서 연합국이 승리한 중요한 요인 중 하나였다.

1941년 미국의 군수품 총생산액은 84억 달러에 지나지 않았지만, 참전 다음 해인 1942년 총액은 300억 달러를 돌파하여 독일, 이탈리아, 일본 3국의 총생산액과 맞먹었고 1944년에는 두 배를 웃돌았다.

그중에서 항공기 생산을 살펴보면 다음과 같다. 1939년 미국의 항공기 생산대수는 6,000대를 넘지 못했고 고용 인원수도 5만 명을 넘지 못하였다. 그러나 생산이 절정에 이른 1944년 미국의 항공기 생산대수는 9만 6,000대, 고용 인원수는 210만 명으로 증가하였다. 전시 중 미국이 생산한 항공기 총수는 27만 5,000대이며 이 중 3만 5,000대가 무기대여법에 따라 연합국에 공급되었다.

또 이 전쟁에서는 항공기 못지않게 군수품 수송용 선박의 건조가 중요하였다. 미국은 1941년 100만 톤의 선박을 건조하였으나 1942년에는 800만 톤으로 늘었고 1943년에는 1,900만 톤을 돌파하여 전시 중의 총건조톤수는 5,523만 톤이나 되었다.

전시의 경제와 사회

이와 같은 군수산업의 발전으로 미국의 국민총생산은 1939년 913억 달러에서 1945년 1,666억 달러(1939년 가격기준)로 늘어났다. 이로 말미암아 1939년 당시 여전히 존재하고 있던 1,000만에 가까운 실업자가 해소되었고 더구나 1,500만이 병력으로 동원되었으므로 1943년이 되면 고용을 위해 노동력을 구하는 일이 거의 불가능한 상태가 되었다.

전시경제는 농민들에게도 혜택을 주었다. 농업 생산량은 1939년을 기준으로 할 때 1945년 22퍼센트밖에 증가하지 않았으나 생산물 가격은 2배로 뛰어 농민들의 수입도 그만큼 증대하였다. 전쟁은 평화 시에 뉴딜이 수행할 수 없는 일들을 대행해주었다.

그러나 전쟁을 수행하려면 막대한 비용이 필요하였다. 전시 중 정부의 총 지출은 3,300억 달러에 달했는데, 이 중 1,300억 달러는 증세를 통한 조세수입으로 1,000억 달러는 전시공채의 발행으로 충당했고 나머지는 다른 형태의 대부로 충당하였다. 정부가 지출한 돈의 대부분은 결국 소득, 봉급, 임금으로 민간에 살포되었기 때문에 전시인플레이션이 일어날 수밖에 없었다.

이에 정부는 물가, 임금, 집세 등을 통제하여 인플레이션을 억제하는 데 노력하여 1942년 10월부터 전쟁 이후까지 소비자물가는 8.7퍼센트의 증가율을 보였을 뿐이었다. 또 미국처럼 물자가 풍부한 나라도 모든 물자를 우선적으로 전쟁에 동원하였으므로 일부 물품에는 품귀 현상이 나타났다. 그러자 정부는 육류, 휘발유, 타이어 등에 배급제를 실시하여 국민의 일상생활을 어느 정도 제약하였다. 그러나 미국민의 내핍생활은 다른 나라에 비하면 상황이 좋은 편이었다.

경제생활뿐 아니라 시민의 자유에 대해서도 어느 정도 구속이 가해졌다. 미국인 파시스트가 체포되고 재판에 회부되었으나 제1차 세계대전 당시 반전론자의 경우와 비교하면 자유에 대한 제한은 극히 가벼웠다. 전시 중 적국의 간첩활동이 없었던 것은 아니지만 생산활동을 방해하기 위해 간첩이 주동한 태업행위 같은 것은 한 건도 없었다.

한편 제2차 세계대전은 파시즘에 대한 전쟁이었으므로 흑인에 대한 인종차별도 어느 정도 완화되었다. 미국이 아직 참전하기 이전인 1941년 초 종전과 같은 차별대우에 불만을 품은 흑인들이 침대차수하물운반인형제단의 초대 단장이었던 필립 랜돌프Philip Randolph의 지도하에 군 복무에서 흑백통합, 고용에서 흑백평등을 내걸고 워싱턴을 향해 시위행진을 벌이려고 하였다. 루스벨트는 이 행진의 중지를 설득하는 한편 6월 '군수산업과 연방정부에서의 차별철폐'를 규정한 행정명령 제8802호를 공포하였다. 하지만 이것은 민간기업과 시민생활에서는 별 성과를 가져오지 못하였다. 오히려 전시의 긴장은 인종 간의 대립을 악화시켜 1943년 6월 디트로이트에서 흑인폭동이 일어나 흑·백 합쳐 30명 이상의 인명이 희생되었다.

그러나 전쟁이 흑인의 민권을 이전보다 크게 신장하였다는 것은 부인할 수 없다. 실제로 전쟁 이후의 흑인 민권운동의 토대는 전시 중에 구축된 것이다.

미국 참전 후의 전황

전쟁 초기 기세등등했던 추축국의 전세는 미국이 유럽, 태평양의 양 전선에 본격적으로 개입한 1942년 후반부터 차츰 꺾이기 시작하였다. 유럽 전선에서는 1942년 10월 영국군과 협력하여 북아프리카의 카사블랑카Casablanca에 상륙한 미국군이 1943년 4월까지 튀니지Tunisia의 독일과 이탈리아군을 소탕하고 시칠리아Sicilia를 거쳐 9월에는 이탈리아 본토에서 반격을 시작하였다. 이로 인해 무솔리니Mussolini정권을 대신한 바돌리오Badoglio정권이 연합국에 항복하였으므로 이탈리아는 추축국 진영을 이탈한 최초의 나라가 되었다.

이보다 앞서 러시아 전선에서는 1943년 초 볼고그라드Volgograd를 탈환한 소련군이 독일군을 소련 영내에서 서쪽으로 몰아내고 있었다. 소련의 독일에 대한 반공이 시작되자 1944년 6월 6일 미·영 연합군은 북부 프랑스의 노르망디Normandie에 상륙하여 프랑스를 해방하고 독일에 대한 전면적인 총공격에 나섰다.

한편 진주만을 기습하는 데 성공한 일본은 뒤이어 순식간에 동남아시아 일대를 석권하고 남쪽으로는 뉴기니New Guinea, 서쪽으로는 솔로몬군도까지 진출하였다.

그러나 1942년 6월 미드웨이 해전에서 일본의 기동함대를 괴멸한 미국군은 곧 반격에 나서 1943년 남태평양의 여러 섬에 있는 일본군을 소탕하면서 1944년 10월 필리핀에 상륙하였다. 이어서 11월 사이판, 이듬해 3월 이오硫黃섬을 점령한 미국군은 이곳을 기지로 이용하여 일본 본토에 대한 공습을 강화하여 일본의 전력과 전의를 무너뜨리기 시작하였다. 이어서 4월부터 6월 사이에 오키나와를 완전히 제압한 미군은 이제 본토 상륙작전 명령이 내려질 때만 기다리고 있었다.

전시외교

미국이 참전한 이듬해인 1942년 1월 1일 미국, 영국, 소련, 중국을 포함한 추축국에 선전한 총 26개국은 워싱턴에서 회합을 갖고 연합국선언을 발표하였다. 이 선언은 대서양헌장을 승인하여 연합국의 전쟁목적을 밝히고 단독강화를 체결하지 않을 것을 서약한 것이었다. 그 뒤 연합국의 주축을 이루는 미국, 영국, 소련, 중국 4국은 거두회담 또는 외상회의를 가지면서 당면 과제인 전쟁 수행 문제와 앞으로의 세계평화의 기초가 되는 전후 문제의 처리를 협의하였다. 북아프리카에서의 작전이 순조롭게 진행되던 1943년 1월 루스벨트는 영국수상 처칠과 카사블랑카에서 만나 이탈리아 상륙작전을 결정하고 무조건 항복만이 추축국의 항복조건이 된다는 것을 밝혔다. 당초 소련수상 이오시프 스탈린Iosif V. Stalin도 이 회담에 초청을 받았으나 당장 국내를 떠날 수 없다는 이유로 초청을 거부하였다. 그러나 스탈린의 초청 거부는 미국과 영국 양국이 유럽 서부에서 독일을 공격하는 제2전선을 펴지 않는 데 대한 은연중의 불만의 시위였다.

사실 미국, 영국, 소련은 이른바 '대동맹Grand Alliance'을 형성하면서도 그 관계가 결코 원활하지 않았다. 파시스트국가의 타도를 공동목표로 했음에도 불구하고 정치적 이념을 달리하는 미국, 영국, 소련이 서로 상대방의 진의를 의심하였기 때문이다. 소련은 1943년 5월 공산혁명을 전파하기 위한 국제기구인 코민테른Commintern을 해체하여 미국과 영국 수뇌들의 호감을 샀다. 그러므로 10월 모스크바에서 미국, 영국, 소련의 3국 외상회의가 열렸을 때 회담의 분위기는 극히 호의적이었다. 이 회담에서 채택된 모스크바선언에서 3국은 전후의 독일 문제를 처리하기 위한 유럽자문위원회의 설치에 합의했고 국제평화기구 수립의 필요성을 인정하였다. 그리하여 3국 외상회의는 미국, 영국, 소련 3국의 거두가 처음으로 이란의 수도 테헤란Teheran에서 회담을 갖기로 합의하였다.

루스벨트와 처칠은 테헤란에 가기에 앞서 이집트의 카이로Cairo에 들러 11월 22일부터 26일 사이에 중국의 장제스蔣介石 총통과 회담을 갖고 대일문제를 협의하였다. 이 결과 채택된 카이로선언은 제1차 세계대전 이후 일본이 획득한 영토의 중국 반환, 조선의 독립, 일본의 무조건 항복을 발표하여 일본과 싸우는 동양의 여러 민족의 사기를 북돋아주었다.

이어서 루스벨트와 처칠은 이란의 테헤란으로 가서 11월 28일부터 12월 1일 사이에 스탈린과 만나 회담을 가졌다. 이 회담에서는 주로 전쟁 수행 문제가 토의되었다. 영국과 미국이 가까운 장래에 결정적인 제2전선을 결성할 것이라고 하자 스탈린은 깊은 만족의 뜻을 표명하였다. 또한 영국과 미국이 소련에 대일전에 참가할 것을 종용하자 스탈린은 대독작전이 끝난 뒤 참전할 의사가 있다는 것을 암시하였다. 그러나 테헤란회담의 중요한 의의는 전쟁뿐만 아니라 전후 문제의 처리에서도 종래의 미국, 영국의 2대국Big Two 협조를 대신하여 미국, 영국, 소련의 3대국Big Three 협조의 기반이 이루어졌다는 데 있다.

루스벨트의 4선

노르망디 상륙작전에 성공한 미·영 연합군이 최후의 승리를 위해 독일을 향해 전진하고 있던 1944년 11월, 루스벨트는 대통령 선거전에서 공화당의 토머스 듀이Thomas E. Dewey 후보를 물리치고 국민의 네 번째 신임을 받았다. 루스벨트는 민주당 전국대회가 열리기 전 개인적으로는 출마할 의사가 없지만 만일 지명을 받는다면 "훌륭한 전사로서 지명을 수락하고 봉사할 것이다"라고 말한 바 있었다. 루스벨트의 각오가 이러한 이상 전국대회는 그를 지명하지 않을 이유가 없었다. 루스벨트는 제1차 투표에서 대통령 후보로 지명되었다.

오히려 전국대회의 쟁점은 부통령 후보 지명에 있었다. 민주당은 이 문제에서 당내 좌파로 알려진 소련과의 협조를 주장하는 현직 부통령인 헨리 월리스Henry A. Wallace를 내세우느냐, 법관 출신으로 전시동원국 국장이며 남부 보수파로 알려진 제임스 번스James F. Byrnes를 지지하느냐로 갈라졌다. 루스벨트가 월리스를 고집하지 않았고 또 좌파 측이 번스를 기피하면서 중간정치가border statesman라는 평을 받고 있던 해리 트루먼Harry S. Truman이 제3차 투표에서 부통령 후보 지명을 획득하였다.

월리스의 부통령 후보 지명 탈락은 민주당 내부에서 소련과의 협조를 경계하는 보수세력의 대두를 의미했지만, 루스벨트의 4선은 미국민이 전쟁뿐 아니라 전후의 평화에서도 루스벨트의 지도력에 커다란 기대를 갖고 있다는 의사표시로 생각할 수 있다.

얄타회담

유럽에서 연합국의 승리가 이제 시간문제로 되어가던 1945년 2월, 3거두는 소련 영내의 크림반도에 있는 휴양지 얄타Yalta에서 4일부터 11일까지 다시 한 번 회합을 가졌다.

여기서 이들은 첫째, 전후에 수립할 국제기구에 관한 최종 결정을 4월 25일 샌프란시스코에서 열리는 연합국회의에 위임하기로 하였다. 국제기구의 수립 문제와 관련해 앞에서 살펴본 모스크바선언에 뒤이어 1944년 8월 뉴욕시 교외의 덤바턴오크스Dumbarton Oaks에서 3국 대표가 모여 국제연합헌장의 초안을 작성한 바 있다.

둘째, 세부적으로는 의견이 엇갈렸지만 일단 패전 후의 독일 점령과 관리, 독일의 배상, 영토 처리, 폴란드의 정부 문제 등에 관한 기본방안을 작성하는 데 도달하고 앞으로 3국 외상회의를 정기적으로 개최한다는 데 합의하였다.

셋째, 전후 중·소 관계를 포함한 극동 문제 전반에 지대한 영향을 끼친 얄타비밀협정을 맺었다. 이 협정에서 3거두는 독일 항복 후 60~90일 이내에 소련이 대일전에 참전하는 대가로 외몽골의 독립 인정, 쿠릴열도의 소련 양도, 러·일전쟁의 결과 제정러시아가 일본에 빼앗긴 모든 권리의 원상복구로서 사할린Sakhalin의 반환, 뤼순군항의 조차, 다롄항의 우선적 사용, 둥칭철도와 남만철도의 중국, 소련 양국의 공동운영 등을 승인하였다. 특히 만주의 이권에 관한 조항에는 중국의 주권에 관한 부분이 있었으므로 중국, 소련 양국의 양해가 필요하다는 단서가 붙기는 하였만, 중국과의 상의 없는 일방적 결정임에는 틀림이 없었다.

얄타에서 돌아온 루스벨트는 회의에 대한 보고에서 3국은 공통의 기반을 이 협정을 통해 찾았고 최종 결정도 장차 3자의 합의로 이루어질 것이라며 국민에게 얄타회담의 결정에 대한 지지를 호소하였다.

그러나 이때부터 이미 루스벨트의 얄타외교에 대한 비판은 일부에서 나오고 있었다. 당시 대독전의 과정에서 동유럽 일대에, 대일전의 과정에서 극동 지역에 공산세력을 확대하려는 스탈린의 의도에 대해 처칠은 시종일관 저지하려는 입장을 취하였다.

이에 비해 전후의 평화가 3대 협조로 실현될 거라 굳게 믿었던 루스벨트는 스스로 중재자의 역할을 담당하여 대립된 처칠과 스탈린의 이해를 조정하려고 노력하였다. 하지만 루스벨트가 소련의 진의를 어느 정도까지 파악하였는지는 의심스러운 점이 많다. 어쩌면 그는 자신의 조정능력을 과신하였는지도 모를 일이다. 그러나 루스벨트는 연합국의 최종 승리를 보지 못한 채 1945년 4월 12일 요양지인 조지아주 웜스프링스Warm Springs에서 눈을 감았다.

종전

이 무렵 노르망디작전 이후 동서 양면에서 협공을 받던 독일은 대부분의 전력을 소모하여 드디어 1945년 5월 8일 연합국에 무조건 항복하였다. 독일이 항복하자 대통령직을 계승한 부통령 트루먼은 7월에 패전한 독일의 포츠담Potsdam에서 처칠, 스탈린과 전시로서는 마지막이 된 거두회담을 가졌다. 회담 진행 중 실시되었던 영국의 총선거에서 노동당이 승리하였으므로 처칠은 새로 수상으로 임명된 클레멘트 애틀리Clement R. Attlee와 교체되었다. 이들 3거두는 독일과 유럽의 전후 문제를 협의하면서 아직도 연합국에 저항 중인 일본에 최종적으로 무조건 항복을 촉구하였다. 그러나 일본으로부터 기대할 만한 반응이 없자 미국은 8월 6일 히로시마에 사상 처음으로 원자탄을 투하하였다. 그러자 8월 8일 소련이 일·소중립조약을 깨뜨리고 일본에 선전하여 만주와 북조선의 일본군을 공격하였다. 이제 남북에서 미국과 소련의 협공을 받게 된 일본에 미국은 다시 8월 9일 나가사키에 두 번째 원자탄을 투하하였다. 그러자 일본은 더 이상의 항전을 단념하고 8월 14일 포츠담선언을 수락하여 8월 15일 연합국에 무조건 항복하였다.

이로써 제2차 세계대전은 그 막을 내리게 되었다. 미국은 참전부터 종전에 이르기까지 총 1,600만 명의 병력을 동원하였고 29만 명의 전사자와 67

만 명의 부상자를 냈다. 그러나 이 인명 피해는 다른 나라와 비교하면 경미
한 것이었다.

제10장

전후 25년

한국전쟁 당시 피난 가는 남한 사람들

한국휴전협정 서명 모습

제1절 _ 냉전과 한국전쟁

일본의 항복으로 세계는 다시 평화를 되찾았다. 이 평화의 문턱에서 이제 미국은 제1차 세계대전 이후와는 달리 평화 유지를 외면할 수 없다는 현실을 인식하고 있었다.

그러나 평화의 앞길이 험난하리라는 것은 종전과 더불어 예상되었다. 그러한 첫 징조는 포츠담회담에서 이미 나타났다. 당시 이 회담에서 스탈린을 처음 만난 트루먼 대통령은 소련이 동유럽 문제의 처리에 비협조적이라는 것을 간파하고 사실상 세계를 양분하게 된 미·소 양대 세력이 전시 중의 우호관계를 전후에도 지속하기는 매우 어려울 것이라고 느꼈다. 그러나 평화가 돌아온 이제 미국이 대처해야 할 가장 긴급한 문제는 소련과의 관계가 아니라 국내문제였다.

전후의 국내문제

트루먼은 우선 전시 중 1,600만 명까지 불어난 병력의 동원 해제에 착수하여 1945년 말까지 650만 명을 육·해·공군에서 제대시키고 1946년 말까지 100만 명으로 병력을 축소시켰다. 그리고 이들 제대군인에 대해 '지아이 권리장전G. I. Bill of Rights'(1944년 6월 제정)을 적용하여 교육, 직업훈련, 실업보상 등에서 각종 혜택을 베풀었다. 수혜자의 수는 1952년까지 760만 명에 달했고 뒤에 한국전쟁에 참전한 용사들에게도 이 혜택을 보장하였다.

전쟁이 끝나면서 경제전문가들은 전시체제에서 평시체제로 전환하는 과정에서 800~1,000만 명의 실업자가 발생할 것이라고 예측하였다. 사실 전후 정부의 민간업체에 대한 발주와 구매는 대폭적으로 줄어들고 있었다. 그러나 거의 대부분의 군수공장이 평화산업으로 전환하여 전시 중 민간에는 공급이 되지 않았던 소비물자를 생산하기 시작하였으므로 제대군인을 흡수하면서 고용이 전시보다 증대하는 현상이 나타났다. 그래도 소비물자 생산이 수요를 따르지 못하자 정부는 물가, 임금, 집세에 대해 전시의 통제를 유지하면서 상승을 억제하려 하였지만 악성 인플레이션의 진행을 막을 수가 없었다. 결국 트루먼의 민주당정부는 국민의 신임을 잃어 1946년 중간선거에서 상·하 양원에서 공화당에 다수당의 자리를 빼앗겼다.

공화당이 지배한 제80차 의회는 정부예산을 대폭 삭감하고 대통령이 권고한 교육원조, 사회보장 확충에 반대하였을 뿐 아니라 대통령의 거부권 행사를 무시하고 고액소득자에게 유리한 감세안을 통과시켰다. 이 의회가 제정한 법 가운데 가장 큰 물의를 일으킨 법이 이른바 태프트-하틀리법Taft-Hartley Act이다.

이 법은 뉴딜시대의 노동법인 와그너법을 대신하는 것으로, 노동조합원만을 고용하는 제도closed shop system를 금지하고 고용주에게 파업 중 발생한 재산상 손해에 대해 조합을 상대로 배상 청구소송의 권리를 인정해주는 반면 조합 측에 대해서는 파업을 단행하기 전에 60일간의 냉각기를 둘 것, 정치운동에 대한 헌금을 중지할 것, 매년 재정백서를 공개할 것, 조합 지도자에게 공산당원이 아니라는 선서를 할 것 등을 요구하였다.

노동조합은 이 법을 '노예노동법'이라고 규정하고 맹렬히 반대운동을 일으켰고 트루먼 자신이 이 법에 대해 거부권을 발동했으나 법의 재통과를 저지하지는 못하였다. 트루먼은 전후 수차에 걸쳐 의회에 보낸 교서에서 뉴딜을 계승하고 그 업적을 공고히 하겠다는 입장을 밝혔으나 공화당이 우세한 의회에서는 그의 포부를 현실화할 기회를 가질 수가 없었다.

트루먼주의와 대소봉쇄정책

포츠담회담에서 이미 살펴본 것처럼 전후 문제 처리에서 소련의 협조가 어려울 것이라고 판단한 트루먼의 우려는 결코 기우가 아니었다. 소련은 전후

터키와 그리스 내의 공산게릴라를 공공연히 원조하면서 압력을 가하고 있었다. 전쟁 중 그리스를 세력권으로 하는 것에 대해 소련의 양해를 얻었던 영국은 그리스를 원조했지만 1947년 2월 국내 경제문제의 해결이 시급하다는 이유를 들어 미국정부에 더 이상의 원조가 불가능하다고 통고하였다.

트루먼은 영국이 짊어진 부담을 미국이 대신하기로 결심하고 3월 의회에 그리스와 터키 양국에 군사와 경제 원조를 하기 위해 4억 달러를 지출할 것을 요청하였다. 그는 의회 연설에서 그리스와 터키에 대한 원조의 필요성을 강조하면서 이 양국뿐 아니라 "무장한 소수세력과 외부의 압력이 획책하고 있는 지배에 대해 저항하고 있는 자유국가의 국민을 원조하는 것이 미국의 정책이어야 한다고 믿는다"라고 자신의 소신을 밝혔다. 이것이 바로 트루먼주의Truman Doctrine다.

이보다 앞서 당시 국무성에 신설된 정책기획실장으로 있던 조지 케넌 George F. Kennan은 익명으로『포린 어페어스Foreign Affairs』지에 논문을 기고하여 미국의 대소정책에 대해 중요한 시사를 던졌다. 그는 이 논문에서 소련의 팽창을 막으려면 "참을성이 있고 단호하며 방심하지 않는 장기간에 걸친 봉쇄가 필요하다"라고 주장하고 서방 측은 경제력과 군사력이 소련보다 우세하므로 "소련의 정책 변동과 책략에 대응하는 동시에 항시 변동하는 일련의 지리적·정치적 목적에 걸맞는 대항세력을 형성할 수 있어야 하며 또 형성해야 한다"라면서 문제는 미국인들이 "역사가 명백히 그들에게 부과하려는 도의적·정치적·영도권에 대한 책임"을 과연 받아들일 것인지 아닌지에 있다고 하였다. 케넌이 제창한 대소봉쇄정책Containment Policy이 바로 트루먼주의의 기초를 이루었다.

마셜계획

당시 봉쇄정책의 대상 지역으로 가장 중요하였던 곳은 유럽이었다. 아직도 전화에서 회복되지 않은 유럽은 공산세력의 온상이 될 위험성이 있었다. 특히 1947년 4월 모스크바 외상회의에 출석한 국무장관 조지 마셜George C. Marshall은 소련 지도자들이 유럽경제의 붕괴를 방관하고 있다는 확신을 가지자 위에서 말한 위험성을 더 절실히 느끼게 되었다. 미국은 유럽경제의 부흥을 위해 무엇인가 대책을 강구해야 하였다. 그리하여 6월 하버드대학의 졸업식에 참석한 마셜 국무장관은 유럽의 경제부흥을 위해 미국이 대규모 원조를 제공할 의사가 있다는 것을 밝히고 소련을 포함한 유럽의 여러 나라가 독자적인 종합적 부흥계획을 제시해줄 것을 호소하였다. 그는 이 연설에서 "미국의 정책은 특정국가 또는 특정주의 사상에 대항하기 위한 것이 아니라 기아, 빈곤, 절망, 혼란에 대항하기 위한" 것이라며 미국의 원조는 "단순한 완화제가 아니라 근본적인 치유제여야 한다"라고 역설하였다.

이와 같은 '마셜계획Marshall Plan'에 대해 영국과 프랑스를 비롯한 서유럽국가들은 열렬한 환영의 뜻을 보였으나, 소련은 이 계획을 제국주의적 계획이라고 비난하고 소련 지배하의 동유럽위성국가가 이 계획에 참여하는 것을 저지하였다. 결국 이 계획에는 서유럽국가들만이 참여했고 이들이 작성한 유럽경제부흥계획에 따라 12월 트루먼 대통령은 1951년까지 170억 달러를 지출하는 유럽경제원조계획을 의회에 제출하여 승인을 받았다.

봉쇄정책에 기반을 둔 트루먼주의와 마셜계획이 발표되는 동안 미국 내에서는 찬반 논의가 분분하였다. 트루먼정부 밑에서 상무장관을 사임한 헨리 월리스는 미국의 일련의 정책이 대소 협조를 파괴한다는 입장에서 반대하였다. 공화당의 보수파는 미국의 재정능력과 도의적 책임에는 한계가 있다는 입장에서 반대하였다. 또 일부에서는 이런 정책으로 미국이 뜻하지 않은 전쟁에 말려들 가능성이 있다는 비판이 나오기도 하였다. 그러나 공화당 보수파에 속하고 고립주의외교를 지지해왔던 상원의원 아서 밴던버그 Arthur H. Vandenberg는 미국의 안전은 서유럽국가와의 긴밀한 협조에서 비로소 가능하다는 입장에서 초당파 외교를 제창하여 의회에서 그리스, 터키, 서유럽에 대한 원조법안이 통과하는 것을 적극적으로 지원하였다.

트루먼의 재선과 페어딜

1948년 미국은 다시 대통령 선거의 해를 맞이하였다. 공화당은 4년 전 루스벨트와 맞서 패배한 토머스 듀이를 또다시 후보로 지명하였다. 당시 의회의 지도자였던 보수파의 로버트 태프트Robert A. Taft 상원의원이 지명을 받으려고 강력한 지지운동을 벌였지만 그는 태프트-하틀리법의 입안자로서 인기를 잃었으므로, 전당대회는 대내적으로는 뉴딜에 가까운 정책을 제시하고 대외적으로는 서유럽과의 협조를 지지하여 '리버럴liberal'이라는 평을 받고 있던 듀이를 선택하였다.

민주당은 트루먼을 대통령 후보로 지명하였지만 당내 결속은 이미 깨어진 뒤였다. 좌파에 속하는 헨리 월리스는 진보당을 따로 결성하여 대내적으로는 뉴딜보다 과감한 개혁을, 대외적으로는 소련세력과의 우호관계를 제창했고, 민주당의 남부 출신 일부는 트루먼의 흑인 민권법안에 반대하여 별개의 주권민주당을 결성하여 독자적인 후보를 지명하였다. 그래서 처음부터 트루먼의 승리는 어려울 것으로 예상되었다. 이러한 정세 속에서 적극적으로 선거운동을 추진하지 않은 공화당은 트루먼의 내외정책을 공격하지 않고 다만 공화당이 정권을 잡을 경우 민주당보다 능률 있는 정책을 시행하리라는 것만 강조하였다.

이에 비해 트루먼은 적극적으로 선거운동을 전개하였다. 그는 전국을 유세하면서 공화당이 다수당이었던 제80차 의회가 아무런 업적도 남기지 못한 무능한 의회였다고 비판하고 공화당의 선거공약은 하나도 실현되지 못할 거라고 강조하였다. 결국 사전 예상과는 달리 일반투표에서 210만 표, 선거인단투표에서 114표를 더 얻은 트루먼이 대통령에 당선되었다. 진보당과 주권민주당은 일반투표에서 겨우 100만 표를 얻을 정도로 참패하였다. 한편 의원 선거에서도 민주당이 상·하 양원에서 다시 다수당의 자리를 차지하였다.

자력으로 대통령이 된 트루먼은 1949년 1월 취임연설에서 '페어딜Fair Deal'의 여러 정책을 발표하였다. 이 정책에서 트루먼은 태프트-하틀리법의 폐지와 그에 따른 노동자의 권리 보장, 최저임금 인상, 농산물 가격 유지, 천연자원 보존, 사회보장 확충, 주택 건설, 원자력의 국유화, 흑인에 대한 완전한 공민권 부여 등을 주장하였다. 그러나 민주당의 보수파와 남부 출신 의원들은 공화당 보수파와 세력을 결합하여 트루먼의 개혁을 저지하였으므로 1952년까지 몇몇 사항을 제외하면 사실상 페어딜은 거의 묵살되었다.

한편 페어딜을 발표한 취임연설에서 트루먼은 대외적인 페어딜이라고 할 수 있는 '4개항Point Four' 정책도 발표하였다. 이것은 미개발국가에 대해 기술원조를 제공하는 정책으로, 1952년까지 미국의 기술사절단이 전 세계 33개국에 파견되어 농사 개량, 질병 퇴치, 교육 등의 각종 사업에 종사하였다.

국내 반공체제의 강화

트루먼주의와 마셜계획이 발표된 이후 미·소의 대립은 냉전Cold War으로 접어들었다. 냉전에 대처하기 위해 1947년 7월 국가안전보장법을 제정하여 육·해·공군의 3군을 통합하는 국방부, 통합참모본부, 중앙정보국CIA, Central Intelligence Agency을 신설하고 이듬해 6월 평시징병법을 발표하였다.

한편 국내의 반공체제를 강화할 목적으로 1947년 3월 연방충성심사국 Federal Loyalty Bureau을 신설하여 연방정부 직원의 충성을 조사하였다. 이 결과 1952년까지 660만 명에 달하는 정부 직원이 조사를 받았고 이 중 5,900명이 사임하고 490명이 해직되었다. 물론 이러한 조치는 리버럴의 입장에 서 있는 사람들로부터 사상·양심·언론의 자유를 보호하는 수정조항 제1

조의 정신에 위배된다는 비난을 받았으나 공산주의자 색출을 강력히 요구하는 국민들은 이에 만족하지 않았다.

이처럼 반공정신이 팽배한 가운데 11명의 공산당 지도자가 스미스법 Smith Act(정부전복방지법) 위반 혐의로 체포되어 유죄판결을 받았고 국무성의 고급관리인 앨저 히스Alger Hiss는 소련의 스파이라는 혐의로 고발당하였다. 또 주립학교와 대학의 교직원에게 충성선서를 요구하는 법을 제정하는 주들도 나왔다.

한국전쟁이 일어나자 9월 의회는 국내 치안 유지를 목적으로 공산주의단체와 외곽단체의 등록제, 공산주의자의 입국을 금지하는 매캐런법McCarran Act을 제정하였다. 트루먼 대통령은 이 법이 지나치게 국민의 자유를 제한한다며 거부권을 발동하였지만 아무 소용이 없었다.

서베를린 문제와 중국 문제

국내에서 반공체제가 강화되어가는 동안 국외에서는 냉전의 양상이 차츰 격화되고 있었다.

전후 독일 문제에서 사사건건 미국, 영국, 프랑스의 독일 통일과 중립화 정책에 맞서고 있던 소련은 1948년 6월 서베를린과 서독의 교통을 전면적으로 봉쇄하였다. 그러자 트루먼은 대대적인 항공수송으로 서베를린 시민에게 식료품과 기타 생활필수품 2,500톤을 보급하여 1949년 5월, 321일 만에 소련의 봉쇄 의도를 좌절시켰다.

그러나 독일의 분단은 영구화되어 서독에서는 독일연방공화국이, 동독에서는 독일민주공화국이 각각 정식으로 성립하였다. 한편 소련의 서베를린 봉쇄를 계기로 미국은 서유럽의 방위 문제를 고려하게 되었다. 이 결과 1949년 4월 미국을 포함한 서유럽국가들 간의 상호방위조약인 북대서양조약이 워싱턴에서 조인되었고 가맹국의 군대를 통합하는 북대서양조약기구

NATO, North Atlantic Treaty Organization가 발족하였다. 1951년에는 드와이트 아이젠하워Dweight D. Eisenhower 장군이 나토군의 초대 사령관으로 임명되었고 그 후 그리스와 터키가 참가하였다. 이렇게 하여 미국은 유럽에서 서유럽 세력을 정비하고 안정시키는 데 일단 성공하였다.

이에 비해 아시아에서는 커다란 시련을 겪어야 하였다. 트루먼은 전후 중국에서 벌어지고 있는 국민당정부와 중국 공산당 사이의 내전을 종식시키고 국공합작의 연립정부를 수립시킬 목적으로 1945년 12월 조지 마셜 장군을 중국에 파견하여 조정에 주력하도록 하였다. 그러나 마셜은 아무런 소득도 얻지 못한 채 1947년 1월 귀국하였다. 그 후 내전은 본격화되어 장제스의 정부군은 중공군의 근거지인 연안을 점령하는 등 한때 중국을 통일하는 듯했지만 만주에서 소련에 패배한 일본군의 무기를 보급받은 중공군이 반격에 나서 1949년 10월 장제스정부를 대만으로 몰아내고 중국을 통일하는 데 성공하였다. 중국이 공산당의 지배하에 들어가자 소련, 영국 등의 나라들은 북경을 수도로 한 중공정부를 승인했으나 미국은 승인을 거부하고 중공의 유엔 가입도 저지하였다.

중국의 상실로 미국은 극동정책 전반을 재편성하지 않으면 안 되었다. 그 결과 1950년 1월 국무장관 딘 애치슨Dean Acheson은 미국의 극동 방위선이 알류샨열도로부터 일본의 오키나와를 거쳐 필리핀을 통과한다고 발표하였다. 이 성명에서 애치슨은 방위선 밖의 국가가 제3국의 침략을 받는다면 침략을 받은 국가는 그 국가의 자체 방위력과 국제연합헌장의 발동으로 침략에 대항해야 한다고 하였다. 결국 미국은 방위선 밖의 국가를 포기하지는 않았지만 이 선에서 제외된 남한과 대만을 취약 지점으로 노출시켰다는 인상을 씻을 수는 없었다.

한국전쟁

1950년 6월 25일 새벽 북한의 공산정권은 삼팔선을 넘어, 유엔이 한반도에서 '유일합법적인 정부'라고 승인한 남한의 대한민국에 전면적인 공격을 감행하였다.

이러한 사실을 국무장관으로부터 통고받은 트루먼 대통령은 북한의 남한 공격 배후에는 소련의 사주가 있음을 직감하고 이에 대한 적절한 조치가 결여되면 제3차 세계대전이 일어날 가능성이 크다고 판단하여, 일본의 더글러스 맥아더Douglas MacArthur 사령부에 남한을 방위하라는 명령을 내리는 한편 한국 문제를 유엔 안전보장이사회에 상정하였다. 당시 소련은 중공의 유엔 가입 문제로 이사회의 출석을 거부하고 있었으므로, 이사회는 만장일치로 북한의 남한 공격을 침략으로 규정짓고 남한을 군사적으로 원조할 것을 요구한 미국의 결의안을 통과시켰다. 이리하여 맥아더 장군을 총사령관으로 하는 유엔군이 한국에 파견되었다.

전세는 처음에는 한국군과 미국군을 주력으로 하는 유엔군에 불리하였지만 9월 15일 인천상륙작전이 성공하자 역전되었다. 9월 28일에는 서울이 탈환되었고 10월 1일까지 삼팔선 이남의 전 지역을 되찾았다. 처음 유엔은 남한에서 북한의 침략을 격퇴하는 데에만 목적을 두었다. 그러나 사태가 이에 이르자 유엔총회는 "원래의 목적이 통일되고 독립한 민주적 조선을 수립"하는 데 있었다는 것을 상기하면서 10월 7일 유엔군에 삼팔선을 넘어 북상하는 권한을 부여하였다.

이보다 앞서 10월 1일 중공은 유엔군이 삼팔선을 넘을 경우 한국전쟁에 개입할지도 모른다는 경고를 한 바 있었다. 유엔군이 북상하여 북한의 약 3분의 2에 달하는 지역을 수복한 10월 26일경 중공은 이른바 '의용군'을 투입하여 북한 전역에서 유엔군을 공격하기 시작하였다. 유엔군은 결국 중공군의 인해전술과 닥쳐오는 한파로 남으로 후퇴할 수밖에 없었다.

중공의 개입과 맥아더 장군의 해임

중공군이 개입하자 맥아더 장군은 "전쟁은 이제 새로운 국면을 맞이하였다"라고 성명하고 중공을 새로운 침략자로 단정하는 한편 중국 연안의 봉쇄, 만주의 폭격, 대만정부의 본토 수복작전에 대한 원조를 제안하였다. 그러나 이때부터 트루먼과 맥아더 사이에는 한국전쟁에 대한 기본정책에서 의견의 충돌이 일어났다.

트루먼은 맥아더의 제안을 물리쳤다. 그는 전선이 확대될 경우 일본, 오키나와의 안전이 위협받을 것으로 생각했고 또 소련의 개입도 우려하였다. 뿐만 아니라 유럽의 방위도 고려해야 하였다. 그러므로 중공과의 전면 전쟁은 "잘못된 장소에서 잘못된 시기에 잘못된 적과 잘못된 전쟁을 치르는 것이다"라는 판단 아래 한국전쟁을 국지전으로 한정한다는 방침을 세웠다. 이에 대해 맥아더는 승리를 위해서는 전선의 확대가 불가피하다며 아시아보다 유럽에 중점을 두는 미국의 정책을 비난하는 한편, 트루먼의 명령을 어기면서 휴전 조건을 논의하기 위해 적 측의 사령관과 언제든지 만날 용의가 있다는 성명을 발표하였다. 더 이상 맥아더의 불복종을 용인할 수 없다고 단정한 트루먼은 4월 5일 맥아더를 총사령관직에서 해임하였다.

맥아더의 해임은 미국민을 커다란 흥분 속에 몰아넣었다. 해임 직후 실시된 어떤 여론조사에서는 69퍼센트가 맥아더를 지지하고 29퍼센트만이 트루먼을 지지하는 것으로 나타났다. 미국민은 1935년 필리핀의 국방을 원조할 임무를 띠고 미국을 떠난 뒤 태평양 전선에서 이름을 날리고 전후 일본의 민주화에 지대한 영향을 남긴 채 16년 만에 귀국하는 맥아더를 열렬히 환영하였다. 그리고 그가 4월 19일 상·하 양원합동회의에 나타나 "노병은 죽지 않는다. 그저 사라질 뿐이다"라는 옛 군가를 인용하며 자신의 입장을 밝히는 연설을 하자 그에 대한 국민의 동정은 절정에 이르렀다.

그러나 5월 3일부터 6월 25일에 걸쳐 상원 청문회에서 맥아더 해임에 대한 조사가 시작되자 국민은 차츰 냉정을 되찾았다. 청문회에서 맥아더의 전략을 따르면 제3차 세계대전이 일어날 위험성이 있었고 트루먼은 대통령 우위의 원칙을 고수해야 한다는 입장에서 그를 해임할 수밖에 없었다는 것이 밝혀졌기 때문이다. 결국 상원의 청문회에서는 트루먼의 한국전쟁에 대한 정책을 변경할 필요가 없다는 결론을 내렸다.

휴전과 그 영향

맥아더가 해임될 무렵 한강 이남까지 후퇴하였던 유엔군은 다시 전력을 정비하여 서울을 탈환한 뒤 북한군과 중공군을 삼팔선 이북으로 밀고 올라갔으나 미국정부의 국지화정책으로 현재의 휴전선 부근에서 진격을 멈추었다. 이처럼 전선이 교착 상태에 들어가자 6월 소련이 유엔에서 휴전을 제안하여 휴전회담이 열리게 되었다. 그러나 회담은 이렇다 할 진전을 보이지 않았고 회담 중에도 양측의 군대는 서로 유리한 지점을 확보하기 위해 더욱 치열한 전투를 벌였다.

결국 1952년 대통령 선거에서 공화당 후보인 아이젠하워 장군이 당선되고 이듬해 3월 스탈린이 서거한 뒤에야 휴전회담은 급진전되어, 6월 휴전이 성립되었고 7월 27일 판문점에서 대한민국 대표가 참석하지 않은 냉랭한 분위기 속에서 휴전조약이 조인되었다. 37개월에 걸친 이 전쟁에서 미국은 전사자와 실종자 3만 5,000명, 부상자 10만 명에, 전쟁비용으로 200억 달러를 사용하였다. 한국의 인적 피해는 미국의 몇 배에 달하였고 전쟁은 한국의 분단만 고정시켰을 뿐이었다.

한국전쟁은 미국에 많은 영향을 끼쳤다. 그때까지 정부가 추진해온 군비 축소정책은 대폭 수정되어, 1950년 전체 예산에서 33퍼센트를 차지했던 군사 예산이 1952년 67퍼센트로 증가하였고 병력은 전쟁 전 140만 명에서 360만 명으로 증원되었고 해군과 공군의 장비도 보강되었다.

대외적으로는 대소전략을 강화하는 입장에서 미국의 지배영역을 더욱 공고히 하는 방향으로 정책을 이끌어갔다. 유럽에서는 1950년 9월부터 서유럽국가들에 서독의 재무장을 설득하기 시작하여 1951년 4월 아이젠하워 총사령관 밑에 정식으로 나토군을 발족하였다. 아시아에서는 대만에 대한 중립화정책을 포기하고 중공의 대만 침공에 대비하여 자유중국을 군사, 경제 양면에서 돕기 시작하였고 일본과의 강화를 서둘러 미국의 극동정책의 요새로 만들었다. 대내적으로는 반공주의에 대한 국민의 감정이 극도로 높아갔다. 바로 이러한 감정이 선동적인 매카시즘McCarthyism을 일으키는 소지를 제공하였다.

제2절 _ 아이젠하워의 중도정치

1952년 대통령 선거

한국전쟁이 아직도 진행 중이던 1952년 미국은 다시 대통령 선거의 해를 맞았다. 이보다 앞서 1951년 3월 1일 확정 공포된 수정조항 제22조는 대통령의 3선을 금지하고 또 전임 대통령을 계승하여 2년 이상 대통령직에 재임한 대통령은 1기에 한해 대통령에 선출될 수 있도록 하였다. 그러므로 전임 루스벨트 대통령의 잔여 임기였던 4년을 채우고 또 그 뒤 자력으로 대통령에 선출되어 1기의 임기를 끝내가고 있던 트루먼은 원칙적으로는 대통령 선거에 출마할 자격이 없었다. 다만 트루먼의 경우는 특례가 인정되어 출마 여부는 그의 의사에 달렸으나 한국전쟁과 행정부 내의 부패로 인기를 잃었다는 것을 알고 있던 그는 민주당 전당대회에서 불출마를 선언하였다.

그러자 민주당 내에서는 여러 후보가 지명권을 얻으려고 경합을 벌였다. 하지만 결국 트루먼이 강력히 지원한 현직 일리노이 주지사 아들라이 스티븐슨Adlai E. Stevenson이 지명을 받았다.

공화당에서는 상원의원인 태프트가 유력한 후보로 등장하였지만, 태프트는 대내적으로는 뉴딜에 반대하고 대외적으로는 고립주의적 경향을 띠고 있어 인기가 없었다. 그래서 따로 후보를 물색하던 당내의 리버럴파는 아이젠하워 장군의 승인을 받아 그를 후보로 지원하기로 결정하였다. 아이젠하워는 정치가로서는 미지수였지만 군인으로서 쌓아올린 명성은 절대적이었다. 그러므로 공화당 전당대회는 제1차 투표에서 아이젠하워를 후보로 지명하였다.

그는 선거 유세 중 군인으로서의 경험을 살려 한국전쟁의 조속한 종결을 국민에게 굳게 약속하고 대통령에 당선되면 직접 한국 전선을 시찰하여 공약의 실현에 노력하겠다고 다짐하였다. 이러한 것이 원인이 되어 아이젠하워는 스티븐슨을 누르고 압도적인 표 차로 대통령에 당선되어 24년 만에 정권을 다시 공화당에게 안겨주었다. 그러나 의원 선거에서 공화당은 하원에서 힘들게 이겼을 뿐만 아니라 상원에서는 겨우 동수를 확보하는 데 그쳤으므로 아이젠하워의 승리가 반드시 공화당의 승리를 의미한 것은 아니었다.

중도정치

대통령에 당선된 아이젠하워는 공약대로 한국 전선을 시찰하고 전쟁 종결에 진력하겠다는 성의를 국민에게 보여주었다. 또 취임연설에서는 평화 유지를 위해 모든 국가와 협력하겠다고 국민 앞에 다짐하였다. 그의 이 연설은 당시 국민들의 열렬한 환영을 받았다. 왜냐하면 1929년 이래 20여 년에 걸쳐 경제공황, 제2차 세계대전, 냉전, 한국전쟁이라는 시련을 연달아 겪느라 한시도 긴장을 풀 수 없었던 미국민은 그 어느 때보다도 미국이 정상 상태로 돌아가기를 갈망하였고 아이젠하워라면 이러한 국민의 기대에 충분히 보답해주리라고 믿었기 때문이다.

국내정치에서 그는 중도주의middle of the road를 지향하여 당파에 초연한 입장을 취하였고 민주당의 전임 대통령들과는 달리 행정, 입법 양 분야에서 대통령으로서 적극적인 지도력을 발휘하지 않았다. 그래서 아이젠하워는 대통령의 업무를 수행하는 데 군의 막료제도를 도입하여 셔먼 애덤스Sherman Adams를 참모장 격인 대통령보좌관에 임명하고 그에게 커다란 권한을 위임하였다.

아이젠하워의 내각은 '8명의 백만장자와 1명의 연관공鉛管工'으로 구성되었다는 평을 들을 정도로 국방장관으로 임명된 제너럴모터스사의 사장 찰스 윌슨Charles E. Wilson을 비롯한 실업계의 거물들을 관료로 많이 등용하였다. 연관공조합원으로 노동장관에 등용된 마크 더킨Mark Durkin만이 유일한 예외였으나 그도 태프트-하틀리법 개정에 실패하자 8개월 만에 각료직을 사임하였다.

이처럼 아이젠하워는 친실업적이었으므로 경비 지출의 삭감, 감세, 정부사업 축소, 규제 완화 등 되도록 연방정부의 활동을 줄이는 방향으로 정책을 이끌어가면서 지방정부와 개인업체의 활동을 권장하였다. 그러나 뉴딜, 페어딜의 정책과 정신을 계승하면서 사회보장과 실업보험을 확충하고 각종 복지시설에 대한 연방정부의 원조를 증가했고 주택 건설도 촉진하였다. 1953년에는 보건·교육·복지부Dept. of Health, Education and Welfare를 신설하여 사회복지정책에서는 공화당정권도 민주당정권과 차이가 없다는 것을 보여주었다.

매카시즘

아이젠하워의 첫 번째 임기 동안 가장 물의를 일으킨 사건은 매카시즘이었다. 이 명칭은 공화당원으로 위스콘신주에서 선출된 상원의원 조지프 매카시Joseph R. McCarthy로부터 유래한다. 그는 1950년 2월 중국의 상실로 받은 상처가 아직 아물지 않은 미국민에게 국무성 내에 205명의 공산주의자가 있다는 연설을 하여 커다란 충격을 주었다. 그가 열거한 숫자는 그 뒤 연설할 때마다 줄어들다가 뒤에는 그저 막연히 많다로 바뀌었다. 상원은 곧 특별위원회를 조직하여 진상을 조사하였으나 매카시의 주장이 전혀 근거가 없다는 결론을 내렸다.

그러나 한국전쟁이 일어나자 매카시는 일약 반공의 기수로 명성을 전국적으로 떨치게 되었다. 이 명성을 배경으로 1952년 선거에서 상원의원에 재선되자 그는 스스로 사문위원장이 되어 새로운 고발을 계속하였다. 조지 마셜 장군, 딘 애치슨 국무장관을 비롯하여 리버럴파로 알려진 저명한 대학교수와 지식인들이 그의 비난의 대상이 되었다.

처음에는 의회도 아이젠하워도 매카시의 지나친 사문 활동에 침묵을 지켰다. 특히 공화당 보수파의 지도자 태프트는 매카시즘을 민주당 공격에 이용했고 아이젠하워도 대통령 선거 연설 중 그를 지지하는 발언을 하기도 하였다. 그러나 한국전쟁이 끝나고 휴전이 가져다준 좌절감이 가라앉자 매카시즘에 대해 국민도 의회도 정부도 차츰 비판적이 되어갔다. 드디어 매카시가 고위 군의관의 사문 과정에서 육군을 모욕하자 거꾸로 그 자신이 사문의 대상이 되었다. 그리하여 상원은 1954년 12월, 67 대 22의 표 차로 매카시 비난 결의를 통과시켰다. 매카시즘은 선동적인 반공주의의 소산이었지만, 냉전이 열전으로 옮겨가던 그 시기에 미국의 일반 대중이 얼마나 공산주의를 두려워했는지를 보여주는 증거이기도 하다.

대법원 판결과 흑인 민권운동

매카시에 대한 사문이 진행 중이던 1954년 5월 연방대법원은 흑인의 민권 문제와 관련이 있는 '브라운 대 토피카 교육위원회Brown v. Board of Educa-tion of Topeka' 사건에서 공립학교에서 흑백 양 인종의 공학을 금지하는 남부의 법령이 위헌이라는 판결을 내렸다. 이것은 1896년 흑인에게 분리는 하되 평등한 시설을 부여하면 헌법이 규정하는 법 앞의 평등에 위배되지 않는다는 대법원의 판결을 번복하는 역사적 판결이기도 하였다.

이 판결은 남부 중에서도 최남부Deep South 지역에 속하는 주의 백인들을 극도로 흥분시켰다. 1956년 1월 앨라배마주의 상원은 이 판결의 무효를 선언했고, 3월 연방의회의 남부 출신 상·하 양원의원 101명이 이른바 '남부선언Southern Manifesto of 1956'을 발표하여 '모든 합법적 수단을 사용하여' 차별 금지 판결에 저항하겠다는 결의를 표명하기도 하였다.

한편 대법원의 판결은 짐 크로법 밑에서 선거권은 말할 것도 없고 공공 및 개인의 각종 시설에서 차별받고 있던 흑인들에게 커다란 용기를 북돋아 주었다. 그리하여 흑인 스스로 차별 폐지를 위한 적극적인 운동을 일으켰다. 그중 하나가 침례교파의 목사인 마틴 루터 킹Martin Luther King, Jr.이 1955년 12월 앨라배마의 몽고메리Montgomery에서 시작한 버스승차거부 운동이다. 그는 1년여에 걸쳐 무저항, 불복종의 전술로 꾸준히 투쟁한 결과 버스 승차에서 흑백차별을 철폐하는 데 성공하여 일약 흑인의 지도자로 떠올랐다.

1954년 중간선거에서 민주당은 근소한 차이로 공화당을 누르고 상·하 양원에서 다수당이 되었다. 그러나 1956년의 대통령 선거에서 아이젠하워는 민주당의 지명을 받아 또다시 입후보한 스티븐슨을 일반투표에서 약 1,000만 표라는 커다란 표 차로 누르고 압승하였다. 아이젠하워는 남부의 7주에서만 패배하였다. 그러나 의원 선거에서는 민주당이 계속 상·하 양원에서 다수당의 지위를 확보하였고 이러한 현상은 1958년 중간선거에서도 변함이 없었다. 이와 같은 선거 결과로 미루어보면 이 시기 공화당정권은 아이젠하워의 개인적 인기에 의해 명맥을 유지하고 있었다는 것을 알 수 있다.

두 번째 임기에 취임한 아이젠하워가 국내문제에서 겪어야 하였던 커다란 시련은 흑인 문제였다. 1957년 9월 신학기가 시작할 무렵 흑백공학 금지는 위헌이라는 1954년의 대법원 판결에 의거하여 9명의 흑인학생이 아칸소주 리틀록Little Rock시의 백인만 다니는 고등학교에 입학을 신청하였다. 시의 교육위원회는 이들의 입학을 허가하려 하였지만 주법원은 입학을 중지하는 명령을 내렸다. 그러나 연방 순회법원이 주법원의 명령은 무효라는 판결을 내리자 주지사는 이에 불만을 표명하고 주의 민병대를 소집하여 9명의 흑인학생들의 등교를 실력으로 저지하였다. 아이젠하워는 민병대의 철수를 주지사에게 요구했으나 주지사는 이 요청을 거부하였으므로 드디어 유혈폭동이 일어났다.

아이젠하워는 흑백분리폐지desegregation에 결코 적극적이지는 않았지만 사태가 이에 이르자 연방헌법과 연방정부의 권위를 수호하기 위해 과감한 조치를 취할 수밖에 없었다. 그는 1,000명의 연방 정규군을 리틀록에 파견하여 주의 민병대를 이에 편입시키고 연방군의 무력 보호하에 흑인학생을 통학시켰다. 이러는 동안 의회는 1875년 이래 최초의 민권법을 통과시켜 '공민권에 관한 위원회'를 법무성 산하에 5년 기한부로 설치하여 흑인에 대한 투표권 박탈, 교육·고용에서의 차별, 재판의 불평등에 관한 사례를 조사하고 시정하도록 하였다.

덜레스외교

취임연설에서 평화 유지를 국민 앞에 다짐하여 한국전쟁을 종결한 아이젠하워는 외교정책에서는 국무장관 존 포스터 덜레스John Foster Dulles에게 전적으로 의지하였다. 그러므로 아이젠하워외교는 덜레스외교였다. 덜레스는 1948년 듀이가 대통령으로 출마했을 때 외교정책 자문이 될 정도로 공화당 계열의 인물이었으나 트루먼시대에는 국무부 고문으로 대일강화조약의 체결을 추진하기도 하였다. 그러나 대소봉쇄정책에는 매우 비판적이었으므로, 국무장관에 취임하자 동유럽위성국가의 해방을 뜻하는 '탈환정책Roll-Back Policy'을 비롯 '대량보복Massive Retaliation', '극단정책Brinkmanship' 등의 정책을 제창하여 공산진영에 대해 민주당과는 달리 공세적 자세를 보였다.

한국전쟁이 끝난 이듬해 프랑스와 공산군 사이에 싸움이 벌어지고 있던 베트남에서도 휴전이 성립되었다. 1954년 7월 미국, 소련을 비롯한 관계국들이 제네바에 모여 국제회담을 열고 베트남의 분할을 결정하였다. 이때 라오스와 캄보디아는 독립국이 되었고, 베트남은 북위 17도 선을 경계로 공산주의자가 주도하며 소련이 지원하는 북부와 미국이 지원하는 남부로 임시 분할되었다. 미국은 휴전협정에 조인하지 않았으나 협정을 존중한다는 태도를 표명하였다. 이어서 덜레스는 9월 동남아시아조약기구SEATO,

Southeast Asia Treaty Organization를 결성하였다.

이 기구에는 미국, 영국, 프랑스, 오스트레일리아, 뉴질랜드, 필리핀, 타이, 파키스탄 등이 가입하였으나 인도, 미얀마, 스리랑카(실론), 인도네시아 등의 나라는 가입하지 않았다. 동남아시아조약기구는 동남아시아의 나토를 지향하였으나 그것처럼 강력한 기구는 될 수 없었다. 또 12월 미국은 대만의 자유중국정부와 상호방위조약을 맺고 대만이 중공의 공격을 받으면 미국도 방위의 책임을 지기로 약속하였다.

소련의 평화공존정책

스탈린이 서거한 뒤 동서 간의 냉전이 다소 풀리는 듯한 기색을 보이자, 1955년 초 영국수상에서 은퇴한 처칠은 동서의 접근을 시도하는 방향에서 덜레스를 설득하여 정상회담을 개최하도록 제안하였다. 이 결과 10년 동안 질질 끌어온 오스트리아 강화조약이 5월에 체결되었고 드디어 7월에 미국, 영국, 프랑스, 소련의 네 거두가 제네바에 모여 포츠담회담 이후 처음으로 정상회담을 가졌다.

회담은 독일의 통합과 군축 문제에서 구체적 성과를 얻지는 못했지만 거두 사이에 개인적 접촉을 부활시키는 데에는 성공하였다. 이어서 1956년 2월 소련 공산당 제20차 대회에서 니키타 흐루쇼프Nikita S. Khrushchov는 스탈린을 비판하는 연설을 하고 자유진영과 공산진영 사이의 평화공존을 역설하여 냉전의 해빙에 박차를 가하였다.

헝가리 사태와 수에즈 문제

흐루쇼프의 연설은 소련의 실질적 지배하에 있던 동유럽위성국가들의 민족주의를 크게 자극하였다. 그리하여 6월 폴란드에서 폭동이 일어나 공산체제를 다소 완화하는 데 성공했고, 10월에는 헝가리에서 반공 의거가 발생하여 임레 너지Imre Nagy의 반소적 정부가 탄생하였다. 아이젠하워정부는 이 정부를 '새로운 시대의 여명'이라고 극찬하였다.

이즈음 중동 지역에서는 새로운 사태가 벌어지고 있었다. 이집트의 가말 압델 나세르Gamal Abdel Nasser가 미국에 요청한 아스완댐Aswan Dam 건설을 위한 자금원조를, 덜레스가 이집트는 소련과 우호관계를 지속하면서 미국과 소련의 대립을 교묘히 이용하고 있다고 판단하여 거절하였다. 이에 나세르는 댐 건설자금 조달과 일종의 보복조치로 1956년 7월 수에즈운하의 국유화를 선언하여 이 운하에 이해관계가 있는 영국과 프랑스의 비난을 샀다. 이 기회를 이용하여 이스라엘이 10월 이집트를 공격하자 영국, 프랑스는 양국의 전쟁을 국지화한다는 명목하에 이스라엘 편에 가담하여 참전하였다. 미국과 소련은 영국과 프랑스를 비난하였고 유엔총회는 이집트에 침공한 이스라엘, 영국, 프랑스 3국의 군대 철수를 제안한 미국의 결의안을 통과시켰다.

수에즈 위기는 헝가리 사태에 대한 소련의 태도를 강경하게 만들었다. 소련은 한때 헝가리에서 소련군을 철수하겠다고 약속까지 했지만 중동 사태가 위급해지자 갑자기 소련군의 대부대를 헝가리에 투입하여 의거를 진압하고 다시 친소적인 공산정부를 수립하였다. 한편 미국은 동유럽의 해방을 뜻하는 '탈환정책'을 실현할 이 절호의 기회에 헝가리 사태를 관망한 채 헝가리의 반공투사에게 아무런 원조도 제공하지 않았다. 결국 덜레스의 외교는 허장성세로 끝났다.

중동과 아이젠하워주의

헝가리와 수에즈운하 문제가 일단 마무리되자 미국은 중동 문제에 대해 새로운 고려를 하게 되었다. 결국 아랍의 민족주의는 이 지역에 소련 세력이 침투할 수 있는 틈바구니를 마련할 가능성이 매우 컸기 때문에, 1957년

1월 소련 세력의 침투를 저지하기 위해 중동 여러 나라에 경제와 군사 원조를 제공할 것을 의회에 요청하였다. 이것을 '아이젠하워주의Eisenhower Doctrine'라고 한다. 뿐만 아니라 4월 요르단Jordan이 친나세르파로부터 위협을 받자 제6 함대를 파견했고 1958년 7월에는 레바논Lebanon의 친서방적인 정부를 보호하기 위해 1만여의 병력을 파견하였다.

중남미와 쿠바혁명

아이젠하워시대에 중남미 지역에서는 반미 감정이 극도로 높아갔다. 미국은 밖으로는 민주주의를 내세우면서 중남미에서는 미국민의 투자를 보호하기 위해 여러 나라에서 독재정권을 돕고 있었다. 그래서 이 지역의 반미 정서가 강해 1958년 5월 중남미 여러 나라를 친선 방문한 부통령 리처드 닉슨Richard M. Nixon은 각지에서 반미데모의 이색적인 환영을 받을 정도였다. 1959년 1월 쿠바에서 바티스타Batista의 독재정권이 쓰러지고 피델 카스트로Fidel Castro의 정권이 성립하자 미국도 이 혁명을 민주주의의 승리라고 찬양했고 카스트로가 미국을 방문하자 열렬히 그를 환영하였다.

그러나 카스트로가 쿠바를 사회주의화하고 경제적으로 미국에 대한 의존에서 벗어나려고 하자 양국 관계는 급속도로 악화되었다. 더구나 쿠바혁명이 중남미 여러 나라에 주는 영향이 점차 커지자 미국은 군사적으로 쿠바를 억압할 정책을 고려하기 시작하였다. 그리하여 아이젠하워정부는 1960년 3월부터 반카스트로파의 망명자를 조직·훈련하는 계획에 착수하였다.

캠프데이비드 정신과 U2기 사건

헝가리와 수에즈운하 사태 이후 소련은 전례 없이 호전적이 되어 중동, 동남아시아, 중남미의 각 지역에서 서방 측의 취약점을 노리고 세력을 침투시켜갔다. 또한 1957년 10월에는 미국에 앞서 인공위성 제1호를 발사하는 데 성공하여 국제적으로도 위신을 높였다. 1958년 3월 흐루쇼프가 수상이 되면서 10월부터 11월에 걸쳐 서베를린의 비무장화 문제를 들고 나와 동서 관계는 한때 긴장하였다.

그러나 1959년 초부터 소련은 다시 서방 측에 대해 화해적인 태도를 취하였다. 이해 여름 닉슨 부통령이 소련을 방문했고 이에 대한 답례로 소련의 부수상 아나스타스 미코얀Anasta I. Mikoyan이 미국을 방문하였다. 이어서 9월에는 흐루쇼프 수상 자신이 미국을 방문하여 아이젠하워 대통령과 캠프데이비드Camp David에서 회담을 갖고 이듬해 미국, 영국, 프랑스, 소련 4개국이 정상회담을 가질 것과 서베를린 문제를 해결하는 데 합의를 보았다.

그러나 1960년 5월 파리에서 정상회담이 열리기 직전 미국의 초고공정찰기인 U2기가 소련 영공에서 격추되는 사건이 일어났다. 이 때문에 정상회담은 개회하자마자 폐회되어 동서 간에는 다시 긴장이 감돌았다.

아이젠하워의 지도력에 대한 실망

파리정상회담 이후 아이젠하워는 일본을 방문할 예정이었다. 당시 일본에서는 미·일안보조약의 개정에 반대하는 운동이 크게 일어나고 있었으므로 일본정부는 대통령의 신변보호가 불가능하다는 이유로 방문 취소를 미국정부에 요청하였다. 그 대신 아이젠하워는 4·19혁명 이후 민주화된 한국을 방문하여 한국 국민들의 대대적인 환영을 받았다. 그러나 U2기의 격추와 일본 방문 취소는 미국의 대외위신을 극도로 추락시킨 사건으로 비쳐졌고 이것이 미국민에게 준 충격은 매우 컸다.

중동과 중남미에서 일어나고 있는 반미 감정, 인공위성 개발에서 소련에 뒤졌다는 데서 오는 열등감, 위에서 살펴본 것처럼 대외위신의 추락 등으로 인해 아이젠하워정부는 말기에 이르러 무위무능 하다는 달갑지 않은 평을 내외로부터 받게 되었다. 미국민 사이에서는 점차 미국민의 위신을 회복하고 미국민은 여전히 활기 있는 국민이라는 것을 보여줄 수 있는 새로운 전환이 절실히 요구된다는 각성이 일어났다. 이러한 국민의 심정은 곧 1960년의 대통령 선거에서 현실화되었다.

제3절_ 뉴 프런티어와 위대한 사회

케네디의 승리

1960년 대통령 선거전에서 민주당에서 입후보한 상원의원 존 피츠제럴드 케네디John Fitzgerald Kennedy가 공화당에서 입후보한 부통령 닉슨에게 승리하여 정권은 8년 만에 다시 민주당으로 돌아왔다.

케네디의 승리는 1888년 이래 처음 보는 힘겨운 승리였다. 약 6,834만 표가 던져진 일반투표에서 두 사람의 표 차는 불과 11만 9,057표에 지나지 않았고 선거인단투표에서도 득표 차가 84표에 지나지 않았다.

이 선거만큼 정책보다는 인기와 후보자가 국민에게 주는 이미지가 결과를 좌우한 선거는 없었다. 케네디는 가톨릭교도라는 불리한 조건을 지녔지만 40대 초의 젊음이 주는 발랄성, 하버드대학 출신으로 몸에 지닌 지성, 그리고 '뉴 프런티어New Frontier'라는 새로운 구호 아래 아이젠하워 행정부 말기에 빠진 침체에서 벗어나 다시 힘차게 전진해나가야 한다는 의기가 그에게 승리를 안겨주었다.

대외정책

케네디의 정치는 대외정책에서 활발한 움직임을 보였다. 1961년 3월 그는 '평화봉사단Peace Corps'을 창설하여 미국의 청년을 저개발국에 파견해서 교육, 기술개발, 의료의 각 분야에서 활동할 기회를 열어주어 국내외로부터 호평을 받았다.

케네디는 또한 이때까지 등한시해온 중남미국가에 대해 '진보를 위한 동맹Alliance for Progress'을 제안하여 이들 나라의 사회적·경제적 개혁을 원조하는 비용으로 100억 달러를 부담할 용의가 있다고 밝혔다. 그러나 케네디의 이러한 계획에 대해 쿠바의 카스트로는 새로운 유형의 경제적 제국주의라고 비난했고 원조를 받는 나라에서도 내정간섭에 대한 우려를 밝히기도 하였다.

케네디의 정책은 쿠바 문제에서 첫 고배를 마셨다. 1961년 4월 아이젠하워시대 말기에 조직·훈련된 쿠바 해방군이 카스트로정권을 타도하기 위해 쿠바에 침입하였다. 그러나 해방군은 거의 섬멸되었고 미국이 기대하였던 반카스트로의 인민 봉기도 일어나지 않았다. 결국 침공계획을 지도하고 케네디에게 계획의 성공을 확언한 중앙정보국 국장 앨런 덜레스Allen W. Dulles가 사임하였고, 계획의 실행을 직접 명령한 케네디도 비난에서 벗어날 수 없었다.

그러나 잠시 추락한 그의 위신은 소련이 쿠바에 설치한 유도탄기지의 철거 문제로 회복되었다. 1962년 10월 전국의 텔레비전 방송을 통해 국민에게 소련이 쿠바에 유도탄기지를 건설 중에 있다는 사실을 알린 케네디는 쿠바에 대한 해안봉쇄를 명령하고 흐루쇼프에게는 기지 철거를 요구하였다. 케네디의 단호한 조치에 때마침 유도탄 기자재를 가득 싣고 쿠바를 향해 운항하던 소련선박은 대서양에서 미해군 선박과 만나자 극적으로 회항했고 이어서 흐루쇼프는 미국이 쿠바에 침공하지 않고 봉쇄를 해제한다는 조건으로 기지 철거에 동의하였다. 이리하여 쿠바를 둘러싸고 미·소 간에 일어날 뻔하였던 핵전쟁의 위기는 일단 사라졌다.

이보다 앞서 1961년 6월 케네디는 오스트리아의 빈Wien에서 흐루쇼프와 정상회담을 가졌다. 여기서는 독일 문제가 주로 논의되었는데, 아무런 결론을 얻지 못하자 흐루쇼프는 1961년 말까지 동서 간에 타협이 이루어지지 않으면 소련은 단독으로 동독과 강화조약을 체결하겠다고 언명하였다. 그리고 8월 동·서 베를린의 경계에 장벽을 구축하고 동베를린 시민이 서베를린으로 불법 이주하는 것을 엄중히 단속하였다. 이에 케네디는 부통령 린든 존슨Lyndon B. Johnson을 서베를린에 파견하여 미국의 방위 결의를 표명하였다. 여기서도 미국의 단호한 태도를 접한 흐루쇼프는 동독과의 강화조약을 연기하지 않을 수 없었다. 그러나 베를린의 장벽은 철거되지 않았다.

쿠바 문제 이후 미·소 간에는 긴장이 완화되는 징조가 나타났다. 1963년 8월 미국은 소련과 부분적 핵실험금지조약을 체결하고 워싱턴과 모스크바 사이에 '핫 라인Hot Line'이라고 불리는 직통전화를 가설하여 우발전쟁이 일어나지 않도록 방지하는 조치를 취하였다. 또 이해에 소련에 흉작이 들자 미국은 소맥을 소련에 수출하기도 하였다.

뉴 프런티어

국내정책에서 케네디는 뉴 프런티어의 구상하에 의회에 경기회복과 경제성장, 사회보장제도를 통한 노약자의 의료·교육에 대한 연방정부의 원조, 천연자원 보존, 고속도로 건설, 주택 및 지역사회 개발 등에 관해 뉴딜 초기 못지않게 많은 교서를 보내 입법을 요청하였다. 그러나 민주당이 의회에서 다수당이었음에도 불구하고 당내 남부파와 공화당의 연합세력에 부딪혀 강력한 영도권을 발휘할 수 없었으므로 그의 구상 가운데 결실을 본 것은 별로 없었다.

이러한 경향은 1962년 중간선거에서 민주당이 계속 다수당의 자리를 유지하였음에도 별다른 변화가 없었다. 그러나 케네디는 중간선거의 승리를 뉴 프런티어의 승리라고 주장하고 1963년 연두교서에서 그가 가장 깊이 고려한 공민권에 관한 새로운 법안을 적극적으로 추진할 결의를 표명하였다. 그는 2월 의회에 보낸 '공민권에 관한 특별교서'에서 "인종차별은 미국이 해외에서 주장하는 바를 국내에서 부인하여 미국의 세계적 영도력을 약화시킨다"라며 공민권 문제의 중요성을 강조하였다.

이보다 앞서 케네디는 법무장관에 동생인 로버트 케네디Robert F. Kennedy를 임명하여 주 간 교통수단에서의 흑백분리 폐지와 흑인의 투표권 확보를 위해 새로운 조치를 취하게 하였다. 1962년 10월에는 미시시피대학에 입학하려는 흑인학생 제임스 메러디스James Meredith를 보호하기 위해 연방군을 파견했고 전례 없이 많은 흑인을 연방정부의 관리로 등용하였다. 한편 공민권법안이 제출되면서 흑인의 민권운동도 활발해졌고 이 운동을 지지하는 분위기도 백인들 사이에서 높아갔다.

1963년 4월 앨라배마주의 버밍햄Birmingham에서 상점, 식당, 고용에서의 차별철폐운동을 시작한 킹 목사는 워싱턴에서 대규모 시위행진을 조직하여 흑·백인 25만 명의 군중을 링컨기념관 앞에 모이게 하였다. 이 군중 앞에서 그는 '나에게는 꿈이 있습니다I have a dream'라는 감동적인 연설을 하여 인종차별이 없는 미래의 미국상을 제시하였다. 시위 군중들은 '우리는 승리하리라We Shall Overcome'라는 오래된 찬송가를 합창하였다. 이러는 동안 하원의 위원회는 정부안보다 강력한 공민권법안을 본의회에 상정하였다. 이 법안이 의회를 통과하지 못할 것으로 판단한 케네디가 타협안을 작성했으므로 이에 대한 공청회를 1964년 1월에 열기로 하였다.

그러나 공민권법안에 대한 케네디의 적극적 자세는 남부에서 반케네디운동이 일어나게 하였다. 그래서 그는 1964년의 대통령 선거에 대비하여 남부민주당을 굳게 결속시키기 위해 남부 연설여행을 계획하고 1963년 11월 21일 텍사스로 떠났다. 그러나 다음 날 댈러스Dallas의 거리를 오픈카를 타고 통과하던 중 저격을 받아 암살되었다.

케네디의 암살은 미국뿐 아니라 전 세계에 커다란 충격을 주었다. 그는 대통령에 재임한 지 꼭 1,000일 만에 참변을 당했으므로 사실상 대통령으로서 이룬 업적은 그다지 많지 않았다. 하지만 그는 미국정치에 참신한 기풍을 불어넣었고, 미국이 자신과 희망을 갖고 미래에 도전하는 새로운 나라라는 인상을 부활시키는 데 크게 기여하였다.

존슨의 계승

케네디를 계승한 부통령 존슨은 케네디와는 전혀 다른 경력을 가진 인물이었다. 그는 텍사스에서 태어나 교직생활을 거친 뒤 뉴딜시대에 하원의원으로 출발하여 뉴딜정책을 지지하였고, 전후 상원에서 의석을 차지한 뒤 아이젠하워시대에는 민주당의 상원 원내총무의 일을 맡아 의회정치의 기술을 터득한 정치가로 명성을 얻었다. 그러므로 의회에 대한 영도력이 강하였던 그는 단기간에 많은 중요법안을 성립시켰다. 하지만 그는 케네디의 배후에 있었던 동부 지식인들로부터 광범한 지지를 받지 못했고 또 언론으로부터도 그다지 환영받지 못하였다.

대통령에 취임한 존슨은 케네디 암살의 진상을 조사시키는 한편 전임자의 정책을 이어 케네디가 준비한 민권법을 제정하였다. 1964년의 민권법은 연방자금의 사용 및 공공휴양시설에서의 인종차별을 금지하고 고용평등기회위원회를 신설하여 고용에서의 차별을 금지하였다.

위대한 사회

존슨은 국내정책 전반에서는 1964년 5월 '위대한 사회The Great Society'라는 명칭의 계획을 발표하고 이듬해 연두교서에서 위대한 사회는 "얼마나 많이뿐 아니라 어떻게 하면 좋게를, 부를 창조하는 방법뿐 아니라 부를 사용하는 방법을, 어떻게 빨리 가고 있는가뿐 아니라 어디로 향하고 있는가를 요구한다"라고 하였다. 그리하여 '미국에서 빈곤에 대한 조건 없는 전쟁'을 선언하고 빈곤대책법안을 의회에 제출하여 이 법을 통과시켰다.

단기간에 이러한 업적을 쌓아올린 존슨은 민주당의 지명을 받아 1964년 대통령 선거전에 임하였다. 당시 공화당은 보수파 상원의원 배리 골드워터 Barry M. Goldwater를 대통령 후보로 지명하였다. 그는 지명 수락연설에서 "자유를 수호하는 데에서 취해지는 극단주의는 악덕이 아니다"라는 유명한 말을 남겼다. 그러나 선거 결과는 골드워터의 참패로 나타났다. 존슨은 일반투표에서 1,590만 표를 앞섰고 선거인단투표에서는 남부의 5주와 골드워터의 출신 주인 애리조나Arizona를 잃었을 뿐이었다. 의원 선거에서도 민주당은 상·하 양원에서 크게 승리하였다. 뉴 프런티어와 위대한 사회의 구호는 미국민에게는 여전히 매력적이었다.

자력으로 대통령에 당선된 존슨은 국내정책에서 더욱 실적을 쌓았다. 민권 문제에서는 연방정부가 흑인의 투표권을 보장하는 새로운 민권법을 통과시켰고 교육과 의료에 대한 연방정부의 원조법을 제정하였다. 새로 주택·도시개발부를 설치하여 역사상 처음으로 흑인을 장관에 임명하였다. 이민법을 개정하여 민족별 이민할당허가제를 폐지하고 공해 방지에 관해서 기초적인 법을 제정하였다. 또 케네디의 구상을 살려 국립예술인문재단법을 제정하여 연방정부가 예술문화진흥을 원조할 수 있는 길을 터놓았다. 빈곤에 대한 전쟁에서는 경제기획처Office of Economic Opportunity를 창설하여 이 기관의 지도하에 여러 가지 대책을 강구하도록 하였다. 존슨은 1965년 1년 동안에만 의회에서 86개의 중요법안을 통과시켰다. 이러한 성과는 화해와 타협을 신조로 하면서 여론이 추구하는 것에 부합하려는 존슨의 정치적 행태의 산물이기도 하였다.

존슨은 이와 같이 국내정치에서 케네디가 하지 못한 일까지 맡아 그것을 확대하면서 커다란 업적을 올렸으나, 그의 인기는 1965년을 고비로 차츰 떨어지기 시작하였다. 여기에 결정적인 역할을 한 것이 베트남전쟁이었다. 베트남전쟁 때문에 1960년대 후반의 미국은 전쟁 문제뿐 아니라 여러 문제에서 커다란 진통을 겪었다.

제11장

팍스 아메리카나의 애환

베트남전쟁의 미 해병대

워싱턴 D.C.에서 열린 베트남전 반대 시위
[CC BY-SA 3.0 Leena A. Krohn]

백악관에 모인 인권 운동가들

제1절 _ 격동의 1960년대

아이젠하워, 케네디와 베트남

1954년 7월 제네바에서 체결된 휴전협정으로 베트남이 분단된 이후 남쪽에서는 응오딘지엠Ngo Dihn Diem을 대통령으로 하는 베트남공화국이 수립되었다. 이 공화국에 아이젠하워정부는 1961년까지 매년 2억 달러 상당의 군사와 경제 원조를 제공하였다. 그러나 북베트남은 남쪽의 불안정한 정세를 틈타 반지엠 세력과 결탁하여 농촌을 근거지로 삼아 반정부 게릴라전을 전개하면서, 1960년에는 '베트남민족해방전선NLF, National Liberation Front'(소위 베트콩)을 남베트남에서 조직하여 공공연히 베트남 해방을 선언하였다. 이때부터 베트남의 내전은 격화되는 양상을 띠었다.

아이젠하워정부로부터 베트남 문제를 인계받은 케네디는 베트남이 공산화되면 동남아시아국가들이 차례로 공산화된다는 '도미노이론'에 입각하여 베트남을 방위하기로 결정하였다. 이에 따라 아이젠하워정부 때 군사고문의 명목으로 베트남에 파견한 미국 군사요원의 수를 700명에서 1963년 말까지 16,300명으로 늘렸다. 그러나 케네디는 직접적인 군사 개입에 반대했고 1963년 9월에는 베트남 방위의 책임은 베트남인 자신에 있다는 것을 강조하면서 다음과 같이 말하였다.

베트남에서의 싸움은 전쟁입니다. 이기든 지든 그들의 문제입니다. 미국은 그들을 도울 수 있습니다. 장비를 제공할 수 있습니다. 미국인을 고문으로 파견할 수 있습니다. 그렇기는 하나 베트남 사람들이 싸움에서 이겨야 합니다.

그러나 베트남정부에 대한 베트콩의 파괴공작은 멈추지 않았다. 한편 날로 부정부패의 치부를 드러내던 지엠정권은 1963년 11월 군부의 쿠데타로 쓰러지고 말았다. 그 뒤 민정이 수립되었으나 정세는 계속 불안정하였다.

존슨과 베트남전쟁의 확대

케네디로부터 존슨이 대통령직을 계승했을 때 베트남의 정세는 이러하였으나 베트남 문제는 아직 큰 비중을 갖지는 않았다. 그러나 1964년 8월 통킹 Tonking만에서 베트남군의 작전을 지원하고 있던 미국의 구축함을 북베트남의 어뢰정이 공격하자 베트남 문제에 대처하는 미국의 태도는 갑자기 강경해졌다. 존슨정부는 북베트남에 대한 보복적 폭격을 명령하는 한편, 대통령은 의회에 "베트남을 원조하고 침략을 저지하기 위해 무력의 사용을 포함한 필요한 모든 조치를 취할 수 있는 권한"을 요청하였다. '동남아시아 결의안'이라고 불리는 대통령의 요청은 상원에서 86 대 2, 하원에서 416 대 0으로 가결되었다. 그러나 이때만 해도 베트남전쟁을 확대할 생각이 없었던 존슨은 미국의 직접개입을 가능한 한 억제하려 하였다.

당시 베트남 정부군은 10 대 1 정도로 수적으로 베트콩에 우세하였다. 그럼에도 불구하고 베트콩의 지배 지역은 점차 넓어져 그런 추세로 가면 남베트남이 붕괴할 위험마저 있었다. 이러한 때 1965년 2월 베트콩의 포격으로 미국의 군사요원이 살해되는 사건이 일어났다. 그러자 이 사건을 구실로 미국은 북베트남에 대해 이른바 북폭北爆을 개시하고 미군을 전투에 직접 참가시켜 1965년 말까지 주베트남 미사령관의 요청으로 18만 4,000명의 병력을 증파하였다. 미국이 간접개입에서 베트남전쟁을 미국화Americanization하는 직접개입으로 정책을 바꾸자, 그때까지 소수의 병력을 남쪽으로 침투시켰던 북베트남도 정규군을 보내기 시작하여 베트남전쟁은 새로운 국면으로 들어섰다. 한국의 청룡과 맹호, 양 부대의 베트남 파병도 미국의 베트남전쟁에 대한 정책 전환의 결과로 이때부터 이루어진 것이다.

미국이 베트남전쟁을 미국화한 이유는, 첫째, 남베트남 정부와 국민의 사기

를 북돋우고, 둘째, 북폭으로 북베트남의 전의를 꺾어 베트콩으로 하여금 휴
전을 제의하도록 하려는 데 있었다. 그러나 미국화의 대가는 너무나 비쌌다.

1965년 20만 명에 달하였던 주베트남 미군의 병력은 1966년 38만 명,
1967년 48만 명, 1968년 53만 명으로 늘어갔다. 그동안 미군의 인명 손실도
늘어 전사자 수는 1965년 1,000명 정도에서 1966년 7,000명, 1968년에는 드
디어 1만 2,000명을 웃돌았다. 전비도 격증하여 1967년까지 매년 200억 달
러를 사용하였다. 이러한 막강한 미국의 군사력 앞에 베트콩과 북베트남 정
규군의 활동은 잠시 소강 상태에 들어간 듯하였다.

그러나 베트콩과 북베트남 정규군은 1968년 1월 30일, 즉 테트Tet(음력
설) 축제일에 사이공Saigon의 미대사관을 급습하고 이것을 신호로 갑자기
베트남 전역에서 공격을 취해 자신들의 건재함을 과시하였다.

한편 북베트남의 전의를 파괴하기 위해 시작한 북폭은 1968년 말까지
320만 톤의 폭탄을 북베트남에 퍼부었으나 국제적으로 미국을 비난하는 소
리만 높였을 뿐이었다. 제2차 세계대전 때 전선 전체에서 미국이 투하한 폭
탄량이 200만 톤, 한국전쟁 때는 63만 톤이었다는 것을 생각하면 북폭의 양
이 얼마나 컸는지를 짐작할 수 있다.

베트남전쟁이 이처럼 커지고 막대한 물량 소모에도 불구하고 아무런 진
전을 보이지 않자 미국의 국론은 전쟁 지지의 '매파'와 전쟁 반대의 '비둘
기파'로 갈라져서 차츰 반전운동이 일어나기 시작하였다.

의회 내에서는 민주당의 윌리엄 풀브라이트J. William Fulbright, 로버트
케네디, 유진 매카시Eugene J. McCarthy, 마이크 맨스필드Mike Mansfield 상
원의원 등이 존슨의 확대정책을 격렬히 비난하였다. 의회 밖에서는 1967년
10월 20만 명의 군중이 워싱턴에 모여 국방부로 반전 항의 시위행진을 시도
하기도 하였다. 한편 반전운동은 그때까지 흑인, 대학생, 젊은 지식인들 사
이에서 싹트고 있던 미국사회에 대한 불만과 결부되어 반체제운동으로 차

츰 발전하면서 더욱 과격한 방향으로 나아갔다.

흑인의 민권운동

제2차 세계대전 이후 정부가 수차에 걸쳐 제정한 민권법과 흑인들 자신의 투쟁으로 흑인의 민권은 크게 신장되어 남부에서는 식당, 여관, 그 밖의 공공시설에서 장벽이 많이 제거되었지만, 백인사회에 대한 흑인들의 불만이 크게 줄어들지는 않았다. 특히 1960년대에 전체 흑인의 40퍼센트 이상을 차지했던 북부 흑인들의 불만도 남부의 흑인들 못지않았다. 왜냐하면 이들은 대부분 큰 도시의 빈민굴에 살았고 주택, 교육, 고용에서 계속 차별을 받고 있었기 때문이다.

드디어 1965년 로스앤젤레스 근교의 흑인 거주지역인 와츠Watts에서, 1966년 시카고에서, 1967년 디트로이트, 뉴어크Newark를 비롯한 그 밖의 도시에서 흑인들이 폭동을 일으켜 자신들의 불만을 백인 상가 약탈 등으로 폭발시키는 사태가 벌어졌다. 이러한 과정에서 일부 흑인들은 무저항, 비폭력에 입각한 킹 목사의 민권운동에서 벗어나 맬컴 엑스Malcolm X의 흑인민족주의운동, 스토클리 카마이클Stokely Carmichael의 '블랙파워Black Power' 같은 보다 과격한 운동에 동조하는 경향이 나타났다.

특히 블랙파워는 흑인의 인종적 · 문화적 자부심을 고취하면서 완전평등의 기반에서 흑백통합은 찬성하나 그렇지 않은 기반에서 이루어지는 흑 · 백통합은 백인사회에 대한 굴복이라며 도리어 인종적 분리를 주장하였다. 이들은 또한 경제적으로 사회주의적 성향을 띤 정책을 구상했고 그러한 정책의 실현을 위해 백인에 대한 보복적 폭력도 불사한다고 하였다. 이들 중에서 호전적인 흑인들은 따로 '흑표범단Black Panther' 같은 군사조직까지 만들기도 하였다.

이처럼 과격해지는 흑인운동에 대해 킹 목사는

폭력을 주장하는 것은 미국의 생활가치 중에서도 가장 나쁘고 가장 잔인하고 가장 비문명적 가치를 모방하는 것입니다. 고립을 통한 흑인의 구제란 있을 수 없습니다. 흑인은 백인을, 백인은 흑인을 필요로 합니다.

라고 하면서 흑·백연합에서 흑인의 지위 향상을 강조하였다. 그러나 이처럼 점진적이며 온건한 킹 목사조차 미국사회에서는 용납되기가 어려운 듯 그는 1968년 4월 4일 미시시피주의 멤피스Memphis에서 암살되었다.

킹 목사의 죽음은 흑인사회에 커다란 충격을 주었다. 그 충격은 172개 도시에서 흑인폭동으로 나타나 수많은 사람이 죽고 다치고 체포되었다. 또한 그의 죽음은 흑인들에게 소외감과 절망감을 더욱 강하게 안겨주었다.

한편 1969년의 여론조사에 의하면 흑인의 대다수는 폭력 없이 평등을 획득할 수 있다고 믿고 있고 미국과 같은 다원적 인종사회의 이상을 받아들이고 있는 것으로 나타났다.

젊은이들의 반항

1950년대 미국의 젊은이들은 대체로 미국사회의 가치관과 생활양식에 순종하여 침묵을 지켰으나 이른바 '비트닉Beatnik'이라고 불리는 소수의 젊은이들은 그러한 풍조에 반항하고 있었다. 1960년대에 들어오자 케네디의 뉴프런티어는 젊은이들에게 새로운 활기를 불어넣어 그들의 에너지를 보다 유익한 방향에서 발산할 수 있는 기회를 제공하였다. 그리하여 평화봉사단을 비롯하여 국내의 개혁운동, 흑인의 민권운동에 적극적으로 참가하는 젊은이의 수가 늘어갔다. 그러나 케네디의 죽음은 미국사회에 대해 평소 품고 있던 그들의 의혹이 거짓이 아님을 확인시켜주었고 그러자 기성질서, 기성세대를 불신하는 풍조가 크게 일어났다.

젊은이들의 반항은 1964년 12월 캘리포니아대학의 버클리Berkeley캠퍼스에서 주목할 만한 움직임을 나타냈다. 학생들은 그들의 교외활동을 제약하고 관료화되어가는 대학 당국의 처사에 반대하여 '언론자유운동Free Speech Movement'을 일으켰고 교내 시위, 교사 점거 등의 과격한 행동을 취하였다. 1965년 봄에는 미시간대학을 비롯하여 여러 대학에서 '토론회 teachin'가 열려 교수와 학생이 다 같이 참가하여 베트남전쟁에 반대하는 토론을 벌이면서 존슨정부를 공격하였다. 베트남전쟁의 격화로 존슨정부가 베트남에 파견하는 병력을 증강하기 위해 대학생을 징집하기 시작하자, 학생들은 소집영장을 소각하고 성조기에 모욕을 가하는 행동도 자행하였다.

한편 '개인생활의 질과 방향을 결정하는 사회적 결정'에는 개인이 적극적으로 참가해야 한다는 이른바 '참여민주주의participatory democracy'를 주장하면서 1962년에 발족한 '민주사회를 위한 학생SDS, Student for a Democratic Society' 단체는 반전시위를 조직하여 워싱턴으로 진출하기도 하였다.

1969년 새로 등장한 닉슨정부가 베트남전쟁의 '베트남화Vietnamization' 정책으로 전환하면서 반전운동과 결부된 학생운동은 차츰 열을 식혀갔지만, 1970년 당시 미국의 대학생 수가 850만 명에 이르렀다는 것을 생각한다면 미국사회에 끼친 학생운동의 영향은 결코 과소평가할 수 없다. 이른바 '스튜던트 파워Student Power'라는 말도 미국 학생들의 잠재적 집단력을 과시하고 인정하는 데서 나온 말이었다.

그러나 미국의 젊은이들이 모두 학생운동 같은 정치적 운동에만 참여한 것은 아니었다. 이들 중에는 스스로 사회로부터 이탈하여 그러한 행위로 기성사회에 반항하는 뜻을 나타내는 층도 있었다. 이들이 이른바 '히피족 Hippies'이다. 이들은 일반 학생에 비해 교육수준도 낮고 사회계층적으로도 비교적 하층에 속하였다. 장발에 수염을 기르고 목걸이와 팔찌를 하고 그들끼리만의 공동체생활을 영위했기 때문에 외관상 불결하고 미국사회의 불건전성의 표본처럼 보이기도 하였다. 하지만 이들은 인생을 목적이 아니라 하나의 사건happening으로 보고 미국처럼 고도로 발전한 기술문명사회 속에서 인공적인 가치가 아니라 가식이 없는, 그리하여 자연발생적인 참됨을 추구하는 데서 만족을 찾고자 하였다. 그러나 히피운동도 베트남전쟁이 종결 단계에 접어들면서 사회적으로 많은 문제를 남긴 채 차츰 쇠퇴하였다.

신좌파

베트남전쟁, 흑인운동, 학생운동이 격렬해지면서 미국의 일부 지식인들 사이에서는 '신좌파New Left'라고 일컬어지는 과격파가 나타나기 시작하였다. 신좌파의 중요한 조직활동체는 SDS였지만 이것은 통일된 조직적 집단이 아니었고 오히려 비조직성을 특징으로 하였다. 이들은 체제 내에서 개혁을 주장하는 '진보주의자'를 공격하고 미국의 기존 질서, 가치에 전면적인 도전을 시도하면서 폭력의 필요성을 역설하기도 하였다.

허버트 마르쿠제Herbert Marcuse 같은 철학자는 미국사회를 변혁하는 데 합법적인 방법이 적당하지 않다면 권력의 억압을 받고 있는 소수세력이 저항의 수단으로 비합법적 방법을 사용하는 것은 자연권이라고 주장하였다. 그러나 하버드대학의 언어학 교수로 반전운동의 선봉에 나섰던 놈 촘스키Noam Chomsky는 마르쿠제의 미국사회에 대한 진단에 동의하면서도 폭력을 거부하고 시민적 불복종을 통해 미국사회를 변혁할 수 있다고 주장하였다.

한편 신좌파 일부에서는 체제의 가면을 벗겨 국민에게 변혁의 불가피성을 철저하게 인식시키려는 움직임도 나타났다. 이른바 신좌파사가라고 불리는 역사가들에게서 이러한 경향이 두드러졌는데, 이들은 전통적 역사가들이 의식적이든 무의식적이든 은폐했거나 외면했던 사실을 들추어내어 미국인의 양심에 호소하였다.

이들은 아메리칸인디언, 흑인, 멕시코계 미국인, 동양인 등 소수인종에게 가해진 박해의 역사, 노사 투쟁사, 대외 침략사 등에 관심을 두었고 미국사를 그들의 현재적·정치적 입장에서 재구성하려고 하였다. 이러한 현재주의로 인해 이들의 연구 중에는 학문적 가치가 의심되는 것도 있지만 미국사연구의 영역을 넓히고 새로운 자료를 발굴하였다는 점에서 이들의 업적을 전적으로 부인할 수는 없다.

1968년 대통령 선거

1960년대의 격동은 1968년 대통령 선거를 맞이하면서 절정에 이르렀다. 이해 2월 베트콩의 테트공세로 반전운동이 더욱 격화하는 양상을 띠자 3월 존슨 대통령은 불출마를 선언하였다. 그의 퇴진은 베트남전쟁에서 미국화 정책의 실패와 그로 인한 존슨 자신의 지지도 하락을 스스로 인정한 것이나 다름없었다. 존슨은 민주당의 대통령 후보로 부통령인 휴버트 험프리 Hubert H. Humphrey를 밀었으나 로버트 케네디가 출마를 발표하자 전당대회에서 존슨의 뜻대로 지명이 될지는 불투명하였다.

당시 로버트 케네디는 학생, 지식인, 빈민, 흑인, 멕시코계 미국인 등 1960년대를 격동 속에 몰아넣은 주역들로부터 압도적 지지를 받았고 이에 따라 예비선거에서 항상 험프리를 눌렀다. 그러나 캘리포니아주의 예비선거에서 승리한 6월 6일 밤, 팔레스타인계 아랍인에 의해 암살되어 지명을 받을 기회를 영원히 상실하고 말았다. 결국 전당대회에서는 험프리가 대통령 후보 지명을 받았다.

공화당에서는 극적으로 정계에 복귀한 닉슨을 후보로 지명하였다. 선거 결과는 베트남전쟁에 대한 실책으로 민주당에 불리할 거라고 예상되었으나 투표 직전인 11월 1일 존슨 대통령이 북폭을 전면적으로 정지시키자 어느 쪽이 승리할지 예측하기가 어려워졌다. 예상을 뛰어넘은 대접전의 결과 총투표 수 7,320만 표 중에서 닉슨이 50만 표의 차이로 승리하였다. 이제 미국민은 베트남전쟁의 해결, 격동의 종식을 닉슨에게 맡기게 되었다.

제2절 _ 베트남전쟁의 종결과 워터게이트 사건

닉슨의 베트남화 계획

닉슨은 1969년 1월 대통령에 취임하면서 바로 베트남전쟁의 해결에 착수하였다. 닉슨은 군사적으로는 미군을 단계적으로 철수하여 베트남전쟁을 베트남인에게 맡기는 이른바 '베트남화계획'을 촉진하고, 외교적으로는 이와 병행하여 전년 5월부터 시작된 이래 별 진전이 없는 파리평화회담을 타결하는 데 목표를 두었다. 그리하여 6월 남베트남의 대통령 응우옌반티에우 Nguyen Van Thieu와 미드웨이섬에서 협의한 뒤 철군계획을 발표했고, 이에 따라 이해 4월 54만에 이르렀던 주베트남 미군 병력을 1972년 9월까지 6만으로 축소하였다. 평화회담에서는 하버드대학의 국제정치학 교수인 헨리 키신저Henry A. Kissinger를 대통령안보담당특별보좌관으로 임명하여 수차례에 걸쳐 비밀리에 파리를 오가게 해서 북베트남 대표와의 교섭을 진행시켰다.

이러는 동안 닉슨은 7월 괌에서 돌아온 뒤에 '닉슨주의Nixon Doctrine'라는 이름이 붙여진 새로운 아시아정책을 발표하였다. 이 발표에서 그는 아시아 우방국가의 자주국방과 자립경제의 확립을 역설하여 이에 대한 원조를 미국은 아끼지 않을 것이나 문제가 발생할 경우 베트남전쟁처럼 미국이 직접 군사적으로 개입하는 일은 삼갈 것이라고 하였다.

반전운동의 격화

한편 1968년 존슨시대에 절정에 이르렀던 반전운동은 닉슨이 취임하자 전쟁 종결을 위한 시간적 여유를 주려는 듯 잠잠해졌다.

그러나 파리평화회담이 지지부진하고 1969년 9월 북베트남의 호찌민胡志明이 사망한 뒤 평화교섭에 대한 북베트남의 태도가 오히려 굳어져 조기

타결의 전망이 어두워지자, 10월 15일과 11월 19일 베트남모라토리엄위원회Vietnam Moratorium Committee는 전국적으로 주요도시에서 커다란 반전운동을 일으켰다. 이때 시위행진, 강연회, 전몰장병 추도식에 참가한 군중의 수는 수백만에 달하였다.

이어서 1970년 4월 캄보디아의 정변을 틈타 그 영토 내의 공산군 성역을 소탕한다는 명목 아래 미군이 국경을 넘어 캄보디아로 출병하자 반전운동은 더욱 격렬해졌다.

전국 2,500여 개 대학 가운데 반수 이상의 대학에서 150만 명의 대학생이 대학 구내에서 반전시위운동에 참가했고, 급기야는 5월 오하이오주의 켄트Kent주립대학에서 학생들과 시위를 진압하기 위해 출동한 주 민병대 사이에 충돌이 일어나 4명의 학생이 죽고 10명의 학생이 부상당하는 사건마저 일어났다.

캄보디아 출병은 의회 내에서도 큰 말썽을 일으켰다. 의회는 대통령의 헌법상의 출병 권한에 의문을 제시하고 1964년 8월 의회를 통과했던 통킹만 결의를 폐기하는 한편, 타국에 대한 미군의 개입을 제한하고 베트남전쟁 비용 삭감을 목적으로 제출된 각종의 제안들을 토의하기 시작하였다. 반전운동과 의회의 입력으로 결국 캄보디아에 출병한 미군은 별다른 목적을 달성하지 못한 채 6월 말 철수하였다.

베트남전쟁의 종결

주베트남 미군의 철수가 진행되면서 북폭은 존슨시대보다 더욱 심해졌다. 또 미군의 지원을 받은 남베트남군이 호찌민의 보급로를 차단하기 위해 1971년 1월부터 라오스 남부에 진격하였다. 그러나 북폭은 여전히 미국이 기대한 만큼의 성과를 내지 못하였고 라오스 작전도 결과적으로는 실패로 돌아갔다. 오히려 1972년 봄이 되자 미·소 정상회담을 앞두고 북베트남과 베트콩이 기습적인 대공세를 취해 남베트남군에 커다란 타격을 가하기도 하였다. 이에 닉슨은 북폭을 강화하는 한편 하이퐁Haiphong항과 그 밖의 항구에 기뢰機雷 부설을 명령하고 동시에 북베트남이 미군 포로를 석방하고 국제감시하의 휴전에 동의한다면 4개월 내에 베트남에서 전 미군을 철수하겠다고 발표하였다.

이로 말미암아 그동안 중단되었던 파리평화회담이 재개되었고 키신저와 북베트남 대표와의 비밀협상도 다시 시작되었다. 그 뒤 우여곡절을 겪은 끝에 1973년 1월 27일 휴전협정이 파리에서 조인되고 3월 미군의 마지막 부대가 베트남에서 철수하여 미국의 베트남전쟁에 대한 군사적 개입은 공식적으로 끝이 났다.

그러나 남베트남 내부에 북베트남과 베트콩의 군사력을 남겨놓은 채 체결된 휴전협정은 실효가 없다는 것이 처음부터 드러났다. 휴전 첫날부터 위반사건이 속출하였고 전투는 도처에서 휴전 전과 다름없이 계속되었다. 이러한 사태에 대해 국제관리·감시위원회의 활동은 극히 무력했으므로 5월에 키신저와 북베트남 대표는 파리에 모여 '베트남 휴전협정의 완전실시'를 위한 회담을 갖고 6월에 합의사항을 공동성명으로 발표하였으나 휴전위반사건이 줄어든 것 말고는 별 효과가 없었다. 한편 정치문제를 해결하기 위한 남베트남과 베트콩의 회담도 양측이 서로 비난만 되풀이할 뿐 아무런 소득이 없었다. 결국 휴전협정에서 실시된 것은 미군 철수와 미군의 포로 석방뿐이었다. 이러한 상황 속에서 미군 철수 이후 남베트남의 공산화는 시간문제라는 불길한 예언마저 돌기 시작하였다.

드디어 1975년 1월부터 그동안 은밀하게 군비를 갖춘 북베트남과 베트콩이 남베트남에 대해 전면적 공세를 취하자 남베트남 정부군은 미국의 막대한 군수물자를 방치한 채 와해되기 시작하여 4월 말 남베트남정부는 소멸하였고 베트남 주재 미국인도 최종적으로 철수하여 20년간에 걸친 미국의 베트남전쟁 개입도 완전히 막을 내렸다.

베트남의 상실은 미국에 커다란 상처를 안겨주었다. 자국 역사상 가장 오랜 전쟁을 한 미국은 이 전쟁에서 남북전쟁과 제1, 2차 세계대전을 제외하면 5만 7,000명이라는 가장 많은 사상자를 냈고 제2차 세계대전을 제외하면 1,500억 달러라는 가장 많은 전비를 소비했지만, 얻은 것은 대내적으로는 국론의 분열이었고 대외적으로는 미국의 위신 추락뿐이었다.

대외정책 – 대결에서 협상으로

닉슨의 베트남전쟁의 해결은 베트남에 대한 포기로 끝났으나 그는 대외정책 전반과 관련하여 1970년 2월 '1970년대의 미국 대외정책 – 평화를 위한 새 전략'이란 특별교서를 발표하여 "대결의 시대는 끝나고 협상의 시대에 들어섰다"라고 선언하였다. 이 교서에서 닉슨은 첫째, 미국은 세계경찰국가의 지위를 벗어나 다른 나라의 문제에 간섭하지 않을 것이며, 둘째, 우방과 동맹국과의 관계를 지배체제에서 협력체제로 전환하고, 셋째, 소련과 중공과의 화해를 모색하는 것을 기본방침으로 한다고 밝혔다.

닉슨의 이러한 전략에는 이데올로기보다는 국가적 이익을 존중하는 견해가 바탕이 되었고 그의 보좌관인 키신저의 세력균형이론은 국익중심주의적 외교를 강화해주었다. 닉슨은 1971년 "강력하고도 건실한 미국, 유럽, 소련, 중국, 일본이 존재하고 서로가 적대하는 것이 아니라 세력의 균형을 동등하게 유지한다면 세계는 전보다 더 안전하고 좋아질 것이다"라고 하였다. 일찍이 반공주의를 내걸고 덜레스류의 강경정책을 지지했던 닉슨이 고전적인 세력균형이론에 기반해서 미국의 대외정책을 재편성하려 하였다는 것은 커다란 전환이라고 말하지 않을 수 없다.

이러한 닉슨외교에서 가장 대담하게 시도되고 극적으로 성취된 것이 중공 방문이다. 그의 중공 방문은 1971년 7월 키신저의 북경 비밀방문 때부터 준비되어 1972년 2월 21일부터 28일에 걸쳐 이루어졌다. 당시 중공은 미·소 간에 중공을 대상으로 한 동맹이 이루어지는 것을 우려하고 있었으므로 미·중 접근의 필요성을 느끼고 있었다. 1949년 중공과의 관계가 단절된 뒤 23년 만에 이루어진 중공 방문을 마친 닉슨은 귀국 길에 오르기 앞서 자유중국이 차지하고 있는 대만이 중국의 일부라는 것, 주대만 미군은 언젠가는 철수할 거라는 것, 대만 문제는 중국인 자신의 해결에 맡긴다는 것 등의 내용을 담은 공동성명에 서명하였다.

그 뒤 미국은 자유중국에 대한 승인을 취소하고 중공을 유일한 합법정부로 선언하여 1979년 1월 이후 양국 국교는 정상화되었다.

한편 소련과의 관계에서 가장 시급하였던 문제는 군비경쟁을 규제하는 일이었다. 1972년경 대륙 간 유도탄기지에서는 소련이 미국보다 1,600 대 1,054로 우세했으나 핵탄두에서는 미국이 소련보다 5,700 대 2,500으로 우세하였다. 그러나 양국은 이에 소요되는 과중한 예산에 압박을 받고 있었으므로 서로 제한조치를 취할 용의가 있었다. 그래서 1969년부터 전략무기제한회담SALT, Strategic Arms Limitation Talks이 시작되었는데, 1972년 5월 닉슨이 모스크바를 방문하여 정상회담을 가졌을 때 이 회담은 극적인 타결을 보았다. 결국 양국은 유도탄기지와 핵탄두에서 서로의 우위를 인정하고 그 이상의 수량 확대를 제한하는 데 합의하였다. 이 합의로 양국의 경쟁은 질적 향상으로 방향을 바꾸었으나, 핵무기에 대한 인류의 공포를 어느 정도 완화하였다는 데 협상의 의의가 있다.

유럽 문제에서도 미·소는 대체로 현상 유지에 합의했을 뿐 아니라 닉슨은 '지체 없이' 유럽안보회의를 열자는 소련 측의 제안을 수락하였다. 그리하여 1973년 9월부터 제네바에서 실질적인 토의가 시작되어 1975년 7월 말 헬싱키에서 열린 미국, 영국, 프랑스, 소련, 서독 등 35개국의 정상회담에서 결실을 보게 되었다.

다만 양국은 중동 문제에서만은 계속 의견 대립을 보였다. 미국은 이스라엘의 독립 유지에 대한 전통적 언약을 변경할 뜻이 없었고, 소련은 아랍제국, 특히 이집트를 도와 지중해에서 발판을 확고히 하는 정책을 견지하고 있었기 때문이다. 그러나 전반적으로 닉슨외교를 평가해보면 '대결에서 협상으로'라는 그의 기본전략이 대체로 충실히 추구되었고 제한된 범위에서나마 어느 정도의 성과를 올렸다고 할 수 있다.

국내정책

닉슨의 경우 국내정책은 대외정책에 비해 중요성이 떨어졌다. 그는 1968년 "미국은 국내적으로 대통령 없이도 잘해나갈 수 있다"고 항상 생각한다며 필요한 것은 '통치에 유능한 각료'라고 말하였다. 스스로 '말이 없는 대다수great silent majority'의 미국인인 중산계급의 편이라고 밝힌 그는 이들의 자유를 위해서 되도록 연방정부의 권한을 축소하는 것이 바람직하다는 입장을 취하였다. 하지만 닉슨은 실질적으로 연방정부의 권한 확대를 가져오는 뉴딜 이래의 복지정책을 외면하지는 않았다. 그 증거로 닉슨은 1969년 여름 '가정원조계획Family Assistance Plan'을 발표하였다.

이 계획은 케네디 대통령 시대에 시작한 '부양가족원조AFDC, Aid to Families with Dependent Children'를 개편한 것으로, 4인 가족 가운데 별도로 수입이 없는 가족에게 1년에 1,600달러를 연방정부가 원조한다는 것을 골자로 하였다. 이 계획은 연방정부가 지불하는 복지수당의 최저기준을 설정했다는 데 의의가 있으나 그 기준이 충분하지 않다는 비판이 나오기도 하였다. 어쨌든 이로써 정부의 원조를 받는 인원수는 1972년 당시 1,490만 명에 달했고 이 숫자는 미국 전체 인구의 6퍼센트를 차지하였다. 또 이 중 백인이 49퍼센트, 흑인이 46퍼센트이며, 1971년 당시 복지수당을 지급받는 사람 중 아동이 55.5퍼센트, 노령자가 15.6퍼센트, 장애자가 9.4퍼센트이며, 18.6

퍼센트가 노동 가능 연령의 실직 중인 아이를 가진 여성이었다.

다음으로 베트남전쟁으로 악화된 경제상태 개선에 착수하였다. 실직자 수는 1968년 전 인구의 3.3퍼센트에서 1970년에는 약 5.8퍼센트(약 460만 명)로 증가하였다. 국민총생산은 줄었으나 인플레이션은 멈추지 않았다. 1969년 1월부터 1971년 8월까지 생계비는 14.9퍼센트가 늘고 미국 달러화의 구매력은 8.5퍼센트나 줄었다. 이 바람에 1971년 정부의 적자는 296억 달러나 되었고 국제무역에서는 1893년 이래 처음으로 30억 달러의 초과수입 현상을 나타냈다. 그래서 1971년 8월 15일 닉슨은 달러화의 가격 유지와 경기회복을 목적으로 신경제정책을 발표하였다.

닉슨은 90일간의 기한부로 물가와 임금을 동결하여 이 동안에 인플레이션 억제를 위한 정부기구를 설치하고 각종 감세조치, 대외원조 삭감 등으로 국내경기 부양에 힘썼다. 대외적으로는 달러화와 금의 태환兌換을 일시적으로 정지하여 사실상 달러화를 평가절하했고 또 관세의 대상이 되는 전 수입품에 일률적으로 부가세를 부과하였으므로 관련 국가들에 커다란 타격을 주었다. 여기서도 닉슨의 국익중심주의적인 정책의 일면을 볼 수 있다.

이러한 정책으로 미국경제는 만족할 정도는 아니지만 다소간의 경기회복과 인플레이션의 억제를 이루었다. 하지만 1973년 10월 이스라엘, 아랍의 제4차 중동전쟁이 일어난 뒤 발생한 이른바 '오일쇼크oil shock'로 미국경제는 에너지 문제가 겹쳐 다시 한 번 위기를 맞이하였다.

1972년 대통령 선거

1971년 7월 5일 확정 공포된 헌법 수정조항 제26조에 의해 미국의 유권자 연령은 만 18세로 내려갔다. 이로 인해 1972년의 대통령 선거전에는 종래의 유권자 수에 1968년 이후 만 21세가 된 새로운 유권자 1,420만, 만 18~21세까지 새로 자격을 얻은 1,150만의 유권자가 참가하였다. 1972년 당시 베트남전쟁의 조기 해결 전망은 아직 밝지 않았고 신경제정책도 뚜렷한 효과를 나타내고 있지 않았지만, 민주당에는 닉슨에 대항할 만한 유력한 후보가 없었기 때문에 닉슨의 재선은 거의 확실시되었다. 민주당에서는 사우스다코타주 출신의 상원의원 조지 맥거번George McGovern을 지명하였으나 대통령 선거전은 반전운동의 중심지인 대학에서의 반닉슨운동을 제외하면 조용한 분위기에서 진행되었다.

선거 결과는 닉슨의 승리였으며 그의 승리는 너무나 압도적이었다. 닉슨은 일반투표에 던져진 총 7,411만 표 중에서 60.8퍼센트를 차지하였고, 선거인단투표에서는 동부의 매사추세츠주를 제외한 미국의 모든 주를 휩쓸었다. 의원 선거에서는 민주당이 다수당의 자리를 계속 유지하였으나 이것은 1950년대에 나타난 경향, 즉 대통령은 공화당에 의회는 민주당에 맡겨 균형을 유지하려는 미국민의 여망의 표현이었다. 그러나 이와 같이 압승한 닉슨이 1972년 대통령 선거전에서 저지른 실수로 탄핵 일보 직전에서 대통령직을 사임한 것은 역사적 아이러니라고 하지 않을 수 없다.

워터게이트 사건과 닉슨의 퇴진

민주당 전당대회가 열리기 직전인 1972년 6월 17일 민주당 전국위원회 사무실에 도청장치가 설치되어 있는 것이 우연히 발견되었다. 이것이 이른바 '워터게이트Watergate' 사건의 발단이다. 이 사건의 주범들이 닉슨재선위에 소속된 사람들이었으므로, 백악관은 이례적으로 성명을 발표하여 이 사건과 닉슨은 아무 관련이 없고, 또 이 사건은 선거 결과에도 아무런 영향을 끼치지 않았다고 주장하였다.

그러나 그 뒤 『워싱턴 포스트The Washington Post』와 『뉴욕 타임스The New York Times』 등 유력 언론이 이 사건의 배후를 집요하게 규명해나가자 닉슨에게도 차츰 의혹이 가기 시작하였다.

이러는 동안 부통령인 스피로 애그뉴Spiro T. Agnew가 1973년 10월 10일 독직 사건으로 현직 부통령으로서는 처음으로 임기 만료 전에 부통령직을 사임하였다. 애그뉴의 사임은 워터게이트 사건으로 고투하고 있던 닉슨이 새로운 이미지를 부각하려는 하나의 몸부림으로 평가되기도 하였다.

그러나 워터게이트 사건의 조사를 담당한 상원의 위원회가 1974년 5월 대통령의 탄핵을 발의할 권한이 있는 상원 사법위원회에 이 사건의 조사를 의뢰했고 위원회는 7월 탄핵 결의안을 작성·통과시켜 상원 본회의에 송부하였다. 한편 사건의 주범들을 재판하던 사법부는 닉슨의 사건 관계 여부를 밝히는 데 관건이 되는 백악관 녹음테이프를 증거로 채택하여 자료의 제출을 닉슨에게 요구하였다.

이와 같이 입법, 사법 양부兩部에서 닉슨에 대한 공격이 빗발치자, 드디어 1974년 8월 8일 밤 닉슨은 전국 텔레비전망을 통해 그 이튿날인 9일 정오를 기해 대통령직을 사임한다고 발표하였다. 그는 이 연설에서 워터게이트 사건과의 관련은 전혀 언급하지 않은 채 임기 만료 전에 대통령직을 물러나는 것은 그 개인의 생각으로는 찬성할 수 없으나 국가의 이익을 위해 물러난다고 밝혔다.

애그뉴의 사임 이후 미국 사상 처음으로 부통령직에 임명된 제럴드 포드 Gerald R. Ford 부통령은 9일 정오 대통령직을 계승하면서 취임연설에서 "우리의 기나긴 국가적 악몽은 사라졌다. 우리의 위대한 국가는 사람이 아니라 법이 지배하는 정부로 움직이고 있다"는 것을 밝히고 미국민이 초연히 워터게이트 사건에서 받은 상흔에서 벗어날 것을 강조하였다.

워터게이트 사건은 미국 사상 유례없는 불미스런 사건임에는 틀림이 없었다. 그러므로 이 사건에 관련된 혐의를 받아 대통령직을 임기 도중에 사임한 닉슨도 그의 재임 중 치적이 어떻든 간에 오명을 역사에 기록하였다는 것 또한 의심할 여지가 없다. 그러나 미국의 언론이 여러 난관에 부딪히면서도 이 사건을 끈질기게 파헤친 것과 입법부와 사법부에서 결코 행정부의 시녀가 아니라 미국 헌법이 부여한 권리와 의무에 입각하여 정의를 밝히려 한 것은 미국의 민주주의가 건재하고 있음을 실증한 것이라 평가할 수 있다.

제3절_ 1970년대 — 포드와 카터

포드와 대외문제

대통령에 취임한 포드는 곧 닉슨 대통령에 대해 그가 대통령으로 재임 중 "범했던 또는 범했을지도 모르는 모든 죄과"에 대해 불문에 붙인다는 사면령을 발표하였다. 이것은 워터게이트 사건의 악몽을 하루빨리 씻어버리자는 의도에서 나왔지만 국민들로부터는 별로 환영받지 못하였고 오히려 정부에 대한 불신만 조장하는 결과를 가져왔다.

사실 이 시기 미국의 주요언론은 미국은 200년의 역사를 거치는 동안에 "거짓말을 할 줄 몰랐던 조지 워싱턴으로부터 진실을 말하지 못하는 리처드 닉슨에 이르게 되었다"라고 개탄하는 논평을 할 정도였다. 특히 공화당에 대한 국민의 불신은 이해 11월에 있었던 중간선거에서 여실히 나타났다. 즉 상원에서 민주당은 100석 중 66석을, 하원에서는 435석 중 291석을 차지하는 압도적인 승리를 거둔 것이다. 이로 말미암아 포드와 공화당의 입법활동은 크게 제약을 받았다.

대외문제에서 포드는 헨리 키신저를 국무장관으로 재임명하여 닉슨의 노선을 답습한다는 입장을 밝혔다. 그는 11월 일본과 한국을 방문하고 귀국하는 길에 블라디보스토크Vladivostok에 들러 소련수상 레오니트 브레즈네프Leonid I. Brezhnev와 거두회담을 갖고 전략무기제한협정에 잠정적인 합의를 보았다. 이에 의하면 미·소 양국은 대륙간탄도미사일ICBM, Intercontinental Ballistic Missile을 2,400개로 제한하고 이 중 개별유도복수목표탄두MIRV는 1,320개를 초과하지 않도록 한다는 데 합의하였다.

이듬해 3월 국무장관 키신저는 1973년 10월에 일어난 제4차 중동전쟁의 뒷처리에 분주하였다. 그는 2주 동안 이스라엘과 이집트 양국을 오가는 이른바 '왕복외교Shuttle Diplomacy'로 양측을 설득하여 이스라엘에 시나이

Sinai반도에서의 철수를 약속시키면서 동시에 양국은 장차 모든 문제를 무력이 아니라 협상으로 타결해나간다는 데 합의하도록 하였다.

5월에 들어가면서 인도차이나에서는 또다시 불행한 일이 발생하였다. 4월에 남베트남이 완전히 무너지자 이웃 캄보디아는 크메르루주Khmer Rouge 공산군의 수중에 들어갔다. 이 무렵 미국상선 마야게스Mayaguez호가 캄보디아 수역에 나타나자 크메르루즈는 영해를 침범했다는 이유로 나포하고 이 상선이 첩보활동에 종사했다며 미국을 비난하였다. 그러자 포드는 육·해·공군에 구출작전을 명령하여 38명의 선원을 구출하는 데 성공했지만 그 대신 15명의 전사자, 50명의 부상자, 3명의 실종자를 내는 막대한 대가를 지불하였다. 그래도 이 구출작전은 남베트남의 패망으로 의기소침하였던 미국 국민과 국회로부터 미국의 위신을 다소나마 세워줬다는 이유로 찬사를 받았다.

포드와 경제문제

1973년 10월 제4차 중동전쟁의 여파로 오일쇼크가 일어날 무렵 미국의 석유 소비량은 막대하였다. 미국의 에너지 소비량에서 석유는 46퍼센트를 차지하고 있었는데, 당시 세계 인구의 6퍼센트를 차지하던 미국 국민이 세계 석유 총생산량의 33퍼센트를 소비하고 있었고 이 중 3분의 1을 중동에서 수입하였다.

석유 문제에 당면한 포드는 국내산 석유에 대한 고가정책을 채택하여 석유 소비를 억제하려 하였으나 국회의 반대로 정책을 밀고 나갈 수 없었다. 결국 포드는 국내산 석유 가격의 통제를 포기하고 휘발유에 대한 과세도 보류하지 않을 수 없어 결과적으로는 에너지 위기 타개에 실패하였다.

한편 1972년 3.3퍼센트였던 인플레이션은 석유 가격의 앙등으로 더욱 올라가 1973년에는 9퍼센트로 치솟더니 포드가 대통령에 취임할 무렵에는 드디어 두 자리 숫자인 11퍼센트까지 올라갔다. 그러므로 포드는 인플레이션이 그가 해결할 최우선 문제라고 하면서 이 문제의 해결에 전념할 것을 국민에게 약속하였다. 그는 "인플레이션을 채찍질하자Whip Inflation Now"라는 구호를 내걸고 백색과 적색으로 된 WIN 배지를 국민에게 착용시키고 가격 인하에 모든 국민이 자발적으로 참여할 것을 호소하였다. 아울러 그는 소비절약과 폐품재생을 촉구하였다. 그러나 이즈음 자동차산업에서부터 불경기가 시작되어 5월에는 실업률이 9퍼센트를 웃돌자 미국경제는 제2차 세계대전 이후 가장 심각한 불황을 맞이하였다. 이에 포드는 민주당의원들의 촉구에 따라 정부지출을 감소하고 통화긴축으로 경제난국 타개에 주력했으나 인플레이션의 상승, 실업률 증가, 생산량 감소를 막지는 못하였다.

1976년 대통령 선거

심각한 경제불황이 지속되는 동안 1976년 대통령 선거전이 치러졌다. 2년 전의 중간선거에서 압승한 민주당은 이 선거전을 공화당으로부터 정권을 되찾을 수 있는 다시없는 기회로 생각하였다.

공화당에서는 캔자스시티에서 열린 전당대회에서 캘리포니아 주지사인 로널드 레이건Ronald Reagan의 강력한 도전을 받은 현직 대통령 포드가 가까스로 당의 지명을 획득하였다. 포드는 부통령으로 캔자스주 출신의 로버트 돌Robert Dole 상원의원을 선택하였다.

민주당에서는 일찍부터 고 케네디 대통령의 동생인 에드워드 케네디 Edward M. Kennedy 상원의원이 유력한 후보로 부각되었으나 여성과 관련된 불미스런 추문으로 물의를 일으키자 출마를 단념하였다. 그리하여 민주당에서는 10명 이상의 민주당원이 출마를 선언할 정도로 혼전 양상을 띠었다. 그러나 예비선거를 거치는 동안 하나하나 탈락하여 뉴욕시에서 열린 전당대회에서는 조지아주의 지사를 역임한 지미 카터Jimmy Carter(본명은

James Earl Carter)가 1차 투표에서 지명을 획득하였다. 남부 출신의 카터는 부통령 후보로 북부인 미네소타주 출신의 월터 먼데일Walter F. Mondale 상원의원을 선택하여 남과 북 사이의 조화를 이루는 데 힘썼다.

이 선거전에서 처음에는 주지사 이외에는 별다른 정치경력이 없는 카터가 불리해 보였다. 하지만 어딘지 모르게 풍기는 카터의 소박하고도 성실한 인품이 유권자의 호감을 샀고 여기에 경제불황을 타개하지 못하는 포드의 무능이 겹쳐 선거전은 민주당에 크게 유리하게 전개되는 듯하였다. 그러나 투표 결과는 의외의 양상을 보였다. 카터가 승리하기는 했지만 두 사람의 표 차는 1916년 선거 이래 가장 근소하였다. 일반투표에서 표 차는 약 170만 표였으나 선거인단 표에서는 297 대 240이었고 포드는 서부 전역을 휩쓸어 그를 지지한 주의 수는 카터보다 많았다. 그러나 카터는 뉴욕, 오하이오 같은 공업지대에서 승리하였고 흑인들로부터 압도적 지지를 받았다.

결국 포드는 그의 겸손한 인품이 역사적 오명을 남긴 닉슨과 대조되어 개인적으로는 국민의 호감을 샀지만 닉슨의 불명예 때문에 생긴 공화당에 대한 불신을 씻어버리지는 못하였다. 여기에 그의 경제정책의 실패는 낙선에 결정적인 역할을 하였다. 그러나 객관적으로 살펴봤을 때 포드가 이듬해 대통령직에서 물러날 때 미국의 상황은 그가 3년 전 대통령에 취임하였을 당시와 비교하여 더 나아진 것도 더 나빠진 것도 없었다.

카터의 내정

주지사 이외에는 이렇다 할 정치경력이 없는 카터는 제2차 세계대전 이후 취임한 대통령 중에서 다소 이색적인 인물이었다. 그는 역대 대통령으로는 유일하게 해군사관학교 출신이었고, 아버지로부터 상속받은 백만 달러의 땅콩농장의 주인이었다.

대통령 취임식이 끝나자 카터는 취임식장인 국회의사당에서 백악관까지 관례와 달리 대통령 전용차인 리무진을 타지 않고 도보로 행진하였다. 아침 5시에 일어나 집무를 시작하고 건강을 위해 조깅을 즐기고 독특한 미소를 띠고 청바지 차림으로 사진을 찍는가 하면 부인과 딸과의 사진을 항상 과시하여 소박하고도 서민적인 인상을 자신의 트레이드마크로 삼았다.

에너지 문제의 심각성을 반영하듯 1977년 8월에 에너지부를 신설한 카터는 에너지 문제의 해결은 '전쟁에 버금가는 커다란 도전'이라고 하였다. 또 텔레비전에 나와 대화할 기회가 있을 때에는 정장 대신 두꺼운 스웨터를 입고 나와 에너지 절약의 필요성을 은근히 강조하기도 하였다. 카터는 당시 하루 900만 배럴의 외국산 석유의 수입량을 1985년까지 600만 배럴로 줄일 계획을 세우고 국내 석유의 가격통제를 완화하는 한편, 휘발유와 중형 이상 승용차에 고율의 세금을 부과하고, 석탄, 태양력, 원자력과 그 밖의 대체에너지 개발을 적극적으로 지원하였다.

카터가 대통령에 취임하였을 당시 미국경제는 스태그플레이션 상태의 극히 어려운 상황이었다. 그는 세금을 줄이고 공공지출을 증가시켜 실업률을 줄이려 하였다. 그 결과 실업률은 8퍼센트에서 7퍼센트로 다소 감소했지만 인플레이션을 잡지 못해 평균 12~13퍼센트 선을 벗어나지 못하였다.

카터는 누구보다도 사회 안정에 주력하여 '소수집단우대정책Affirmative Action'에 의거해서 연방행정부에 흑인, 스페인계, 여성을 그 이전 어느 때보다도 많이 고용하여 이 정책의 모범을 보였고, 베트남전쟁 중 징집을 회피한 대부분의 사람을 사면하는 조치를 취하였고, 또 사회보장, 의료보험, 복지정책에도 신경을 쏟았다.

그러나 카터의 이런 정책은 결코 순조롭게 진행되지는 않았다. 정치적 경험이 부족한 그는 조지아주 출신의 측근을 많이 연방정부 관직에 등용하여 자문을 구하는 대신에 국회의 중진을 비롯한 워싱턴 정계의 중요인물들을 멀리하였다. 그래서 그의 정책은 경험과 융통성이 없다는 비난을 받았고 국회와의 관계도 원만하지 않았다. 1979년 중동에서의 새로운 사태로 석유의 부족 현상이 다시 나타나자, 카터정부에 대한 국민의 불만도 높아졌다. 여론조사에서 그의 인기는 워터게이트 사건 당시의 닉슨보다 더 낮게 나타날 정도였다. 그는 미국이 '믿음의 위기'에 처해 있으며 '미국정신의 재생'이 시급하다고 역설하였으나, 뒤에 나올 이란에서 인질사건이 일어나자 그에 대한 국민의 신뢰는 더욱 떨어졌다.

인권정치와 대외문제

카터는 대통령에 취임한 뒤 곧 미국 대외정책의 기반은 세계 인류의 인권을 존중하고 방위하는 데 있다는 자신의 입장을 밝혔다. 그리하여 인권을 침해하는 국가에 대해 원조를 삭감한다는 정책을 발표하였다. 이 정책 때문에 우방과의 관계를 악화시키는 일이 일어났고 또 소련과는 불필요한 마찰을 일으키기도 하였다.

카터는 우선 중미에서 미국이 결코 식민주의를 추구하는 국가가 아니라는 것을 천명하기 위해 파나마운하 문제에 관심을 가졌다. 그리하여 1977년 9월, 20년 뒤에는 파나마운하의 관리권을 파나마정부에 완전히 이양하고 운하의 중립을 보장하는 조약을 파나마정부와 체결하였다. 카터의 입장은 파나마운하는 시어도어 루스벨트도 인정하였듯이 파나마공화국으로부터 '훔쳐온 것'이기 때문에 운하를 돌려주는 것은 도덕적으로도 당연한 일이라는 것이었다. 그러나 보수세력은 파나마운하 지역은 미국이 공정하게 파나마로부터 사들인 미국의 땅이라는 입장에서 카터를 맹렬히 비난하였다.

또한 국민 여론도 결코 카터의 편이 아니었다. 여론조사에 의하면 파나마 조약의 찬성이 33퍼센트인 데 반해 반대는 46퍼센트였다. 결국 상원은 이 조약을 1978년 초 68 대 32로 통과시켰으나 그것은 조약 승인이 필요한 재적의원 3분의 2 이상의 표를 겨우 한 표 넘는 표수였다.

그러나 이스라엘과 이집트 사이에 평화를 알선하는 문제에서는 커다란 성과를 거뒀다. 1978년 9월 카터는 이집트의 무하마드 안와르 사다트 Muhammad Anwar al-Sadat 대통령과 이스라엘의 메나헴 베긴Menachem W. Begin 수상을 워싱턴 근교에 있는 대통령 별장 캠프데이비드로 초청하여 11일간 회의를 회의를 거듭하게 한 후 협상에 도달하게 하였다. 그 결과 이스라엘이 시나이반도 전역을 이집트에 돌려주는 대가로 이집트는 평화조약에서 이스라엘의 안전을 보장하였다. 다만 팔레스타인 문제에 대해서는 이렇다 할 해결을 보지 못하였다. 그래도 카터의 캠프데이비드외교는 중동의 평화 문제 해결에 기여하였다는 평가를 받아 국민들의 갈채를 받았다.

한편 1979년 1월에는 대만과 국교를 끊고 중국정부와 정식으로 국교를 수립하여 북경에 대사관을 개설하였다. 또 소련과는 1974년 잠정적으로 체결한 제2차전략무기감축협정SALT II을 1979년 6월 정식으로 비엔나에서 조인하였다. 이 협정에서 양국은 핵탄두를 장착하는 장거리유도탄과 폭격기의 수를 각기 2,250대로 제한하는 데 합의하였으나 미국에서는 이 협정이 소련에 유리하다는 비난이 나왔다. 카터는 엠엑스MX, Missile Experimental라는 새로운 유도탄체계를 구축한다는 계획을 발표하여 국내의 비난을 진정시키려 하였다.

그러나 1979년 12월 이슬람교도의 반정부 세력에 의해 곤경에 빠진 공산주의정부를 지원한다는 명목으로 소련이 아프가니스탄에 침공하자, 카터는 즉각 이것을 '제2차 세계대전 이후 세계를 최대의 위기로 몰아넣는' 침략행위라고 비난하면서, 소련에 대한 곡물 수출을 중지하고 소련과 동유럽으로 가는 고성능 장비의 수출을 불법화하였다. 또 1980년에 열릴 예정인 모스크바 올림픽 불참을 발표하는 동시에 자유진영 여러 나라에 동참을 호소하였다.

이란의 미국인 인질사건

이보다 앞서 이란에서는 1979년 1월 팔레비Pahlevi 왕이 권좌에서 축출되어 모로코로 망명하고 2월에는 그의 정적이며 이슬람교의 초보수파인 루홀라 호메이니Ruhollah Khomeini가 정권을 장악하였다. 미국에 이란은 석유의 공급원이며 군사적 우방이었으므로 팔레비의 축출은 커다란 타격이었다. 정권이 바뀌어도 그러한 이란의 중요성에는 변함이 없었기 때문에, 2월 중순 테헤란의 미국대사관이 이란의 반미분자들에게 약 2시간 동안 포위당하는 불상사가 있었지만 미국은 호메이니의 새 정부를 승인하였다.

그러나 11월 미국이 질병 치료를 이유로 팔레비의 입국을 허가하자 이에 분노한 과격파 이란인들이 미국대사관에 난입하여 63명의 미국인을 인질로 잡았다. 이 중 10명의 여성과 흑인은 곧 석방되었으나 팔레비를 파나마로 옮긴다는 미국의 조치에도 불구하고 이란정부는 팔레비의 인도를 요구하면서 나머지 인질을 계속 억류하였다.

이란 과격파의 행동은 미국민을 분노시켰다. 미국인들은 호메이니를 히틀러에 비유하여 규탄하면서 이란의 국기를 불사르는가 하면 팔레비 반대 데모에 참가한 이란 유학생을 구타하는 사건을 일으키기도 하였다. 한편 카터는 국제연합에 인질 석방을 호소하고 미국 내의 이란 재산을 동결시키고 우방에 대해 이란과의 교역 금지를 요청하였으나, 가장 가까운 서방국가까지도 이란으로부터의 원유 구입에 지장이 있을 것을 우려하여 미국의 요청에 동조하지 않았다.

그러나 정부의 조치와 국민의 분노 뒤에는 초강대국이면서도 인질을 구출해낼 수 없는 데에서 오는 좌절과 무기력감이 돌고 있었다. 더욱이 이 감정은 이해 4월 인질 구출을 위한 군사작전이 헬리콥터 사고로 8명의 사망자만 낸 채 실패하자 더욱 커질 수밖에 없었다. 원래 구출작전은 국가안보보좌관인 즈비그뉴 브레진스키Zbigniew Brzezinski가 주장한 것인데, 이 작전이 실패하자 처음부터 이 작전에 반대했던 국무장관 사이러스 밴스Cyrus Vance가 사표를 제출하였다. 결국 미국인 인질은 이듬해 1월 20일 공화당의 로널드 레이건이 대통령에 취임하는 날 미국이 동결한 이란 재산의 해제와 이란 국내문제에 대한 불간섭을 조건으로 444일 만에 풀려났다.

1970년대의 풍조

1980년대 초 미국의 대표적 주간지 『타임』은 논설기사에서 "1970년대는 1960년대의 부서진 파편 위에 세워졌다"고 논평했다. 이 논평이 말해주듯이 1970년대의 미국은 1960년대와는 달리 무감동하고 냉담한 분위기에 휩싸여 있었다. 이러한 분위기는 특히 젊은 세대에서 잘 나타났다. 이들은 국가와 사회를 변혁하려 했던 1960년대의 동일 세대와 달리 혁명적인 이상주의를 거부하였다. 기성세대 역시 베트남전쟁의 패배, 워터게이트 사건에서 나타난 정치스캔들, 경제침체 등의 우울한 이야기를 듣고 싶어하지 않았다. 어떤 신학자의 말을 빌리면, 미국인들은 "옛 질서가 사라져간다는 생각에 싸여 있고, 급진적인 변화는 원치 않으며, 그렇다고 이미 이룩한 체제에 대해 정당성조차 찾으려 하지 않았다"는 것이다.

그리하여 이러한 시대를 평론가 톰 울프Tom Wolfe는 '나 중심의 시대Me Decade'라고 명명하였다. 수백만의 미국인들은 정신적인 공허감을 동양의 신선이나 요가 같은 비전秘傳의 종교나 생활에서 채우려 했고 또는 전통적인 기독교로 되돌아가기도 하였다. '나다움Me-ness'을 찾고자 하는 노력은, 알렉스 헤일리Alex Haley의 흑인 조상의 뿌리를 찾는 이야기를 다룬 소설 『뿌리Roots』가 출판되고 이 작품이 극화되어 텔레비전에 방영되면서 최고조에 달하였다. 나는 누구인가, 나의 뿌리는 어디에 있는가를 찾고자 하는 정신은 흑인을 비롯한 미국 내의 소수민족뿐만 아니라 많은 사람에게 퍼져, 한때 가계찾기운동이 유행할 정도였다.

1970년대의 또 다른 두드러진 풍조는 건강에 대한 폭발적인 관심이었다. 조깅, 신체 단련, 다이어트, 건강식 식단 등에 관한 서적과 잡지가 쏟아져나올 정도로 미국인들은 거의 신경질적으로 자신의 몸에 관심을 가졌다. 이미 미국이 최고의 국가가 아님을 깨달은 미국인은 몸만이라도 세계에서 가장 건강한 국민임을 보여주고 싶은 듯하였다. 이러한 미국인들을 사회사가인 크리스토퍼 래시Christopher Lasch는 저서 『나르시시즘의 문화The Culture of Narcissism』(1979)에서 감정적으로 얄팍하고 정서가 불안정한 사람으로 묘사하면서, 미국이 쇠퇴하고 있다는 것을 필사적으로 부인하려는 현실 인식이 부족한 사람들이라고 매도하였다.

제12장

보수와 진보의 갈등

'사막의 폭풍작전' 동안 파괴된 이라크군 차량

제1절_ 보수의 1980년대 — 로널드 레이건

레이건 행정부의 탄생

1980년의 대통령 선거전은 처음부터 공화당에 유리하였다. 민주당은 현직 대통령인 지미 카터를 후보로 내세웠으나 이란의 인질 문제에서 나타났듯이 그는 이미 무능한 정치가로 낙인찍혀 있었다. 공화당에서는 여러 사람이 대통령 후보 경선에 출마했으나 최후의 낙점을 받은 사람은 캘리포니아 주지사를 지낸 로널드 레이건이었다. 선거 결과는 워터게이트 사건으로 국민의 신뢰를 잃은 공화당의 오명을 씻듯이 레이건의 대승으로 끝났다. 일반투표에서 레이건은 총투표수의 51퍼센트를, 카터는 41퍼센트를 차지하였다. 또한 공화당 경선에서 패배하자 무소속으로 출마한 존 앤더슨John Anderson 은 고군분투 끝에 7퍼센트를 차지하였으나, 양대 기성정당의 배경 없이 제3당 또는 제3세력의 대통령 당선이 얼마나 어려운 일인지를 다시 한 번 보여주었다. 일반투표에 바탕을 둔 선거인단투표에서 레이건은 44개 주에서 승리하여 489표를, 카터는 6개 주에서 승리하여 49표를 얻었고, 앤더슨은 단 한 주에서도 승리하지 못하였다. 한편 연방의회의 상·하 양원 선거에서는 공화당이 상원에서 53 대 47로 과반수 의석을 차지했으나 하원에서는 의석 수를 5석 더 얻었을 뿐 민주당을 소수당으로 전락시키지는 못하였다.

제40대 대통령이 된 로널드 레이건은 1911년 일리노이주의 작은 마을에서 태어났다. 대학을 나온 뒤 한때 지방 라디오에서 스포츠 아나운서를 지낸 그는 할리우드 영화계에 진출하여 조연배우로서 어느 정도 명성을 얻었고, 제2차 세계대전 중에는 육군항공대(공군)에서 복무하였다. 레이건은 정치적으로는 민주당의 뉴딜정책을 지지한 자유주의자였으나 1940년대 말부터 1950년대 초에 걸쳐 차츰 우경화되었다. 그리하여 반공적인 매카시즘이 일어났을 때에는 할리우드에서 배우위원장을 지내면서 친공 성향의 영화인들을 색출하는 데 도움을 주기도 하였다.

그는 1964년 대통령 선거전에서 공화당의 후보인 배리 골드워터를 지지하는 연설을 하여 보수세력의 주목을 받았고 이들 세력의 지원을 받아 캘리포니아 주지사로 진출하여 정치경험을 쌓기 시작하였다.

레이건이 대통령에 취임한 1981년 1월 20일 이란에 인질로 억류되어 있던 미국인이 전부 풀려났다. 온 국민이 이들을 환영하는 축제 분위기에서 그는 "건강하고 활기에 찬 그리고 모든 국민에게 공평한 기회를 보장하는 경제성장"을 취임연설에서 약속하였다. 그리하여 그는 선거전에서 공약한 대로 국내적으로 '경제의 재생'에 착수하고 대외적으로는 민주주의 수호가 미국의 사명임을 다시 한 번 밝혔다.

레이거노믹스

경제의 재생을 공약한 레이건의 경제정책을 레이거노믹스Reaganomics라고 한다. 레이건은 만성적인 재정적자를 줄이기 위해서는 정부지출을 되도록 줄이는 '작은 정부'가 바람직하다고 생각하였다. 우선 그는 대담한 감세정책으로 발생하는 잉여소득을 투자에 돌려 경제를 활성화하여 경기를 회복시키려 하였다. 경제부흥법을 마련한 레이건은 개인 소득세율을 25퍼센트까지 인하하여 추후 5년 동안 7,500억 달러의 세금을 줄이겠다고 발표하였다. 또 정부의 기업에 대한 불간섭 입장에서 석유 가격 통제를 시작으로 기업에 대한 여러 가지 규제와 통제를 완화하였다. 한편 지출 면에서는 식량구입권Food Stamp을 위시하여 학교급식과 그 밖의 여러 종류의 복지와 사회보장을 위해 책정된 예산을 과감히 줄였다.

이 결과 인플레이션도 억제되고 실업률도 떨어져 다소 경제를 성장시키는 결과를 가져왔으나, 군사예산을 크게 증액하였으므로 복지 부문에 대한 지출 삭감에도 불구하고 정부적자는 오히려 늘어나 그가 애초 의도한 작은 정부 실현의 꿈은 사라졌다. 결국 정부적자의 증가로 1985년부터 미국은 채권국가에서 채무국가로 전락하였다.

레이건의 경제정책은 소비보다는 공급을 강조하였기 때문에 '공급 중심 경제학Supply-side Economics'이라고도 말해지는데, 그 바탕에는 뉴딜정책의 정신이 깔려 있다고도 한다. 다만 빈민에 대한 복지수당이 도리어 이들의 노동의욕을 감소시키지 않을까 우려한 레이건은 복지수당을 줄여 이들의 노동의욕을 자극하려 하였지만 그의 뜻대로 되지는 않았다. 한편 부유층에게는 감세정책을 실시해 오히려 부유층에게만 이득이 돌아가는 현상이 나타나자 그의 정책은 가진 자의 편을 든 정책이라는 비난을 면할 수 없었다.

중동문제

레이건은 처음 국무장관에 군 장성 출신의 알렉산더 헤이그Alexander M. Haig를 임명하였다. 그는 지나치게 독선적으로 대외정책을 추진하였으므로 국가안보담당 관료들과 내분이 그치지 않았다. 그러자 레이건은 1년 뒤 그의 사임을 요구하고 조지 슐츠George P. Shultz를 장관으로 임명하였다. 그러므로 레이건의 대외정책은 주로 슐츠와 국방장관 캐스퍼 와인버거Casper W. Weinberger의 주도하에 추진되었다.

소련을 '악의 제국evil empire'으로 보는 철저한 반공주의자인 레이건은 세계의 모든 분쟁의 근원을 소련으로 보았다. 그래서 소련을 억제하는 길은 군비에서 절대적 우위를 차지하는 것이라는 판단하에 전략무기의 현대화, 핵방위체제의 정비 등에 박차를 가한 레이건은 세계의 어떠한 분쟁지역에도 즉각적으로 출동할 수 있는 기동타격대를 만들기도 하였다.

레이건이 대통령에 취임하였을 때 가장 심각한 분쟁지역은 중동 지역이었다. 여기서는 이란과 이라크가 1980년 가을부터 본격적인 전쟁 상태에 들어가 세계의 석유창고인 페르시아만은 항상 위험 상태에 놓여 있었으므로 미국은 양국의 분쟁에 무관심할 수 없었다. 또한 중동에서 미국이 가장 신뢰하는 우방인 이스라엘은 우호적인 변방을 확보한다는 정책하에 북방의 레바논과 끊임없는 분쟁을 되풀이해서 미국은 여기에도 관심을 가질 수밖에 없었다.

1982년 6월 이스라엘은 레바논 남부에 주둔하고 있는 팔레스타인해방기구PLO, Palestine Liberation Organization를 북쪽으로 몰아내고 8월에는 수도 베이루트Beirut에 있는 팔레스타인해방군의 거점에 대대적인 공격을 가하였다. 중동에서의 전쟁 확대를 염려한 미국은 중재에 나서 베이루트에서 팔레스타인해방기구의 철수를 관장하기 위해 프랑스, 이탈리아와 더불어 해병대를 파견하는 한편, 슐츠 국무장관을 파견하여 사태 해결에 힘쓰게 하였다.

이러는 동안 1983년 10월 23일 이슬람의 자살특공대가 베이루트에 위치한 미국 해병대의 숙소에 다량의 폭탄을 장비한 트럭을 돌입시켜 삽시간에 숙소에서 휴식을 취하고 있던 해병 230명의 생명을 앗아갔다. 이 사건으로 미국의 중재가 별 효과가 없다는 것을 인식한 레이건은 이듬해 2월 미군의 철수를 명령하였다.

그레나다

베이루트에서 폭파 사건이 일어난 지 3일이 지난 25일 미국은 육·해·공군을 동원해서 베네수엘라의 북쪽 카리브해에 있는 인구 약 10만 명, 면적 133만 평방마일밖에 안 되는 작은 섬나라 그레나다Grenada를 급습하여 좌경화된 군사정권을 몰아냈다. 당시 그레나다에서는 쿠바 노동자들이 공항 확장 공사에 종사하고 있었고 또 쿠바의 알선으로 몇몇 공산국가가 그레나다와 군사협정을 교섭 중에 있었다. 그레나다의 공산기지화는 미국으로서는 도저히 보고만 있을 수는 없는 일이었으므로 미국 입장에서 그레나다 침공작전은 극히 당연한 것이었을지 모르나 외부 세계에는 제국주의시대의 포함

외교Gunboat Diplomacy의 부활처럼 비쳐졌다. 그러나 중미의 반쿠바 국가들은 미국의 과감한 행동을 환영했고, 또 미국 내의 여론도 레바논에서 잃어버린 위신을 되찾는 행동으로 생각하여 비록 약소국을 상대로 올린 전과이기는 하였지만 일단 긍정적인 반응을 나타냈다.

레이건의 재선

1980년대 초 불경기에 빠져 있던 미국경제는 1983년부터 차츰 회복하는 조짐을 보였다. 인플레이션이 어느 정도 억제되었고 실업률도 7퍼센트까지 떨어져 미국인은 오랜만에 호경기를 맞이하였다. 한편 대외 면에서는 중동문제가 여전히 난제였으나 소련은 아프가니스탄 사태로 여념이 없고 중국과의 관계도 원만한 편이어서 미국을 중심으로 한 국제정세는 대체로 안정된 상태였다.

그러므로 1984년 대통령 선거가 차츰 다가오자 레이건과 공화당은 "위대한 미국이 돌아왔다America is Back"라는 구호를 내세우며 국민에게 지지를 호소하였다.

민주당에서는 1980년 대통령 선거전에서 부통령으로 지명되었던 월터 먼데일을 대통령 후보로 내세웠고 여성 표를 의식하여 대통령 선거사상 처음으로 뉴욕주 출신의 여성 하원의원인 제럴딘 페라로Geraldine A. Ferrarro를 부통령 후보로 지명하였다. 민주당은 부유층의 이익을 우선시하는 공화당에 대해 사회복지정책의 확대와 흑인을 비롯한 소수인종의 권리 신장을 호소했으나 국내외적으로 별다른 쟁점이 없었으므로 대통령 선거전에서 고전을 면치 못하였다. 결국 선거전의 결과는 민주당의 참패로 끝났다.

레이건은 일반투표에서 5,400만여 표(58퍼센트), 선거인단투표에서 525표를 얻은 데 반해, 먼데일은 일반투표에서 3,700만여 표(41퍼센트)를 얻고 선거인단투표에서는 그의 출신 주인 미네소타와 수도 워싱턴에서만 승리하여 13표를 얻었을 뿐이다. 그러나 연방의회 하원에서는 민주당이 지난번 선거와 마찬가지로 공화당보다 다수 의석을 차지하였다.

레이건주의

레이건은 두 번째 임기를 맞이하면서 그의 대외정책의 원칙이라고도 할 수 있는 레이건주의Reagan Doctrine를 발표하였다. 이것은 소련이 배후 조종하는 침략에 대해서는 세계 어디서든 대항한다는 것을 내용으로 하였다. 이 정책은 베트남전쟁 이후 고립주의 경향을 보였던 대외정책의 수정인 동시에 국제정치에 적극적으로 개입할 용의가 있다는 의사표시이기도 하였다.

대소 관계

레이건은 우선 페레스트로이카(개혁정책)를 내걸은 미하일 고르바초프 Mikhail Gorbachyev의 소련과 새로운 접근을 시도하였다. 1985년 11월 제네바에서 정상회담을 갖고 양국 간의 여러 가지 문제를 토의했으나 군축 문제에서는 이렇다 할 합의점을 찾지 못하였다.

레이건이 이른바 '별들의 전쟁Star Wars'이라고 불리는 전략방위구상SDI, Strategic Defence Initiative에 관한 어떠한 규제도 소련으로부터 받기를 거절하였기 때문이었다. SDI는 1983년 핵 공격의 위협에서 벗어나기 위해 레이저광선 등 첨단기술을 동원하여 우주에 방어체제를 구축하려는 미국의 전략계획을 말한다.

1년 뒤 레이건과 고르바초프는 아이슬란드에서 다시 정상회담을 가졌다. 이 회담도 SDI에 관해 두 사람의 의견에 상당한 거리가 있다는 것을 드러냈을 뿐이지만, 1987년 워싱턴에서 회담을 가졌을 때는 핵탄두를 설치한 중·단거리 미사일을 제거하는 문제에서 서로 합의를 보았다. 레이건은 이와 같이 소련수상을 자주 만나는 과정에서 고르바초프의 부드러운 인품과 타협적인 태도에 호감을 가져 소련을 악의 제국으로 보는 종전의 생각을 다소 수정하는 경향을 보였다.

사실 고르바초프는 적극적으로 서방세계와의 관계 개선에 힘을 기울였고 세계의 분쟁지역에 대해서도 문제 해결을 위해 미국을 비롯한 서방의 협력을 구하였다. 이리하여 그는 팔레스타인해방인민전선을 설득하여 팔레스타인 지역에서 이스라엘의 권한을 일부 인정하게 만들었고 또 유엔에서는 이란-이라크전쟁으로 항상 위험에 빠져 있는 페르시아만에서의 안전보장을 지지하였다. 뿐만 아니라 1988년 5월 아프가니스탄에서 소련군을 철수시키기 시작하였다.

이란-콘트라 사건

그레나다 침공에서 보듯이 미국의 중남미정책의 기조에는 어떤 나라에서든 반미·친쿠바 정권은 허용하지 않는다는 확고한 정신이 깔려 있었다. 그러므로 엘살바도르El Salvador에서는 친미정부를 지원하여 반미적 게릴라 활동을 탄압하도록 했고 이들 게릴라를 돕는 니카라과의 반미적 '산디니스타Sandinista'정부에 대항하여 싸우는 친미적 게릴라인 '콘트라Contra'를 지원하였다.

그러나 콘트라는 투쟁 과정에서 양민을 학살하는 사건이 비일비재했으므로 미국의회는 1982년 콘트라에 대한 군사적 지원을 금지하는 조치를 취하였다. 그럼에도 불구하고 미국정부는 중앙정보국을 통해 비밀리에 원조를 계속 제공하였다. 이러한 사실은 1986년 10월 콘트라에 보내는 무기를 수송하던 중앙정보국의 비행기가 산디니스타 정부군에 격추됨으로써 백일하에 드러났다.

이보다 앞서 레바논에서는 친이란계 조직이 미국인을 인질로 납치하는 사건이 벌어졌다. 미국정부는 이들 인질을 구출하기 위해 테러국가에 대한 무기 판매를 금지하는 국제규약을 위반하면서 이란에 무기를 팔았고 이 거래에서 나오는 이익금으로 콘트라를 원조하였다. 결국 미국정부는 콘트라를 원조하는 과정에서 국내법과 국제법을 모두 어겼고, 이런 이중적 불법행위의 배후에 국가안전보장회의의 부관으로 있던 해병대의 올리버 노스 Oliver North 중령이 관여하였다는 소문이 돌았다.

그리하여 미국의회는 1987년 5월부터 8월에 걸쳐 공개적으로 이 사건을 조사하였다. '이란-콘트라' 사건에는 중앙정부는 말할 것도 없고 레이건 대통령에게도 관련 혐의가 갔으나 최종적으로는 노스만이 처벌을 받았다. 노스는 출옥 뒤 자서전을 발표하여 레이건 대통령의 완강한 부인에도 불구하고 그가 이 사건의 전모를 알고 있었다는 것을 폭로하였다. 결국 이 사건이 레이건정부의 도덕성에 큰 오점을 남겼다는 것은 부인할 수 없는 사실이다.

레이거노믹스의 적신호

순조로웠던 미국경제는 1987년 10월 19일(이날을 우울한 월요일Black Monday 이라고 한다), 갑작스런 주식 대폭락으로 다시 침체 국면에 빠지는 양상을 보였다. 침체의 원인에 대해서는 경제회복에 대한 지나친 기대와 시장활동에 대한 잘못된 인식이 지적되었으나 대부분의 경제전문가는 국가의 부채증가와 만성적인 무역적자를 지적하였다.

이때부터 미국은 무역적자를 줄이고 국내산업을 보호하기 위해 자유공정무역이라는 미명하에 한국 등 신흥산업국가의 대미무역을 견제 또는 규제하기 시작하였다. 적자예산 해결을 위해 종래와 같이 사회복지에 대한 지출을 줄이는 정책을 펼쳤지만 막대한 지출이 요구되는 군사비의 삭감이 없었으므로 별다른 효과를 얻지 못하였다. 다만 불경기 속에서도 레이건은 그의 낙천적인 성격을 드러내면서 미국경제가 과거 1930년대처럼 심각한 공황은 없을 거라고 국민들을 설득하였다.

제2절_ 걸프전쟁 — 조지 부시

1988년 대통령 선거

1988년 대통령 선거에서 공화당은 레이건의 임기 동안 부통령이었던 조지 부시George H. W. Bush를 후보로 지명하였다. 한편 민주당에서는 메사추세츠의 주지사 마이클 듀카키스Michael S. Dukakis를 지명하였다. 듀카키스는 국가 채무증대와 경제불황을 레이건의 실책으로 공격하는 한편 이란-콘트라 사건에서 나타난 비밀거래를 국가의 신의를 해치는 부도덕한 대외정책이라고 맹렬히 비난하였다. 이에 대해 부시는 듀카키스가 대통령이 되면 사회복지의 확대로 연방정부의 지출을 증가시켜 국가재정이 더욱 어려워지고 대외문제에서는 군비예산을 삭감하여 국가 방위력을 약화시킬 뿐 아니라 해외에서의 공산 침략도 방관하게 될 거라고 공격하였다. 그러나 공화당은 승리하기 위해서 민주당이 내세운 사회개혁에 관련한 정책의 일부를 받아들일 수밖에 없었다. 일종의 보수와 진보의 대결 같은 인상을 준 이 선거전에서 일반투표에서 53퍼센트의 지지를 받고 40개 주를 석권한 부시가, 10개 주에서 승리한 듀카키스를 누르고 제41대 대통령으로 당선되었다.

제41대 대통령에 취임한 부시는 1924년 매사추세츠주의 부유한 은행가 집안에서 태어나 상류사회의 일원으로 순탄한 청년시절을 보냈다. 명문 사립고등학교인 앤도버Andover의 필립스 아카데미Phillips Academy를 졸업한 해에 태평양전쟁이 일어나자 해군에 입대한 그는 비행훈련을 받고 태평양 전선에 파견되어 폭격기 조종사로 공을 세웠다.

전쟁이 끝나자 해군을 제대한 부시는 예일대학에 진학하였고 졸업 후에는 텍사스에 이주하여 석유산업에 투자하여 상당한 재력을 얻었다. 그 재력을 배경으로 정계에 진출해서 1966년부터 제2기 연방의회의 하원의원을 역임하였다. 1969년 닉슨이 대통령이 되자 유엔 대사, 공화당 전국위원회

위원장을 거쳤고, 포드 대통령 시절에는 미·중 국교 정상화 이후 초대 주중 대사라 할 수 있는 북경연락사무소 소장을 거쳤으며 중앙정보국 국장을 지냈다. 1980년에는 공화당의 대통령 후보 경선에 출마하였으나 레이건에게 후보 자리를 빼앗기고, 대신 부통령 후보 지명을 받았다. 결국 부시는 레이건 대통령 밑에서 부통령으로 8년간 자리를 지키면서 대통령직 수업을 한 셈이 되었다.

부시의 국내정치

부시의 내정은 레이건정권의 연장이나 다름없었다. 그는 감세정책으로 투자를 촉진하고 사회복지에서는 지출을 억제하는 레이거노믹스의 기본정책 틀을 그대로 계승하였다. 그래서 레이건시대에 두드러지게 나타난 국가의 재정적자는 부시시대에 그 폭이 더욱 커졌다.

국내문제에서는 연방대법관의 임명을 둘러싸고 흥미로운 사건이 일어났다. 1991년 부시 대통령은 최초의 흑인대법관으로 퇴직하는 서굿 마셜Thurgood Marshall 대신, 마찬가지로 흑인인 클래런스 토머스Clarence Thomas를 새 대법관으로 임명하고 상원의 동의를 요청하였다.

마셜은 1954년 브라운 대 토피카 교육위원회 사건에서 원고인 브라운을 변호하여 공립학교 교육에서 흑백 양 인종의 공학을 주장하여 승소한 진보파의 인물이었다. 이에 반해 토머스는 흑인과 여성의 민권문제에서 소극적이라는 평판을 받은 보수파의 인물이었다. 그러므로 진보파에서는 그의 임명에 크게 반대하였다. 뿐만 아니라 상원에서 공청회가 열리고 있을 때, 과거 그의 동료였던 아니타 힐Anita Hill이 그에게 성희롱sexual harassment을 당했다고 고발하자 그의 인격 문제가 커다란 물의를 일으켰다. 결국 상원은 52 대 48의 근소한 차로 임명에 동의했으나 이 바람에 '성희롱'이란 말이 삽시간에 퍼졌고 또 그런 종류의 사건에 대해 세인의 관심이 커졌다.

부시의 대외관계

부시는 대외정책에서도 전임자의 정책과 큰 차이가 없었다. 그러나 그가 재임하는 동안 소련과 동유럽의 공산세력이 스스로 붕괴하여 뜻하지 않게 미국은 국제정치에서 '패자霸者'의 자리를 차지하였다.

1985년 고르바초프가 당 서기장으로 취임한 이후 소련의 대서방정책은 유화적인 방향으로 서서히 변하기 시작하였다. 급기야 1989년 11월 동·서 베를린의 장벽이 무너지자 동유럽에서는 체코슬로바키아와 루마니아에서 정변이 일어나 공산정권이 물러났다. 그리하여 1990년 7월 서방세계는 냉전의 종식을 선언하고 소련과 동유럽에 협조를 제의하였다. 이러한 동서 화해와 융합 분위기에서 1990년 10월 3일 동·서독의 통일이 분단 45년 만에 이루어졌다.

이와 같이 미국은 소련 공산세력과의 대결 구도에서 벗어났지만 소련진영을 대상으로 한 유럽에서의 전략적 군사 배치 또는 군사력 유지에는 아무런 변화가 없었다. 오히려 민주주의 수호와 세계평화 유지라는 미국 대외정책의 핵심은 '패권국가'의 입장에서 더욱 강화되는 조짐을 보였다.

그러므로 중미에서 1989년 12월 파나마공화국의 대통령 마누엘 안토니오 노리에가Mamuel Antonio Noriega의 마약 거래 혐의를 포착하자 미군 2만여 명을 파나마에 투입하여 그를 체포하여 미국으로 압송, 재판에 회부하여 3년 뒤 40년 형을 언도하였다.

걸프전쟁

1990년 8월 2일 이라크의 대통령 사담 후세인Saddam Hussein은 채무 상환을 빌미로 쿠웨이트Kuwait에 침공하여 국왕과 집권세력을 축출하고 중동의 지배자로 군림하려는 태세를 보였다. 후세인의 쿠웨이트 침공은 명백한 침략행위인 동시에 이 지역에서 석유의 안전공급을 위협하는 행위이기도 했으므로 유엔안전보장이사회는 쿠웨이트에서 이라크의 즉각적인 철수를 요구하는 동시에 이라크에 대한 경제 제재를 결의하였다. 그러나 이라크가 유엔의 결의에 응하지 않자 11월 29일 유엔은 이듬해 1월 15일까지 철수할 것을 다시 요구하면서 이 요구에 응하지 않을 경우에는 무력행사를 감행할 것이라는 최후통첩을 이라크에 보냈다.

이러한 유엔의 결의에 주도적인 역할을 한 나라는 물론 미국이었다. 미국은 철수에 불응할 것에 대비하여 미국을 중심으로 현지의 사우디아라비아를 비롯하여 영국, 프랑스 등의 서방연합국과 협조하여 다국적군을 조직하는 한편, 소련을 비롯한 각국의 외교진, 유엔 사무총장을 동원하여 평화적 해결에 힘썼다. 그러나 이라크는 유엔의 결의를 무시한 채 기한이 되어도 쿠웨이트에서 철수하지 않았다. 그러자 미국은 철수시한이 지난 다음 날인 1991년 1월 16일 이라크에 대한 대대적인 공습을 감행하고, 2월 24일에는 33개국으로 구성된 68만의(이 중의 53만은 미군) 다국적군을 지상전투에 투입하였다. 그로부터 100시간이 지난 2월 28일 다국적군은 쿠웨이트에서 이라크군을 몰아내고 이라크 영내까지 진격하였으므로 이라크는 3월 3일 휴전을 제의하여 양측의 전투는 일단 끝을 보게 되었다. 이리하여 '사막의 폭풍작전Desert Storm Operation'이라는 작전명이 붙은 걸프전쟁은 1월 대공습 이래 43일 만에 종결되었다. 이 전쟁에서 미국은 전투 중 전사자 148명, 비전투 중 전사자 145명, 부상자 467명의 인명 피해를 냈으나, 이라크 측은 10만을 넘는 인명 피해와 막대한 물적 손실을 입었다.

부시의 실정

걸프전쟁에서의 질풍과도 같은 승리는 베트남에서의 패배로 실추된 미국의 국제적 지위를 다시 한 번 끌어올리는 결과를 가져왔다. 더욱이 이해 8월 소련에서 정변이 일어나 공산주의체제가 무너지기 시작하자 미국은 유일

무이한 초강대국이란 지위에 앉게 되었다. 그러나 이러한 국제적 위상에 반비례하여 국내의 경제사정은 나날이 악화되었다. 이 바람에 대외문제에서 얻은 부시의 명성은 국내문제 때문에 실추되고 말았다.

부시는 1988년 대통령 선거전 때 "나의 입술을 읽으시오, 세금 인상은 없습니다Read My Lips, No New Taxes"라고 하면서 국민에게 새로운 증세는 없을 거라고 다짐했지만 4천억 달러에 달하는 막대한 재정적자 앞에 국민과의 공약을 깨고 사회복지와 소비 부문에서 증세를 단행하지 않을 수 없었다. 그러자 그의 입술은 거짓말을 하는 입술이라는 비난을 듣게 되었다. 부시는 정부의 낭비성 지출을 줄이고 또 대외무역에서는 자유공정거래를 추진하였지만, 그의 경제정책의 기조가 미국경제의 자구력을 기대하는 정책이어서인지 과감한 경기부양정책을 쓰지 않았다. 그리하여 그의 재임 중 경제성장은 현저히 둔화되었고, 실업률이 증가하면서 재정적자와 대외채무만 증가하는 추세가 나타났다. 이러한 상황에서 미국은 다시 대통령 선거전을 맞이하였다.

1992년 대통령 선거

1992년 3월 뉴햄프셔주의 예비선거로 막을 올린 대통령 선거전은 경제 침체 속에서 시작한 탓인지 처음부터 과열 조짐을 보였다. 공화당에서는 보수파의 팻 뷰캐넌Pat Buchanan이 부시에게 도전을 시도했으나 일찍이 후퇴하였다. 민주당에서는 12년 공화당 집권에 종지부를 찍을 수 있는 호기라고 생각하여 빌 클린턴Bill Clinton(본명은 William Jefferson Blythe IV), 폴 송가스 Paul Tsongas, 제리 브라운Jerry Brown 사이에 대통령 후보 지명을 받기 위한 삼파전이 벌어졌으나 아칸소 주지사인 무명의 클린턴으로 압축되었다. 그리하여 8월에 열린 공화당 전당대회에서는 부시가 대통령 후보 지명을 받았고 이보다 앞서 7월에 열린 민주당 전당대회에서는 클린턴이 상원의원

앨 고어Al Gore를 부통령 후보로 동반하면서 대통령 후보 지명을 받았다.

한편 양대 정당의 선거전이 치열하게 벌어지는 가운데 텍사스의 억만장자인 사업가 출신의 로스 페로Ross Perot가 대통령 선거전에 무소속으로 초반부터 끼어들었다. 그는 한때 대통령 후보를 사퇴하였다가 다시 출마하는 혼선을 빚었으나 기성정당의 안이한 자세에 불만을 가진 시민들로부터 의외의 호응을 받았다.

이와 같이 1992년의 대통령 선거는 부시, 클린턴, 페로 세 후보 사이에서 치러졌으나 결과는 클린턴의 승리로 돌아갔다. 그는 일반투표에서 43퍼센트, 선거인단투표에서 370표를 얻어, 일반투표에서 38퍼센트, 선거인단투표에서 168표를 얻은 부시를 누르고 승리하였다. 한편 무소속의 페로는 일반투표에서 19퍼센트의 표를 얻었으나 선거인단투표에서는 단 한 표도 얻지 못하여 정당의 배경 없는 출마가 얼마나 어려운지를 다시 한 번 실감시켰다. 그러나 선거에서 페로는 누구보다도 많은 돈을 썼다. 텔레비전 광고에서만 그가 사용한 금액을 보더라도 클린턴의 940만 달러, 부시의 1,810만 달러에 비해 페로는 무려 2,390만 달러를 소비하였다.

제3절 _ 클린턴 - 진보로의 회귀

클린턴 행정부의 탄생

1993년 1월 20일 제42대 대통령으로 취임한 빌 클린턴은 제2차 세계대전이 끝난 이듬해인 1946년 8월에 남부의 빈곤한 주의 하나이며 인구 200만 정도인 아칸소주의 타운호프에서 유복자로 태어나 외조부모 밑에서 성장하였다. 뒤에 모친이 재혼하자 계부의 성을 따라 비로소 클린턴이라는 성을 갖게 되었다. 그는 이와 같은 역경에서 자랐으나 좌절하지 않고 면학에 힘써, 1963년 고등학교 최종학년 때 우수학생으로 뽑혀 백악관에 초청되어 케네디 대통령과 악수하는 영광을 갖기도 하였다. 그는 이때 정치가로 입신할 뜻을 품었다고 한다. 이듬해 수도 워싱턴에 있는 조지타운대학에 진학한 클린턴은 우수한 졸업생에게 주어지는 로즈장학금을 받아 영국의 옥스퍼드대학에서 2년간 수학하였다. 귀국해서는 다시 예일대학의 법과대학에서 수학하고 졸업 후에는 고향으로 돌아와 아칸소대학의 법대 교수가 되었다.

정치에 뜻을 둔 클린턴은 1972년 대통령 선거 때 민주당의 후보인 맥거번의 선거 운동원으로 경험을 쌓고 1974년에는 주 하원의원으로 출마하였으나 낙선의 고배를 마셨다. 1976년에는 아칸소주의 검찰총장으로 선출되었고 이 경력을 배경으로 1978년에는 주지사로 출마하여 32세라는 최연소의 나이로 주지사에 당선되었다. 그는 1980년 재선에 실패하였으나 1982년 다시 당선된 이후로 연달아 다섯 번 당선되는 영광을 누렸다. 그러나 그는 미국 정계에서는 거의 무명의 인물이었다. 그러므로 클린턴이 1991년 말 민주당 후보로 대통령에 출마할 뜻을 밝혔을 때 그가 누구인지를 아는 사람은 그리 많지 않았다. 그럼에도 불구하고 클린턴이 대통령으로 선출된 것은 그가 제2차 세계대전 이후에 태어난 이른바 베이비 붐 세대Baby Boomer의 젊음을 등에 업고 12년이나 지속된 공화당의 보수적 분위기에 염증을 느낀 민심에 영합하였기 때문이었다.

진보 성향의 정책

클린턴은 취임연설에서 이제 미국은 '변화의 시기'를 맞이하고 있다고 강조하였는데, 그런 시기를 예고하듯이 우선 각료 임명에서 조짐을 보여주었다. 클린턴은 처음으로 법무장관에 여성을 기용했고 그 밖의 다른 부서에 흑인과 히스패닉계를 다수 기용하였다. 부인 힐러리 클린턴Hillary R. Clinton 에게 의료보험제도의 개혁안 작성을 맡긴 것도 파격적인 인사라 할 수 있다. 대통령 부인이 중책을 맡은 일은 거의 전례가 없었기 때문이다.

클린턴이 취임하였을 때 미국경제는 거의 밑바닥을 치고 있었다. 실업률은 7.2퍼센트에 달하고 연방정부의 채무는 4조 달러를 넘어서고 연간 무역적자도 8천억 달러를 돌파하고 있었다. 그러므로 그의 국내정책의 우선순위는 경제 재생이었다. 이를 위해 그는 공화당의 정책과는 달리 부유층에 대한 감세정책을 증세정책으로 전환하고 이를 통해 재정적자를 줄이는 한편, 공공사업에 대한 투자를 늘리고 수출시장 확대에 주력하였다.

특히 이 부문에서는 캐나다, 멕시코와 함께 북미자유무역협정NAFTA, North America Free Trade Agreement을 체결하여 1994년 1월을 기해 효력을 발생하도록 하였고, 1995년에는 세계무역기구WTO, World Trade Organization를 창설하는 데 협력을 아끼지 않았다.

클린턴은 '변화'를 강조하면서 '대대적인 물갈이massive overhaul'를 마음 먹었지만 여러 정책에서 좌절을 맛보아야 하였다. 우선 대통령 선거 때 그는 동성애자gay의 군 입대를 허용하겠다고 약속하였으나, 군의 반발로 시행이 불가능해졌다. 결국 "묻지 말라, 말하지 말라, 추궁하지 말라don't ask, don't tell, don't pursue"라는 애매한 원칙하에 동성애자의 군 입대를 허용하는 선에서 타협을 보았다. 의료보험제도의 개혁에서도 그가 기대한 만큼의 성과를 거두지는 못하였다. 당시 미국에서 65세 이상의 노년층은 메디케어Medicare로, 빈민층은 메디케이드Madicaid로 의료보험 혜택을 받고 있었으나, 여기에 해당하지 않는 미국 시민은 사적인 보험 말고는 보험 혜택이 전혀 없었다. 다시 말하면 전 국민을 대상으로 하는 건강보험제도가 없었던 것이다. 그리하여 힐러리의 보고에 입각하여 전 국민이 가입하는 보험제도를 만들었으나 미국의사회, 보험회사, 제약회사의 반대로 실패로 돌아갔다. 결국 국민이 자발적으로 가입하고 보험회사가 주도하는 건강유지기구HMO, Health Maintenance Organization를 성립시켰으나 보험 혜택을 받지 못하는 미가입자의 수는 상당수에 달하였다. 특히 1994년 중간선거에서 공화당이 상·하 양원에서 다수당이 되어 이른바 여소 야대의 국면이 되자, 임신중절, 총기규제, 복지개혁 등의 문제에서 공화당에 많은 양보를 할 수밖에 없었다.

대외문제

레이건부터 부시까지 12년간의 미국의 대외정책을 적극적 강경정책이라고 한다면, 클린턴의 대외정책은 소극적·유화적 또는 중도적 정책이라고 말할 수 있다. 특히 1990년대에 들어 소련공산권이 붕괴하면서 클린턴은 유일의 패권국가로서 위력을 과시하기보다는 인적·물적 소모를 가능한 한 억제 혹은 축소하는 정책으로 나아갔다.

클린턴이 대통령으로 취임했을 때 미군은 유엔의 깃발 아래 소말리아Somalia에 주둔하고 있었으나, 1993년 6월 미군이 지방민의 공격을 받아 20여 명의 사상자가 나오자 이듬해 4월 전 미군의 철수를 발표하였다. 또 유고슬라비아가 해체되면서 1995년 보스니아Bosnia에서 세르비아인과 이슬람계의 비세르비아 민족 사이에 민족분쟁이 발생하자 클린턴은 처음에는 사태를 관망하는 태도를 취했지만 결국 유엔 감시하에 보스니아에 미군을 파견하여 민족분쟁을 해결하려고 노력하였다. 1998년 유고슬라비아가 세르비아의 코소보Kosovo에서 알바니아인 말살정책을 기도하자, 클린턴은 1999년 NATO와 협력하여 미군을 파견하여 뒤에 전범으로 체포하여 기소한 슬로보단 밀로셰비치Slobodan Milosevic의 유고정부를 공격하여 사태를 수습하였다.

북한의 핵 문제 해결에도 클린턴은 유화적 정책을 견지하였다. 1994년 7월 김일성이 사망할 무렵, 미국과 북한 사이에는 북한의 핵무기 개발 의혹으로 긴장관계가 조성되고 있었다. 1995년 6월 클린턴은 북한에 핵 개발 중단의 대가로 매년 50만 톤의 중유의 무상제공과 한국, 미국, 일본 공동의 경수로 건설을 약속하였다. 또한 1997년 이후 북한이 연이은 홍수로 식량 사정이 악화되자 미국은 인도적 견지에서 대규모 식량을 원조하기도 하였다. 그러나 1998년 북한이 원거리탄도미사일을 실험 발사하자 양국의 관계는 다시 긴장 상태에 들어갔다. 그러자 2000년 클린턴은 미국 최초의 여성 국무장관인 매들린 올브라이트Madeleine Albright를 북한에 파견하여 북한을 설득하여 양국의 관계가 더 이상 악화되지 않도록 노력하였다.

이스라엘 – 팔레스타인 문제에서도 클린턴의 주선으로 5월 오슬로협정을 성립시켜 양측의 상호 인정과 요르단 서안과 가자 지역에 팔레스타인 자치구를 설정하는 데 합의를 보았다. 그러나 1995년 11월 팔레스타인에 유화적인 이스라엘의 이츠하크 라빈Yitzhak Rabin 수상이 이스라엘의 극우세력에 암살당하자 양측의 화해무드는 깨지고 말았다. 그 후 팔레스타인의 자폭테러와 이에 대한 이스라엘의 보복이 연속적으로 일어나 해결의 조짐은 전혀 보이지 않는 상태에 놓였다. 또 테러와 보복이 일어날 때마다 팔레스타인을 후원하는 아랍세계는 궁극적 책임이 미국에 있다고 보고 아프리카의 르완다 또는 사우디아라비아의 미군기지에 테러를 가해 미국을 긴장시켰다.

클린턴의 제2기

1994년 상·하 양원의 중간선거에서 공화당이 승리하자 1996년 대통령 선거에서도 공화당의 승리가 일부 예측되기도 하였다. 더욱이 이 무렵부터 클린턴의 대통령으로서의 '품위'가 쟁점으로 부상하면서 민주당은 수세에 몰리는 듯하였다. 그러나 국내외적으로 특별한 문제가 없었고 또 미국경제가 상승 국면을 맞이하고 있었기 때문에 승리는 민주당에 돌아갔다. 클린턴은 일반투표에서 4,740만여 표(51퍼센트)와 선거인단투표에서 379표를, 공화당에서 출마한 밥 돌Bob Dole은 각각 3,919만여 표(41퍼센트)와 159표를 얻었다. 이해의 선거에서는 지난번처럼 억만장자 페로가 다시 한 번 도전하였으나 808만여 표를 얻었을 뿐, 낙선의 고배를 마셨다. 클린턴의 2기 연임은 민주당으로서는 1936년 프랭클린 루스벨트의 재선 이래 처음 있는 일이었다. 그러나 양원 선거에서는 지난번처럼 민주당이 패배하여 클린턴의 진보 성향 정책에 적지 않은 제동을 가하게 되었다.

품위 문제와 탄핵

클린턴은 1992년 대통령으로 출마하였을 당시부터 베트남전쟁에 대한 반전운동 참가, 병역 기피, 마리화나 흡연 등으로 대통령으로서의 품위가 의심되고 있었다. 또 아칸소 주지사 시절 화이트워터Whitewater개발회사의 토지부정거래에 관련이 있다는 혐의를 받고 있었다. 1994년 공화당 주도하에 임명된 보수 성향이 짙은 특별검찰관 케네스 스타Kenneth W. Starr는 클린턴과 이 사건의 연루 관계를 추궁하였다. 그 결과 클린턴의 가까운 친구들이 고발되고 유죄판결을 받았으나 클린턴은 화를 모면하였다.

그러나 이 사건의 조사 중 아칸소 주지사 시절에 비서로 근무했던 여성이 그로부터 성희롱을 당하였다고 고발하는 불미스런 사건이 일어났다. 이에 대해 클린턴은 당사자에게 금전을 제공하여 또다시 화를 모면했으나, 대통

령 관저에 인턴으로 근무하였던 모니카 르윈스키Monica Lewinsky와의 성적
문제는 클린턴을 탄핵으로까지 몰고 갔다.

1998년 1월 이 사건이 불거지자 클린턴은 그와 르윈스키의 성적 관계를
완강히 부인하였다. 그러나 스타 검사의 추궁은 더욱 매서워져 1998년 8월
17일 대배심에서 클린턴은 자신의 행동을 증언하는 미국 사상 최초의 대통
령이 되었다. 이날 저녁 증언을 끝낸 클린턴은 그가 르윈스키와 '적절하지
않은not appropriate' 관계를 가졌다는 것을 인정하고 국민 앞에 사과하는 연
설을 하였다.

스타 검사는 1998년 9월 허위 증언, 법 집행 방해, 증거 인멸, 권리 남용의
4개 항목을 열거하여 정식으로 클린턴을 고발하였다. 이에 대해 연방 하원
은 1998년 12월 허위 증언과 법 집행 방해를 유죄로 인정하여 클린턴의 탄
핵을 가결하였다.

이리하여 클린턴은 제17대 대통령 앤드루 존슨에 이어 두 번째로 탄핵재
판을 받는 대통령이 되었다. 대통령의 탄핵은 상원의석의 3분의 2 이상이
찬성할 경우 성립되는데, 1999년 2월 12일에 열린 상원의 표결 결과 찬성
50, 반대 50으로 클린턴의 탄핵이 부결되었다. 당시 상원은 공화당이 55, 민
주당이 44, 무소속이 1이었으므로 공화당의원 중에서 5표의 이탈이 있었다.
또한 탄핵재판 뒤에 실시된 여론조사에서는 상원의 표결 결과에 만족한다
는 측이 우세하였다.

돌이켜 생각하면 국정상의 문제가 아니라 대통령 개인의 비행을 문제 삼
은 탄핵재판은 어떻게 보면 하나의 코미디라고 볼 수 있다. 그럼에도 불구
하고 거의 1년 이상 국민의 이목이 집중된 배후에는 미국의 보수세력과 진
보세력 사이의 암투가 도사리고 있었다.

로드니 킹과 오제이 심슨

1991년 가을의 어느 날 밤, 로스앤젤레스 교외의 한적한 거리에서 흑인 로드니 킹Rodney King이 4명의 백인 경관에게 교통 위반 혐의를 받고 거의 빈사 상태에 이를 정도로 구타당하는 사건이 일어났다. 어떻게 보면 대수롭지 않게 넘어갈 수도 있었던 이 사건은, 우연히 사건 현장에 있었던 시민에게 비디오로 촬영되어 80초 동안 56번이나 구타당하는 장면이 전국 텔레비전에 수없이 방영되어 전 국민의 관심의 대상이 되었다.

여론에 밀려 4명의 경찰관이 체포되고 재판을 받았는데, 1992년 4월 백인만으로 구성된 배심원은 전원에 대해 무죄를 판결하였다. 그러자 이 표결에 불만을 가진 흑인과 흑인에 동조하는 히스패닉계 시민이 이날 밤 거리로 뛰쳐나와 로스앤젤레스시의 남부와 중부 일대에서 약탈과 방화를 저질러 이 일대를 삽시간에 아수라장으로 만들었다. 이 과정에서 50명이 사망하고 2,000명이 부상당했으며 1,000여 채의 건물이 파괴되었고 10억 달러의 재산상의 피해가 발생하였다. 불행히도 폭동이 일어난 지역의 한복판에 코리아타운이 있었으므로 한국 교민도 막대한 손해를 입었다.

결국 킹 사건은 1993년 4월 흑인과 기타 인종으로 혼성된 배심원이 참석한 법정에서 재심되어 2명이 유죄, 2명은 무죄판결을 받아 결말지어졌다. 이 사건이 주는 의미는 매우 큰데, 우선 인종차별의 뿌리가 여전히 깊다는 것과 또 하나 중요한 것은 현대 미국에서 방송과 보도매체의 위력이 얼마나 큰지를 보여주었다는 것이다. 이 위력은 오제이 심슨O. J. Simpson 사건에서 더욱 극명하게 나타났다.

흑인이지만 왕년의 미식축구 스타이며 '명예의 전당'에까지 헌액된 심슨은 자신의 전처와 그녀의 남자친구 살해 혐의로 내사를 받던 중 1994년 6월 18일 고속도로상에서 수십 대의 경찰차와 12대의 헬리콥터의 추적을 받아 체포되었다. 이 추적을 포함하여 재판이 끝날 때까지 그에 관한 보고는 각종 보도매체의 단골 메뉴가 되었다. 재력이 막강한 그는 형사재판에 유능한 변호사를 수없이 고용하여 이들의 변호 덕택으로 1995년 10월 무죄판결을 받았다. 그러나 살해자의 가족이 제기한 민사재판에서는 850만 달러의 배상금을 지불하라는 판결을 받았다.

결국 '세기의 재판'이라고도 일컬어지는 재판이 텔레비전을 통해 방영되는 동안 미국의 시청자는 현대 미국사회에 복잡하게 엉켜 있는 인종, 성, 부, 권력, 편견이 펼치는 각본 없는 생생한 드라마를 즐겼다. 더욱이 그 드라마가 백인이든 흑인이든 유명인의 불미스러운 행위와 관련이 있을 경우에는 더욱 흥미와 관심의 대상이 된다는 것을 보여주었다.

사설 민병대운동

개인의 무기 휴대와 결사의 자유가 법적으로 보장되어 있는 미국에서는 개인 또는 소수의 집단이 사사로이 '민병대'를 조직하여 과격한 행동으로 집단이기주의에 바탕을 둔 불만을 표시하는 사건이 1990년대에 들어와서 빈번히 일어났다. 이들은 대체로 과거의 큐클럭스클랜처럼 인종차별주의자로, 때로는 보수적 기독교 집단과 손잡고 임신중절운동에 반대하기도 하고 공교육에서 국기에 대한 충성서약Pledge of Allegiance을 지지하여 스스로는 애국적 단체임을 자인하였다. 그러나 이들은 무기 은닉, 납세 거부, 공무 집행 방해를 자행하여 그때마다 공권력과 무력으로 충돌하였다.

1992년 아이다호의 어느 벽촌에서는 법정 출두를 거부하는 민병대원과 공권력 사이에 총격전이 벌어져 피의자의 부인과 아들이 살해되는 사건이 일어났다.

1993년 2월, 민병대와 관련 있는 사건은 아니지만 텍사스의 웨이코Waco에서는 연방재무부의 주류·담배·화기단속국BATF, Bureau of Alcohol, Tobacco & Firearms이 무기 은닉, 아동 학대, 인신 감금 등의 혐의를 받고 있는 신흥 기독교 공동체인 다윗파Branch Davidian에 대해 수색영장을 집행하는 과정에서 양측이 인명 손실을 냈다. 그러자 연방수사 당국은 공동체의 건물과 부지를 포위하고 투항을 요구했으나 50여 일이 지나도 성과가 없자, 4월 19일 장갑차까지 동원하여 군사작전을 방불케 하는 공격을 감행하였다. 그리하여 건물은 모두 불에 탔고 그 안에 있던 부녀자를 포함한 70여 명이 불에 타 죽었다. 이 비극적 사건에 대해 여론은 공권력의 과잉행사라는 비난을 퍼부었고 연방하원은 진상을 조사하기 위한 공청회를 열기도 하였다.

이 사건이 일어난 지 꼭 2년 뒤의 같은 날, 즉 1995년 4월 19일 오클라호마 시티Oklahoma City에 있는 연방 건물이 폭탄테러를 당해 건물이 전부 파괴되었고 168명의 사망자와 600여 명의 부상자가 나왔다. 이 테러는 민병대에 속하는 수 명의 대원이 웨이코 사건에서 나타난 과도한 공권력 행사에 대한 보복으로 2주년을 기념하여 일으킨 사건이라는 것이 뒤에 밝혀졌다.

1996년 봄에는 몬태나주의 농장에서 프리맨Freeman이란 명칭의 민병대가 납세 거부로 공권력과 대치하였다. 이에 대해 최초의 여성 연방 법무장관인 재닛 리노Janet Reno는 강압적 탄압이 또 다른 비극을 발생시킬까 우려하여 인내를 갖고 설득에 노력한 결과, 무력충돌 없이 자진투항을 이끌어 내는 데 성공하였다. 그러나 정부에 대한 불신이 있는 한, 민병대의 불씨는 항상 미국 어디엔가 도사리고 있다.

제13장

21세기의 미국

9·11테러 당시 세계무역센터
[CC BY-SA 2.0 Wally Gobetz]

제1절_ 조지 W. 부시 — 다시 보수로

2000년 대통령 선거

20세기 최후의 대통령 선거전이 된 2000년의 대통령 선거는 민주당의 앨 고어와 공화당의 조지 W. 부시George Walker Bush 사이에서 치러졌다.

클린턴 대통령의 부통령으로 8년을 역임한 앨 고어는 8월 민주당 전당대 회에서 상원의원 빌 브래들리Bill Bradley를 물리치고 대통령 후보 지명을 받 았다. 한편 조지 W. 부시는 제41대 대통령이었던 조지 부시의 장남으로 현 직 텍사스 주지사로 입후보하여 8월의 공화당 전당대회에서 현직 상원의원 이며 베트남 전쟁의 영웅이기도 한 존 매케인John McCain을 물리치고 대통 령 후보 지명을 받았다.

선거전은 경제적 호황 속에 양당 간의 별다른 쟁점 없이 대체로 국민의 무관심 속에서 진행되었다. 그러므로 이 선거전에서는 양당의 정책적 대립 보다는 선거 결과에 대한 양당 간의 뜻하지 않은 분쟁이 커다란 주목을 받 았다.

11월 7일 투표 결과 고어는 일반투표에서 5,100만여 표(48.38퍼센트)를 부 시는 5,000만여 표(47.87퍼센트)를 얻었다. 그러므로 고어의 승리가 확실시 되었으나 최종 당선자는 일반투표로 얻어지는 각 주의 선거인단 표의 총수 로 결정되기 때문에 선거인단 표의 최종 집계를 기다려야 하였다. 그런데 부시가 플로리다주의 일반투표에서 고어보다 약 1,210표를 앞서고 있어 이 박빙의 표 차가 확실하다면 플로리다의 선거인 표 25표가 부시에게 주어져 선거인단 표의 총수에서 부시는 271표(50.4퍼센트)를, 고어는 266표(49.4퍼 센트)를 얻어 승리가 부시에게 돌아갈 공산이 커졌다.

그러자 고어 측에서 플로리다주의 4개 선거구에서 투표용지와 투표기계 가 제대로 갖추어져 있지 않아 표 집계에서 오류가 있을 수 있다고 항의하여 이들 선거구에서 수작업에 의한 재집계를 요구하고 나섰다. 플로리다주의 대법원은 고어 측의 요구를 받아들여 재집계를 승인하였으나, 연방대법원에서는 11월 7일 대통령 선거일로부터 36일 만인 12월 12일, 재집계를 7대 2로 위헌이라는 판정을 내려 결국 플로리다주의 선거인단 표가 부시의 표로 인정되어 부시의 승리가 확정되었다.

미국의 대통령 선거사에서 일반투표에서 승리했는데도 선거인단투표에서 패배한 사례는 세 번(1824년, 1876년, 1888년) 있었다. 그러나 2000년의 경우처럼 연방대법원이 대통령의 당선을 판정한 사례는 이번이 처음이었다. 그래서 이 결과를 가지고 일반투표에 나타난 다수 국민의 의사가 무시되었다며 미국 민주주의의 위기설이 나돌기도 했지만, 법치국가답게 궁극적으로는 '법의 심판'에 깨끗이 승복하였다는 점에서 미국 민주주의의 건재론도 만만치 않게 나돌았다.

하지만 표의 결과가 아니라 법에 의해 대통령이 되었다는 사실이 부시에 대한 국민의 신임에 먹구름이 되었다는 것은 부인할 수 없다.

그 뒤 미국의 유력한 언론기관들이 비용을 분담하여 문제의 4개 선거구의 표를 재검했으나 그 결과는 부시에게 유리하였다고 한다. 여기서 간과할 수 없는 일이 있다. 그것은 고어가 플로리다에서 패배했다 하더라도 그의 출신 주인 테네시에서 승리했다면 테네시주의 선거인단 표인 11표가 그에게 돌아가서 고어 277표, 부시 260표가 되어 고어가 승리하였을 것이라는 사실이다. 대통령 선거의 역사를 살펴보면 패배한 후보도 자기 출신 주에서만은 대체로 승리하였다는 것을 알 수 있다. 그러므로 플로리다에서의 결과를 논하기 전에 자기 출신 주에서도 승리하지 못한 데에서 고어의 패인을 물을 수 있다.

조지 W. 부시

제43대 대통령이 된 조지 W. 부시는 전임 대통령 클린턴과 같이 베이비 붐 세대의 한 사람으로, 그의 부친이자 뒤에 제41대 대통령이 된 부시가 예일 대학 재학 중이던 1946년 7월 6일에 뉴헤이번에서 태어났다. 2살 때 석유사업을 시작한 부친을 따라 텍사스의 미들랜드Midland로 이주하여 거기서 성장하였으므로 부시는 그곳을 고향이라 말한다. 초등학교를 마치자 부친의 모교로 명문대학 지망생이 다니는 필립스 아카데미에 입학하여 6년 뒤 소망대로 예일대학에 진학하였다. 대학을 졸업하자 하버드대학의 경영대학원에 진학하여 경영학 석사학위를 받았다. 학업을 마친 뒤 텍사스로 돌아와 부친의 석유사업을 돕다가 1977년 독립하여 따로 회사를 설립하여 사업가로서의 지반을 닦았다. 이러는 동안 텍사스 국민방위군의 공군에 입대하여 조종사 훈련을 받았으나 클린턴과 마찬가지로 베트남전쟁에는 참전하지 않았다.

1977년 초등학교 교사인 로라 웰치Laura Welch와 결혼하고 이듬해 연방 하원의원에 출마하였으나 낙선의 고배를 마셨다. 그때까지 패배를 몰랐던 그에게 이 낙선은 커다란 충격을 주었다. 잠시 음주에 빠지면서 실의의 생활을 보내다가 1988년 부친이 대통령으로 출마하자 선거운동을 도우면서 그 자신도 정치와 사업에 대해 관심을 갖기 시작하였다.

우선 사업 면에서는 친구들과 공동 출자하여 프로야구팀 텍사스 레인저스Texas Rangers를 인수하여 경영하다가 막대한 이익을 남기면서 1990년대 초에 구단을 매각하였다. 일설에 의하면 처음에 60만 달러를 투자하였다가 1,000만 달러 이상의 수익을 올렸다고 한다.

정치에서는 1992년 부친이 대통령 재선에 실패하자 자신은 다시 정계에 들어갈 뜻을 가져 1994년 텍사스 주지사에 출마하여 당선하고 1998년 재선에 성공하였다. 그는 이러한 정치적 배경을 바탕으로 공화당의 대통령 후보로 출마하였다.

부시는 자신의 정치철학을 동정적 보수주의compassionate conservatism라고 부른다. 이 보수주의에서 특히 그는 자유, 가족, 신앙, 책임의 네 덕목을 지킬 것을 강조하면서 대외정책에서도 초대강국으로서 미국의 보수적 영도력을 강조하였다.

취임 7개월

부시는 전임 공화당의 두 대통령의 전례를 답습하여 대통령에 취임하면서 1조 6,000억 달러의 세금 삭감안을 의회에 제출하였다. 그러나 민주당의 반대에 직면하여 11년에 걸쳐 1조 3,500억 달러를 감세한다는 결정을 보았다. 또한 클린턴이 남긴 재정흑자에 근거하여 납세자에 대해 개인의 경우에는 300달러까지, 기혼남녀에 대해서는 600달러까지 환불해주기로 하였다. 이와 같은 대담한 감세와 환불로 기업체와 개인들의 자금 사정을 호전시켰으나 클린턴 말기부터 하강선을 걷기 시작한 경기는 회복할 기미를 보이지 않았다.

한편 대외정책에서는 일방주의Unilateralism적 외교의 모습을 드러내기 시작하였다. 군비경쟁을 우려하는 러시아와 중국의 반대를 물리치고 국가미사일방어체제NMD, National Missile Defence System를 추진하려 했고 유엔이 추진하는 국제범죄재판소의 설치에 반대하고 지구 온난화를 방지하려는 교토의정서에 불참을 선언하였다. 핵 문제와 관련해서는 클린턴의 북한에 대한 당근정책에서 채찍정책으로 전환하려는 움직임을 보였다.

9·11 테러

2001년 9월 11일 오전 8시 46분, 뉴욕시 세계무역센터WTC, World Trade Center 쌍둥이빌딩 북쪽 타워에 여객기 한 대가 돌진하여 폭파하였다. 이어서 9시 3분, 다른 여객기 한 대가 남쪽 타워에 돌진하여 폭파하였다. 그로부터 약 30분이 지난 9시 38분, 다른 여객기 한 대가 수도 워싱턴 근교에 있는 국방부 건물에 돌진하여 일부를 파괴하였다. 10시경 또 다른 여객기가 펜실베이니아주의 시골 들판에 추락, 폭발하였다. 이것이 9월 11일 미국이 불시에 당한 테러의 전모이다.

9·11 테러는 불특정 다수를 대상으로 한 테러이므로 인명 피해가 엄청나게 컸다. 이 테러로부터 거의 1년이 지난 2002년 8월에 뉴욕시 당국은 쌍둥이빌딩의 완전 붕괴로 희생된 인명은 구조대원을 합쳐 2,829명이며 이들이 소속한 국적의 수는 90개국에 달한다고 발표하였다. 이 밖에 4대의 여객기 폭파로 희생된 인명은 승무원과 승객을 합쳐 266명에 달하였다.

보스턴 또는 뉴욕을 떠난 여객기를 공중 납치하여 미국 역사상 유례없는 엄청난 테러를 감행한 이들은 19명의 아랍인이었다. 이들은 이슬람교의 원리주의자들이며, 사우디아라비아 부호의 아들인 오사마 빈 라덴Osama bin Laden이 조직한 테러단체 알카에다Al-Qaeda(기지라는 뜻임) 소속이라는 것이 곧 밝혀졌다. 이것을 뒷받침하듯이 사전에 녹화된 비디오 연설에서 빈 라덴은 "팔레스타인에 평화가 정착할 때까지 또 모든 비이슬람교도가 무함마드의 땅을 떠날 때까지 미국에는 평화가 있을 수 없다"라고 언명하였다.

이런 도발적 발언에 대응하듯이 부시 대통령은 9월 19일 의회 연설에서 9·11 테러의 주범이 알카에다라는 것을 밝히고 9월 20일에는 알카에다를 포함한 모든 테러조직을 지원하는 집단과 정부는 미국의 반테러작전의 대상이 된다고 천명하였다. 이러한 부시의 강경한 발언에 미국 국민의 90퍼센트가 지지를 표명했으나, 정부 내에서는 부시의 테러대책을 둘러싸고 국방부를 주축으로 하는 매파와 국무부를 주축으로 하는 비둘기파가 탄생하였다.

탈레반정부의 붕괴

사우디아라비아의 미군 막사, 케냐와 탄자니아의 미국대사관, 예멘에서의 미해군 함정에 대한 테러를 감행한 주범으로 국제적으로 지명수배를 받고 있던 빈 라덴은 9·11 테러 당시 아프가니스탄에 은신하면서 테러분자를 훈련하고 있었다.

미국은 유엔의 협조를 얻어 1997년부터 아프가니스탄의 거의 전역을 강권 통치하고 있던 탈레반Taleban의 지도자 무하마드 오마르Muhammad Omar에게 빈 라덴의 인도를 요구하였다. 그러나 오마르는 빈 라덴이 개입했다는 구체적인 증거의 제시를 요구하며 미국의 요구를 차일피일 계속 거절하였다.

결국 미국은 오마르와의 교섭을 단념하고 10월 7일 탈레반의 군사시설과 테러단체의 훈련장에 폭격을 개시하였다. 미국은 영국을 비롯하여 여러 나라의 군사적 원조와 아프가니스탄의 10퍼센트를 차지하고 있는 북부동맹군의 협력을 얻어 탈레반의 군사력을 분쇄하였다. 12월 7일에 작전을 끝낸 미국은 하미드 카르자이Hamid Karzai의 임시정부에 통치를 맡기고 계속 주둔하면서 군사적으로 이 정부를 후원하였다. 그러나 빈 라덴과 오마르의 체포에는 실패해서 테러의 불씨를 남겼다.

9·11 테러 이후

9·11 테러가 미국에 준 충격은 이루 말할 수 없다. 미국은 1812년 전쟁 당시 수도 워싱턴과 뉴올리언스의 일부를 점령당한 일이 있고 1941년 일본으로부터 하와이를 기습 공격당한 일은 있으나 그전과 그 후의 어떠한 전쟁에서도 미국 본토가 육·해·공군의 어떠한 군사력으로도 공격을 받은 일이 없었다. 더욱이 유일한 초대강국인 미국에 정면으로 군사 도전을 할 집단 또는 국가는 상상할 수도 없었다. 그렇기 때문에 불과 4대의 공중 납치된 여

객기로 감행된 9·11 테러는 테러에 관한 한 미국은 결코 안전한 국가가 아니라는 것을 보여주었다. 실제로 9·11 테러 이후 1년이 지나 실시된 여론조사에서 테러에 대한 미국인의 불안이 적지 않다는 것을 읽을 수 있다. 테러에 대한 위험성은 여전히 존재한다가 39퍼센트, 위험성이 전보다 커졌다가 22퍼센트로 나타났고 이에 반해 테러의 가능성이 적어졌다는 것은 34퍼센트에 지나지 않았다. 그러므로 미국의 대내·대외정책이 테러의 방지 또는 억제를 중심으로 돌아간다고 해도 조금도 이상한 일이 아니다.

우선 2002년 6월 미국은 기존의 정보 관련의 22개 기관을 통합하여 '국토방위부Department of Homeland Security'를 신설하였다. 또 미국에 출입국하는 외국인의 검색은 해를 거듭할수록 강화되어, 2004년부터는 27개국을 제외한 국가의 국민이 미국에 입국할 때는 지문 채취와 사진 촬영을 받도록 되어 있다. 자국의 안전을 위해 비미국인에게 강요되는 인권 침해는 국내에서 체포된 테러 용의자, 아프가니스탄에서 연행한 탈레반 병사에 대한 취급에서 더욱 극심하게 나타났다. 그래서 국내 일부에서는 이와 같은 인권침해의 수많은 사례에 대해 우려를 표명하는 소리도 나오기도 하였다.

이라크전쟁

이와 같이 미국정부는 테러 방지를 위해 여러 방책을 강구하던 중 선제공격preemption을 방지책의 하나로 구상하게 되었다. 테러를 감행할 위험성이 있는 집단 또는 국가에 대해 설사 위험성의 증거가 충분하지 않다 하더라도 미연에 방지한다는 전제하에 공격을 감행한다는 것이다.

클린턴 대통령은 재임 중 이라크, 이란, 북한, 쿠바, 리비아 등의 국가를 불량국가rogue nation로 지정한 일이 있었다. 부시 대통령은 2002년 연두교서에서 범위를 좁혀 이라크, 이란, 북한을 '악의 축an axis of evil'이라고 지정하고 이 중에서도 이라크를 가장 위험한 국가라고 지적하였다.

그 이유로 부시는 첫째, 1991년 걸프전쟁이 끝나면서 합의한 유엔의 이라크 무기사찰에 비협조적이며, 둘째, 대량살상무기WMD, Weapons of Mass Destruction의 개발 또는 은닉에 의심이 가고, 셋째, 알카에다와도 연결이 있을지도 모른다는 점을 들었다. 이러한 미국의 의혹에 대해 사담 후세인은 대량살상무기의 존재를 부인하는 한편 유엔의 무기사찰단을 축출하는 등 미국과 유엔에 대해 도전적으로 나왔다.

미국은 이러한 이라크의 도발적 행동에 대처할 것을 유엔의 안전보장이사회에 의제로 상정하였으나 15개 이사국 중 미국, 영국, 스페인, 불가리아의 4개국만이 이라크 제재안에 찬성하고, 러시아, 프랑스, 중국, 독일 등의 유력국가는 신중론을 펴면서 반대 입장을 취하였다. 신중론의 핵심은 대량살상무기에 대한 조사를 더욱 철저히 하여 그 결과를 보자는 것이었다.

그러나 이라크전쟁에 대비하여 이미 20여만 명의 육군 병력을 동원하고 기동함대를 주축으로 수십 척의 함정을 페르시아만에 배치한 미국으로서는 신중론을 펼 겨를이 없었다. 그러므로 미국은 유엔의 결의 없이 이라크에 최후통첩을 보내고 이에 대한 반응이 없자 2003년 3월 7일 영국군과 더불어 이라크를 공격하였다. 미군의 막강한 화력 앞에 이라크 정규군은 순식간에 무너졌고 4월 9일에는 수도 바그다드가 점령되었다. 그 뒤 각지에 흩어진 이라크의 패잔병을 소탕하여 전화가 거의 가라앉았다고 판단한 미국은 5월 1일 이라크전쟁의 종료를 선포하였다.

이어서 미국인은 7월 조속히 이라크인에게 통치권을 이양할 생각으로 25명으로 구성된 임시통치기구를 설치하였다. 그러나 이즈음부터 미군과 미국의 이라크 통치에 협력하는 과도정부와 그 추종세력에 대한 테러가 때와 장소를 가리지 않고 자폭 또는 로켓포의 공격 등으로 일어나기 시작하였다.

그리하여 미국인과 이라크인의 인명 피해는 매일 그 숫자가 늘어갔다. 개전부터 종전까지 미군의 전사자 수는 138명이었다. 그러나 테러로 쓰러진 미군 전사자의 숫자는 이 숫자를 포함하여 2004년 초까지 500여 명이 넘었다. 이와 아울러 이라크인의 피해도 막대하다. 2003년 연말에 은신 중에 있었던 사담 후세인이 체포되어 이라크 내의 저항세력도 한풀 꺾일 것으로 기대되었으나 오히려 미군을 포함하여 불특정 다수의 이라크인과 외국인에 대한 테러는 그칠 줄 몰랐다.

이와 같은 막대한 인명 피해를 입으면서도 미국, 영국 양군은 전쟁의 원인이 된 대량살상무기를 찾아내지 못하였다. 그리하여 이라크전쟁의 정당성에 대한 찬반의 양론이 대두하였다. 영국수상 토니 블레어Tony Blair는 설사 대량살상무기가 없다 하더라도 이라크 국민을 사담 후세인의 비인도적 학정에서 해방시킨 데에서 전쟁의 정당성을 찾을 수 있다고 하였지만, 확고한 증거 없이 또는 잘못된 정보에 입각하여 전쟁을 일으킨 것은 처음부터 잘못된 일이었다고 반대론자들은 주장한다. 이들은 이라크전쟁은 어디까지나 미국의 일방주의적 정책의 산물에 지나지 않으므로 미군의 조속한 철수만이 올바른 선택이라고 말한다. 그러나 미군이 철수해도 이라크의 복구, 시아파와 수니파의 갈등, 이라크 북부에 거주하는 쿠르드족의 처우와 같은 여러 가지 문제는 미국이 해결해야 할 문제로 남아 있었다.

부시의 재선

위에서 본 바와 같이 이라크전쟁에 대한 찬반의 여론이 분분한 가운데 부시는 2004년의 대선에 재출마하였다. 그는 매사추세츠주 출신의 상원의원인 민주당 후보 존 케리John Kerry에게 일반 투표에서는 6천60만 표 대 5천7백만 표, 선거인단 투표에서는 286표 대 251표의 차이를 두고 승리하였다. 그러나 양자의 투표 수 차이가 크지 않았던 것은 부시가 재선은 되었으나 그에 대한 국민의 지지는 그다지 높지 않았다는 것을 말해준다.

콘돌리자 라이스

부시는 집권 2기를 맞아 다년간 국가안보회의National Security Council의 자문으로 부시의 대외정책을 보좌한 흑인 여성 콘돌리자 라이스Condoleezza Rice를 국무장관으로 임명하였다. 라이스는 여성 출신 국무장관으로는 클린턴 대통령 때의 매들린 올브라이트에 이어 두 번째이며, 흑인 출신 국무장관으로는 부시 때의 콜린 파월Colin Powell에 이어 두 번째이지만, 여성이자 흑인 출신의 국무장관으로는 첫 테이프를 끊는 영광을 안았다.

라이스는 1954년 남부 앨라배마주 버밍햄에서 부유한 교육자이자 목사 집안에서 태어났다. 당시의 버밍햄은 유난히 인종차별이 극심했으므로 1965년 서부 콜로라도주의 덴버로 이주하였다. 여기서 그녀는 처음으로 흑백 공학의 학교에 다니게 되었다. 15살이 된 1969년 성적이 우수했으므로 덴버대학에 입학하였다. 어린 시절부터 피아노에 재능이 있어 피아니스트를 꿈꾸었으나 결국 정치학을 전공하였다. 당시 덴버대학에는 체코로부터 망명한 조지프 코벨Joseph Korbel 교수가 있어 라이스는 그에게서 정치학과 러시아사를 배웠다. 코벨 교수는 클린턴 시절 첫 여성 국무장관이 된 올브라이트의 부친이기도 하다.

라이스는 1974년 대학을 우등으로 졸업하고 코벨 교수의 추천으로 노터데임대학의 대학원에 진학하여 석사 학위를 받고 다시 덴버대학으로 돌아와 체코와 군대와의 관계를 주제로 한 논문을 써 1981년 박사 학위를 받았다. 라이스의 학위 논문이 스탠퍼드대학의 관련 학과의 교수의 눈에 띄게 되면서 라이스는 처음에는 연구원으로, 이듬해 교수로 임명된 후 1987년에는 종신교수가 되었다. 한편 라이스의 이름은 대외정책 전문가들 사이에도 널리 알려져 아버지 부시 대통령 때 잠시 스탠퍼드대학을 떠나 국가안보회의 전문위원으로 들어가 소련 및 동유럽 문제를 다루는 특별보좌관이 되었다. 1991년에는 보좌관직을 사임하고 스탠퍼드대학으로 돌아가 부총장직에 취임하였다.

라이스는 2000년 부시 대통령이 대선에 출마하자 대외문제 고문으로 참가하여 부시의 당선을 도왔다. 이런 연고로 라이스는 국가안보회의 자문으로 발탁되었고 부시가 재선되자 국무장관에 임명되기에 이르렀다.

라이스는 부시의 두터운 신임을 바탕으로 외교적 관계에서 현상 유지를 고수했던 역대 국무장관들과는 달리 민주주의와 시장경제의 확장을 통해 세계를 변화시키는 '변형 외교'를 추구하였다. 그녀는 민주적인 정부를 지원하고 그 세력을 확장하는 일환으로 중동의 민주적 개혁을 추진하려 하였다. 재직 시의 대외정책을 돌아볼 때, 라이스는 겉으로는 다자주의적 협상의 제스처를 보였지만 반미 세력들을 공격적인 외교로 봉쇄하려는 강성 이미지를 숨기고 있었다는 평가를 받는다. 미국의 이라크 침공의 문제점에 함구하면서 이슬람권의 민주화를 주장한 것이 그렇다. 또한 북한문제에 있어서도 밖으로는 6자회담에 찬성하면서 내부적으로는 대북강경노선을 바꾸지 않았다. 그래서 라이스를 두고 미소에 가려진 철권, 미소 뒤에 숨긴 주먹이라고 말하기도 한다.

허리케인 카트리나

멕시코만에 접한 미국의 남부지역은 매년 크고 작은 허리케인을 맞이한다. 그러므로 플로리다부터 미시시피강 하류에 위치한 루이지애나를 거쳐 텍사스에 이르기까지의 지역에서는 허리케인에 대비하여 피난구호대책을 세워 피해를 최소한도로 막으려고 노력한다.

2005년 8월 말 평소의 예측보다 강한 허리케인 카트리나Katrina가 앨라배마, 미시시피, 루이지애나 주를 강타하였다. 이로 인해 1,800명 가까운 희생자가 나왔는데, 특히 루이지애나의 피해가 컸고 뉴올리언스지역 일대의 피해는 더욱 심하였다. 허리케인이 오기 전 이 지역 주민의 대부분은 피난 경고를 받고 대피하였으나 저소득층이 거주하는 지역의 주민—대부분 흑인—은 미처 피난하지 못해 피해가 컸다. 뿐만 아니라 이들에 대한 구호활동이 늦어져 뉴올리언스지역은 한때 무법지대를 연출할 정도였다. 그리하여 루이지애나 주정부는 말할 것도 없고 연방정부까지 재해대책에 대한 미비가 거론되며 비난을 받았다.

더욱이 부시 대통령의 냉담 내지 무관심이 비난의 대상이 되었다. 약 40년 전인 1965년, 이 지역은 카트리나에 못지않은 허리케인으로 큰 타격을 받은 일이 있었다. 이때 대통령 린든 존슨은 피해 소식을 듣자 곧 현지에 달려와서 재해의 복구사업과 구호활동을 직접 지휘하고 돌아간 일이 있었다. 이에 비해서 부시는 직접 재해지역에 오지도 않았고 이재민에 따듯한 위로의 말 한마디도 없었다. 그러므로 그가 국민의 빈축을 받았다면 그것은 극히 당연한 일이었다 하겠다.

이라크와 아프가니스탄

9·11 테러 이후 '테러와의 전쟁'을 선포한 미국은 아프가니스탄에서 이슬람 테러조직인 알카에다와 결탁한 탈레반에 대한 공격을 멈추지 않았다. 2003년 미국은 대량살상무기의 은닉을 빌미로 이라크를 침공하여 일방적인 승리를 거두었지만, 그 이후 이 지역에서의 사태는 조금도 호전할 기미를 보이지 않았다. 무엇보다도 산발적 전투가 때와 장소를 가리지 않고 일어나고 있으며 자폭테러 등으로 날이 갈수록 수렁에 빠져 들어가는 양상을 보였다. 이러한 사태에 책임을 지고 국방장관 도널드 럼스펠드Donald H. Rumsfeld는 2006년 11월 사임하였다. 이듬해에 부시는 이라크 지도자들도 경제 및 안보 문제에서 여전히 미국의 지원이 필요하다는 인식을 같이하고 있다고 말하며 부분적 철군 계획을 발표하였다. 그러나 민주당은 부시의 대국민 담화문에 즉각 반대의사를 밝히며 조속한 철군을 요구하였다.

한편 나토 연합군과 함께 아프가니스탄의 탈레반 세력의 소탕에 힘쓰고 있었던 미군에 대하여는 인권유린에 대한 비난이 쏟아졌다. 아프가니스탄에 주둔하고 있던 미군은 탈레반과 알카에다 포로들을 쿠바에 있는 관타나모Guantanamo 미군기지에 있는 수용소로 보내 테러조직의 정보를 캐내기 위해 고문을 비롯하여 여러 가지 가혹행위를 가하였다. 포로들의 군 당국에 대한 제소로 이런 소식이 알려지자 2008년 6월 연방대법원은 포로들의 제소가 법적으로 유효하다는 판결을 내려 그들의 인권을 보호하는 조치를 취하였다.

비우량 주택자금 대출과 경제위기

2001년부터 주택경기가 호황을 이루자 '비우량 주택담보 대출Subprime Mortgage Loan'이란 상품이 등장하였다. 이 상품은 금융회사가 새로운 주택증권을 판매하여 이 판매금으로 주택 없는 저소득층─대부분 흑인과 히스패닉─에 주택매입자금을 빌려주고 이들에게 우대 금리보다 약간 높은 '비우량 금리subprime interest'를 부과하는 금융상품이다. 만일 주택경기가 지속적으로 상승하여 원리금 상환이 원활하게 이루어지면 주택구입자나 주택구입자금을 빌려준 금융회사는 다 같이 서로 이익이 된다. 그러나 주택경기가 하강하면 사태는 달라진다. 그런데 그러한 사태가 2005년 말부터 나타나기 시작하여 주택구입자의 원리금 상환이 어렵게 되고 이에 따라 금융회사도 자금부족의 압박을 받게 되었다.

결국 금융회사는 담보한 주택을 차압하여 자금을 회수하려 하였고 이 과정에서 주택을 차압당한 주택구입자는 상환할 자금이 없어 다시 무주택자로 전락하는 비극을 맞이하게 되었다. 이와 동시에 증권회사가 발행한 증권의 가격이 떨어져 금융회사도 크게 손해를 보아 회사의 자금 사정도 어렵게 되었다. 그리하여 군소 금융회사가 문을 닫는 사태가 속출하였다. 이러한 현상은 큰 투자회사에서도 일어나기 시작하였다.

이에 이르자 정부도 방관할 수 없어 2008년 9월에는 대투자회사인 메릴린치Merrill Lynch 회사를 아메리카 은행Bank of America으로 하여금 50억 달러에 매입하는 일을 알선하기도 하였다. 그러나 이보다 큰 리먼 브라더스Lehman Brothers는 매입자를 구하지 못해 결국 파산하기에 이르렀다. 그런데 리먼 브라더스는 세계 시장을 상대로 증권을 거래하는 회사이므로 이 회사의 파산은 전 세계의 경제에 영향을 주어 세계 경제위기를 초래하였다. 결국 정부는 긴급경제안정법Emergency Economic Stabilization Act을 제정하여 700억 달러의 자금을 풀어 무주택자를 구제하고 금융시장의 신용을 회복시켜 경제위기에서 벗어나기 위한 노력을 하였다.

그러나 미국 경제는 대국적 면에서 여전히 불안한 상태에 있었다. 무엇보다도 아프가니스탄 및 이라크에서 지출된 막대한 군사비는 수 조兆 달러에 달해 클린턴 정부가 이룩한 흑자재정을 적자재정으로 전락시켰고 지속적인 감세정책과 경제적 저성장으로 실업률은 내리지 않고 전반적으로 불경기에서 벗어나지 못하고 있었다.

결국 이러한 것이 2008년 대선에서 공화당이 패배하고 민주당이 승리하는 데 일조하였다고 볼 수 있다.

제2절 _ 버락 오바마 — 다시 혁신으로

첫 흑인 대통령 탄생

2008년의 대통령 선거전은 민주당의 버락 오바마Barack Hussein Obama와 공화당의 존 매케인 사이에서 치러졌다. 오바마는 일반투표에서 6천9백만 표를, 매케인은 5천9백만 표를 얻었으며 선거인단 표에서는 오바마는 365 표 매케인은 173표를 얻음으로써 오바마는 미국 역사상 첫 흑인 대통령이 되었다.

그러므로 2009년 1월 20일 오바마의 대통령 취임식은 지극히 감동적이었다. 대통령의 직무를 충실히 수행한다는 선서를 할 때 그가 손을 얹은 성경은 흑인 노예를 해방시킨 링컨 대통령이 1861년 대통령 취임식에서 사용한 성경이었으며, 그 성경을 받쳐 든 이는 오바마의 부인으로 그녀 또한 흑인이며 조상은 사우스캐롤라이나주에 살았던 노예였다. 또한 오바마의 대통령 취임은 반세기 전 마틴 루터 킹 목사가 절규한 "나에게는 꿈이 있다"가 현실화된 순간이기도 하였다.

오바마는 취임연설에서 국내에 산적한 문제를 열거하면서, "우리가 할 수 있는 모든 것을 우리는 해낼 것이다All that we can do, and all that we will do"라고 스스로 다짐하였다.

오바마의 대통령 당선이 확정되자 오바마의 상대 후보였던 매케인은 자신의 패배를 인정하면서 다음과 같은 일화를 소개하며 오바마의 승리를 축하하였다. 즉 시어도어 루스벨트 대통령이 당시 흑인 지도자인 부커 워싱턴을 백악관 만찬에 초대하였을 때 그는 백인들로부터 크게 비난받았지만, 이제 흑인이 손님이 아닌 국민 다수의 지지를 받고 당당하게 백악관에 입성한다는 것은 얼마나 위대한 일인가. 오바마의 승리는 미국이 인종차별과 결별한 위대한 국가라는 것을 입증하는 것이라고 하였다.

이러한 내용의 격조 높은 패배선언을 한 매케인은 과거 베트남전쟁 참전 중 하노이 폭격에서 그의 폭격기가 추락하여 포로가 된 적이 있다. 그 후 얼마 뒤, 마침 그의 부친이 태평양군사령관으로 임명되자 하노이 당국은 정치적 배려로 그를 석방하려 하였다. 그러나 매케인은 석방을 거부하고 다른 포로와 함께 4년을 더 고생한 뒤 이들과 같이 수용소에서 풀려나왔다.

오바마의 이력

제44대 대통령이 된 오바마의 이름은 순전히 아프리카적인 이름이다. '오바마'란 성은 케냐에서는 흔한 성이며 이름 '버락'은 '신의 축복을 받은 사람'이란 뜻을 가지며 중간의 후세인은 회교도였던 그의 조부의 이름에서 따온 것이다. 이러한 그의 이름은 출생 후에 새로 만든 것이 아니라 그의 아버지의 이름을 그대로 계승한 것이다.

아버지 오바마는 아프리카의 케냐에서 태어나 하와이대학에서 장학생으로 유학하여 경제학을 전공하였다. 한편 오바마의 어머니 스탠리 앤 던햄 Stanley Ann Dunham은 미국의 캔자스주에서 태어나 하와이로 이주한 백인 집안의 자녀이다. 그녀는 하와이대학에서 인류학을 전공할 당시 아버지 오바마를 만났다. 그들은 오바마를 혼전임신 후 1961년 2월 2일 결혼하여 같은 해 8월 4일 호놀룰루에서 오바마를 낳았다. 아버지는 오바마가 태어난 뒤 얼마 안 가서 하버드대학으로 갔다. 그러나 그가 받은 장학금으로는 가족을 부양할 수 없어서 별거하다가 1964년 3월 이혼하였다.

그 뒤 오바마의 아버지는 학업을 끝내고 케냐로 돌아가 정부의 요직을 맡았고, 어머니는 하와이대학에 유학 온 인도네시아 학생과 재혼하여 어린 오바마와 같이 인도네시아로 이주하였다. 오바마가 10살이 되었을 때, 어머니는 교육을 위해 오바마를 하와이로 보내 외조부에게 맡겼다. 이러한 관계로 그는 흑인이지만 일반 흑인과는 달리 백인문화 속에서 자랐다.

오바마는 소수의 흑인만이 다니는 고등학교를 우등으로 졸업하고 로스앤젤레스에 있는 옥시덴탈칼리지로 진학한 후, 컬럼비아대학으로 옮겨 정치학을 전공하고 1983년 졸업하였다. 그 뒤 2년간 뉴욕에서 직장생활을 하다가 1985년 시카고로 옮겨 저소득층 거주지인 사우스사이드South Side 지역에 거주하면서 이들의 복지를 위한 공동체운동에 종사하였다. 3년 뒤 일단 이 운동을 중단하고 1988년 하버드 법과대학에 입학하였다. 수학 중 흑인으로는 처음으로 하버드 법학학보Harvard Law Review의 편집장으로 뽑힐 정도로 두각을 나타냈다. 오바마는 1991년 최우등생으로 졸업하고 다시 시카고로 돌아와 공동체운동을 계속하면서 인권변호사로 활약하는 한편 시카고대학 법과대학의 강사로 출강하기도 하였다. 이러는 동안 합동법률사무소에서 같이 일하던 미셸 로빈슨Michelle Robinson을 알게 되어 1992년 결혼하기에 이르렀다.

인권변호사와 공동체운동으로 그의 존재가 서서히 알려지면서 오바마는 시카고 정계의 주목을 받게 되어 1996년 민주당의 추천을 받아 일리노이주 상원의원으로 출마하여 선출된다. 이보다 앞서 그는 『내 아버지로부터의 꿈: 인종과 계승에 관한 이야기Dreams from My Father: A Story of Race and Inheritance』를 1995년 출판하였다. 이 책은 1984년 불의의 교통사고로 사망한 아버지에 대한 진혼가이면서 두 아버지를 가졌던 유년기에 받은 압박과 차별로 점철된 그의 기구한 생애를 따뜻한 마음으로 회상하면서 진솔하게 기록한 자서전이다.

노벨 문학상을 받은 미국의 흑인작가 토니 모리슨Toni Morrison으로부터 문학작품으로서도 우수하다는 평가를 받은 이 책은 25개 국어로 번역되어 세계적으로 알려졌고 그의 육성으로 읽힌 오디오북은 2006년 그래미상을 받았다.

일리노이주 상원의원이 된 오바마는 복지개혁, 건강보험, 빈민아동의 교육에 관한 입법에 적극적으로 참여하면서 2002년에는 연방 하원의원으로 출마할 뜻을 밝혔으나 예비선거에서 탈락하는 고배를 마신다. 그러나 2004년에는 연방 상원의원에 출마하여 선출되는 축배를 들었다. 그는 1877년 재건시대가 끝난 뒤 상원에 입성한 세 번째 흑인이다.

2006년 오바마는 두 번째 책으로『담대한 희망: 아메리칸 드림의 재활에 관한 성찰 The Audacity of Hope: Thoughts on Reclaiming the American Dreams』을 발표하였다. 이 책에서 오바마는 미국이 당면한 내외의 문제를 제시하면서 진보와 보수, 부유층과 빈민, 흑인과 백인, 그 밖의 사회적 갈등을 해소하는 길은 오직 '통합'에 있다는 것을 강조하였다. 그리하여 이 책에 감동한 공화당원 중 '오바마를 지지하는 공화당원의 모임'이 생기기도 했고, 오바마는 호전적인 흑인이 아니라 '백인보다 더 백인 같은 흑인'이라는 평이 나오기도 하였다. 이 책은 그의 첫 번째 책 못지않게 좋은 평을 받아『뉴욕타임스』, 아마존에서 오랫동안 베스트셀러의 자리를 차지하였다. 뿐만 아니라 이 책은 2년 뒤에 있을 대통령 선거전에 출마할 뜻을 암시하는 것이 아닌가 하는 예측을 하게 하였다.

결국 오바마는 2008년 민주당의 대통령 후보경선에 나와 제42대 대통령이었던 빌 클린턴의 부인이며 뉴욕주 선출의 연방 상원의원이었던 힐러리 클린턴을 물리치고 대통령 후보의 지명을 받고 선거전에 나아가 제44대 대통령으로 당선되었다. 오바마는 대통령에 취임하자 대통령후보 지명전에서 그에게 패배했지만 자신의 당선을 적극적으로 도와준 힐러리 클린턴을 국무장관에 임명하였다.

대통령 취임 후 첫 100일

오바마는 대통령에 취임하자 전임 대통령 부시로부터 물려받은 두 개의 어려운 문제—경제적 침체와 중동에서의 전쟁—의 해결에 신속히 착수하였다. 경제침체로부터의 탈출을 위해 오바마는 200억 달러에 가까운 구제금융을 풀어 주택시장의 경기회복에 힘쓰고 저소득층 및 소규모 사업자에 대해서는 세금을 감면하는 조치를 취해 소비경기를 부추겼다.

중동에서는 대통령 취임 후 1개월이 안 되는 2월 7일 아프가니스탄에 파견된 나토 연합군을 증원하기 위해 17,000명의 미군을 증파하기로 하고 이라크로부터는 2010년까지 미군을 철수할 것을 발표하였다. 이에 따라 6월 30일부터 이라크의 여러 도시로부터 미군의 철수가 시작되었다.

노벨 평화상 수상

2009년 9월 노르웨이의 노벨상 위원회는 그해의 평화상을 국제협조외교를 추진하는 데 공적이 컸다는 이유로 오바마에게 수여한다고 발표하였다. 그의 수상은 미국의 대통령으로는 1902년의 시어도어 루스벨트, 1919년의 우드로 윌슨, 2002년의 지미 카터에 이어 네 번째이며, 현직 대통령으로는 윌슨에 이어 두 번째였다. 또한 미국의 흑인으로는 1969년 마틴 루터 킹에 이어 두 번째였다. 이해 평화상의 후보로는 인물, 단체 합쳐서 205건이 추천되었는데, 수상 운동도 하지 않고 수상할 꿈도 꾸지 않은 오바마의 수상은 너무도 뜻밖의 일이었다. 누구보다도 수상소식에 오바마 자신이 놀랐다. 수상받을 만한 업적이 아무것도 없다고 생각한 오바마는 겸허한 마음으로 상을 받겠다면서 세계평화를 위해 진력할 것이라고 소감을 발표하였다.

오바마가 대통령에 취임하고 수상하기까지 9개월밖에 지나지 않았지만 그에게 수상할 만한 업적이 전혀 없었던 것은 아니다. 우선 그는 취임하자 이라크로부터 미군을 철수한다고 약속하고 곧 철수작업에 착수하였다. 그의 이러한 조치는 분규가 발생하면 군사력으로 해결하려는 미국의 매파, 즉 강경파들의 해결방식에 제동을 건 것으로 여겨졌을 것이다.

다음으로 4월 체코의 프라하에서 '핵무기 없는 세계A World without

Nuclear Weapons'라는 제목으로 연설하고 이어서 핵안보정상회의를 주재하여 47개국의 수뇌로부터 핵무기확산에 강력히 대처한다는 합의를 받아냈다. 이어서 6월 러시아와 교섭하여 핵무기의 감축에 합의하였다. 그리고 대통령 임기 말년인 2016년 5월 27일 인류 사상 처음으로 핵폭탄이 투하된 일본의 히로시마를 방문하여 '도덕적 각성에 대해Toward A Moral Awakening'라는 제목의 연설에서 다시 한 번 핵무기 없는 평화로운 세계를 추구할 것을 강조하였다. 이와 같이 오바마는 대통령 재임 중 꾸준히 평화의 실현을 위해 노력을 지속하였다. 이러한 경위를 보고 오바마는 임기 초에 평화상을 외상으로 받고 임기 말에 그 빚을 완전히 갚았다고 평하는 이도 있다.

오바마 케어

오바마가 대통령으로 취임하면서 가장 힘쓴 정책 가운데 하나가 의료보험제도의 개선이었다. 미국에는 모든 국민이 의무적으로 가입하는 전 국민 의료보험은 없고 각자의 재정능력에 따라 가입하는 민간 의료보험이 있을 뿐이었다. 이 바람에 재정능력이 취약하여 보험에 가입하지 못하는, 따라서 아프더라도 실질적으로 의료혜택을 받을 수 없는 국민의 수는 전 국민의 15퍼센트에 해당하는 4천 8백만 명에 이르렀다. 다만 이 중 극빈자에게는 메디케이드, 65세 이상의 노년층에 대하여는 메디케어가 있어 이들에 대해 정부가 도와주는 제도가 있을 뿐이었다. 그러므로 미국은 선진국이면서도 의료보험에 있어서는 후진성을 면치 못하였다.

　　그리하여 오바마는 새로운 의료보험법을 제정하여 일단 상하 양원의 승인을 받아 2010년 3월 환자보호 및 부담적정보험법PPACA, Patient Protection and Affordable Care Act을 발표하였다. 그러나 이 법은 하원에서 219 대 212의 근소한 차이로 통과할 정도로 반대하는 세력도 만만치 않았다. 반대하는 사람들은 "자기의 건강은 자기가 책임져야" 하며 개인의 건강을 국가가 책임질 수 없다는 주장을 강력히 내세웠다. 그러므로 '오바마 케어Obama Care'란 명칭도 오바마의 독주로 만든 법이라는 뜻을 강조하는 뜻에서 나온 것이기도 하였다.

오바마 케어는 2014년까지 전 국민의 건강보험 가입을 의무화시켜 약 4천 8백만 명의 미보험가입자를 보험에 가입시켰다. 보험가입비는 가구당 가족 수와 소득에 따라 차등을 두는데 국가의 보조비도 이에 따라 차등을 두었다. 또 개인뿐만 아니라 주당 30시간 이상 일하는 근로자를 50명 이상 고용하는 기업주에 대하여는 직원의 보험가입을 의무화시켰다. 또 하나 오바마 케어의 특색의 하나는 미가입자에게 벌금을 부과하여 가입의 의무화를 독려하였다는 점이다. 즉 법 시행 첫해에는 벌금이 일인당 95달러이지만 해를 거듭할수록 벌금액이 크게 증가하도록 되어 있다.

이상이 오바마 케어의 골자다. 이 법은 개인과 기업의 자유를 침해하고 또 국가재정의 지출을 증대시킨다는 이유로 공화당의 맹렬한 반대에 부딪히더니, 급기야는 공화당의 주도로 2013년 10월 1일부터 16일까지 17일간 정부예산의 지출을 동결하는 이른바 정부폐쇄Shutdown 사태까지 일으켰다. 결국 오바마 케어는 의도는 좋지만 그 시행에 있어서는 아직도 많은 문제점을 안고 있다 하겠다.

오바마의 재선

2010년 8월 오바마는 약속한 대로 이라크에서의 전투는 끝났다고 하면서 미군의 철수를 선언하였다. 미군이 완전히 철수한 것은 2011년 12월이다. 아프가니스탄에서도 미군과 나토군이 철수하였는데, 이는 오바마가 재선된 뒤인 2014년 12월 28일 전투의 종식을 선언한 뒤 이루어졌다. 그동안 두 지역에 동원된 미군은 200만이 넘는데, 이라크에서는 전사자는 4,500명, 부상자는 3만 2,000명, 아프가니스탄에서는 전사자는 2,200명, 부상자는 2만 명이 발생하였다. 동원된 병력과 동원기간을 고려하면 인명손실은 큰 것 같지 않지만 귀환 군인 중 약 30만 명이 외상성 뇌손상Traumatic Brain Injury의 고통을 호소하며 군 병원에서 치료를 받은 사실로 미루어 볼 때 전쟁의 후유증은 상상외로 심각하다고 하겠다.

이라크에서 철군이 시작된 2010년 중간선거에서 민주당은 상원에서 간신히 다수를 차지하였으나 하원에서는 공화당에 다수의 자리를 빼앗겼다. 중간선거 운동이 진행되던 9월경 오바마는 미국에서 태어나지 않았으므로 대통령으로 선출될 자격이 없다는 음모적 소문이 나돌았다. 이 뜬소문을 잠재우기 위해 오바마는 하와이에서 출생했다는 증명서를 제시해야 하는 촌극이 벌어지기도 하였다.

한편 오바마는 미국을 적대하는 두 인물을 제거하는 데 성공하였다. 2011년 3월에는 리비아의 독재자 무아마르 알-카다피Muammar al-Gaddafi에 대항하는 인민군을 돕고 있던 나토군이 미국에 카다피 체포 작전에 참가할 것을 요청하였다. 이에 미군은 카다피의 탈주로를 폭격하여 그를 제거하는 데 성공하였다. 5월에는 9·11 테러의 주범으로 여겨지는 알카에다의 지도자 오사마 빈 라덴이 아프가니스탄과 파키스탄의 접경지역에 은신하고 있는 것을 알아내어 미 해군의 대테러 특수부대가 급습, 빈 라덴을 사살하고 24시간 내에 수장하는 이슬람 전통에 따라 시신을 아랍해에 수장하였다.

2012년 대선의 해가 돌아오자 공화당 전당대회에서는 매사추세츠 주지사를 지낸 바 있는 미트 롬니Mitt Romney를 대통령 후보로 지명하여 민주당의 지명을 받은 오바마에게 도전하게 하였다. 오바마의 재선 캠페인의 슬로건은 '앞으로Forward'였다. 그는 선거유세 중 "나는 미국을 앞으로 더 나아가게 할 것을 여러분에게 보증한다. 또한 미국이 왜 지구상에서 가장 위대한 국가인가를 세계에 상기시킬 것이다"라고 강조하였다. 오바마의 재선에 가장 걸림돌이었던 경제가 살아나기 시작하였기 때문에, 롬니 측이 공격한 오바마의 전략적 경제정책인 양적 완화조치에 대한 비판은 먹혀들지 않았다. 11월 오바마는 일반 투표에서 롬니보다 500만 표를 더 얻고 선거인단 투표에서는 332 대 206으로 이겨 재선에 성공하였다. 초선 때와 비교하면 그에 대한 지지도는 떨어졌지만 그래도 신임은 여전히 컸다고 할 수 있다.

오바마는 취임연설에서 기후문제, 건강보험, 성소수자 및 이민자의 권리를 언급하며 다음 4년 임기 내에 꼭 해내도록 애쓰겠다고 강조하였다.

시리아, 이란, IS

2013년 8월과 9월 시리아의 대통령 바샤르 알-아사드Bashar al-Assad는 반정부 세력에 화학무기를 사용하여 400명의 아이를 포함하여 수천 명을 살해하였다. 오바마는 즉각 아사드의 화학무기 사용을 규탄하는 성명을 내고 미국은 반정부 세력이 점거하고 있는 지역에 대한 안전을 위해 시리아에 군사적으로 개입할 의도가 있다고 밝혔다. 그러자 친시리아적인 러시아가 개입하여 아사드를 설득하여 화학무기의 사용을 포기하도록 제의하였다. 아사드는 이 제의를 받아들이고 화학무기의 사용을 인정했으므로 오바마도 군사행동을 취하지 않기로 결정하였다.

2013년 8월 이란의 대선에서 승리한 하산 로하니Hassan Rouhani 새 대통령은 9월 유엔총회에 참석차 미국을 방문한 기회에 오바마와 전화로 통화하면서 핵문제를 비롯하여 양국의 현안문제를 협의할 뜻을 밝혔다. 이 통화는 1979년 11월 이란의 과격파가 미 대사관을 기습 점거하여 63명을 인질로 삼으면서 양국의 관계가 단절된 후 실로 34년 만에 이루어진 것이다. 그리하여 양국은 핵문제의 협의에 들어갔다. 협의는 미국뿐만 아니라 중국, 러시아, 프랑스, 영국 등 유엔 안전보장이사회 5대 상임이사국과 독일 등 6개국과 이란 사이에서 진행되었다. 2014년 1월 시작한 협의는 네 번이나 기한을 연장하면서 2015년 7월, 즉 1년 6개월 만에 합의에 도달하였다. 이에 의하면, 이란은 향후 15년간 핵무기개발계획을 중단하며 국제원자력기구 IATA의 감시를 받는 대가로 이란에 대한 경제제재를 단계적으로 풀어나간다는 것이 중요한 내용이다.

2014년 8월경 시리아의 락까에 근거지를 두고 그 일대의 공터와 여기에 인접한 이라크의 공터를 점거하고 있던 수니파 이슬람 근본주의 무장단체인 자칭 이슬람국가IS, Islamic State 또는 ISIS, The Islamic State of Iraq and Syria는 보도의 목적으로 이 지역에 들어온 외국인 기자들을 인질로 잡고 이들을 공개적으로 참수하는 만행을 저질렀다. 그러자 오바마는 몇몇 아랍국가와 협력하여 IS가 차지하고 있는 지역에 대대적인 공습을 강행하였다. 오바마는 이라크나 시리아에 지상군을 투입하지 않을 것과 이라크 내에서 IS와 싸우는 이라크 보안군과 시리아 온건 반군들의 훈련을 지원할 것을 약속하였다. 같은 해 9월 유엔총회에서 오바마는 IS의 붕괴 및 테러와의 전쟁에 필요한 국제공조를 강조하였다.

쿠바 방문

미국과 쿠바는 1959년 피델 카스트로의 혁명 이후 국교단절의 상태에 있었다. 그러나 2008년 2월 피델이 동생 라울Raul에게 정권을 이양한 뒤, 두 나라 사이에는 접근의 기운이 일어났다. 그리하여 오바마는 2008년 대선 선거전에서 자신이 당선되면 서반구에 남은 유일한 냉전의 유물인 쿠바와의 국교정상화에 노력할 뜻을 밝혔다.

오바마는 대통령에 당선되자 2009년 4월에 쿠바 방문과 송금에 대한 제한을 풀었다. 다음으로 재선된 후인 2014년 12월 오바마는 라울과 통화 후 양국의 국교정상화를 위해 서로 노력할 것이라는 성명을 발표하였다. 쿠바의 미국 접근 배후에는 미국의 쿠바에 대한 경제제재의 해제로 경제문제를 해결하려는 의도가 있었다. 오바마의 국교정상화추진 선언 이후 두 나라의 관계는 급속히 호전되어, 2015년 오바마와 라울이 파나마에서 만나 회담한 결과 5월에는 쿠바를 테러지원국 명단에서 삭제하는 데 합의를 보고 7월에는 서로 대사관을 설치하는 데 합의하였다.

이러한 화해 분위기 속에서 2016년 3월 20일 2박 3일 예정으로 오바마가 쿠바를 방문하였다. 이는 1924년 제30대 대통령인 캘빈 쿨리지가 전함을 타고 쿠바를 방문한 이후 88년 만에 현직 미국 대통령이 쿠바를 직접 방문한 역사적인 사건이었다. 쿨리지가 쿠바를 가는 데는 전함을 이용함으로써 다분히 위압하는 모양새를 갖추었고 날짜도 3일이나 걸렸지만, 오바마의 경우는 전용기 편으로 3시간이 걸렸다.

다음 날인 21일 오바마와 라울의 정상회담이 있었다. 여기서 라울은 쿠바에 대한 53년이나 지속된 금수조치를 풀어줄 것을 강조하였다. 22일 오바마는 텔레비전으로 생중계 방송된 대쿠바 국민연설에서 정치적 자유와 경제적 기회가 쿠바를 풍요롭게 할 것이라고 하며 쿠바인의 언론 및 집회의 자유를 강조하였다. 이날 또한 양국의 친선을 위해 미국의 프로야구팀인 탬파베이 레이스Tampa Bay Rays와 쿠바의 국가대표팀의 야구시합이 있었다.

이와 같이 양국 관계는 호전의 조짐을 보였으나, 오바마의 방문에 앞서 쿠바정부는 반정부인사 수십 명을 구속했고 한편 오바마는 쿠바에 대한 금수조치를 해제하는 권한은 공화당이 장악한 미국의회가 쥐고 있음을 설명하면서 미국의회가 얼마나 빨리 금수조치를 해제할지는 쿠바정부가 인권문제에 대한 우려를 어떻게 해소하느냐에 달려 있다고 말하였다. 이에 앞서 오바마는 쿠바 방문을 며칠 앞둔 14일 CNN 방송에서 민주당이건 공화당이건 차기정부 때는 금수조치가 해제될 것을 예상한다고 말하였다. 이 문제는 아직까지 공화당의 반대로 관련법을 제정하기 어려워 그 진전은 지지부진한 상태이다.

청정전력계획

2015년 8월 오바마는 청정전력계획淸淨電力計劃, Clean Power Plan을 발표하였다. 이 계획에 의하면, 미국 내 발전소가 배출하는 이산화탄소량은 2030년까지 2005년 수준으로부터 32퍼센트 절감하도록 하며, 대체동력으로 재생가능 에너지인 풍력, 태양광의 사용을 22퍼센트에서 28퍼센트로 대폭 상향하도록 권장하며, 이에 따라 각 주정부는 2016년 탄소배출량을 절감할 독자적 시안을 마련하여 환경보호청Environment Protection Agency에 제출해야 하고 2018년 최종안을 발표하도록 하였다. 오바마는 이 안을 "전 지구의 기후변화에 미국이 대처하는 가장 중요한 첫 단계"라고 하였다.

이 계획이 발표되자 공화당은 반대의 목소리를 높였다. 공화당은 각 주정부에 청정전력계획에 순응하지 말라는 서신을 보냈다. 예를 들면, 석탄 채굴과 판매로 생계를 유지하는 켄터키주의 주민들은 이 안으로 생계를 위협받는다고 하였다. 이 밖에 석유, 석탄을 연료로 하는 전력회사들의 반대의 소리도 컸다. 이에 대해 오바마는 반대의 목소리를 힐책하면서 "우리는 기후변화로부터 충격을 받은 최초의 세대이지만 기후변화에 대해 대책을 낼 수 있는 최후의 세대이기도 하다"라고 하면서 청정전력계획을 적극적으로 옹호하였다.

이어서 11월 오바마는 파리에서 열린 '제21차 당사자회의COP21, The 21st Conference of Parties'에 참석하였다. 200여 국가의 대표들이 모인 이 회의에서 참가국들은 지구온도의 상승을 제한하기 위해 온실가스 배출량을 줄이고 대체에너지 개발과 연구에 힘쓸 것을 약속하는 '파리협정'을 맺었다. 오바마는 이 협정에 찬성하며 세계에서 두 번째로 온실가스를 많이 배출하는 미국은 현재 배출량의 25퍼센트 이상을 2030년까지 줄이겠다고 약속하였다.

그러나 2016년 2월 9일 연방대법원은 발전소의 탄소배출규제를 강화한 이 계획이 집행되어서는 안 된다며 27개 주정부와 기업들이 낸 소송이 마무

리될 때까지 규제조치를 중단할 수 있다고 판결함으로써 오바마의 기후변화 대처의지에 제동을 걸었다. 이와 같이 오바마는 국내외적으로 온실가스 배출량을 줄이는 데 적극적이었지만 국내에서의 반대가 커서 그가 책정한 대로 온실가스가 줄어들지는 미지수가 되었다.

오바마 레거시

2016년 1월 12일 오바마는 대통령으로서는 마지막이 되는 국정교서를 양원 합동회의에서 발표하였다. 이 연설에서 오바마는 새로운 정책을 제시하기보다는 미국의 미래상을 낙관적으로 예견하며 지난 7년 동안 그가 이룩한 일을 언급하면서 그 일들이 그의 유산─레거시legacy─으로 남아 계승되기를 바랐다. 그가 자신이 이룩한 일로 열거한 것은 전 국민을 건강보험에 가입시키는 오바마 케어, 이란과 쿠바와의 국교정상화, 경제회복, 그리고 동성결혼의 법적 인정이었다. 앞의 두 조항은 정착하기까지 더 시간이 필요한 것으로 보이지만 뒤의 두 조항은 임기 내에 완전히 이룩해내었다고 할 수 있다.

우선 경제회복에 있어서는 전임 대통령 부시로부터 물려받은 경제위기에서 탈출하는 데 성공하였다. 오바마는 대통령에 취임하면서 막대한 금액을 구제금융으로 제공하여 주택경기를 회복시키고 경기부양에 걸림돌이 되는 수많은 규제를 풀고 동시에 세금감면의 폭도 넓혔다. 이 결과 외국으로 나간 기업들을 국내에 다시 돌아오게 하여 34만의 새 일자리를 창출하고 새로운 기업의 창설을 후원하여 100여 개의 새 기업이 탄생하였다. 또한 국산품의 소비를 장려하여 국내 소비시장에도 활기를 불어넣었다. 경제회복의 증좌는 실업률의 하강에서 엿볼 수 있다. 취임 당시 9.3퍼센트까지 올라갔던 실업률은 2015년에는 5.3퍼센트까지 떨어졌다.

동성애 문제에 대해서는 오바마는 처음부터 긍정적인 입장에 있었던 것으로 보인다. 그는 "묻지 말라, 말하지 말라, 추궁하지 말라"는 원칙하에 동성애자의 군대복무를 금지했던 조치를 2011년 9월 군통수권자의 입장에서 폐지하였다. 이는 1993년 클린턴 시대에 만들어진 것을 18년 만에 폐지한 것이다.

동성결혼에 관해서는 2003년 매사추세츠주 최고재판소가 동성결혼 금지는 위헌이란 판결을 내렸다. 그러자 샌프란시스코 시청에서 동성결혼증명서를 발부해 수많은 동성결혼자가 시청 앞에 쇄도하여 허가서의 발부를 기다린 일이 있었다. 이런 일로 인해 2004년 대선 때는 동성결혼의 인정 여부가 선거의 쟁점이 되었다. 오바마가 대통령으로 취임한 첫해인 2009년 버몬트주가 주로서는 최초로 동성결혼을 인정하였다. 결국 2012년 5월 10일 오바마는 동성결혼의 합법화를 지지한다는 성명을 발표하기에 이르렀다. 이후 이 문제는 법적 투쟁으로 번져 2015년 6월 연방대법원은 5 대 4로 모든 주에서 동성결혼은 합법이라는 판결을 내렸다. 이 판결에 반발하여 켄터키주의 어떤 지방행정관리가 대법원판결을 무시하고 동성결혼증명서의 발부를 거부하자 수감되는 일이 있었다. 결국 오바마에 이르러 동성결혼은 법적으로 아무런 문제가 없게 되었다.

고별연설

2017년 1월 10일 오바마는 새로 선출된 대통령의 취임식을 10일 앞두고 그의 정치적 고향이라 할 수 있는 시카고의 맥코믹 플레이스에서 약 2만 명의 청중을 앞에 두고 고별연설을 하였다.

그는 "집에 돌아오니 좋습니다It's good to be home"라는 인사말로 연설을 시작하였다. 그리고 지난 8년을 돌아볼 때 그가 좋은 대통령이었다면 그것은 여러분의 덕분이라고 하였다. 그러자 청중들은 "4년 더Four Years More"라고 외쳤고 오바마는 미국 시민으로 언제나 여러분과 함께 있겠다고 답하였다.

그는 변화야말로 미국 민주주의의 핵심이며 그 변화는 바로 미국 국민으로부터 나온다고 하였다. 그러나 미국 민주주의는 경제적 불평등, 인종 간의 갈등, 그리고 불관용의 정신으로부터 위협을 받고 있는데, 이 위협으로부터 벗어나는 것이 급선무라고 하였다. 특히 인종문제에서는 흑인 및 미국 원주민의 처우에 관해 언급하고 이슬람교도의 미국인도 애국자라고 강조하였다. 그는 경쟁국인 러시아와 중국도 언급하며 미국이 민주주의, 인권, 여성 및 성소수자의 권리 수호를 포기하지 않고 또 약소국을 괴롭히는 대국이 되지 않는 한 세계에 끼치는 영향에서 러시아와 중국은 미국의 상대가 되지 않는다고 강조하였다.

연설 말미에서 그는 부인과 부통령에 대해 감사의 말을 잊지 않았다. 부인 미셸에게는 25년 동안 가정주부로 훌륭했으며 가장 절친한 친구였고 공적으로도 많은 도움을 주어 "나와 이 나라를 자랑스럽게 만들었다"라고 하였다. 부통령 조 바이든Joe Biden에게는 훌륭한 부통령이었던 동시에 형님이나 다름이 없었고 그와의 우정은 자기 생애의 최대의 기쁨이었다고 하였다. 끝으로 "항상 변화하는 것이 미국의 특성Constant Change has been America's Hallmark"이라고 강조하면서 독립선언에 쓰인 "미국의 신조"—평등, 생명, 자유, 행복의 추구—를 단단히 간직할 것을 바란다고 하며 "우리는 할 수 있다. 우리는 해냈다. 우리는 할 수 있다Yes, we can, Yes, we did, Yes we can"를 소리 높게 외치며 연설을 끝냈다.

역대 대통령의 고별 연설은 보통 10분 내외의 길이였지만 오바마의 연설은 장장 50분이나 걸렸다. 그런 긴 연설을 끝냈는데도 청중은 떠나지 않고 20분이나 환호성을 올렸다. 그러자 마치 앙코르를 받은 것과 같이 오바마는 다시 연단에 올라와 청중의 환호에 화답하였다.

제3절 _ 도널드 트럼프 – 비정치인 출신의 첫 대통령

2016년 대통령 선거

제45대 대통령을 선출하는 2016년의 대선은 민주당의 힐러리 클린턴과 공화당의 도널드 트럼프Donald John Trump 사이에서 치러졌다. 힐러리 클린턴은 제42대 대통령 빌 클린턴의 영부인이며 오바마정부에서 국무장관을 지냈고 출마 당시에는 뉴욕주 선출의 상원의원으로 정치적 경력이 풍부한 지명도 높은 정치가였다. 이에 비해 공화당의 후보인 트럼프는 정치가로서는 무명이지만 부동산업으로 억대의 재산을 가진 부호였다. 그러므로 선거전의 예상으로는 클린턴이 우세하여 미국 사상 처음으로 여성 대통령이 탄생하지 않을까 하는 기대가 컸다.

그러나 투표전의 예상 및 여론과는 달리 11월 8일 대선 투표의 결과는 트럼프의 승리로 끝났다. 11월 23일 발표한 최종 집계에 따르면, 일반투표에서는 클린턴이 6,584만 표, 트럼프가 6,290만 표로 클린턴이 280만 표 차이로 승리하였으나 승자 독식의 선거인단 투표에서는 트럼프가 304표, 클린턴이 227표로 트럼프가 승리의 축배를 들었다. 일반투표에서 승리하였으나 선거인단 투표에서 패배한 사례는 1824년, 1876년, 1888년, 2000년에 이어 이번이 다섯 번째가 된다.

트럼프는 당선이 확정되자 화해와 협력을 강조하면서 국민의 소리를 경청하겠다는 승리연설을 하였다. 이에 대해 클린턴은 의외의 결과에 잠시 망연자실했으나 곧 담담하게 승자인 트럼프가 나라를 영도해 나갈 기회를 갖도록 하자는 취지의 연설을 하며 패배를 인정하였다.

사상 초유의 품위 없는 선거전

대통령에 당선된 트럼프는 선거유세에서 '미국국익우선America First'과

'미국을 다시 위대하게Make America Great Again'를 외쳤다. 그러기 위해 오바마 케어를 폐지하고 불법이민을 철저히 단속하고 그런 단속의 하나로 미국과 멕시코 사이의 국경에 벽을 건설하되 비용은 멕시코에 부담시킬 것이라고 하였다. 또 이슬람교도의 입국은 철저히 심사하여 테러를 방지할 것이라고 하여 마치 이슬람교도는 테러의 잠재적 분자라는 인상을 주었다. 경제면에서는 보호주의에 입각하여 미국을 포함 12개국이 가입하고 있는 '환태평양경제동반자협정TPP'에서의 탈퇴와 캐나다, 멕시코와의 '북미자유무역협정NAFTA', 한국과 체결한 '자유무역협정FTA'에 대한 재협상을 공언하였다.

이에 대해 힐러리 클린턴은 일상적인 미국인을 대변할 것이며 소수인종의 보호, 경찰폭력으로부터의 시민보호, 관대한 이민정책을 내걸으며 오바마 케어, 자유무역주의를 비롯하여 오바마 정권의 대내외 정책을 대체로 계승할 뜻을 밝혔다.

트럼프와 클린턴은 대체로 위와 같은 정책을 내걸었으나 유세 도중 트럼프는 인종차별, 성소수자 차별, 임신중절 반대 발언에서의 여성비하를 비롯하여 막말을 쏟아내어 많은 식자의 빈축을 샀다. 그러므로 세 번에 걸쳐 열린 텔레비전 토론에서 정책토론은 온데간데없고 상호비방에 시종하여 2억에 달하는 시청자를 아연실색하게 하였다. 그리하여 미국의 유력 언론에서는 2016년의 미국 대선은 미국을 세계의 웃음거리로 만들었다고 개탄하였다.

유세 도중 수없는 막말을 쏟아내어 빈축을 샀음에도 불구하고 트럼프가 승리한 이유 중 하나는, 중서부의 낙후된 공업지대에 거주하는 실직한 하층의 분노한 백인들angry whites이 트럼프를 크게 지지하였기 때문이라는 분석이 있다. 이들은 미국은 세계 최강의 국가이지만 그들의 삶은 그렇지 못하다는 실망에 빠져 트럼프의 막말에 쾌감을 느껴 그를 지지하였을지도 모른다. 한편 클린턴을 지지한 사람들 사이에서는 하층 백인에게 파고들어가는 트럼프의 포퓰리즘적인 막말을 우습게 여겨 안이하게 대처했기 때문에 패배하였다는 분석이 있다.

클린턴이 패배했다 해도 일반 투표에서는 승리하였으므로, 클린턴을 지지한 일반 대중 다수가 트럼프의 승리가 확실해지자 미국의 25개 도시에서 트럼프는 '우리의 대통령이 아니다Not My President'라고 쓴 푯말을 들고 나와 트럼프를 반대하는 전대미문의 시위가 벌어졌다.

도널드 트럼프

트럼프는 강력한 이민억제정책을 주장하였지만 모든 미국인이 이민의 후예인 것과 같이 그도 이민의 후손이다. 트럼프 집안의 이민의 역사는 그의 조부로부터 시작하며 그 역사는 아메리칸 드림의 모범적 사례이기도 하다.

트럼프의 조부 프리드리히Friedrich는 독일인으로 1869년 독일 칼슈타트에서 태어났다. 빈농 출신으로 생활이 어려워 이발사 수업을 받다가 16세가 되던 1885년 미국으로 이민, 뉴욕시에 정착하면서 이발사 일을 하였다. 이후 1892년 시애틀의 독일인 촌으로 이주하여 여기서 미국 국적을 취득하고 이름도 미국식으로 프레더릭Frederick으로 개명하였다. 그는 시애틀에 정착하자 그동안 모은 돈으로 변두리 우범지대의 값싼 술집과 야간 식당을 사서 경영해 어느 정도 재미를 보았다. 1896년 알래스카에서 금광이 발굴되어 골드러시가 일어나자 이 지역으로 진출하여 술집과 식당을 경영하여 더 큰 재미를 보았다. 그러자 1901년 독일로 귀국하여 독일 국적을 취득하려 했으나 병역을 기피하기 위해 미국으로 이주한 것이 아니었는가 하는 의혹 때문에 독일 국적을 취득하는 데에는 실패하였다. 그는 독일에 있는 동안 결혼하고 다시 미국으로 돌아와서 뉴욕시에 정착하여 미국인으로서의 생활을 영위하였다. 그러나 1918년 2천만 명의 생명을 앗아간 인플루엔자, 일명 스페인 독감에 감염되어 49세의 나이로 세상을 떠났다.

트럼프의 부친 프레드Fred는 프레드릭의 장남으로 1905년 뉴욕시 브롱크스에서 태어났다. 어릴 때는 유복했으나 아버지의 이른 죽음과 제1차 세계대전 후의 인플레이션으로 경제적으로 크게 타격을 받자 골프장의 캐디, 식품배달, 신문배달 등으로 어려운 생활을 보냈다. 그는 목수 일을 배우며 독학으로 건축에 관한 공부를 하여 고등학교를 졸업하자 건축사업에 뛰어들었다. 그는 1930년대 초 뉴딜시대에 연방정부의 저렴한 주택건축 장려정책을 바탕으로 주택건축사업을 크게 발전시켜 자산가로 비약할 토대를 마련하였다.

프레드는 스코틀랜드에서 미국으로 이민 온 여성을 만나 1936년 결혼하였다. 둘 사이에서는 5명의 자녀가 탄생했는데 트럼프는 다섯 자녀 중 네 번째, 둘째 아들로 1946년에 태어났다. 그 당시에 이미 그들은 뉴욕시 퀸즈의 상류층 마을에 살고 있었다. 부친 프레드는 오직 사업에만 열중하였으나 자녀교육에는 엄격하여 두 아들에게 근로정신을 터득시키기 위해 신문배달을 시킬 정도였다. 그러나 트럼프는 10살 때 학교 음악교사에게 주먹을 사용할 정도로 제멋대로인 악동이었다. 이에 놀라 부친은 트럼프를 엄격한 훈육으로 유명한 전 학생 기숙제의 뉴욕군사학교로 보냈다. 트럼프는 승자와 패자가 분명히 구분되는 군사학교에 잘 적응하였다. 1964년 이 학교를 졸업한 트럼프는 뉴욕시에 있는 포드햄Fordam대학에 입학하였다. 2년 뒤 펜실베이니아대학 3학년으로 편입하여 경영학 학부 과정이었던 와튼스쿨Wharton School(1972년 대학원 과정으로 바뀜)에서 부동산학을 전공하여 1968년 졸업하였다.

당시는 베트남전쟁 중이었지만 재학 중에는 병역을 면제받을 수 있었다. 그러나 졸업하면서 면제는 취소되어 징병검사를 받게 되었는데, 트럼프는 골극骨棘병 환자로 판명되어 불합격 판정을 받아 병역을 면제받았다.

트럼프는 1971년 부친의 사업을 물려받아 트럼프 기업Trump Organization을 창설하여 임대주택사업을 주업으로 하면서 호텔, 골프장을 만들어 사업을 확장하였다. 그리하여 1983년에는 뉴욕시 맨해튼 중심가에 거대한 주상복합건물인 트럼프 타워를 세워 부동산업자로서의 확고한 입지를 과시하였다.

트럼프는 오락사업에도 진출하여 1996년부터 2015년까지 미스 유니버스 선발대회를 주관했고 카지노사업에도 진출하였다. 그러나 이 사업에서는 몇 번이나 실패하여 파산의 지경까지 간 경우가 한두 번이 아니었는데, 그때마다 부친의 도움을 받아 파산을 모면하였다. 이런 일로 하여 그에게는 '파산왕'이란 별명까지 나왔다고 한다.

1999년 음으로 양으로 그를 도와준 부친이 사망하자 정계에 진출할 생각을 갖는다. 그리하여 개혁당Reform Party에 입당하여 2000년 대선출마의 뜻을 밝혔으나 경선에서 탈락하여 뜻을 이루지 못하였다. 이때 소수당을 배경으로 정계에 진출하기는 어렵다고 판단하여 2001년 민주당에 입당한다. 그러나 2008년 매케인이 공화당 대통령 후보로 지명되자 그를 돕기 위해 당적을 공화당으로 바꾸었다. 2011년 전까지 그는 민주당과 공화당 양당에 정치헌금을 냈으나 2011년에 비로소 공화당원으로 마음을 굳혔고 2012년 공화당 대선후보였던 미트 롬니를 공개적으로 지지하였다.

한편 트럼프는 지명도를 높이기 위해 2004년에 NBC 방송의 리얼리티쇼 프로그램인 「어프렌티스(견습생)The Apprentice」의 호스트로 출연하였다. 트럼프는 실제 참가자들을 대상으로 면접을 하여 한 사람씩 탈락시키고 마지막에 남은 한 사람은 고액 연봉으로 트럼프의 회사에 취업하게 된다. 쇼는 매회 방송마다 트럼프의 "너는 해고다!You're fired!"라는 말로 끝나는데, 이 말이 인기를 얻어 시청률을 높이고 한때 유행어가 되었다. 그러므로 그가 2016년 공화당의 대선 후보로 이름을 올렸을 때, 비록 정계 출신은 아니라 해도 이미 상당한 인지도의 인물이었다.

그는 두 번 결혼해 이혼하고 2005년 슬로베니아 출신으로 24세 연하인 속옷 모델 출신 멜라니아Melania를 세 번째 부인으로 맞이하였다. 이 세 번의 결혼에서 3남 2녀의 자녀를 두고 있다.

경제전문지『포브스Forbes』는 매년 미국의 자산가의 재산과 순위를 발표하는데, 트럼프도 그 대상에 들어갔다. 그런데 그는 매년『포브스』의 발표가 자신의 자산을 과소평가한다고 항의하곤 하였다. 2014년『포브스』는 트럼프의 자산을 544위, 35억 달러로 발표하였다. (참고로 세계부자 순위에서 1위는 빌게이츠로 860억 달러, 삼성전자의 이건희 회장은 68위 151억달러이다.) 이에 대해 트럼프는 2015년 대선출마를 선전하기 위해 발행한 저서『불구가 된 아메리카Crippled America』에서 자신의 자산이 87억 3,754만 달러라고 발표하였다. 이렇게 볼 때 억만장자인 트럼프는 역대 대통령 중 가장 이색적인 인물이라 하겠다.

트럼프의 대통령 취임식

2017년 1월 20일 제45대 대통령 취임식이 예정대로 거행되었다. 취임식에는 전임 대통령 지미 카터, 빌 클린턴, 조지 W. 부시, 그리고 퇴임 대통령 오바마가 부인들과 함께 참석하였으나 오바마 때와 같은 감동적인 장면은 없었다. 약 16분이 소요된 비교적 짧은 취임연설에서 트럼프는 다시 한 번 미국 우선주의를 강조하였다. 미국인은 미국상품을 사고 미국인을 고용하기를 바란다는 두 원칙을 강조하면서 이를 위해서는 미국인의 일자리를 외국인에게 빼앗기는 것을 막아야 한다고 하였다. 또 미국의 국익을 위해 미국에 불리하게 맺어진 무역협정을 시정하고, 북한, 이란, 그리고 IS와 같은 테러집단으로부터 미국을 지킬 것을 강조하였다. 특히 자신을 지지한 분노한 백인들을 의식하여 1월 20일은 워싱턴의 기성 정치세력으로부터 이들이 권력을 돌려받는 날로 기억될 것이라고 하였다.

정부는 이날 취임식장 앞 광장에 150만의 군중이 모여 대통령 취임을 축하했다고 발표하였다. 이에 대해 언론기관은 모인 군중의 수를 90만 정도로 추산하고 이들 중 반수 또는 그 이상이 트럼프 반대를 외쳤으며 탄핵을 주장하는 소리도 있었다고 보도하였다. 대선 초기부터 자신에 대해 불공정한 보도를 한다는 이유로 기성 언론에 적대적이었던 트럼프는 더욱더 적대적이 되었다. 그러나 트럼프를 반대하는 국민정서는 취임 다음 날에도 이어져 약 50만 명의 여성이 워싱턴에 모여 "여성인권을 존중하라", "트럼프는 물러가라"를 외치며 트럼프 반대시위를 했고, 이후 여성들의 시위는 미국 전역에서 일어나 시위 참가 인원이 300만에서 400만 명으로 추산된다고 언론은 보도하였다.

트럼프 정권의 불확실한 앞날

백악관은 트럼프 대통령의 취임식에 앞서 6개 항목의 국정기조를 발표하였다. 그 내용은 1) 미국 우선의 외교, 2) 미국 우선의 에너지, 3) 미국 우선의 무역, 4) 일자리의 창출과 경제성장, 5) 강한 군대의 재건, 6) 공권력의 회복이다. 이를 위해 취임 후 6개월 동안 32종의 행정명령을 발동하였으나 그 성과는 미지수다.

새 정권의 상징성이 강한 제1호 행정명령은 오바마 케어의 폐지였다. 그러나 대안으로 내놓은 트럼프 케어는 7월 17일 상원에서 부결되었다. 이어서 트럼프는 오바마 정권이 가입한 환태평양경제동반자협정에서 탈퇴하는 행정명령을 내렸다. 트럼프는 또한 북미자유무역협정과 한미FTA를 재협상할 뜻을 밝혔다. 그러나 연방의회는 보호무역보다는 자유무역이 국익에 도움이 된다는 입장이므로 의회와의 협의를 강조하여 트럼프의 일방적 추진에 제동을 걸고 있다.

한편 미국에 적대하는 이슬람 7개국의 국민이 정당한 수속을 밟아 받은 비자로 미국에 입국하려 했으나 트럼프의 반이민주의 정책에 얽매어 입국을 거부당하였다. 그러자 해당 지역의 법원은 입국거부는 위법이라는 판결을 내려 트럼프 정부의 이민억제정책에 제동을 걸었다.

트럼프의 대외정책은 강경한 노선을 취하고 있다. 이라크, 시리아의 접경지역에 있는 IS 세력과 관련해서는 이라크를 원조하고 있으며, 시리아가 반정부 세력에 화학무기를 사용하자 미사일을 발사, 공군기지를 파괴하였다. 북한의 핵 및 미사일 실험에도 오바마의 '전략적 인내' 정책을 지양하고 강경하게 대응할 자세를 취하고 있다.

기후변화에 관해서도 오바마가 유럽연합과 상의하여 맺은 '파리협정'에서 탈퇴하였다. 세계공동의 문제이지만 미국은 미국대로 독자적으로 대처하겠다는 것이다. 국익우선주의는 여기에서도 나타난다. 한편 트럼프는 7월 7일부터 8일까지 이틀간 독일 함부르크에서 열린 G20 회의에 참석하여 러시아, 중국을 비롯하여 여러 나라의 정상들과 만나 주요정책을 논의했으나 세계를 영도하는 국가로서의 미국의 위상을 과시하지는 못하였다.

트럼프는 취임 후 그 나름대로 대통령으로서의 집무에 충실했겠으나, 취임 후 100일에 그의 지지율은 40퍼센트를 기록하였다. 6개월이 지난 7월 20일 지지율은 더 떨어져 36퍼센트를 기록하였다. 두 지지율은 역대 대통령의 지지율과 비교하면 최하위를 면하지 못한다. 특히 전임 오바마가 6개월이 지나 받은 지지율인 59퍼센트와 비교하면 그 격차는 너무도 크다. 또한 트럼프의 국정수행 능력을 문의한 여론조사에서는 58퍼센트가 부정적 답을 내놓았다.

그러나 현재 무엇보다도 그의 발목을 잡고 있는 것은 '러시아 스캔들'이다. 핵심내용은 지난 대선 때 러시아가 개입해 인터넷을 이용하여 트럼프에게 유리한 정보를 흘려 트럼프를 대통령으로 당선시키는 데 크게 기여하였다는 것이다. 이러한 의혹이 대선 후 풍문으로 퍼지기 시작하자 연방수사국

장인 제임스 코미James Comey가 진위를 알기 위한 조사에 착수하였다. 그는 대선 때 트럼프를 지지한 인물이지만 조사에 착수하자 트럼프는 그를 즉각 해임하였다. 이러한 인사 조치는 의혹을 더욱 부풀려, 트럼프의 장녀 내외 및 아들 등 3인이 러시아 측과 내통하지 않았는가 하는 의구심이 나날이 커져 가는 상태이다.

한편 7월 12일 민주당의 하원의원인 브래드 셔먼Brad Sherman은 트럼프의 코미 국장 해임은 사법행위방해에 해당한다고 하여 탄핵소추안을 발의하였다. 민주당의 당론으로 탄핵을 발의한 것은 아니므로 현재로는 별문제가 없다. 그러나 트럼프가 '러시아 스캔들'에 어떻게 대응하느냐에 따라 탄핵은 수면상으로 떠오를 수 있다. 이미 일부 인사들은 탄핵이란 절차를 밟지 않아도 미국 헌법 수정조항 제25조 제4절에 의거하여 대통령을 사퇴하게 할 수 있다고 주장하고 있다.

이와 같이 트럼프 대통령은 취임 6개월이 지난 현재 일대 위기에 처해 있다고 할 수 있다. 이 난국을 돌파해 4년 임기를 채울 수 있을지 또는 중도하차의 불명예를 감수하게 될지는 오로지 앞으로 트럼프가 어떻게 국정을 이끌어 나가느냐에 달렸다고 하겠다.

제4절 _ 사회와 문화

인구

미국의 인구는 1980년대 2억 3,000만, 1990년 2억 5,000만에서 2000년에는 2억 8,000만으로 증가하고 있다. 이러한 인구 증가는 신생아의 출산보다는 외국으로부터의 이민 증가에 그 원인이 있다. 1965년의 이민법은 비유럽 지역에서의 이민을 우대하면서 연간 이민의 수를 49만으로 확정했으나 1991년 새 이민법이 제정되면서 연간 이민의 허용 수는 70만으로 증가하였다. 이 결과 미국의 인구 구성에서 이민이 차지하는 비율도 커져서 1960~1970년까지의 비율은 11퍼센트에 지나지 않았으나 그 뒤 증가하여 1990~2000년까지의 비율은 40퍼센트를 웃돌고 있다.

이러한 인구와 이민의 증가에서 주목할 현상은 인구의 인종적·민족적 구성이 달라지고 있다는 것이다. 무엇보다 미국 인구에서 백인과 비백인의 구성비율이 달라지고 있다. 백인은 총인구에서 1980년에 83.1퍼센트, 1990년에 80.3퍼센트를 차지하였으나 2000년에는 75.1퍼센트로 떨어졌다. 최근 발표된 인구전망보고서는 미국 인구가 2050년에는 4억 명대에 올라갈 것이며 백인의 비율은 50퍼센트 이하로 떨어질 것이라고 전망하였다. 백인 입장에서는 상당히 비관적인 전망이나, 다른 보고서에서는 인구가 4억 명대로 올라가는 것은 2100년이 되어야 하고 백인이 50퍼센트 이하의 소수인종으로 떨어지는 것은 2180년이 되어야 할 것이라고 느긋한 전망을 보여주고 있다.

그러면 줄어드는 백인의 비율 대신 미국 인구를 채울 비백인의 인종 또는 민족은 누구인가. 미국의 연방행정기관교육위원회FICE, Federal Interagency Committee on Education는 미국의 인종 또는 민족을 1) 백인, 2) 흑인, 3) 아메리칸인디언과 알래스카 원주민, 4) 아시아 및 태평양 도서 주민, 5) 히스패닉Hispanic(스페인어를 공용어로 하는 라틴계 백인, 흑인, 아메리칸인디언으로 구성되는 혼성 민족)의 다섯 부류로 구분하고 있다.

이 중 비백인 인종으로는 흑인이 절대 다수를 차지하고 있었으나 최근에 이르러 아시아계와 히스패닉계 인구가 증가하여 그 지위를 위협받고 있다. 아시아계는 1990년 700만에서 2000년에는 1,000만으로, 히스패너계는 1990년에 2,200만에서 2000년에는 3,530만으로 늘어났다. 특히 히스패닉계는 1980년 미국 총인구에서 6.4퍼센트, 1990년에는 9퍼센트를 차지하였다. 그리하여 2000년의 히스패닉인구는 흑인인구 3,465만을 능가하여 소수민족으로는 흑인을 제치고 미국 인구 구성에서 1위를 차지하기에 이르렀다. 히스패닉계 이민의 수는 매년 증가하고 있으므로 인구 구성비율에서 흑인이 역전할 가능성은 희박하다고 전망되고 있다(부록 Ⅳ의 3 참조).

미국문화의 통합과 해체

20세기 말 20~30년 동안에 비백인계열 이민의 급증은 인종, 민족과 관련하여 미국문화의 양상에 새로운 문제를 던졌다.

미국은 오랫동안 인종의 도가니melting-pot란 말을 들어왔다. 미국에 여러 인종, 민족이 들어와 혈연적으로 서로 섞이면서 새로운 아메리카인종 new American race이 탄생한다는 것이다. 그러나 이 말은 백인종 사이에는 가능하지만 백인과 비백인 사이에서는 결코 이루어지지 않았다. 오히려 흑인 관계에서 볼 수 있듯이 인종차별의 벽이 생겨 미국은 현재까지도 인종차별의 나라라는 오명에서 벗어나지 못하고 있다.

하지만 미국에 이민 오는 비백인들은 뿌리 깊은 인종차별을 감수하면서도 미국문화에 동화하려는 노력을 아끼지 않았다. 이들은 미국이란 큰 그릇에 들어와서 각자의 인종, 민족의 특색을 지니면서도 공생공존의 정신을 간직하였다. 이러한 현상은 인종의 도가니란 비유를 물리치고 '샐러드 볼salad bowl'이란 말을 탄생시켰다. 결국 미국의 전통문화는 여러 인종, 민족의 다양한 문화를 흡수하여 오히려 미국문화 자체를 풍부하게 하는 문화다원주의Cultural Pluralism란 말을 탄생시켰다.

그러나 최근 비백인계열의 이민이 급증하면서 문화다원주의에 대해 다문화주의Multiculturalism가 대두하고 있다. 동일 민족의 수가 늘면서 그 민족끼리 뭉쳐 미국문화에 합류하지 않고 분리하여 독자적인 사회를 만들려는 경향이 엿보이고 있다. 예를 들면 차이나 타운, 리틀 도쿄, 코리아 타운 같은 거주지역에서는 미국문화의 핵인 영어의 사용 없이 그들의 민족언어만으로도 충분히 살아갈 수 있다. 그리하여 이러한 분리주의적 경향이 미국사회를 해체하지 않을까 하는 우려의 목소리도 나오고 있다.

그러나 이러한 해체 위기에서 벗어나기 위해 미국의 전통문화를 중심축으로 하여 각 인종, 민족 사이의 문화적 이해와 융합을 위한 시도가 활발하다. 1960년대에 시작된 흑인 연구black studies와 같은 민족 연구ethic studies의 여러 강좌가 대학과 대학원에 개설되어 인종, 민족 사이의 이해의 폭을 넓히고 있다. 또 취업과 고용, 대학 입학 과정에서 소수집단우대정책도 적지 않은 역할을 하고 있다. 정원의 일정비율을 소수민족에 할당하여 고용 또는 입학을 허가하는 이 제도는 오히려 백인을 차별하는 역차별reverse discrimination을 일으킨다는 비난을 받아 1974년에 배키 사건Bakke Case과 같은 소송이 일어나기도 하였으나 인종차별을 시정하는 하나의 방법으로 받아들여지고 있다. 또한 상대방 인종, 민족을 비방 또는 비하하는 언어의 사용을 삼가토록 하는 정치적 교정political correction도 인종, 민족의 융화에 일조할 것으로 기대되고 있다(부록 IV의 3, 4 참조).

빈부문제

최근 10년간 미국 국민의 소득에 관한 통계를 보면 인구의 약 12퍼센트가 빈민에 속한다는 것을 알 수 있다. 이들은 정부가 복지정책을 실시하는 데 필요한 기초자료로 확정하는 최저생계의 유지 기준, 즉 빈곤선poverty level 이하에 들어가 있기 때문이다. 이 빈곤선은 1990년에는 1인당 연수年收 6,652달러였으나 1999년에는 8,500달러로 나타나 있다.

그러면 부자의 경우는 어떠한가. 1980년대 말 통계에 의하면 미국의 총 가구 수의 대체로 1퍼센트가 되는 93만 가구가 미국의 부의 90퍼센트를 소유하고 있다고 한다. 그리고 이 재산의 대부분은 금융재산과 부동산이다.

이와 같이 큰 빈부의 격차는 매년 더욱 커지고 있다. 이는 세후稅後 소득에 관한 통계에서도 볼 수 있다. 즉 1977년 최상위 1퍼센트의 소득은 23만 4,700달러이고 이것이 전체 소득에서 차지하는 비율은 7.3퍼센트였다. 그러나 1999년이 되면 소득은 51만 5,600달러, 비율은 12.9퍼센트로 늘고 있다. 최하위의 경우에는 1977년 1만 달러, 5.7퍼센트에서 1999년에는 8,800달러, 4.2퍼센트로 나타나고 있다. 결국 최하위의 경우에는 총액이 줄고 비율에서는 그다지 큰 변동이 없는 것으로 나타나고 있다(부록 Ⅳ의 6, 8, 9 및 속전망).

이와 같이 빈부의 격차는 크지만 그러면서도 세계에서 가장 부강한 나라라는 말을 들으면서 미국이 건재할 수 있는 것은 최상과 최하 사이에 끼여 있는 중간계층이 단단하기 때문이다. 이런 점에서 미국은 중산계급의 나라라고 할 수 있다.

미국 인구의 60퍼센트는 자기 집을 소유하고 있고 20퍼센트 이상은 1만 달러 이상의 증권을 갖고 있고, 77퍼센트가 고등학교를 졸업하고 30퍼센트가 4년제 대학을 졸업하고 있다. 직업을 보면 44퍼센트가 자유직업, 기술직, 사무직에 종사하고 있고, 진정한 노동계급은 33퍼센트지만 매년 감소하는 추세이고 나머지 23퍼센트가 서비스업 또는 농업에 종사하고 있다. 현재 미국에는 3,500여 개의 대학과 고등교육기관이 있다. 1967년, 1969년, 1972년에 제정된 고등교육장려법Higher Education Act으로 연방정부가 장학금을 대대적으로 수여 또는 대출하자 고등교육을 이수하는 수가 매년 늘어 1996 년 당시 1,600만이 대학에 등록해 있으며 이것은 미국 청소년의 반수를 차지하는 숫자라고 한다. 이 중 흑인이 9.2퍼센트, 아시아계가 4.2퍼센트, 히스패닉계가 5.7퍼센트를 차지하고 있고 남녀 비율은 반반으로 나타나 있다.

미국사회의 어두운 그늘

이와 같이 중산계급이 미국사회의 주축을 이루고 있지만 미국 인구의 10퍼센트 이상이 아직도 빈곤선 이하에 머물고 있다. 여기에는 또 인종적 차이가 존재해서, 1990년대에 경기가 상승곡선을 그리고 있을 때에도 백인의 경우는 10명 중 1명, 흑인의 경우는 3명 중 1명, 히스패닉계의 경우는 4명 중 1명이었다. 이들은 연방 또는 주정부의 여러 복지정책으로 대부분이 최저생활을 겨우 유지하고 있지만 미국사회의 어두운 그늘이라고 말하지 않을 수 없다.

그러나 빈민층만 어두운 그늘을 이루고 있는 것은 아니다. 에이즈AIDS의 만연도 어두운 그늘의 하나라고 할 수 있다. 에이즈 감염자는 2002년 현재까지 90만 명에 육박하고 있고 에이즈로 사망한 수도 50만 명에 달한다. 여기에도 인종별 차이가 있어 백인이 36만, 흑인이 34만, 히스패닉계가 16만 명이고, 아시아계와 아메리칸인디언계가 소수를 차지하고 있다. 백인과 흑인이 거의 동수를 이루고 있다는 것은 인구비례로 볼 때 백인보다 흑인과 히스패닉계가 감염률이 높다는 것을 의미한다. 감염경로를 보면 남성 동성 간의 성행위가 가장 많고 다음이 마약사용의 경우이다. 여기서도 동성애와 마약이 또 다른 그늘이라는 것을 알 수 있다.

각종 범죄건수도 만만치 않다. 최근 20년 동안의 통계를 보면 1991년이 최고수치를 나타내 1,500만 건에 육박하고 있다. 이 중 200만 건이 폭력 관련 범죄이고 나머지 1,300만 건은 재산피해 범죄(절도, 강도, 폭행 등)로 되어 있다. 그러나 2001년에는 1,200만 건으로 줄고 있다. 이것을 10만 명당 범죄 발생비율로 보면 1991년이 5898.4로 역시 가장 높고 2001년은 4160.5로 낮아지고 있다.

이처럼 범죄건수가 줄어드는 데에는 범죄에 대한 단호한 처벌이 효력이 있었는데, 예를 들면 캘리포니아주의 세 번 이상은 안 봐준다는 '삼진 아웃 Three Strike Out'이라든지 뉴욕시의 '관용은 없다Zero Tolerance' 같은 정책이 주효한 것으로 보인다. 실제로 뉴욕시에서는 밤거리의 범죄가 크게 줄어 한층 밝고 안전해졌다는 평을 듣고 있다.

그러나 범죄와 관련하여 우려되는 것은 비율적으로 보면 범죄자의 상당수가 소수인종에 치우치고 있다는 것이다. 뉴욕시의 경우 20대 흑인 남성 4명 중 1명, 히스패닉계 8명 중 1명이 형무소에 수감돼 있거나 가석방 또는 집행유예 상태에 있다고 한다. 현재 전국의 형무소에 수감된 죄수는 200만 명을 초과하고 있는데 수용자 중 흑인의 비율이 가장 높다. 1997년에는 주 형무소의 수용자 중 46.5퍼센트, 연방형무소의 수용자 중 37.9퍼센트에 이르렀다.

범죄와 관련해서 항상 문제가 되는 마약의 사용도 우려할 정도에 있다. 마약 사용과 보건에 관한 전국적 조사에 의하면, 마리화나를 제외한 불법 마약의 사용은 2002년 당시 12세 이상 국민의 29퍼센트, 즉 7,030만 명이, 마리화나를 포함할 경우 46퍼센트, 즉 1억 800만 명이 살아 있는 동안 최소한 한 번은 마약을 사용한 경험이 있다고 한다. 특히 청소년의 수치도 무시 못할 정도인데, 최근 20년간 고등학교 최종학년 학생을 상대로 한 조사에 의하면 마리화나의 사용은 전 학생 수의 50퍼센트를 약간 밑돌 정도이며 흡연과 음주는 80퍼센트에 육박하고 있다.

미국사회의 또 하나의 그림자는 '노숙자Homeless(집 없는 사람)'라 할 수 있다. 이들은 단독으로 또는 아이들을 동반한 가족으로 도시의 거리를 방황하며 거리에서 공원에서 기차 또는 지하철의 정거장에서 침식을 해결한다. 그 수는 현재 300만 명 정도이나 매년 증가 추세에 있다. 이들의 상당수는 빈민층 출신이나 직업을 잃고 일시적으로 노숙자가 된 이도 있다. 노숙자의 구성을 보면 가족 동반이 35퍼센트, 퇴역군인이 20퍼센트, 18세 이하의 가출 소년소녀층이 25퍼센트, 이 밖에 가정폭력의 피해자, 정신질환자들로 나타나 있다. 원래부터 대도시의 거리에는 소수의 거지와 떠돌이가 있었지만 1980년대 이후 저소득층과 정신질환자에 대한 연방정부의 원조가 줄어들고 또한 무주택자에 대한 지원도 줄어 집세를 지불할 수입이 없어 결국 거리로 쫓겨나게 된 사람이 속출하여 노숙자라는 특이한 현상이 일어났다. 최근 미국 시장市長회의의 보고에 의하면 노숙자 중 22퍼센트가 새로 직업을 얻었고, 또 대부분의 노숙자가 일시적으로 떠돌이 상태에 있다고 하지만, 도시의 경관을 해치는 군상임에는 틀림없다.

문화전쟁

미국사회의 다문화주의적 경향, 에이즈의 만연, 범죄와 마약 사용의 범람은 보수적인 미국인에게는 미국문화의 위기로 여겨졌다. 이들은 이 위기를 1960년대에 일어난 민권운동, 베트남전쟁이 유발한 반전운동, 반체제운동의 주역이었던 진보-좌파세력이 초래한 것으로 판단하고 1980년대 이래 과감히 맞섰다. 현재에 올수록 더욱 치열해진 이 대립, 보수-우파와 진보-좌파의 대립, 전통문화를 보수하려는 세력과 변화를 촉구하는 세력, 이들의 각축을 '문화갈등Cultural Conflict' 또는 '문화전쟁Cultural War'이라고 한다.

이러한 문화전쟁은 미국의 역사에서는 새삼스러운 일이 아니다. 식민지 시대부터 20세기 중반까지도 개신교(프로테스탄트)가 지배적 신앙인 미국에서는 때로는 가톨릭에 대해, 때로는 유대교에 대해, 또는 모르몬교에 대해 박해와 탄압이 있었다. 이러한 종교가 원인이 된 문화전쟁이 종교분쟁으로까지 치닫지 않은 것은 미국의 발전에 다양한 종교를 가진 다양한 민족이 이민 와 이바지하는 과정에서 자연스럽게 종교적 관용정신이 확산되었기 때문이다.

이처럼 과거의 문화전쟁은 종교가 주역이었다. 하지만 현재의 문화전쟁도 종교가 주역은 아니지만 깊은 관련이 있어 종교와 무관하다고 말할 수는 없다. 우선 보수-우파의 일익을 담당하고 있는 세력은 '뉴 라이트New Right'라고 불리는 원리주의Fundamentalism와 복음주의Evangelism를 신봉하는 사람들이다. 1980년대에는 제리 폴웰Jerry Falwell의 '도덕적 다수파Moral Majority'가, 1990년대에는 팻 로버트슨Pat Robertson의 '기독교 연합Christian Coalition'이 많은 미국인을 감화시켰을 뿐만 아니라 정치적으로도 커다란 세력을 형성하여 공화당의 중요한 지지기반이 되어 2000년 대통령 선거전에서 조지 W. 부시의 승리에 크게 공헌하였다는 평가를 받고 있다. 보수-우파에는 또 다른 커다란 세력이 있다. '신보수Neo-Conservatives'라고 불리는 이들은 종교적으로는 개신교, 가톨릭, 유대교의 구별 없이, 과거에는 진보파에 속하였으나 급진적 변화에 반대하여 좌파와 손을 끊고 보수 성향으로 방향 전환을 한 사람들이다. 현재 뉴 라이트에 속하는 미국인이 4명 중 1명이라고 할 정도로 미국의 보수세력은 결코 무시할 수 없는 세력이다.

그러면 문화전쟁에서 보수-우파가 문화의 위기를 느끼는 문제는 어떤 것인가. 우선 이들은 이혼율이 높아져 이에 따라 결손가족이 늘고 또 미혼모와 그 아이들이 수적으로 증대하여 미국의 전통적 가족이 붕괴하고 가족의식이 약화하는 것을 우려하고 있다. 이들은 인공중절의 자유 선택에 적극적으로 반대하여 때로는 중절을 시술하는 의사를 살해하는 사건도 일으키고 동성애를 혐오하여 동성애자의 결혼과 같은 권리Gay Rights를 부인한다. 포괄적인 성차별을 금지하는 '평등권 수정조항ERA, Equal Rights Amendment'을 지지하는 여권운동에 반대하고 '여성의 여성다움'을 강조한다. 또한 공립학교에서 충성서약의 암송을 지지하고 국기의 소각 같은 행동을 모독적 행위로 규탄한다. 이 밖에 이들은 반공, 반테러이며 강력한 미국과 경제적 세계화economic globalization를 지지한다.

결국 문화전쟁은 미국의 전통문화를 지키고자 하는 세력과 그 문화의 세속화를 추진하는 세력 사이의 가치관 차이에서 일어나는 전쟁이며 이러한 추세는 당분간 지속될 것으로 보인다.

전망

미국 헌법

전망

'아메리카제국The American Empire'이란 말은 1990년대 초만 하더라도 생소하게 들렸다. 그러나 현재 이 말은 널리 퍼져 있고 이 말이 사용될 때에는 미국을 비난하는 소리가 은연중 실려 있다는 것을 쉽게 감지할 수 있다.

그러나 미국을 '제국'이라고 부를 때 그 제국은 고대로부터 현재까지 수없이 흥망하였던 제국과는 생성과정에서나 구성요소에서 다른 점이 많다. 다만 제국이란 말에 그때그때의 '초대강국'이란 뜻이 담겨져 있다고 한다면, 현재의 미국은 초대강국임에는 틀림이 없으며 그런 뜻에서의 제국이라면 미국과 같은 제국은 현재까지 존재한 일이 없었다고 해도 과언이 아니다.

실제로 미국은 거대하다. 군사력은 전 세계에 퍼져 막강하며 정치, 경제에서 미국이 국제적으로 행사하는 영향력은 절대적이고 미국의 문화는 세계 구석구석에 침투하고 있다.

그러나 현재 미국을 바라보는 세계의 눈은 곱지 않다. 9·11 테러를 일으킨 아랍의 '원리주의자'와 원래부터 미국을 적대시한 국가나 집단은 말할 것도 없고, 미국의 우방으로 손꼽히는 국가에서조차 심심찮게 반미운동이 일어나는 것을 볼 수 있다.

미국을 비판하고 적대하는 소리는 미국 밖에만 있는 것은 아니다. 미국 국내에서도 현재 미국정부의 대외정책을 비판하고 미국의 장래를 우려하는 소리가 심심찮게 나오고 있다. 그러므로 현재 미국이 안고 있는 긴급하고도 커다란 과제는 국내외에서 일어나고 있는 미국을 비판하고 적대하는 소리와 반미운동에 어떻게 대처하느냐에 있다 하겠다. 그리고 그것은 곧 미국의 안녕과 안보에 직결되고 더 나아가서는 세계 평화와도 관련이 있다.

돌이켜 생각하면 미국을 적대시하고 미국에 반대하는 감정이나 운동에는 그럴 만한 충분한 이유가 있다. 예를 들면 아랍세계의 반미 감정과 미국에 대한 저항에는 이스라엘-팔레스타인 분쟁에서 미국의 이스라엘에 대한 지원이 커다란 원인이 되고 있다. 이들 반미적인 아랍인들은 미국이 팔레스타인뿐 아니라 중동 지방 전역에서 물러나야 이 지역이 평온해질 거라고 주장한다.

이처럼 아랍세계의 반미 감정에는 그 지역의 특유한 근원이 있지만 이와는 달리, 아니 그 밑바닥에는 국가나 지역, 민족을 초월해서 공유되는 보편성을 띤 반미 감정의 근원이 있다.

첫째, 미국의 유아독존적인 일방주의적 대외정책을 들 수 있다. 단적인 예가 이라크전쟁이다. 미국은 대량살상무기의 은닉을 이유로 개전하였지만 유엔의 승인 없이 또는 결의를 무시하고 일방적으로 전쟁을 밀어붙였다. 그리하여 사담 후세인을 몰아내는 데는 일단 성공했지만 대량살상무기를 은닉했다는 증거를 찾지 못하였고 오늘에 이르러서는 은닉 정보가 오보였다는 것이 밝혀지고 있다. 한편 미국의 일방주의적 정책은 '선제공격'이라는 적극적 군사정책을 도출하였다. 미국에 위해를 줄 잠재적 가능성이 있는 나라에 대해 그 위해가 현실화되기 전에 화근을 없앤다는 것이다. 이러한 적극적 방어정책은 미국 역사상 존재한 적이 없지만 이라크가 바로 그 첫 희생물이 되었다.

둘째, 미국 중심의 '세계화'를 들 수 있다. 현재와 같이 교통 및 통신 수단은 말할 것도 없고 정보기술공학IT, Information Technology이 나날이 급속도로 발달하여 사람, 물자, 자본, 정보가 국경이라는 경계를 허물면서 상호 교류하는 세계에서 세계화는 당연한 추세가 아닐 수 없다. 그러나 이 세계화가 미국 중심으로, 미국의 국익 우선으로 이루어지고 있는 데 대한 불만이 크다.

즉 국제적 경제기구인 세계은행IBRD, International Bank for Reconstruction and Development, 국제통화기금IMF, International Monetary Fund, 세계무역기구는 거의 미국의 주도하에 움직이고 있다. 미국의 자본, 공업 및 농업의 생산력, 제반기술이 다른 나라를 앞지르고 있어 미국 중심으로 움직일 수밖에 없는 면이 있지만, 이 과정에서 다소라도 부당한 처우와 손해를 보는 나라들은 미국에 대해 불만을 가질 수밖에 없다. 결국 자국의 경제적 곤궁의 책임을 미국에 돌릴 뿐 아니라 국가 간의 빈부 격차도 미국의 세계화정책에 돌리는 것이다.

셋째, 미국의 우방과 적국을 구분하는 잣대가 자의적이라는 것을 들 수 있다. 비민주적 독재국가라 할지라도 사우디아라비아나 이집트는 우방으로 긴밀한 관계를 갖지만 이라크, 이란, 북한은 적으로 간주한다. 전자는 미국의 이스라엘정책에 동조 또는 묵인하는 입장을 취하지만 후자는 핵무기를 보유하거나 보유하고자 하기 때문에 미국은 이들 나라를 '악의 축'으로 보는 것이다. 미국은 이처럼 다른 나라의 핵무기 보유를 반대하면서 미국 자신은 포괄적 핵실험 금지조약Comprehensive Nuclear Test Ban Treaty의 서명을 거부하고 있다. 어떠한 국가든 국익을 우선하는 것은 당연하지만 국익을 수호하는 잣대가 자의적이라는 데 반감을 갖게 되는 것이다.

넷째, 미국 대중문화의 세계적 확산에서 발생하는 반감을 들 수 있다. 콜라와 같은 청량음료, 햄버거 같은 패스트푸드 등의 식품을 비롯하여 미국의 영화와 대중음악이 전 세계의 구석구석에 파고들고 있다. 이러한 미국 대중문화의 확산은 미국의 세계화정책의 결과라기보다는 수용하는 국가의 국민의 자발적 선택의 결과인 면이 크다. 그러나 이러한 현상에 대해 반발하는 감정을 무시할 수는 없다. 말하자면 미국의 대중문화는 유럽의 전통문화에 비해 저질이며 따라서 미국문화에 대한 수용국 국민의 영합은 그 나라의 전통문화를 해칠 우려가 있다는 생각에서 반발 또는 혐오하는 경향이 나타난다. 여기서 발생하는 반미 감정은 정치와 경제에서 반미 감정이나 운동이 일어날 때 이러한 감정이나 운동을 정서적으로 격화시키는 역할을 한다는 점에서 결코 가볍게 여길 수 없다.

이상 반미 감정과 반미 운동의 원인과 성격들을 열거하였지만, 한마디로 말해 반미 감정과 운동의 가장 큰 근원은 미국의 거대함과 그 거대함과 결부된 일방주의적 정책 또는 태도에 있다. 냉전이 끝나면서 초대강국으로 우뚝 서게 된 미국은 모든 면에서 일방주의를 표방할 수 있는 입지를 마련하였지만 1990년대에는 결코 그러하지 않았다. 그러나 21세기에 들어와 9·11 테러를 당한 후부터는 반테러의 기치를 내걸면서 일방주의적 정책을 추구하기에 이르렀다. 이 과정에서 아이러니하게도 미국의 테러 박멸정책이 강화될수록 반미 감정과 운동은 확산되어갔다.

현재 일부 아랍인들의 미국 및 친미적 국가의 불특정 다수에 대한 테러행위가 종식될 조짐을 보이지 않고 있는 현실에서 미국은 냉정하게 최근 취해온 일방주의를 근간으로 하는 대외정책을 성찰할 필요가 있다. 실제로 9·11 테러가 일어난 뒤 한편에서는 테러 박멸의 소리가 높아가는 반면 그러한 테러를 당한 연유를 성찰해야 한다는 소리도 서서히 일어나고 있다. 무엇보다도 이러한 소리 중에는 미국이 그 자신을 타자화하여 객관적으로 관찰해야 한다는 소리가 있다. 이런 소리를 내는 이들은 미국은 미국을 제외한 세계와 '더불어 사는' 지혜를 갖추어야 한다고 주장한다. 말하자면 일방주의를 포기해야 한다는 것이다.

미국의 일방주의가 가능하였던 것은 새삼 말할 필요도 없이 미국의 군사력과 경제력, 즉 경성국력硬性國力, hard power이 타의 추종을 불허할 정도로 막강하기 때문이었다. 그러나 경성국력은 영원히 지속될 수 있는 것이 아니다. 현재 장차 미국에 대해 위협적인 대항세력으로 중국의 대두, 유럽연합의 단합, 러시아의 재기 조짐 등이 나타나고 있다. 이러한 일들이 실제로 나타날 수 있다는 가능성을 현실적으로 배제할 수는 없다.

이러한 전망에서 오히려 미국은 경성국력에 안주할 것이 아니라 도덕과 지성을 바탕으로 하는 연성국력軟性國力, soft power을 중시하여 전 세계에 대응해야 할 것이다. 경성국력의 국가로부터 연성국력의 국가로의 전환은 빠를수록 좋으며 이 전환이야말로 세계를 지배하는 제국으로서의 미국이 아니라 세계의 평화와 번영을 담보하면서 전 세계를 이끌어나갈 새로운 제국으로 발전하는 길이 아닌가 여겨진다.

〈2005년 3월〉

속전망

오바마가 대통령이 되자, 한때 미국에서는 "흑인을 대통령으로 뽑았으니 흑인들의 문제를 과거의 불평등 탓으로 돌리지 말자. 이제 차별의 시대는 끝났다"라는 말이 돌았다고 한다. 그러나 이런 말이 속단이며 착각이라는 것은 누구도 부인할 수 없다. 더욱이 미국이 다문화사회화가 될수록 인종차별의 문제는 흑인에 대한 차별뿐만 아니라 히스패닉계, 아시아계, 최근에는 이슬람계까지 미치면서 인종차별의 범위도 더욱 확대되고 있다. 더욱이 인구구성에 있어 해를 거듭할수록 백인의 비율이 비백인의 비율보다 상대적으로 저하하는 데에서 오는 백인의 불안감이 백인우월주의와 인종차별을 부추기는 면도 부인할 수 없다.

인종차별은 미국사회에서는 그야말로 역사적으로 뿌리 깊은 적폐의 하나이므로 쉽게 또 단시일에 해결할 수 있는 문제가 아니다. 그러나 해소의 방향으로 한발 한발 나아가야 함은 분명하다. 무엇보다도 제도 면에 있어 인종 간의 불평등을 해소하려는 노력이 절실하다. 예를 들면 소수집단우대정책은 백인들로부터 역차별이라는 비난이 나와도 더욱 적극적으로 추진해야 할 정책의 하나이다. 그렇다 하더라도 개인 간의 감정은 쉽게 사라지지 않는다. 여기에는 인종 간의 상호이해, 화해, 관용이 요구되지만 결국 미국 사회구성원의 인간적 성숙도가 하나의 관건이라 하겠다.

또 하나 미국사회의 큰 문제는 빈부격차가 너무 크다는 데 있다. 어떤 통계에 의하면 미국국민의 1퍼센트가 미국의 부의 반 이상을 소유하고 있다고 한다. 또 2014년 연간평균소득을 보면 상위 0.01퍼센트가 2,900만 달러, 0.1퍼센트가 350만 달러, 1퍼센트가 50만 달러, 10퍼센트가 14만 달러, 하위 90퍼센트의 소득은 불과 3만 달러 수준으로 나와 있다. 그러므로 빈부격차가 크다는 것은 부인할 도리가 없다.

왜 이렇게 큰가? 여기에는 여러 가지 원인이 있겠지만 정경유착도 그 원인의 하나일 수 있다. 예를 들면 민주당은 진보적 부유층, 하이테크 사업으로부터, 공화당은 거대기업, 군수산업체, 금융업계로부터 정치자금을 거두고 있다고 알려져 있다. 이들의 정치적 영향력 때문인지 역대 정부는 정도의 차이는 있지만 소득세, 법인세를 인하하는 정책을 써서 부유층을 도왔다는 것이다. 이 결과 부익부 빈익빈의 현상은 더 커진 것이 아닌가 하는 것이다.

빈부격차의 문제는 2016년 대선에서 뉴햄프셔주 출신의 상원의원 버니 샌더스Bernie Sanders에 의해 크게 다루어졌다. 그는 민주당 전당대회에서 가장 유력한 대선 후보인 힐러리 클린턴에 도전하여 무시할 수 없는 존재로 부각된 사람이다. 샌더스는 자신을 민주적 사회주의자, 또 혁신정치가라고 하며 자신의 사회주의는 북유럽의 사회민주주의와 같다고 말하였다. 그리고 정책으로는 모든 국민에게 메디케어를 실시하고, 증권매매에서 나오는 거래세로 모든 공립대학의 등록금을 면제하고, 온실가스 배출을 축소시키기 위해 세금을 부과하고, 선거자금을 공영화할 것을 내걸었다. 그의 포퓰리즘적 주장의 여파는 아직은 미미하고 또 정서적으로 사회주의적 사고를 기피하는 미국인이 다수이므로 그에 대한 지지가 아직은 크지 않지만 빈부격차가 더욱 심화되면 서서히 커질지도 모를 일이다.

현재 미국은 북한으로부터 위협을 받고 있다. 북한의 핵과 미사일 개발이 이제 소형 핵탄두를 탑재한 ICBM을 미국 본토에까지 발사할 수 있는 단계에 이르렀기 때문이다. 이에 미국은 유엔에 호소하여 러시아와 중국도 동참한 북한제재안을 통과시켰지만 그 실효성은 미지수이다. 왜냐하면 러시아와 중국 두 나라는 본질적으로 북한에 우호적이기 때문이다.

이에 대해 미국은 한국과 일본을 우방으로 하여 강온 양면으로 북한의 위협에 대처하고 있지만 이 또한 실효성은 미지수이다. 왜냐하면 미국은 북한을 제압할 모든 수단을 갖고 있다고 하지만 비군사적인 모든 수단은 결정적일 수 없기 때문이다.

이렇게 볼 때, 현재 세계는 과거 미소의 대립과 같이 한국, 미국, 일본(잠재적으로 유럽연합도 포함)과 북한, 러시아, 중국 양대 세력의 대립구도를 보이고 있다고 할 것이다. 만일 두 세력의 대립이 대립으로 끝나는 한 평화는 유지되겠지만 어떤 예기치 못한 돌발사건이 일어나 대립이 충돌로 변한다면 세계는 전무후무한 재앙에 휩쓸리게 될지도 모를 일이다.

이렇게 볼 때, 세계 최강의 군사력을 가진 미국이 현재의 이 시국에 어떻게 대처해 나가느냐에 대해 세계의 이목이 집중하고 있다 할 것이다.

〈2017년 8월〉

참고문헌

| 기본서

1. 문헌

American Bibliographic Center, *American History and Life: A Guide to Periodical Literature*, 1955~ .

Baseler, Roy P., et al., *A Guide to the Study of the United States of America*, 1960.
_____, *Supplement, 1956-1965*, 1976.

Freidel, Frank, ed., *Harvard Guide to American History*, rev. ed., 1974.

Mugridge, Donald H., et al., eds., *A Guide to the Study of the United States of America*, 1960.

National Historical Publications Commission, *Writings on American History*, 1902-1959~ .

2. 사전

Adams, J. T., ed., *Dictionary of American History*, rev. ed., 8 vols., 1976~1978.

Boyer, Paul S., et al., *The Oxford Companion to United States History*, 2001.

Carruth, Gorton, et al., *The Encyclopedia of American Facts and Dates*, 1972.

Cockran, Thomas C., et al., *Concise Dictionary of American History*, 1962.

Encyclopedia Americana.

Encyclopedia Britannica.

Hall, Kermit L., et al., eds., *The Oxford Companion to American Law*, 2002.
_____, *The Oxford Companion to the Supreme Court of the United States*, 1992.

Hopkins, J. G. E., ed., *Concise Dictionary of American Biography*, 1964.

Johnson, Allen, et al., eds., *A Dictionary of American Biography*, 25 vols., 1928~

1981.

Johnson, T. H., *The Oxford Companion to American History*, 1966.

Martin, Michael and Leonard Gelber, *Dictionary of American History*, 1965.

Morris, Richard B., *Encyclopedia of American History*, 7th ed., 1996.

Thompson, Peter, et al., *Dictionary of American History*, 2000.

Webster's *Guide to American History*, 1971.

3. 통계

U.S. Bureau of the Census, *Historical Statistics of the United States: Colonial Times to 1970*, 1975.

4. 지도

The American Heritage Pictorial Atlas of United States History, 1966.

Boyer, Paul S., et al., *The Enduring Vision: A History of the American People: Atlas of American History*, 4th ed., 2000.

Gilbert, Martin, *The Routledge Atlas of American History: From the First Exploration to the Present Day*, 4th ed., 2003.

Hammond American History Atlas, 1968.

National Geography Society, *Historical Atlas of the United States*, 1988.

Pauline, C. D., ed., *Atlas of the Historical Geography of the Unites States*, 1932.

5. 사료집

Boorstin, Daniel J., ed., *The American Primer*, 1st ed., 1968.

Commager, Henry S., ed., *Documents of American History*, 9th ed., 1973.

Hyser, Raymond, et al., ed., *Voices of the American Past: Documents in U.S. History*, 2 vols., 3rd ed., 2004.

Rose, Willie Lee, *A Documentary History of Slavery in North America*, 1985.

II 개설서

1. 교과서적 개설

Bailyn, Bernard, *The Great Republic*, 1977.

Beard, Charles A. and Mary R. Beard, *The Rise of American Civilization*, 4 vols., 1927~1942.

_____, *The Basic History of the United States*, rev. ed., 1960.

Blum, J. M., et al., *The National Expcricncc*, 3rd ed., 1973.

Brinkley, Allan, *Unfinished Nation*, 4th ed., 2004.

Current, Richard N., et al., *American History*, 3rd ed., 1971.

Henretta, Richard, et al., *America's History*, 1987.

Hofstadter, Richard, et al., *American Republic*, 1959.

Link, Arthur S., *American Epoch: A History of the U. S.: Since the 1890's*, rev. ed., 1963.

Morison, S. E. and H. S. Commager, *The Growth of the American Republic*, 5th ed., 1962.

Norton, Mary B., et al., *A People and A Nation: A History of the United States*, 6th ed., 2000.

Roark, James L., et al., *The American Promise*, 2nd ed., 2001.

Thernstrom, Stephan, *A History of the American People*, 2 vols., 1984.

Wish, H., *Contemporary America: The National Scene Since 1900*, 3rd ed., 1961.

Zinn, Howard, *A People's History of the United States*, new ed., 2003.

2. 연구 동향 개설

Bernstein, Barton J., *Towards a New Past: Dissenting Essays in American History*, 1969.

Foner, Eric, *The New American History*, rev. ed., 1997.

Grob, Gerald N., et al., eds., *Interpretations of American History*, 7th ed., 2000.

Higham, John, *The Reconstruction of American History*, 1962.

Kammen, Michael, *The Past Before Us: Contemporary Historical Writing in the United States*, 1980.

3. 총서

Boorstin, Daniel J., ed., *Chicago History of American Civilization Series*, 1956~ .

Commager, H. S. and Richard B. Morris, eds., *The New American Nation Series*, 1954~ .

Handlin, Oscar, ed., *The Library of American Biography*, 1954~ .

Hart, A. B., ed., *The American Nation: A History,* 28 vols., 1904~1918.

Johnson, A. and Allan Nevins, eds., *Chronicles of America*, 544 vols., 1919~1951.

Schlesinger, A. M. and Dixon R. Fox, eds., *A History of American Life*, 13 vols., 1929~1948.

Woodward, C. Vann, ed., *The Oxford History of the United States*, 1982~ .

4. 분야별 개설

(1) 정치

Brogan, Denis W., *Politics of America*, 2nd ed., 1960.

Foster, W. Z., *Outline of Political History of the Americans*, 1951.

Ginsberg, Benjamin, et al., *We the People: An Introduction to American Politics*, 4th ed., 2003.

Greene, Jack P., ed., *Encyclopedia of American Political History*, 3 vols., 1984.

Hofstadter, Richard, *The American Political Tradition and the Men Who Made It*, 1951.

(2) 외교

Bailey, T. A., *A Diplomatic History of the American People*, 7th ed., 1964.

Becker, William H. and Samuel F. Wells, Jr., eds., *Economics and World Power: An Assessment of American Diplomacy Since 1789*, 1986.

Bemis, Samuel F., *A Diplomatic History of the United States*, rev. ed., 1950.

DeConde, A., ed., *Encyclopedia of American Foreign Policy*, 1982.

Dennett, T., *Americans in Eastern Asia*, 1941.

Leopold, R. W., *The Growth of American Foreign Policy*, 1962.

Hogan, Michael J., et al., *Explaining the History of American Foreign Relations*, 1991.

(3) 경제

Clark, V. S., *History of Manufactures in the United States*, 3 vols., 1949.

David, H., et al., *Economic History of the United States*, 10 vols., 1945.

Faulkner, H. U., *American Economic History*, Comprehensive rev. ed., by Harry N. Scheiber and Harold G. Watter, 1981.

Hughes, Jonathan, et al., *American Economic History*, 6th ed., 2002.

Kirkland, E. C., *A History of American Economic Life*, rev. ed., 1951.

Porter, Glenn, ed., *Encyclopedia of American Economic History*, 1984.

Walton, Gary M., *History of the American Economy*, 9th ed., 2001.

Wright, E. W., *Economic History of the United States*, 1949.

(4) 노동

Buhle, P. and A. Dawley, eds., *Working for Democracy: American Workers from the Revolution to the Present*, 1985.

Commons, J. R., et al., eds., *History of Labor in the United States*, 4 vols., 1918~1935.

Davis, Mike, *Prisoners of the American Dream: Politics and Economy in the History of the U. S. Working Class*, 1986.

Foner, Philip S., *History of the Labor Movement in the United States*, 3 vols., 1947~1964.

Litwack, L., *The American Labor Movement*, 1962.

(5) 이민

Bodnar, John., *The Transplanted: A History of Immigrants in Urban America*, 1985.

Handlin, O., *The Uprooted*, 1951.

_____, *Race and Nationality in American Life*, 1957.

_____, *Immigration as a Factor in American History*, 1959.

Thernstrom, Stephen, ed., *Harvard Encyclopedia of American Ethnic Groups*, 1980.

(6) 흑인

Bergman, P. M., *The Chronological History of the Negro in America*, 1969.

Franklin, John Hope, et al., *From Slavery to Freedom*, 7th ed., 2000.

(7) 사상, 문화, 국민성

Boorstin, D. J., *The Genius of American Politics*, 1953.

Brogan, D. W., *The American Character*, rev. ed., 1950.

Cash, W. J., *Mind of the South*, 1941.

Commager, H. S., *The American Mind*, 1950.

Curti, Merle, *The Growth of American Thought*, 3rd ed., 1964.

Gabriel, R. H., *The Course of American Thought*, rev. ed., 1956.

Hartz, Louis, *The Liberal Tradition in America*, 1955.

Kammen, Michael, *People of Paradox*, 1970.

Laski, Harold, *American Democracy*, 1948.

Lerner, Max, *America as a Civilization*, 1957.

Nye, Russel B., *This Almost Chosen People*, 1966.

Parrington, Vernon L., *Main Currents in American Thought*, 3 vols., 1954.

Potter, D., *People of Plenty*, 1954.

Rossiter, Clinton, *Conservatism in America*, 1962.

Tocqueville, Alexis de, *Democracy in America*, 1969.

White, Morton, *Social Thought in America*, 3rd ed., 1961.

III 시대 및 주제별 연구서

1. 식민지시대

Andrews, C. M., *The Colonial Period of American History*, 4 vols., 1934~1938.

Bailyn, Bernard, *The New England Merchants in the Seventeenth Century*, 1955.

_____, *The Origins of American Politics*, 1968.

_____, *Voyagers to the West: A Passage in the Peopling of America on the Eve of the Revolution*, 1986.

Blackburn, Robin, *The Making of New World Slavery: From the Baroque to the Modern, 1492-1800,* 1997.

Boorstin, D. J., *The Americans: The Colonial Experience*, 1958.

Chaplin, Joyce E., *Subject Matter: Technology, the Body, and Science on the Anglo-American Frontier, 1500-1676,* 2001.

Countryman, Edward, *Americans: A Collision of Histories*, 1996.

Craven, W. F., *The Southern Colonies in the Seventeenth Century*, 1949.

Fagan, Brian M., *The Great Journey: The Peopling of Ancient America*, 1987.

Fischer, David Hackett, *Albion's Seed*, 1989.

Greene, Jack P., *Pursuit of Happiness: The Social Development of Early Modern British Colonies and the Formation of American Culture*, 1986.

Jones, H. M., *O Strange New World*, 1964.

Josephy, Alvin M., ed., *America in 1492: The World of the Indian Peoples Before the Arrival of Columbus*, 1993.

Miller, Perry, *New England Mind: From Colony to Province,* 1953.

_____, *Errand into the Wilderness*, 1956.

Morgan, Edmund S., *The Puritan Dilemma: The Story of John Winthrop*, 1958.

_____, *American Slavery, American Freedom*, 1975.

Nash, Gary B., Red, *White and Black: The Peoples of Early America*, 2nd ed., 1982.

Staloff, Darren, *The Making of an American Thinking Class: Intellectuals and Intelligentsia in Puritan Massachusetts*, 1998.

Taylor, Alan, *American Colonies*, 2001.

Tolles, F. B., *Meeting House and Counting House: The Quaker Merchants of Colonial Philadelphia*, 1948.

Ulrich, Laurel Thatcher, *Good Wives: Image and Reality in the Lives of Women in Northern New England, 1650-1750*, 1982.

Ver Steeg, C. L., *The Formative Years*, 1964.

Washburn, Wilcomb E., *The Indian in America*, 1975.

White, Richard, *The Middle Ground: Indians, Empires, and Republics in the Great Lakes Region, 1650-1815*, 1991.

2. 미국혁명

Anderson, Fred, *The Crucible of War: The Seven Years' War and the Fate of Empire in British North America, 1754-1766*, 2000.

Appleby, Joyce, *Capitalism and a New Social Order: The Republican Vision of the 1790s*, 1984.

_____, *Inheriting the Revolution: The First Generation of Americans*, 2000.

Bailyn, Bernard, *The Ideological Origins of the American Revolution*, 1967.

Butler, Jon, *Becoming America: The Revolution Before 1776*, 2000.

Countryman, Edward, *The American Revolution*, 1985.

Donoughue, B., *British Politics and the American Revolution: The Path to War, 1773-1775*, 1964.

Dull, Jonathan R., *A Diplomatic History of the American Revolution*, 1985.

Finkelman, Paul, *Slavery and the Founders: Race and Liberty in the Age of Jefferson*, 1996.

Greene, Jack P. and J. R. Pole, eds., *The Blackwell Encyclopedia of the American*

Revolution, 1991.

Jameson, J. F., *The American Revolution Considered as a Social Movement*, 1926.

Kammen, Michael G., *A Rope of Sand: Colonial Agents, British Politics, and the American Revolution*, 1968.

Labaree, B. W., *The Boston Tea Party*, 1964.

McCoy, Drew, *The Elusive Republic: Political Economy in Jeffersonian America*, 1980.

Maier, P., *The Old Revolutionaries: Political Lives in the Age of Samuel Adams*, 1980.

Main, Jackson T., *The Social Structure of Revolutionary America*, 1965.

Middlekauff, Robert, *The Glorious Cause: The American Revolution, 1763-1789*, 1982.

Morgan, E. S. and Helen M. Morgan, *The Stamp Act Crisis*, 1953.

_____, *The Challenge of the American Revolution*, 1976.

Morris, Richard B., *The American Revolution Reconsidered*, 1967.

Nash, G. B., *The Urban Crucible*, 1979.

Norton, Mary Beth, *Liberty's Daughters: The Revolutionary Experience of American Women, 1750-1800*, 1980.

Onuf, Peter S., *The Language of American Nationhood*, 2000.

Young, Alfred F., ed., *The American Revolution: Exploration in the History of American Revolution*, 1974.

_____, *The Shoemaker and the Tea Party: Memory and the American Revolution*, 1999.

Wood, Gordon, *The Radicalism of the American Revolution*, 1992.

3. 미국 헌법의 제정과 배경

Beard, Charles A., *An Economic Interpretation of the Constitution of the United States*, 1913.

Brown, Robert E., *Charles Beard and the Constitution*, 1956.

Ellis, Joseph J., *After the Revolution: Profiles of American Culture*, 1979.

Jensen, Merrill, *The Articles of Confederation*, 1940.

_____, *The Founding of a Nation*, 1950.

MacDonald, Forrest, *We the People: The Economic Origins of the Constitution*,

1958.

_____, *Novus Ordo Seclorum: The Intellectual Origins of the Constitution*, 1985.

Rakove, Jack, *Original Meanings: Politics and Ideas in the Making of the Constitution*, 1996.

Wood, G. S., *The Creation of the American Republic, 1776-1787*, 1969.

4. 19세기 전반의 미국
(1) 정치

Appleby, Joyce, *Capitalism and a New Social Order*, 1984.

Hofstadter, Richard, *The Idea of a Party System: The Rise of Legitimate Opposition in the United States, 1780-1840*, 1969.

McCoy, Drew R., *The Elusive Republic*, 1982.

Newmyer, R. Kent, *John Marshall and the Heroic Age of the Supreme Court*, 2002.

Pessen, Edward, *Riches, Class, and Power before the Civil War*, 1973.

Remini, Robert V., *Andrew Jackson and the Course of American Democracy*, 1984.

Schlesinger, Arthur M., Jr., *The Age of Jackson*, 1945.

Semsler, M., *The Democratic Republic, 1801-1815*, 1969.

Watson, Harry L., *Liberty and Power: The Politics of Jacksonian America*, 1990.

Wiebe, Robert H., *The Opening of American Society: From the Adoption of the Constitution to the Eve of Disunion*, 1984.

(2) 경제

Bodenhorn, Howard, *A History of Banking in Antebellum America: Financial Markets and Economic Development in the Era of Nation-Building*, 2000.

Brownlee, W. Elliot, *Dynamic of Ascent: A History of the American Economy*, 1979.

Cochran, T. C., *Frontiers of Change: Early Industrialism in America*, 1981.

Fishlow, A., *American Railroads and Growth of American Economy*, 1965.

Gates, Paul W., *The Farmers'Age: Agriculture, 1815-1860*, 1966.

Gray, I. C., *History of Agriculture in the Southern States to 1860*, 1933.

Jacobson, Metthew Frye, *Whiteness of a Different Color: European Immigrants and the Alchemy of Race*, 1999.

Kessler–Harris, Alice, *Out to Work: A History of Wage–Earning Women in the United States*, 1982.

Sellers, Charles G., *The Market Revolution: Jacksonian America, 1815–1846*, 1991.

Wilentz, Sean, *Chants Democratic*, 1984.

(3) 서부 개척

Billington, Ray A., *Westward to the Pacific*, 1979.

Curti, Merle, *The Making of an American Community*, 1959.

Dykstra, R. A., *The Cattle Towns*, 1968.

Limerick, Patricia, *The Legacy of Conquest*, 1987.

Smith, H. N., *Virgin Land*, 1950.

Turner, Frederick J., *The Frontier in American History*, 1920.

_____, *The Significance of Sections in American History*, 1932.

Wade, R. C., *The Urban Frontier*, 1959.

Webb, W. P., *The Great Frontier*, 1952.

(4) 대외정책

Bemis, S. F., *John Quincy Adams and the Foundation, of American Foreign Policy*, 1949.

DeConde, A., *Entangling Alliance*, 1958.

May, Ernest R., *The Making of the Monroe Doctrine*, 1975.

Merk, Frederick, *The Monroe Doctrine and American Expansionism, 1848–1849*, 1966.

Perkins, Dexter, *A History of the Monroe Doctine*, 1955.

(5) 사상과 문화

Boller, Paul, *American Transcentalism, 1780–1860*, 1974.

Boorstin, D., *The Americans: The National Experience*, 1965.

Cott, Nancy F., *The Bonds of Womanhood: "Woman's Sphere" in New England, 1780–1835*, 1977.

Davis, R. B., *Intellectual Life in Jefferson's Virginia*, 1964.

Dubois, Ellen C., *Feminism and Suffrage: The Emergence of an Independent Women's Movement in America, 1848–1869*, 1978.

Harris, N., *The Artist in American Society: Formative Years, 1790–1860*, 1966.

Marx, L., *The Machine in the Garden*, 1967.

Matthiessen, F. O., *American Renaissance*, 1941.

Nye, Russel B., *Society and Culture in America, 1830-1860*, 1974.

Taylor, W. R., *Cavalier and Yankee*, 1961.

5. 남북전쟁과 재건

(1) 노예제도

Blassingame, J. W., *The Slave Community*, 1972.

Davis, D. B., *The Problem of Slavery in Western Culture*, 1968.

Elkins, Stanley M., *Slavery: A Political Problem in American Intellectual Life*, 3rd ed., 1976.

Fogel, Robert W. and Stanley L. Engerman, *Time on the Cross: The Economics of Negro Slavery*, 2 vols., 1974.

Fox-Genovesse, Elizabeth, *Within the Plantation Household: Black and White Women of the Old South*, 1988.

Genovese, Eugene D., *The Political Economy of Slavery*, 1964.

_____, *Roll, Jordan, Roll: The World the Slaves Made*, 1974.

Jordan, Winthrop D., *White Over Black: American Attitude Toward the Negro, 1550-1812*, 1968.

Kolchin, Peter, *American Slavery, 1619-1877*, 1993.

Levine, Lawrence W., *Black Culture and Black Consciousness: Afro-American Folk Thought from Slavery to Freedom*, 1977.

Oakes, James, *The Ruling Race: A History of American Slaveholders*, 1982.

_____, *Slavery and Freedom*, 1990.

Phillips, U., *American Negro Slavery*, 1918.

Stampp, K., *The Peculiar Institution*, 1956.

Tannenbaum, F., *Slave and Citizen*, 1948.

Wade, R., *Slavery in the Cities*, 1964.

Wyatt-Brown, Bertram, *Southern Honor: Ethics and Behavior in the Old South*, 1982.

(2) 반노예제운동

Jeffrey, Julie Roy, *The Great Silent Army of Abolitionism: Ordinary Women in the Antislavery Movement*, 1988.

Kraditor, Aileen S., *Means and Ends in American Abolitionism: Garrison and His Critics on Strategy and Tactics, 1834-1850*, 1967.

Oates, Stephen B., *To Purge This Land With Blood: A Biography of John Brown*, 1970.

Quarles, Benjamin, ed., *Frederick Douglass*, 1968.

Stewart, James B., *Holy Warriors: The Black Abolitionists and American Slavery*, 1976.

Walters, Ronald G., *The Antislavery Appeal: American Abolitionism After 1830*, 1976.

(3) 남북전쟁

Catton, Bruce, *This Hallowed Ground*, 1956.

Coulter, E. M., *The Confederate States of America, 1861-1865*, 1950.

Craven, A., *An Historian and the Civil War*, 1964.

Current, R. N., *Lincoln and the First Shot*, 1963.

Donald, D., *Why the North Won the Civil War*, 1960.

Eaton, C., *A History of the Southern Confederacy*, 1954.

Foner, Eric, *Politics and Ideology in the Age of the Civil War*, 1980.

Foote, Shelby, *The Civil War: A Narrative*, 3 vols., 1958~1974.

McPherson, James M., *Battle Cry of Freedom: The Civil War Era*, 1988.

Nevins, Allan, *Ordeal of the Union*, 8 vols., 1947~1971.

Paluden, Philip Shaw, *"A People's Contest": The Union at War, 1861-1865*, 1988.

Pressley, T. J., *Americans Interpret Their Civil War*, 1954.

Randall, J. G. and D. Donald, *The Civil War and Reconstruction*, 1961.

Richards, Leonard L., *The Slave Power: The Free North and Southern Domination, 1780-1860*, 2000.

Quarles, Benjamin, *The Negro in the Civil War*, 1953.

Wiley, B. I., *Southern Negro, 1861-1865*, 1965.

Woodward, C. Vann, *The Burden of Southern History*, 1950.

(4) 재건

Ayers, Edward, *The Promise of the New South*, 1992.

Beal, H. K., *The Critical Year: A Study of Andrew Johnson and Reconstruction*, 1930.

Blight, David W., *Race and Reunion: The Civil War in American Memory*, 2001.

Broch, W. A., *An American Crisis*, 1963.

DuBois, W. E. B., *Black Reconstruction in America, 1860-1880*, 1935.

Dunning, W. A., *Reconstruction, Political and Economic, 1866–1877*, 1907.

Foner, Eric, *Reconstruction: America's Unfinished Revolution, 1862–1877*, 1988.

Gossett, T. F., *Race: The History of an Idea in America*, 1964.

McKitrick, E. L., *Andrew Johnson and Reconstruction*, 1960.

Rose, W. I., *Rehearsal for Reconstruction: The Port Royal Experiment*, 1964.

Stampp, K. M., *The Era of Reconstruction, 1865–1877*, 1965.

Stanley, Amy Dru, *From Bondage to Contract: Wage Labor, Marriage, and the Market in the Age of Slave Empancipation*, 1998.

Trelease, Allan W., *White Terror*, 1971.

Williamson, Joel, *The Crucible of Race*, 1984.

Woodward, C. Vann, *Reunion and Reaction*, 1951.

6. 19세기 후반의 미국

(1) 경제

Allen, F. L., *The Great Pierpont Morgan*, 1949.

Chandler, A. B., Jr., *Strategy and Structure*, 1969.

Cochran, T. C., *Railroad Leaders, 1845–1890: The Business Mind in America*, 1966.

Fine, S., *Laissez Faire and the Great Welfare State: A Study of Conflict in American Thought, 1865–1901*, 1964.

Fogel, R. W., *Railorads and Economic Growth: Essays in Economic History*, 1964.

Josephson, M., *The Robber Barons*, 1935.

Livesay, Harold, *Andrew Carnegie and the Rise of Big Business*, 1975.

Nevins, Allan, *Study in Power: John D. Rockefeller, industrialist and philanthropist*, 1940.

(2) 사회

Dary, David, *Cowboy Culture: A Sage of Five Centuries*, 1981.

Goodwyn, Lawrence, *The Populist Moment*, 1978.

Gutman, Herbert G., *Work, Culture, and Society in Industrializing America*, 1976.

Hahn, Steven, *The Roots of Southern Populism: Yeomen Farmers and the Transformation of the Georgia Upcountry, 1850–1890*, 1983.

Hicks, J. D., *The Populist Revolit*, 1931.

Higham, John, *Strangers in the Land*, 1955.

Hofstadter, Richard, *The Age of Reform*, 1955.

_____, *Social Darwinism in American Thought*, rev. ed., 1955.

Hounshell, David, *From the American System to Mass Production, 1800-1932*, 1984.

Keller, Morton, *Affairs of State: Public Life in Late Nineteenth-Century America*, 1977.

King, Desmond, *Making Americans: Immigration, Race, and the Origins of Diverse Democracy*, 2000.

Leach, William, *Land of Desire: Merchants, Power, and the Rise of a New American Culture*, 1993.

Lears, T. J. Jackson, *No Place of Grace: Antimodernism and the Transformation of American Culture, 1880-1920*, 1981.

McFarland, Gerald W., *Mugwumps, Morals, and Politics, 1884-1920*, 1975.

May, H. F., *The Protestant Church in Industrial America*, 1949.

Montgomery, David, *The Fall of the House of Labor: The Workplace, the State, and Ameican Labor Activism, 1865-1925*, 1987.

Noble, David F., *America by Design: Science, Technology, and the Rise of Corporate Capitalism*, 1977.

Painter, Nell Irvin, *Standing at Armageddon: The United States, 1877-1919*, 1987.

Salvatore, Nick, *Eugene V. Debs: Citizen and Socialist*, 1982.

Schlesinger, A. M., *Rise of the City*, 1933.

Sklar, Martin J., *The Corporate Reconstruction of American Capitalism, 1890-1916*, 1988.

Skocpol, Theda, *Protecting Soldiers and Mothers: The Political Origins of Social Policy in the United States*, 1992.

Stansell, Christine, *American Moderns: Bohemian New York and the Creation of a New Century*, 2001.

Woodward, C. Vann, *The Strange Career of Jim Crow*, 3rd ed., 1974.

Ziff, Larzer, *The American 1890's: Life and Times of a Lost Generation*, 1966.

Zunz, Olivier, *Making America Corporate, 1870-1920*, 1990.

_____, *Why the American Century?*, 1998.

7. 제국주의국가로의 발전

Beale, Howard K., *Theodore Roosevelt and America's Rise to World Power*, 1956.

Beisner, Robert L., *Twelve Against Empire: The Anti-Imperialist, 1898-1900*, 1968.

Horbaugh, W., *Power and Responsibility*, 1961.

Jacobson, Matthew Frye, *Barbarian Virtues: The United States Encounters Foreign Peoples at Home and Abroad, 1876-1917*, 2001.

Kennan, G., *The American Diplomacy, 1900-1950*, 1951.

LeFeber, Walter, *The New Empire: American Expansion*, 1963.

_____, *Inevitable Revolutions*, 1983.

McCormick, Thomas J., *China Market: America's Quest for Informal Empire, 1896-1901*, 1967.

May, Ernest R., *Imperial Democracy*, 1963.

_____, *World War and American Isolation, 1914-1917*, 1966.

Miller, Stuart C., *"Benevolent Assimilation": American Conquest of the Phillippines, 1898-1903*, 1982.

Miner, D., *Fight for the Panama Route*, 1940.

Neu, C., *Uncertain Friendship*, 1967.

Perkins, B., *The Great Rapprochement*, 1968.

Pletcher, David M., *The Diplomacy of Trade and Investment: American Economic Expansion in the Hemisphere, 1865-1900*, 1998.

Rosenberg, Emily S., *Spreading the American Dream: American Economic and Cultural Expansion, 1890-1945*, 1982.

Stephanson, Anders, *Manifest Destiny: American Expansionism and the Empire of Right*, 1995.

Young, M. B., *Rhetoric of Empire: American China Policy, 1895-1901*, 1968.

8. 혁신주의-정치, 사회, 문화

Blum, J. M., *The Republican Roosevelt*, 1954.

Cooper, John Milton, *The Pivotal Decades: The United States, 1900-1920*, 1990.

Dawley, Alan, *Struggles for Justice: Social Responsibility and the Liberal State*, 1991.

Haskell, Thomas L., *The Emergence of Professional Social Science*, 1977.

Hofstadter, Richard, *The Age of Reform: From Bryan to FDR*, 1955.

Horowitz, Morton J., *The Transformation of American Law, 1870-1960*, 1992.

Kolko, Gabriel, *The Triumph of Conservatism*, 1963.

Link, Arthur S., *Woodrow Wilson and the Progressive Era*, 1954.

_____, *Woodrow Wilson*, 5 vols., 1947~1965.

McCormick, Richard L., *Progressivism*, 1983.

Menand, Louis, *The Metaphysical Club: A Story of Ideas*, 2001.

Morris, Edmund, *Theodore Rex*, 2002.

Mowry, George E., *Theodore Roosevelt and the Progressive Movement*, 1946.

Opie, John, *Nature's Nation: An Environmental History of the United States*, 1998.

Rogers, Daniel T., *Atlantic Crossings: Social Politics in a Progressive Age*, 1998.

Starr, Paul, *The Social Transformation of American Medicine*, 1982.

Wiebe, Robert H., *The Search for Order*, 1967.

9. 제1차 세계대전부터 제2차 세계대전까지
(1) 제1차 세계대전

Birdsall, P. A., *Versailles, Twenty Years After*, 1941.

Buehrig, E. H., *Woodrow Wilson and the Balance of Power*, 1955.

Iriye, Akira, *The Cambridge History of American Foreign Relations: vol. 3, The Globalizing of America, 1913-1945*, 1993.

Keegan, John, *The First World War*, 1998.

Kennedy, David M., *Over Here: The First World War and American Society*, 1980.

Knock, Thomas, *To End All Wars: Woodrow Wilson and the Quest for a New World Order*, 1992.

Levin, N. G., Jr., *Woodrow Wilson and World Politics*, 1968.

Link, A. S., *Woodrow Wilson: Revolution, War, and Peace*, 1979.

May, A. J., *The Politics and Diplomacy of Peacemaking*, 1967.

May, E. R., *The World War and American Isolation*, 1959.

Murphy, Paul L., *World War I and the Origins of Civil Liberties*, 1979.

Osgood, R. E., *Ideals and Self-Interest in America's Foreign Relations*, 1953.

Schaffer, Ronald, *America in the Great War: The Rise of the War Welfare State*, 1991.

(2) 1920년대

Allen, Frederick Lewis, *Only Yesterday: An Informal History of the Nineteen-Twenties*, 1931.

Chauncey, George, *Gay New York: Gender, Urban Culture, and the Making of the Gay Male World, 1890-1940*, 1994.

Cott, Nancy, *The Grounding of American Feminism*, 1987.

DeBenedetti, Charles, *Origins of the Modern American Peace Movement, 1915-1929*, 1978.

Furniss, N. F., *The Fundamental Controversy, 1918-1931*, 1954.

Hicks, J. D., *Republican Ascendancy, 1921-1933*, 1954.

Leuchtenburg, W. E., *The Perils of Prosperity, 1914-1932*, 1958.

Marsden, George, *Fundamentalism and American Culture*, 1980.

Parish, Michael, *Anxious Decades: America in Prosperity and Depression, 1920-1941*, 1992.

Sinclair, A., *Prohibition: The Era of Ecess*, 1962.

Soule, G., *Prosperity Decade: From War to Depression, 1917-1929*, 1947.

(3) 공황과 뉴딜

Badger, Anthony, *The New Deal: The Depression Years*, 1989.

Bernstein, I., *The Lean Years*, 1960.

Brinkley, Allan, *The End of Reform: New Deal Liberalism in Recession and War*, 1995.

Burns, J. M., *Roosevelt: The Lion and the Fox*, 1965.

Denning, Michael, *The Cultural Front: The Laboring of American Culture in the Twentieth Century*, 1997.

Freidel, Frank, *Franklin D. Roosevelt*, 4 vols., 1952~1973.

Galbraith, J. K., *The Great Crash*, 1955.

Gordon, Colin, *New Deals: Business, Labor, and Politics in America, 1920-1935*, 1994.

Hawley, E., *The New Deal and the Problem of Monopoly*, 1966.

Kellerm Morton, *Regulating a New Economy: Public Policy and Economic Change in America, 1900-1933*, 1990.

_____, *Regulating a New Society: Public Policy and Social Change in America, 1900-1933*, 1994.

Kennedy, David, *Freedom from Fear: The American People in Depression and War, 1929-1945*, 1999.

Kindleberger, C. P., *The World in Depression*, rev. ed., 1986.

Klehr, Harvey, *The Heyday of American Communism*, 1984.

Leuchtenburg, William E., *Franklin D. Roosevelt and the New Deal*, 1963.

Moley, R., *After Seven Years*, 1939.

Nash, George, *The Life of Herbert Hoover*, 1983.

Pells, Richard, *Radical Visions and American Dreams: Culture and Social Thought in the Depression Years*, 1973.

Schlesinger, Arthur M., Jr., *The Age of Roosevelt*, 3 vols., 1957~1960.

Tugwell, R. G., *The Democratic Roosevelt*, 1957.

White, G. Edward, *The Constitution and the New Deal*, 2000.

(4) 제2차 세계대전

Alperovitz, Gar, *The Decision to Use the Atomic Bomb and the Architecture of an American Myth*, 1995.

Blum, John Morton, *V Was for Victory: Politics and American Culture During World War II*, 1976.

Burns, James MacGregor, *Roosevelt: The Soldier of Freedom*, 1970.

Dalleck, R., *Franklin D. Roosevelt and American Foreign Policy, 1932-1945*, 1979.

Feis, Herbert, *The Atomic Bomb and the End of World War II*, 1966.

Goodwin, David Kearns, *No Ordinary Time: Frankilin and Eleanor Roosevelt: The Home Front in World War II*, 1994.

Hartmann, Susan, *The Homefront and Beyond: American Women in the 1940s*, 1982.

Iriye, Akira, *The Origins of the Second World War in Asia and the Pacific*, 1988.

Kennedy, David, *Freedom from Fears: The American People in Depression and War, 1929-1945*, 1999.

Kimball, Warren F., *The Juggler: Franklin Roosevelt as Wartime Statesman*, 1991.

Langer, W. L. and S. E. Gleason, *The Challenge to Isolation: 1937-1940*, 1952.

_____, *The Undeclared War: 1940-1941*, 1953.

Morison, Elting E., *Turmoil and Tradition: Henry L. Stimson*, 1960.

Prange, Gordon W., *At Dawn We Slept: The Untold Story of Pearl Harbor*, 1981.

Pratt, J. W., *Cordell Hull*, 1964.

Pusey, M. J., *Charles Evans Hughes*, 1951.

Rosenberg, Emily, *Spreading the American Dream: American Economic and Cultural Expansion, 1890-1945*, 1982.

Smith, G., *American Diplomacy during the Second World War, 1941-1945*, 2nd ed., 1985.

Vatter, H. G., *The U.S. Economy in World War II*, 1985.

10. 냉전시대의 미국

(1) 대외관계

Ambrose, Stephen, *Rise to Globalism: American Foreign Policy, 1938-1980*, 1981.

Berman, Larry, *No Peace, No Honor: Nixon, Kissinger, and Betrayal in Vietnam*, 2001.

Brown, S., *The Faces of Power: Constancy and Change in United States Foreign Policy from Truman to Johnson*, 1968.

Cumings, Bruce, *The Origins of the Cold War*, 1980.

Diggins, John P., *The Proud Decades: America in War and Peace, 1941-1960*, 1989.

Feis, Herbert, *From Trust to Terror: The Onset of the Cold War, 1945-1950*, 1970.

Gaddis, John Lewis, *The United States and the Origins of the Cold War, 1945-1947*, 1972.

_____, *Strategies of Containment*, 1982.

Harrison, James P., *America's Longest War: The U.S. and Vietnam, 1950-1975*, 1979.

Kaiser, David, *American Tragedy: Kennedy, Johnson, and the Origins of Vietnam*, 2000.

Karnow, Stanley, *Vietnam: A History*, 1983.

Kolko, G., *The Limits of Power: The World and United States Foreign Policy, 1945-1954*, 1972.

LaFeber, W., *America, Russia, and the Cold War, 1945-1966*, 7th ed., 1992.

Leffler, Melvyn P., *A Preponderance of Power: National Security, the Truman Administration, and the Cold War*, 1992.

McCormick, T. J., *America's Half Century: U.S. Foreign Policy in the Cold War*, 1989.

McCullough, David, *Truman*, 1992.

MacDonald, Callum A., *Korea: The War Before Vietnam*, 1987.

Neumann, W. L., *After Victory: Churchill, Roosevelt, Stalin and the Making of Peace*, 1967.

Schulzinger, Robert D., *A Time for War: The United States and Vietnam, 1945-1975*, 1997.

Young, Marilyn, *The Vietnam Wars, 1945-1990*, 1991.

Williams, William A., *The Tragedy of American Diplomacy*, rev. ed., 1962.

(2) 정치, 경제, 사회, 문화

Allyn, David, *Make Love Not War: The Sexual Revolution: An Unfettered History*, 2000.

Averrit, R., *The Dual Economy*, 1968.

Bloom, Alan, *The Closing of the American Mind*, 1987.

Blum, John Morton, *Years of Discord: American Politics and Society, 1961-1974*, 1991.

Boyer, Paul, *By the Bomb's Early Light: American Thought and Culture at the Dawn of the Atomic Age*, 1985.

Branch, Taylor, *Parting in Waters: America in the King Years, 1959-1963*, 1988.

_____, *Pillar of Fire: America in the King Years, 1963-1965*, 1998.

Bruchey, S., *The Roots of American Economic Growth*, 1965.

Carter, Jimmy, *Keeping Faith: The Memoirs of a President*, 1982.

Clark, K., *Dark Ghetto*, 1967.

Dudziak, Mary L., *Cold War Civil Rights: Race and the Image of American Democracy*, 2000.

Ford, Gerald, *A Time to Heal: The Autobiography*, 1979.

Galbraith, J. K., *The New Industrial State*, 1967.

Gerstle, Gary, *American Crucible*, 2000.

Gitlin, Todd, *The Sixties*, 1988.

Halberstam, David, *The Best and the Brightest*, 1972.

Harrington, M., *The Other America*, 1963.

Jackson, Kenneth T., *The Crabgrass Frontier: The Suburbanization of the United States*, 1985.

Johnson, Lyndon B., *The Vantage Point: Perspectives on the Presidency, 1963-*

1969, 1971.

Karmet, Herbert, *JFK: The Presidency of John Fitzgerald Kennedy*, 1985.

Kearns, Doris, *Lyndon Johnson and the American Dream*, 1976.

Keniston, K., *Young Radicals*, 1968.

Kluger, Richard, *Simple Justice*, 1975.

Kutler, Stanley I., *The Wars of Watergate*, 1990.

Luker, Kristin, *Abortion and the Politics of Motherhood*, 1984.

McLuhan, M., *Understanding Media*, 1964.

Matusow, Allen J., *The Unraveling of America: A History of Liberalism in the 1960s*, 1984.

May, Elaine Tyler, *Homeward Bound: American Families in the Cold War*, 1988.

Miller, James, *"Democracy in the Streets": From Port Huron to the Siege of Chicago*, 1987.

Myrdal, Gunnar, *An American Dilemma*, 1944.

Nash, G. H., *The Conservative Intellectual Movement in America Since 1945*, 1976.

Patterson, James T., *Grand Expectations: the United States, 1945-1974*, 1996.

Pells, Richard, *The Liberal Mind in a Conservative Age: American Intellectuals in the 1940s and 1950s*, 1985.

Riesman, D., *The Lonely Crowd*, 1950.

Saunders, Frances Stonor, *The Cultural Cold War*, 2000.

Schrecker, Ellen, *Many Are the Crimes: McCarthyism in America*, 1998.

Weisbrot, Robert, *Freedom Bound: A History of America's Civil Rights Movement*, 1990.

Williams, Juan, *Eyes on the Prize: America's Civil Rights Years, 1954-1965*, 1987.

Wills, Garry, *Reagan's America: Innocents at Home*, 1987.

Woodward, Robert and Carl Bernstein, *All the Presidents' Men*, 1974.

11. 냉전 이후와 세계화시대

(1) 대외관계

Crothers, Tholmas, *In the Name of Democracy: U.S. Foreign Policy toward Latin America in the Reagan Years*, 1991.

Fitzgerald, Frances, *Way Out There in the Blue: Reagan, Star Wars, and the End of the Cold War*, 2000.

Gaddis, John Lewis, *The United States and the End of the Cold War*, 1992.

_____, *We Now Know: Rethinking Cold War History*, 1997.

Halberstam, David, *War in a Time of Peace: Bush, Clinton, and the Generals*, 2001.

Smith, Gaddis, *Morality, Reason, and Power*, 1986.

(2) 정치, 경제, 사회, 문화

Bernstein, Michael A. and David E. Adler, *Understanding American Economic Decline*, 1994.

Dionne, E. J., *Why Americans Hate Politics*, 1991.

Edsall, Mary D., *Chain Reaction: The Impact of Race, Rights, and Taxes on American Politics*, 1991.

Himmelstein, Jerome L., *To the Right: The Transformation of American Conservatism*, 1990.

Hodgson, Gedfrey, *The World Turned Upside Down: A History of the Conservative Ascendancy in America*, 1996.

Hollinger, David, *Postethnic America: Beyond Multiculturalism*, 1995.

Johnson, Haynes, *The Best of Times: America in the Clinton Years*, 2001.

Katz, Michael, *The Undeserving Poor: From the War on Poverty to the War on Welfare*, 1989.

Schulman, Bruce J., *The Seventies: The Great Shift in American Culture, Society, and Politics*, 2001.

IV 미국사학

1. 사학사

Cunliffe, Marcus and Robin W. Winks, eds., *Pastmasters: Essays on American Historians*, 1967.

Gatell, Frank O. and Allen Weinstein, eds., *American Themes: Essays in Historiography*, 1968.

Higham, J., *History: Professional Scholarship in America*, 1965.

Hofstadter, Richard, *The Progressive Historians: Turner, Beard, Parrington*, 1968.

Hutchinson, W. T., ed., *Marcus W. Jernegan: Essays in American Historiography*,

1937.

Kraus, M., *A History of Historical Writings in American History*, 1937.

Novick, Peter, *That Nobel Dream*, 1988.

Sanders, Jennings B., *Historical Interpretations and American Historiography*, 1966.

Strout, Cushing, *Pragmatic Revolt in American History: Carl Becker and Charles Beard*, 1958.

Unger, Irwin, "The 'New Left'and American History: Recent Trends in Historiography," *American Historical Review*, 72, 1967.

Wiener, Jonathan M., "Radical Historians and the Crisis in American History, 1959-1980," *Journal of American History*, 76, 1989.

Wilson, Clyde N., ed., *American Historians, 1607-1865(Dictionary of Literary Biography*, 30 vol.), 1984.

_____, *American Historians, 1866-1912(Dictionary of Literary Biography*, 47 Vol.), 1986.

_____, *Twentieth-Century American Historians(Dictionary of Literary Biography*, 17 Vol.), 1983.

2. 주요 사학잡지

Agricultural History, 1927~ .

American Historical Review, 1895~ .

American Political Science Review, 1906~ .

American Quarterly, 1949~ .

Business History Review, 1954~ .

Church History, 1932~ .

Civil War History, 1955~ .

Diplomatic History, 1977~ .

Historians, 1938~ .

History and Theory, 1962~ .

Journal of American History, 1965~ .

　(*The Mississippi Valley Historical Review*(1914~1964)의 후속지).

Journal of Economic History, 1941~ .

Journal of Southern History, 1934~ .

Labor History, 1960~ .

New England Quarterly, 1928~ .

Pacific Historical Review, 1932~ .

Political Science Quarterly, 1886~ .

Radical History Review, 1974~ .

Reviews in American History, 1973~ .

William and Mary Quarterly, 1892~ .

부록

Ⅰ 미국 독립선언서 (1776.7.4.)

해설 1775년 4월 19일 보스턴 근교의 렉싱턴, 콩코드에서 매사추세츠 식민지의 민병대와 영국 정규군의 무력충돌 이후 식민지와 본국의 관계는 화해할 수 없는 국면에 들어갔다. 이에 1776년 6월 7일 버지니아 식민지의 대표인 리처드 헨리 리는 대륙회의에서 독립을 선언할 것을 동의했다. 6월 10일 독립선언을 준비할 5인위원회가 조직되었고, 위원회는 위원의 한 사람인 토머스 제퍼슨에게 선언서의 기초를 위임했다. 6월 28일 위원회는 제퍼슨의 초안을 심의·확정했다. 그러자 7월 2일 대륙회의는 독립선언을 결의하고 7월 4일 독립선언서를 채택했다.

인류의 역사에서 한 국민이 다른 한 국민과의 정치적 결합을 해체하고 세계의 여러 나라 사이에서 자연법과 자연의 신의 법이 부여한 독립, 평등의 지위를 차지하는 것이 필요하게 되었을 때, 우리는 인류의 신념에 대해 엄정하게 고려해보면서 독립을 요청하는 여러 원인을 선언할 수밖에 없다.

우리는 모든 사람은 평등하게 태어났고 조물주로부터 몇 개의 양도할 수 없는 권리를 부여받았으며, 그 권리 중에는 생명과 자유와 행복의 추구가 있다는 것을 명백한 진리로 주장하는 바이다. 이 권리를 확보하기 위해 인류는 정부를 조직했고, 정부의 정당한 권력은 인민의 동의로부터 나오는 것이다. 또 어떠한 형태의 정부이든 간에 이러한 목적을 파괴할 때에는 언제든지 그 정부를 개혁 또는 폐지하여 인민의 안전과 행복을 가장 효과적으로 가져올 수 있는, 그러한 원칙에 기초를 두고 그러한 형태로 기구를 갖춘 새로운 정부를 조직하는 것은 인민의 권리인 것이다. 깊이 생각해보면 오랜 역사를 가진 정부를 천박하고도 일시적인 원인으로 교체해서는 안 된다는 것, 인간에게는 이미 관습화된 형식을 폐지하면서 악폐를 시정하기보다는 오히려 그 악폐를 참을 수 있는 데가지 참는 경향이 있다는 것을 알 수 있다. 그러나 오랫 동안에 걸친 학대와 착취가 변함없이 동일한 목적을 추구하고 인민을 절대 전제정치 밑에 예속시키려는 계획을 분명히 했을 때에는, 이와 같은 정부를 타도하고 미래의 안전을 위해서 새로운 보호자를 마련하는 것은 그들의 권리이며 또한 의무인 것이다. 이러한 것들이 지금까지 식민지가 견디어온 고통이었고, 바로 이것 때문에 종래의 정부를 개혁해야 하는 것이다. 대영제국의 현재 국왕의 역사는 악행과 착취를 되풀이한 역사이며, 그 목적은 직접 이 땅에 절대 전제정치를 세우려는 데 있었다. 이것을 입증하기 위해 다음의 사실을 공정하게 사리를 판단하는 세계에 밝히는 바이다.

국왕은 공익을 위해 대단히 유익하고 필요한 법률을 허가하지 않았다. 국왕은 긴급이 요구되는 중요한 법률이라 하더라도 그가 동의하지 않으면 시행해서는 안 된다고 식민지 총독에게 명령했다. 이렇게 하여 시행되지 않은 법률을 국왕은 다시는 고려하지 않았다.

국왕은 인민에게는 더할 나위 없는 권리이며, 오직 전제군주에게만 두려운 권리인 입법부에서의 대의권을 포기하지 않는다면 광대한 선거구를 조정하는 법률을 허가할 수 없다고 했다.

국왕은 우리를 괴롭혀 결국은 그의 정책에 복종시키기 위해 입법기관의 양원을 공문서 보관소로부터 멀리 떨어진 불편한 장소에서 동시에 소집했다.

국왕은 인민의 권리를 침해한 데 대해 민의원이 단호하게 반발하자 몇 번이고 민의원을 해산했다. 국왕은 민의원을 이렇게 해산한 뒤 오랫동안 대의원의 선출을 허가하지 않았다. 그러나 입법권은 완전히 폐지할 수는 없으므로 결국 인민에게 돌아와 다시 행사하게 되었지만, 그동안에 식민지는 나라 안팎에서 온갖 위험에 당면할 수밖에 없었다.

국왕은 식민지의 인구를 억제하는 데에도 힘을 썼다. 이를 위해 외국인 귀화법에 반대했고, 외국인의 이주를 장려하는 법률도 허가하지 않았으며,

토지를 새로이 취득하는 데에도 여러 가지 조건을 붙여 까다롭게 했다.

국왕은 사법권을 수립하는 데 관한 법률을 허가하지 않음으로써 사법행정에도 반대했다. 국왕은 판사의 임기, 봉급의 액수와 지불에 관해서도 오로지 국왕 자신의 의사에만 따르도록 했다.

국왕은 우리 인민을 괴롭히고 인민의 재산을 축내기 위해 수많은 새로운 관직을 만들고, 수많은 관리를 식민지에 보냈다.

국왕은 평화 시에도 우리의 입법기관의 동의 없이 상비군을 주둔시켰다.

국왕은 군부를 인민의 통제로부터 독립시켜 우위에 놓으려고 했다.

국왕은 다른 기관과 결탁하여 우리의 헌정이 인정하지 않고 우리의 법률이 승인하지 않는 사법권에 예속시키려 했고, 식민지에 대해 입법권을 주장하는 영국의회의 여러 법률을 허가했다.

즉 대규모의 군대를 우리 사이에 주둔시키고, 군대가 우리 주민을 살해해도 기만적 재판을 해서 이들을 처벌받지 않도록 하고, 우리와 전 세계와의 무역을 차단하고, 우리의 동의 없이 세금을 부과하고, 수많은 사건에서 배심재판을 받는 혜택을 박탈하고, 저지르지도 않은 범죄를 재판하기 위해 우리를 본국으로 소환하고, 우리와 인접한 식민지에서 영국의 자유로운 법률 제도를 철폐하고, 전제적 정부를 수립하여, 다시 그 영역을 넓혀 이 정부를 모범으로 삼아 이 식민지에도 동일한 절대적 통치를 도입하는 적절한 수단으로 하고, 우리의 특허장을 박탈하고, 우리의 귀중한 법률을 철폐하고, 우리의 정부 형태를 변경하고, 우리의 입법기관의 기능을 정지하고, 어떠한 경우든 우리를 대신하여 법률을 제정할 수 있는 권한이 있다고 선언하는, 이러한 법률을 허가한 것이다.

국왕은 우리를 그의 보호 밖에 둔다고 선언하고, 우리에게 전쟁을 벌임으로써 식민지에 대한 통치를 포기했다.

국왕은 우리의 바다에서 약탈을 자행하고, 우리의 해안을 습격하고, 우리의 도시를 불사르고, 우리 주민의 생명을 빼앗았다.

국왕은 가장 야만적인 시대에도 그 유례가 없고 문명국의 원수로는 도저히 어울리지 않는 잔학과 배신의 상황을 만들고, 이와 더불어 이미 착수한 죽음과 황폐와 포학의 과업을 완수하기 위해 이 시간에도 외국 용병의 대부대를 수송하고 있다.

국왕은 해상에서 포로가 된 우리의 동포 시민들에게 그들이 사는 식민지에 대해 무기를 들거나, 우리의 벗과 형제자매의 사형을 집행하거나, 그렇지 않으면 그들의 손에 죽기를 강요했다.

국왕은 우리 사이에 내란을 선동했고, 변경의 주민에 대해서는 연령, 성별, 신분 여하를 막론하고 무차별 살해하는 것을 전쟁의 규칙으로 하는, 무자비한 인디언과 손을 잡으려고 했다.

이러한 탄압을 받을 때마다 우리는 겸손한 언사로 시정을 탄원했다. 그러나 우리의 이러한 진정에 대해 돌아온 것은 여러 차례의 박해에 지나지 않았다. 이와 같이 모든 행동에서 그 성격이 폭군이라는 정의를 내리지 않을 수 없는 국왕은 자유로운 인민의 통치자로는 적합하지 않은 것이다.

우리는 또한 영국의 형제자매들에게 주의를 환기시키는 데도 최선을 다했다. 우리는 영국의회가 우리를 억압하기 위해 부당한 사법권을 넓히려고 하는 데 대해서도 수시로 경고했다. 우리는 우리가 아메리카로 이주해서 식민개척을 하게 된 제반사정을 다시 한 번 상기시켰다. 우리는 그들의 타고난 정의감과 아량에도 호소했다. 그리고 그들과 피를 같이 나눈 것에 호소하여 우리와의 연결과 결합을 결국에는 단절하는 것이 불가피한 이러한 탄압을 거부해줄 것을 탄원하기도 했다. 그러나 이들 역시 정의와 혈연의 소리에 귀를 기울이지 않았다. 그러므로 우리는 우리가 영국으로부터 독립해야 하는 까닭을 고발할 필요성을 묵묵히 받아들이면서, 세계의 다른 국민과 마찬가지로 영국인에 대해서도 전시에는 적으로, 평화 시에는 친구로 대할 수밖에 없다는 것을 주장하는 바이다.

이에 연합한 아메리카의 모든 주의 대표들은 전체회의에 모여서 우리의 공정한 의도를 세계의 최고 심판에 호소하는 바이며, 이 식민지의 선량한 인민의 이름과 권능으로 엄숙히 발표하고 선언하는 바이다. 이 연합한 모든 식민지는 자유롭고 독립된 국가들이며, 또 마땅히 그러한 국가들이어야 할 권리를 갖고 있다. 이 국가는 영국의 왕권에 대한 모든 충성의무를 벗으며, 대영제국과의 모든 정치적 관계는 완전히 해소되고 또 해소되어야 한다. 따라서 이 국가는 자유롭고 독립된 국가로서 전쟁을 개시하고 평화를 체결하고 동맹관계를 협정하고 통상관계를 수립하여, 독립 국가가 당연히 해야 할 모든 행동과 사무를 할 수 있는 완전한 권리를 갖는다. 우리는 이에 우리의 생명과 재산과 신성한 명예를 걸고 신의 가호를 굳게 믿으면서 이 선언을 지지할 것을 서로 굳게 맹세하는 바이다.

II 미국 헌법(연방헌법, 1787)

해설 영국에 반기를 든 북아메리카의 13개 식민지는 1776년 독립을 선언하면서 그들의 결속을 위하여 연합헌장을 제정하고 이 헌장에 의거하여 연합회의라는 중앙정부를 수립하였다. 그러나 이 중앙정부는 독립 이후에 일어난 새로운 사태에 대응하는 데 어려움이 많았으므로 새로운 헌법의 제정을 요구하는 소리가 높았다. 그 결과 1787년 5월 25일부터 9월 17일에 걸쳐 필라델피아에서 55명의 대표가 모여 제헌회의를 열고 현재의 연방헌법을 제정했다. 이 헌법은 연합회의를 거쳐 각 '나라'에 회부되었고 각 '나라'는 따로 회의를 소집하여 비준 여부를 심의하였다. 헌법 제7조에는 13개 '나라' 중 3분의 2에 해당하는 9개 '나라'가 비준하면 그 '나라(헌법 비준 뒤부터는 '주'로 표시)' 사이에서 헌법으로 효력을 갖는다고 규정하였다. 12월 7일 델라웨어로부터 시작한 헌법의 비준은 1788년 6월 21일 뉴햄프셔가 9번째 주로 헌법을 비준하자, 이 시점에서 미국(연방)헌법은 9개 주 사이의 헌법으로 효력을 갖게 되었다. 그 뒤 버지니아와 뉴욕이 헌법을 비준하고 1789년 4월 초대 대통령 조지 워싱턴의 정부가 발족한 뒤 노스캐롤라이나가 헌법을 비준하고 마지막으로 1790년 5월 29일 로드아일랜드가 헌법을 승인함으로써 미국 헌법은 명실공히 13주의 헌법으로 성립하게 되었다.

미국 헌법의 원문에는 조條, article와 절節, section의 표시는 있으나 절 안에 항목項目의 표시는 없다. 그러므로 항목의 표시는 편의상 표시한 것이며 또 조의 표제도 편의상 붙인 것이다.

서문

우리 연합한 '나라'의 국민은 더욱 완전한 연방을 형성하고 정의를 확립하고 국내의 안녕을 보장하고 공동의 방위를 도모하고 국민의 복지를 증진하고 우리와 우리의 후손에게 자유와 축복을 확보할 목적으로 미국the United States of America을 위하여 이 헌법을 제정한다.

제1조(입법부)

제1절

이 헌법에 의하여 부여되는 모든 입법권은 미국 연방의회에 속하며, 연방의회는 상원과 하원으로 구성한다.

제2절

(1항) 하원은 각 주의 주민이 2년마다 선출하는 의원으로 구성하며, 각 주의 선거인은 주 입법부 중 다수의 의원을 가진 원의 선거인에게 요구되는 자격을 구비해야 한다.

(2항) 누구든지 연령이 만 25세에 미달한 자, 미국 시민으로서의 기간이 7년이 못 되는 자, 그리고 선거 당시에 선출되는 주의 주민이 아닌 자는 하원의원이 될 수 없다.

(3항) 하원의원의 수와 직접세는 연방에 가입한 각 주의 인구수에 비례하여 각 주에 배정한다. 각 주의 인구수는 연기계약노동자를 포함한 자유인의 총수에, 과세되지 아니하는 인디언을 제외하고, 그 밖의 인구(흑인노예—역주) 총수의 5분의 3을 가산하여 결정한다. 인구수의 산정은 제1차 연방의회를 개최한 후 3년 이

내에 행하며, 그 후는 10년마다 법률이 정하는 바에 따라 행한다. 하원의원의 수는 인구 3만 명당 1인의 비율을 초과하지 못한다. 다만 각 주는 적어도 1인의 하원의원을 가져야 한다. 위의 인구수의 산정이 있을 때까지 뉴햄프셔 주는 3인, 매사추세츠주는 8인, 로드아일랜드 주와 프로비던스 식민지는 1인, 코네티컷주는 5인, 뉴욕주는 6인, 뉴저지주는 4인, 펜실베이니아주는 8인, 델라웨어주는 1인, 메릴랜드주는 6인, 버지니아주는 10인, 노스캐롤라이나주는 5인, 사우스캐롤라이나주는 5인, 그리고 조지아주는 3인의 의원을 각각 선출할 수 있다.

(4항) 어떤 주에서든 그 주에서 선출하는 하원의원에 결원이 생긴 경우에는 그 주의 행정부가 결원을 채우기 위한 보궐선거의 명령을 내려야 한다.

(5항) 하원은 그 의장과 그 밖의 임원을 선출하며 탄핵의 전권을 가진다.

제3절

(1항) 상원은 각 주의 주의회에서 2인씩 선출한 6년 임기의 상원의원으로 구성되며 각 상원의원은 1표의 투표권을 가진다.

(2항) 최초의 선거 결과 소집된 때에는 즉시 상원은 의원 총수를 동수의 3개 부류로 나누어야 한다. 제1부류 의원의 임기는 2년, 제2부류 의원의 임기는 4년, 제3부류 의원의 임기는 6년으로 하고 그 의석을 비워야 한다. 이렇게 하여 상원의원 총수의 3분의 1이 2년마다 개선할 수 있게 한다. 어떤 주에서든 주 입법부의 개회 중 사직 또는 그 밖의 원인으로 결원이 생긴 경우에는 그 주의 행정부는 주의회의 다음 회기에서 결원을 선출할 때까지 임시로 의원을 임명할 수 있다.

(3항) 누구든지 연령이 30세에 미달하거나 미국 시민으로서 9년이 경과되지 아니하거나 또는 선거 당시 선출되는 주의 주민이 아닌 자는 상원의원이 될 수 없다.

(4항) 미국의 부통령은 상원의 의장이 된다. 다만 표결에서 가부 동수일 경우를 제외하고는 투표권이 없다.

(5항) 상원은 의장 이외의 임원들을 선출하며, 부통령이 결원일 경우나 부통령이 대통령의 직무를 대행하는 때에는 임시 의장을 선출한다.

(6항) 상원은 모든 탄핵을 심판하는 전권을 가진다. 이 목적을 위하여 상원이 개회될 때, 의원들은 선서 또는 확약을 해야 한다. 미국 대통령을 심판할 경우에는 연방대법원장을 의장으로 한다. 누구라도 출석의원 3분의 2 이상의 찬성 없이는 유죄판결을 받지 아니한다.

(7항) 탄핵심판에서의 판결은 면직이나 명예·위임 또는 보수를 수반하는 미국의 공직에 취임·재직하는 자격을 박탈하는 것 이상이 될 수 없다. 다만 이같이 유죄판결을 받은 자일지라도 법률이 정하는 바에 따라 기소·심판·판결 및 처벌을 면할 수 없다.

제4절

(1항) 상원의원과 하원의원을 선거할 시기, 장소, 방법은 각 주에서 그 주 입법부가 정한다. 그러나 연방의회는 언제든지 법률에 의하여 선거에 관한 규칙을 제정 또는 변경할 수 있다. 다만 상원의원의 선거 장소에 관해서는 예외로 한다.

(2항) 연방의회는 매년 적어도 1회 집회해야 한다. 그 집회의 시기는 법률에 의하여 다른 일자를 지정하지 아니하면 12월 첫 번째 월요일

로 한다.

제5절

(1항) 각 원은 그 소속의원의 선거·당선·자격을 판정한다. 각 원은 소속의원의 과반수가 출석함으로써 의사를 개시할 수 있고, 정족수에 미달하는 경우에는 출석한 소수의 의원이 연일 휴회할 수 있으며, 각 원에서 정하는 방법과 벌칙에 따라 결석의원의 출석을 강요할 수 있다.

(2항) 각 원은 의사규칙을 정하며, 원내의 질서를 문란케한 의원을 징계하며, 의원의 3분의 2 이상의 찬성을 얻어 의원을 제명할 수 있다.

(3항) 각 원은 의사록을 작성하고, 각 원에서 비밀을 요한다고 인정되는 부분을 제외하고는 이것을 수시로 공표해야 한다. 각 원은 출석의원의 5분의 1 이상이 요구할 경우에는 어떠한 의제에 대해서도 소속의원의 찬반투표를 의사록에 기재해야 한다.

(4항) 연방의회의 회기 중에는 어느 원도 다른 원의 동의 없이 3일 이상 휴회하거나, 회의장을 양원이 개최한 장소 이외의 장소로 이전할 수 없다.

제6절

(1항) 상원의원과 하원의원은 그 직무에 대하여 법률이 정하고 미국 국고로부터 지급되는 보수를 받는다. 양원의 의원은 반역죄, 중죄, 치안방해죄를 제외하고 어떠한 경우에도 그 원의 회의 출석 중에 그리고 의사당까지의 왕복 도중에 체포되지 아니하는 특권이 있다. 양원의 의원은 원내에서 행한 발언이나 토론에 관하여 원외에서 문책받지 아니한다.

(2항) 상원의원 또는 하원의원은 재임 중 신설되거나 봉급이 인상된 어떠한 연방 공직에도 임명될 수 없다. 연방 공직에 있는 자는 누구든지 재직 중 양원 중의 어느 한 원의 의원이 될 수 없다.

제7절

(1항) 세입 징수에 관한 모든 법률안은 먼저 하원에서 제안되어야 한다. 다만 상원은 다른 법률안과 마찬가지로 이에 대해 수정안을 발의하거나 수정을 가하여 동의할 수 있다.

(2항) 하원과 상원을 통과한 모든 법률안은 법률로 확정되기에 앞서 대통령에게 이송되어야 한다. 대통령이 이를 승인하는 경우에는 이에 서명하며, 승인하지 아니하는 경우에는 이의서를 첨부하여 이 법률안을 발의한 원으로 환부해야 한다. 법률안을 환부받은 원은 이의의 대략을 의사록에 기록한 후 이를 다시 심의해야 한다. 다시 심의한 결과, 그 원의 의원의 3분의 2 이상의 찬성으로 가결한 경우에는 그 원은 법률안을 대통령의 이의서와 함께 다른 원으로 송부해야 한다. 다른 의원에서 이 법률안을 다시 심의하여 의원의 3분의 2 이상의 찬성으로 가결할 경우에는 이 법률안은 법률로 확정된다. 이 모든 경우에서 양원은 호명, 구두 표결로 결정하며, 그 법률안에 대한 찬성자와 반대자의 성명을 각 원의 의사록에 기재해야 한다. 만일 법률안이 대통령에게 이송된 후 10일 이내(일요일은 제외함)에 의회로 환부되지 아니한 때에는 그 법률안은 대통령이 이에 서명한 경우와 마찬가지로 법률로서 확정된다. 다만 연방의회가 휴회하여 이 법률안을 환부할 수 없는 경우에는 법률로 확정되지 아니한다.

(3항) 상·하 양원의 의결을 필요로 하는 모든 명령, 결의 또는 표결(휴회에 관한 결의는

제외함)은 대통령에게 이송되어야 하며, 대통령이 이를 승인해야 효력이 발생한다. 대통령이 이를 승인하지 아니하는 경우에는 법률안에서와 동일한 규칙 및 제한에 따라 상원과 하원에서 3분의 2 이상의 의원의 찬성으로 다시 가결해야 한다.

제8절

(1항) 연방의회는 다음의 권한을 가진다. 미국의 채무를 지불하고, 공동방위와 일반복지를 위하여 조세, 관세, 간접세 및 소비세를 부과, 징수한다. 다만 관세·부과금 및 소비세는 미국 전역을 걸쳐서 균일해야 한다.

(2항) 미국의 신용으로 금전을 차입한다.

(3항) 외국 간, 주 상호 간 그리고 인디언 부족과의 통상을 규율한다.

(4항) 미국 전체에 공통되는 균일한 귀화규정과 파산에 대한 균일한 법률을 제정한다.

(5항) 화폐를 주조하고 그 화폐 및 외국 화폐의 가치를 규율하며, 도량형의 기준을 정한다.

(6항) 미국의 유가증권 및 통화의 위조에 관한 벌칙을 정한다.

(7항) 우편관서와 우편도로를 건설한다.

(8항) 저작자와 발명가에게 그들의 저술과 발명에 대한 독점권을 일정 기간 보유하게 함으로써 과학과 유용한 기술의 발달을 촉진한다.

(9항) 연방대법원 아래에 하급법원을 조직한다.

(10항) 공해에서 범한 해적행위 및 그 밖의 중죄 그리고 국제법에 위배되는 범죄를 정의하고 이를 처벌한다.

(11항) 전쟁을 포고하고 나포허가장을 수여하고 지상 및 해상에서의 나포에 관한 규칙을 정한다.

(12항) 육군을 편성하고 이를 지원한다. 다만 이 목적에 대한 예산의 지출은 2년을 초과하지 못한다.

(13항) 해군을 창설하고 이를 유지한다.

(14항) 육군, 해군의 통수 및 기율에 관한 규칙을 정한다.

(15항) 연방법률을 집행하고 반란을 진압하고 침략을 격퇴하기 위하여 민병의 소집에 관한 규칙을 정한다.

(16항) 민병대의 조직, 무장 및 훈련에 관한 규칙과 민병 중 미국의 군무에 복무하는 자들을 다스리는 규칙을 정한다. 다만 민병대의 장교를 임명하고 연방의회가 정한 규율에 따라 민병대를 훈련하는 권한을 각 주에 유보한다.

(17항) 특정한 주가 미국에 양도하고, 연방의회가 이를 수령함으로써 미국정부의 소재지가 되는 지역(1평방마일을 초과하지 못함)에 대해서는 어떠한 경우를 막론하고 독점적인 입법권을 행사하며, 요새, 무기고, 조병창, 조선소 및 기타 필요한 건물을 건설하기 위하여 주의회의 승인을 얻어 구입한 모든 장소에 대해서도 이와 똑같은 권한을 행사한다.

(18항) 위에 기술한 권한들과 이 헌법에 의해 미국정부 또는 그 부처 또는 그 공무원에게 부여한 모든 기타 권한을 행사하는 데 필요하고 적절한 모든 법률을 제정한다.

제9절

(1항) 연방의회는 기존의 각 주 중 어느 주가 허용함이 적당하다고 인정하는 사람들(흑인노예—역주)의 이주 또는 입국을 1808년 이전에는 금지하지 못한다. 다만 이러한 사람들의 입국에 대해서는 1인당 10달러를 초과하지 아니하는 한도 내에서 입국세를 부과할 수 있다.

(2항) 인신보호영장에 관한 특권은 반란 또는 침략의 경우에 공공의 안전이 요구되는 때를 제외하고는 정지할 수 없다.

(3항) 재판에 의하지 않는 처벌법Bill of Attainder 또는 소급법을 통과시킬 수 없다.

(4항) 인두세 혹은 그 밖의 직접세는 앞서 규정한 인구조사 또는 산정에 비례하지 아니하는 한 부과하지 못한다.

(5항) 어떠한 주든 그 주가 수출하는 물품에 조세 또는 관세를 부과하지 못한다.

(6항) 어떠한 통상 또는 징세에 관한 규칙도 다른 주의 항구들보다 어느 주의 항구에 대해 특혜대우를 해줄 수 없다. 또한 어느 주에 도착 예정이거나 어느 주를 출항한 선박을 다른 주에서 강제로 입항하게 하거나 관세를 지불하게 할 수 없다.

(7항) 국고금은 법률로 정한 세출 승인에 의해서만 지출할 수 있다. 모든 공금의 수납 및 지출에 관한 정식 결산서는 수시로 공표해야 한다.

(8항) 미국은 어떠한 귀족의 칭호도 수여하지 아니한다. 미국정부에서 유급 또는 위임에 의한 관직에 있는 자는 누구라도 연방의회의 승인 없이는 어떠한 국왕, 왕족 또는 외국으로부터 종류 여하를 막론하고 선물, 보수, 관직 또는 칭호를 받을 수 없다.

제10절

(1항) 어느 주라도 조약, 동맹 또는 연합을 체결하거나 나포허가장을 수여하거나 화폐를 주조하거나 신용증권을 발행하거나 금화 및 은화 이외의 것으로써 채무 지불의 법정수단으로 삼거나 재판에 의하지 않는 처벌법, 소급법 또는 계약상의 채무를 침해하는 법률 등을 제정하거나 또는 귀족의 칭호를 수여할 수 없다.

(2항) 어느 주라도 연방의회의 동의 없이는 수입품 또는 수출품에 대하여 검사법의 집행상 절대 필요한 경우를 제외하고는 간접세 또는 관세를 부과하지 못한다. 어느 주에서나 수입품 또는 수출품에 부과하는 모든 간접세나 관세의 순수입은 미국 국고의 용도에 제공해야 하며, 연방의회는 이런 종류의 모든 주의 법률을 개정하고 통제할 수 있다.

(3항) 어느 주라도 연방의회의 동의 없이는 선박에 톤세를 부과할 수 없고 평시에 군대나 군함을 보유할 수 없고 다른 주나 외국과 협정이나 협약을 체결할 수 없으며, 실제로 침공당하고 있거나 지체할 수 없을 만큼 급박한 위험에 처해 있지 아니하고는 전쟁행위를 할 수 없다.

제2조 (행정부)

제1절

(1항) 행정권은 미국 대통령에게 속한다. 대통령의 임기는 4년으로 하며 동일한 임기의 부통령과 함께 다음과 같은 방법에 의하여 선출된다.

(2항) 각 주는 그 주의 주 입법부가 정하는 바에 따라 그 주가 연방의회에 보낼 수 있는 상원의원과 하원의원의 총수와 같은 수의 선거인을 임명한다. 다만 상원의원이나 하원의원, 또는 미국에서 위임에 의한 또는 유급의 관직에 있는 자는 선거인이 될 수 없다.

(3항) 선거인은 각각 자기 주에서 회합하여 비밀투표에 의해 2인을 선거하되, 그중 1인은 선거인과 동일한 주의 주민이 아니어야 한다.

선거인은 모든 득표자의 명부와 각 득표자의 득표수를 기재한 표를 작성하여 이에 서명하고 증명한 다음 봉함하여 상원의장 앞으로 미국정부 소재지로 송부한다. 상원의장은 상원의원 및 하원의원들 앞에서 모든 증명서를 개봉한 후 투표를 계산한다. 최고 득표자의 득표수가 선임된 선거인의 총수의 과반수가 되었을 때에는 그가 대통령으로 당선된다. 만일 과반수 득표자가 2인 이상이 되고, 그 득표수가 동수일 경우에는 하원은 즉시 비밀투표로 그 중의 1인을 대통령으로 선출해야 한다. 과반수 득표자가 없을 경우에는 하원은 동일한 방법으로 최다 득표자 5인 중에서 1인을 대통령으로 선출한다. 다만 이러한 방법으로 대통령을 선거할 때에는 주를 단위로 하고 각 주의 하원의원은 1표의 투표권을 가지며, 그 선거에 필요한 정족수는 각 주 하원의원의 3분의 2로부터 1인 또는 그 이상의 의원의 출석으로 성립되며, 선거는 전체 주의 과반수의 찬성이 있어야 한다. 어느 경우에나, 대통령을 선출한 뒤에 최다수의 득표를 한 자를 부통령으로 한다. 다만 동수의 득표자가 2인 이상 있을 때에는 상원이 그중에서 부통령을 비밀투표로 선출한다.

(4항) 연방의회는 선거인의 선출일자와 이들이 투표해야 할 일자를 결정할 수 있으며, 이 투표일은 미국 전역에서 동일해야 한다.

(5항) 누구든지 출생에 의한 미국 시민이 아닌 자, 또는 본 헌법의 제정 시에 미국 시민이 아닌 자는 대통령으로 선임될 자격이 없다. 연령이 35세에 미달한 자 또는 14년간 미국 내에 거주하지 아니한 자는 대통령으로 선임될 자격이 없다.

(6항) 대통령이 면직되거나 사망하거나 사직하거나 또는 그 권한 및 직무를 수행할 능력을 상실할 경우에, 대통령직은 부통령에게 귀속된다. 연방의회는 법률에 의하여 대통령과 부통령이 면직, 사망, 사직 또는 직무 수행 불능이 된 경우 어느 공무원이 대통령 직무를 수행할 것인지를 정할 수 있다. 이 공무원은 직무 수행 불능이 제거되거나 대통령이 새로 선임될 때까지 대통령의 직무를 대행한다.

(7항) 대통령은 그 직무 집행에 대해 정기적으로 보수를 받으며, 그 보수는 임기 중에 증액 또는 감액되지 아니한다. 또 대통령은 임기 중에 미국 또는 어느 주로부터 그 밖의 어떠한 보수도 받지 못한다.

(8항) 대통령은 그 직무 집행을 개시하기 전에 다음과 같은 선서 또는 확약을 해야 한다. "나는 미국 대통령의 직무를 성실히 수행하며 나의 능력의 최선을 다하여 미국 헌법을 보전하고 보호하고 수호할 것을 엄숙히 선서(또는 확약)한다".

제2절

(1항) 대통령은 미국 육군, 해군 및 현재 미국의 현역에 복무하는 각 주의 민병대의 통수권자가 된다. 대통령은 각 행정부처의 소관 직무사항에 관하여 각 부처의 장관으로부터 문서에 의한 의견을 요구할 수 있다. 대통령은 미국에 대한 범죄에 관하여 탄핵의 경우를 제외하고 형의 집행 정지 및 사면을 명할 수 있는 권한을 가진다.

(2항) 대통령은 상원의 조언과 동의를 얻어 조약을 체결하는 권한을 가진다. 다만 그 조언과 동의는 상원의 출석의원 3분의 2 이상의 찬성을 얻어야 한다. 대통령은 대사, 그 밖의 외교사절 및 영사, 연방대법원 판사들의 임명에 관

하여 이 헌법에 특별규정이 없으나 이후에 법률로써 정할 그 밖의 모든 미국의 관리를 지명하여 상원의 권고와 동의를 얻어 임명한다. 다만 연방의회는 적당하다고 인정되는 하급관리 임명권을 법률에 의하여 대통령에게만 또는 법원에 또는 각 부처 장관에게 부여할 수 있다.

(3항) 대통령은 상원의 휴회 중에 생기는 모든 결원을 임명하여 충원할 권한을 가진다. 다만 그 임명은 다음 회기가 만료될 때에 효력을 상실한다.

제3절

대통령은 연방의 상황에 관하여 수시로 연방의회에 보고하고, 필요하고 유용하다고 판단되는 조치의 심의를 연방의회에 권고해야 한다. 비상사태에서는 대통령은 상·하 양원 또는 그중의 한 원을 소집할 수 있으며, 휴회의 시기에 관하여 양원 간에 의견이 일치되지 아니하는 경우에는 대통령이 적당하다고 인정할 시기까지 양원의 정회를 명할 수 있다. 대통령은 대사와 그 밖의 외교사절을 접수하며 법률이 충실하게 집행되도록 유의하며 미국의 모든 관리에게 그 직무를 위임한다.

제4절

미국의 대통령, 부통령 모든 민간공무원은 반역죄, 수뢰죄, 또는 그 밖의 중대한 범죄 및 비행으로 탄핵받고 유죄판결을 받음으로써 면직된다.

제3조(사법부)

제1절

미국의 사법권은 하나의 연방대법원에, 그리고 연방의회가 수시로 제정·설치하는 하급 연방법원들에 속한다. 연방대법원 및 하급법원의 판사는 성실히 직무를 이행하는 한 그 직을 보유하며 그 직무에 대하여 정기적으로 보수를 받으며 그 보수는 재임 중에 감액되지 아니한다.

제2절

(1항) 사법권은 이 헌법과 미국 법률과 그리고 미국의 권한에 의하여 체결되었거나 체결된 조약으로 하여 발생하는 모든 보통법상 및 형평법상의 사건, 대사와 그 밖의 외교사절 및 영사에 관한 모든 사건, 해사 재판 및 해상 관할에 관한 모든 사건, 미국이 한 편의 당사자가 되는 분쟁, 2개의 주 및 그 이상의 주 사이에 발생하는 분쟁, 한 주와 다른 주의 시민 사이의 분쟁, 상이한 주의 시민들 사이의 분쟁, 다른 주로부터 부여받은 토지의 권리에 관하여 같은 주의 시민들 사이에 발생하는 분쟁, 그리고 어떤 주나 또는 그 주의 시민과 외국, 외국 시민 또는 외국 신민 사이에 발생하는 분쟁에 미친다.

(2항) 대사와 그 밖의 외교사절 및 영사에 관계되는 사건과 주가 당사자인 사건은 연방대법원이 제1심의 재판관할권을 가진다. 그 밖의 모든 사건에서는 연방의회가 정하는 예외의 경우를 두되, 연방의회가 정하는 규칙에 따라 법률 문제와 사실 문제에 관하여 상소심 재판관할권을 가진다.

(3항) 탄핵 사건을 제외한 모든 범죄의 심리는 배심제로 한다. 그 심리는 그 범죄가 행하여진 주에서 해야 한다. 다만 그 범죄자가 어느 주에도 속하지 아니할 경우에는 연방의회가 법률에 의하여 정하는 장소에서 심리한다.

제3절

(1항) 미국에 대한 반역죄는 미국에 대하여

전쟁을 일으키거나 또는 적에게 가담하여 이에 원조 및 편의를 제공할 경우에만 성립한다. 누구든지 명백한 상기 행동에 대하여 2명의 증인의 증언이 있거나, 또는 공개법정에서 자백하는 경우 이외에는 반역죄의 판결을 받지 아니한다.

(2항) 연방의회는 반역죄의 형벌을 선고하는 권한을 가진다. 다만 반역죄의 선고로 인한 권리박탈 선고는 그 선고를 받은 자의 생존기간을 제외하고 혈통을 오독하거나 재산의 몰수를 초래하지 아니한다.

제4조(주와 주 및 연방과의 관계)

제1절

각 주는 다른 주의 법령, 기록 및 사법절차에 대하여 충분한 신뢰와 신용을 가져야 한다. 연방의회는 이러한 법령·기록 및 사법절차를 증명하는 방법과 그것들의 효력을 일반법률로써 규정할 수 있다.

제2절

(1항) 각 주의 시민은 다른 어느 주에서도 그 주의 시민이 향유하는 모든 특권 및 면책권을 가진다.

(2항) 어느 주에서 반역죄, 중죄 또는 그 밖의 범죄로 인하여 고발된 자가 도피하여 재판을 면하고 다른 주에서 발견된 경우, 범인이 도피해 나온 주의 행정 당국의 요구에 의하여 그 범인은 그 범죄에 대한 재판관할권이 있는 주로 인도되어야 한다.

(3항) 어느 주에서 그 주의 법률에 의하여 사역 또는 노역을 당하도록 되어 있는 자(흑인노예—역주)가 다른 주로 도피한 경우에, 다른 주의 어떠한 법률 또는 규정에 의해서도 그 사역 또는 노역의 의무는 해제되지 아니하며, 그 자는 사역 또는 노역을 요구할 권리를 가진 당사자의 청구에 따라 인도되어야 한다.

제3절

(1항) 새로운 주는 연방의회의 결정에 의해 연방에 가입할 수 있다. 다만 어떠한 주의 관할 구역에서도 새로운 주를 형성하거나 설치할 수 없다. 또 관계되는 각 주의 주의회와 연방의회의 동의 없이는 2개 이상의 주 또는 주의 일부를 합병하여 새로운 주를 형성할 수 없다.

(2항) 연방의회는 미국에 속하는 영토 또는 그 밖의 재산을 처분하고 이에 관한 모든 필요한 규칙 및 규정을 제정하는 권한을 가진다. 다만 이 헌법의 어떠한 조항도 미국 또는 어느 주의 권리를 훼손하는 것으로 해석할 수 없다.

제4절

미국은 연방 내의 모든 주의 공화정체를 보장하며, 각 주를 침략으로부터 보호하며, 또 각 주의 주의회 또는(주의회를 소집할 수 없을 때는) 행정부의 요구가 있을 때에는 주 내의 폭동으로부터 각 주를 보호한다.

제5조(헌법 수정 절차)

연방의회는 상·하 양원의 3분의 2가 이 헌법에 대한 수정의 필요성을 인정할 때에는 헌법 수정을 발의할 수 있으며, 또는 3분의 2 이상의 주의회들의 요청이 있을 때에는 수정 발의를 위한 제헌회의를 소집해야 한다. 어느 경우에나 수정은 연방의회가 제의하는 비준의 두 가지 방법 중의 어느 하나에 따라, 4분의 3의 주의회들에 의하여 비준되거나, 또는 4분의 3의 주 헌법회의에 의하여 비준되는 때에는 이 헌법의 일부로서 효력을 발생한다. 다만 1808년 이전에 이루어지는 수정에서는 어떠한 방법으로도 제1조 제9절 제1항에 변경을 가져올 수 없다. 어느 주도 그 주의 동의 없이는 상원에서의 균등한 투표권을 박탈당하지 아니한다.

제6조(국가의 최고 법)

(1항) 이 헌법이 제정되기 전에 계약된 모든 채무와 체결된 모든 조약은 이 헌법에서도 미국 연합헌장에서와 마찬가지로 미국에 대하여 효력을 가진다.

(2항) 이 헌법에 의거하여 제정되는 미국의 법률 그리고 미국의 권한에 의하여 체결되거나 체결된 모든 조약은 이 국가의 최고의 법이며, 모든 주의 법관은 어느 주의 헌법이나 법률 중에 이에 배치되는 규정이 있을지라도, 이 헌법에 구속을 받는다.

(3항) 전기한 상원의원 및 하원의원, 각 주의 주의회 의원, 미국 및 각 주의 행정관 및 사법관은 선서 또는 확약에 의하여 이 헌법을 지지할 의무가 있다. 다만 미국의 어떠한 관직 또는 위임에 의한 공직에도 자격 요건으로 어떠한 종교상의 자격도 요구되지 아니한다.

제7조(헌법의 비준)

9개 주의 헌법회의가 비준하면, 이를 비준한 각 주 간에 이 헌법은 효력을 발생하는 데 충분하다.

서기 1787년, 미국 독립 제12년, 9월 17일, 헌법회의에 참석한 각 주의 전원 일치의 동의를 얻어 이 헌법을 제정한다. 이를 증명하기 위하여 우리는 이에 서명한다. (서명 생략)

수정조항

수정조항 제1조로부터 수정조항 제10조까지는 흔히 권리장전이라고 불리며, 제1차 연방의회의 첫 회기에 발의되어 각 주에 보내져 1791년 12월 15일에 비준이 완료되었다.

수정조항 제1조
(종교·언론·출판의 자유와 집회 및 청원의 권리)

연방의회는 국교를 정하거나 또는 자유로운 신앙행위를 금지하는 법률을 제정할 수 없다. 또한 연방의회는 언론 또는 출판의 자유나 국민이 평온하게 집회할 수 있는 권리 및 불만 사항의 구제를 위하여 정부에 청원할 수 있는 권리를 제한하는 법률을 제정할 수 없다.

수정조항 제2조(무기 휴대의 권리)

규율 정연한 민병은 자유로운 주의 안보에 필요하며, 무기를 소장하고 휴대하는 인민의 권리를 침해할 수 없다.

수정조항 제3조(군인의 숙영)

평시에 군대는 소유자의 동의 없이는 어떠한 가택에서도 숙영할 수 없다. 전시에도 법률이 정하는 방법에 의하지 아니하고는 숙영할 수 없다.

수정조항 제4조 (수색 및 체포영장)

부당한 수색과 압수로부터 신체, 가택, 서류 및 재산의 안전을 보장받는 인민의 권리는 침해할 수 없다. 체포, 수색, 압수의 영장은 믿을 만한 원인에 의거하고, 선서 또는 확약에 의하여 뒷받침되고, 특히 수색할 장소, 체포될 사람 또는 압수될 물품을 기재하지 아니하고는 이를 발급할 수 없다.

수정조항 제5조 (형사사건에서의 권리)

누구든지 대배심에 의한 고발 또는 기소에 의하지 아니하는 한, 사형에 해당하는 죄 또는 그 밖의 파렴치죄에 의한 처벌을 받지 아니한다. 다만 육군이나 해군에서 일어난 사건, 또는 전쟁이나 공공의 위급한 상황에서 현재 복무 중에 있는 민병 간에 발생한 사건에 관해서는 예외로 한다. 누구든지 동일 범행에 대하여 생명이나 신체에 대한 위협을 재차 받지 아니하며, 누구든지 어떠한 형사사건에서도 자기에게 불리한 증언을 강요당하지 아니한다. 누구든지 적법절차에 의하지 아니하고는 생명, 자유 또는 재산을 박탈당하지 아니한다. 정당한 보상 없이는 사유재산이 공용을 위하여 수용당하지 아니한다.

수정조항 제6조 (공정한 재판의 권리)

모든 형사소추에서 피고인은 범죄가 행하여진 주 및 법률이 미리 정하는 지역의 공정한 배심에 의한 신속하고 공개적인 재판을 받을 권리가 있고, 사건의 성질과 원인에 관한 통고를 받을 권리가 있고, 자기에게 불리한 증인과 대질심문을 받을 권리, 자기에게 유리한 증인을 얻기 위하여 강제절차를 취할 권리, 자신의 변호를 위하여 변호인의 도움을 받을 권리가 있다.

수정조항 제7조 (민사사건에서의 권리)

보통법상의 소송에서, 소송에 걸려 있는 액수가 20달러를 초과하는 경우에는 배심에 의한 심리를 받을 권리가 보장된다. 배심에 의하여 심리된 사실은 보통법의 규정에 의하는 것 외에 미국의 어느 법원에서도 재심되지 아니한다.

수정조항 제8조 (보석금, 벌금 및 형벌)

과다한 보석금을 요구하거나, 과다한 벌금을 과하거나, 잔혹하고 비정상적인 형벌을 과하지 못한다.

수정조항 제9조 (인민이 보유하는 권리)

이 헌법에 특정권리가 열거되어 있다는 사실이 국민이 보유하는 그 밖의 여러 권리를 부인하거나 경시하는 것으로 해석되어서는 아니 된다.

수정조항 제10조 (주와 인민이 보유하는 권리)

이 헌법에 의하여 미국 연방에 위임되지 아니하였거나, 각 주에 금지되지 아니한 권한은 각 주나 인민이 보유한다.

수정조항 제11조(주를 상대로 하는 소송)

1794년 3월 5일 발의, 1795년 2월 7일 비준

미국의 사법권은 미국의 한 주에 대하여 다른 주의 시민 또는 외국의 시민이나 신민에 의하여 개시되거나 제기된 보통법 또는 형평법상의 소송에 미치는 것으로 해석되지 아니한다.

수정조항 제12조(대통령 및 부통령의 선거)

1803년 12월 12일 발의, 1804년 9월 27일 비준

선거인은 각각 주에서 집회하여 대통령과 부통령을 비밀투표로 선거한다. 양인 중 적어도 1인은 선거인과 동일한 주의 주민이 아니어야 한다. 선거인은 투표용지에 대통령으로 투표하려는 사람의 이름을 지정하고, 별개의 투표용지에 부통령으로 투표하려는 사람의 이름을 지정해야 한다. 선거인은 대통령으로 투표하려는 모든 사람의 명부와 부통령으로 투표하려는 모든 사람의 명부, 그리고 각 득표자의 득표수를 기재한 표를 별개로 작성하여 선거인이 이에 서명하고 증명한 다음, 봉합하여 상원의장 앞으로 미국정부 소재지로 송부한다. 상원의장은 상원의원들과 하원의원들이 참석한 가운데 모든 증명서를 개봉하고 개표한다. 대통령으로서의 투표에서 최고 득표자를 대통령으로 한다. 다만 득표수가 선임된 선거인의 총수의 과반수가 되어야 한다. 이와 같은 과반수 득표자가 없을 경우 하원은 즉시 대통령으로 투표된 사람의 명단 중 3인을 초과하지 아니하는 최다수 득표자들 중에서 대통령을 비밀투표로 선거해야 한다. 다만 이러한 방법으로 대통령을 선거할 때에는 선거를 주 단위로 하고, 각 주는 1표의 투표권을 가지며, 그 선거에 필요한 정족수는 각 주의 하원의원 3분의 2로부터 1명 또는 그 이상의 의원의 출석으로 성립되며, 전체 주의 과반수의 찬성을 얻어야 선출될 수 있다. 대통령 선정권이 하원에 위임된 때에 하원은 다음 3월 4일까지 대통령을 선정하지 않을 때에는 부통령이 대통령의 직무를 행한다. 부통령으로서의 최고 득표자를 부통령으로 한다. 다만 그 득표수는 선임된 선거인의 총수의 과반수가 되어야 한다. 과반수 득표자가 없을 경우에는 상원의 득표자 명부 중 최다 득표자 2인 중에서 부통령을 선정한다. 이 목적을 위한 정족수는 상원의원 총수의 3분의 2로 성립되며, 그 선정에는 의원 총수의 과반수가 필요하다. 다만 헌법상의 대통령직에 취임할 자격이 없는 자는 미국 부통령의 직에도 취임할 자격이 없다.

수정조항 제13조(노예제도 폐지)

1865년 2월 1일 발의, 1865년 12월 18일 비준

제1절

노예 또는 강제적 노역은 당사자가 정당하게 유죄판결을 받은 범죄에 대한 처벌이 아니면 미국 또는 그 관할하에 속하는 어느 장소에서도 존재할 수 없다.

제2절

연방의회는 적당한 입법에 의하여 본 조를 시행할 권한을 가진다.

수정조항 제14조(공민권)

1866년 6월 16일 발의, 1868년 7월 28일 비준

제1절

미국에서 출생하고 또는 귀화하고 미국의 관할권에 속하는 모든 사람은 미국 및 그 거주하는 주의 시민이다. 어떠한 주도 미국 시민의 특권과 면책권을 박탈하는 법률을 제정하거나 강행할 수 없다. 어떠한 주도 적법절차에 의하지 아니하고는 어떠한 사람으로부터도 생명, 자유 또는 재산을 박탈할 수 없으며, 그 관할권 내에 있는 어떠한 사람에 대하여도 법률에 의한 평등한 보호를 거부하지 못한다.

제2절

하원의원은 각 주의 인구수에 비례하여 각 주에 할당한다. 각 주의 인구수는 과세되지 아니하는 인디언을 제외한 각 주의 총 인구수이다. 다만 미국 대통령 및 부통령의 선거인, 사법관 또는 각 주 주의회의 인원을 선출하는 어떠한 선거에서도, 반란이나 그 밖의 범죄에 가담한 경우를 제외하고, 21세에 달하고 미국 시민인 해당 주 남성주민 중의 어느 누구에게 투표권이 거부되거나 어떠한 방법으로든지 제한되어 있을 때에는, 그 주의 하원의원 할당 수의 기준을 그러한 남성주민의 수가 그 주의 21세에 달한 남성주민의 총수에 대하여 가지는 비율에 따라 감소하는 것으로 정한다.

제3절

과거에 연방의회 의원, 미국 관리, 주의회 의원, 또는 주의 행정관이나 사법관으로, 미국 헌법을 지지할 것을 선언한 자가 후에 이에 대한 폭동이나 반란에 가담하거나 또는 그 적에게 원조 또는 편의를 제공하면 누구든지 연방의회의 상원의원이나 하원의원, 대통령 및 부통령의 선거인, 미국이나 각 주 밑에서의 민간공무원의 관직에 취임할 수 없다. 다만 연방의회는 각 원의 3분의 2의 투표로 그 실격을 해제할 수 있다.

제4절

폭동이나 반란을 진압할 때의 공헌에 대한 은급 및 하사금을 지불하기 위하여 기채起債한 부채를 포함하여 법률로 인정한 국채는 그 효력이 문제되지 않는다. 그러나 미국 또는 어느 주도 미국에 대한 폭동이나 반란을 원조하기 위하여 기채한 부채에 대하여 또는 노예의 상실이나 해방으로 인한 청구에 대해서는 채무를 부담하거나 지불하지 아니한다. 모든 이러한 부채, 채무 및 청구는 위법이고 무효이다.

제5절

연방의회는 적당한 입법에 의하여 본 조의 규정을 시행할 권한을 가진다.

수정조항 제15조(흑인의 투표권)

1869년 2월 27일 발의, 1870년 3월 30일 비준

제1절

미국 시민의 투표권은 인종, 피부색 또는 과거의 예속 상태에 의하여 미국이나 어떤 주에 의해서도 거부되거나 제한되지 아니한다.

제2절

연방의회는 적당한 입법에 의하여 본 조의 규정을 시행할 권한을 가진다.

수정조항 제16조(소득세)

1909년 7월 12일 발의, 1913년 2월 25일 비준

　연방의회는 소득원의 여하를 불문하고 각 주에 배당하지 아니하고 국세조사나 인구수에 관계없이 소득에 대한 세금을 부과·징수할 권한을 가진다.

수정조항 제17조(연방 상원의원의 직접선거)

1912년 5월 16일 발의, 1913년 5월 31일 비준

제1절

　미국의 상원은 각 주 2인씩의 상원의원으로 구성된다. 상원의원은 그 주의 주민에 의하여 선출되고 6년의 임기를 가진다. 각 상원의원은 1표의 투표권을 가진다. 각 주의 선거인은 주 입법부 중 의원 수가 많은 한 원의 선거인에 요구되는 자격을 가져야 한다.

제2절

　상원에서 어느 주의 의원에 결원이 생긴 때에는 그 주의 행정부는 결원을 보충하기 위하여 선거 명령을 내려야 한다. 다만 주민이 주의회가 정하는 바에 따른 선거에 의하여 결원을 보충할 때까지 주의회는 그 주의 행정부에 임시로 상원의원을 임명하는 권한을 부여할 수 있다.

제3절

　본 수정조항은 본 헌법의 일부로서 효력을 발생하기 이전에 선출된 상원의원의 선거 또는 임기에 영향을 주는 것으로 해석되지 못한다.

수정조항 제18조(금주법)

1917년 12월 18일 발의, 1919년 1월 29일 비준, 수정조항 제21조로 폐기

제1절

　본 조의 비준으로부터 1년을 경과한 후에는 미국 내와 그 관할에 속하는 모든 영토 내에서 음용飮用할 목적으로 주류를 양조, 판매 또는 운송하거나 미국에서 이를 수입 또는 수출하는 것을 금지한다.

제2절

　미국과 각 주는 적당한 입법에 의하여 본 조를 시행할 경합적 권한을 가진다.

제3절

　본 조는 연방의회로부터 이를 각 주에 회부한 날부터 7년 이내에 각 주의 주 입법부가 이 헌법에 규정된 바와 같이 헌법 수정으로서 비준하지 아니하면 그 효력을 발생하지 아니한다.

수정조항 제19조(여성의 선거권)

1919년 6월 4일 발의, 1920년 8월 26일 비준

제1절

　미국시민의 투표권은 성별에 의하여 미국이나 어느 주에 의해서도 거부 또는 제한되지 아니한다.

제2절

　연방의회는 적당한 입법에 의하여 본 조를 시행할 권한을 가진다.

수정조항 제20조

(대통령과 연방의회 의원의 임기)

1932년 3월 2일 발의, 1933년 2월 6일 비준

제1절

대통령과 부통령의 임기는 본 조가 비준되지 아니하였더라면 임기가 만료하였을 해의 1월 20일 정오에 종료하며, 상원의원과 하원의원의 임기는 본 조가 비준되지 아니하였더라면 임기가 만료하였을 해의 1월 3일 정오에 종료한다. 그 후임자의 임기는 그때부터 시작된다.

제2절

연방의회는 매년 적어도 1회 집회한다. 그 집회는 의회가 법률로 다른 날을 정하지 아니하는 한 1월 3일 정오부터 시작된다.

제3절

대통령의 임기 개시일로 정해놓은 시일에 대통령 당선자가 사망하면 부통령 당선자가 대통령이 된다. 대통령의 임기 개시일까지 대통령이 선정되지 아니하였거나, 대통령 당선자가 자격을 구비하지 못했을 때에는 부통령 당선자가 대통령이 자격을 구비할 때까지 대통령의 직무를 대행한다. 연방의회는 법률로써 대통령 당선자와 부통령 당선자가 다 자격을 구비하지 못하는 경우에 대통령의 직무를 대행해야 할 자 또는 대통령의 직무를 대행할 자의 선정방법을 규정할 수 있다. 이러한 경우에 선임된 자는 대통령 또는 부통령이 자격을 구비할 때까지 대통령의 직무를 대행한다.

제4절

연방의회는 하원이 대통령의 선정권을 갖게 되었을 때에 하원이 대통령으로 선정한 인원 중 사망자가 생긴 경우와 상원이 부통령의 선정권을 갖게 되었을 때에 상원이 부통령으로 선정한 인원 중 사망자가 생긴 경우를 대비하는 법률을 규정할 수 있다.

제5절

제1절 및 제2절은 본 조의 비준 후 최초의 10월 15일부터 효력을 발생한다.

제6절

본 조는 회부된 날부터 7년 이내에 4분의 3의 주의회들에 의하여 헌법 수정조항으로 비준되지 아니하면 효력을 발생하지 아니한다.

수정조항 제21조(금주법의 폐지)

1933년 2월 2일 발의, 1933년 12월 5일 비준

제1절

연방헌법 수정조항 제18조는 이에 폐기한다.

제2절

미국의 영토 또는 속령의 법률에 위반하여 이들 지역 내에서 양도 또는 사용할 목적으로 주류를 이들 지역에 수송 또는 수입하는 것을 금지한다.

제3절

본 조는 연방의회가 이것을 각 주에 회부한 날부터 7년 이내에 헌법규정에 따라서 각 주의 헌법회의에 의하여 헌법 수정조항으로 비준되지 아니하면 효력을 발생하지 아니한다.

수정조항 제22조(대통령의 임기 제한)

1947년 3월 21일 발의, 1951년 2월 26일 비준

제1절

누구든지 2회 이상 대통령직에 선출될 수 없으며, 누구든지 타인이 대통령으로 당선된 임기 중 2년 이상 대통령직에 있었거나 대통령 직무를 대행한 자는 1회 이상 대통령직에 당선될 수 없다. 다만 본 조는 연방의회가 이를 발의하였을 때에 대통령직에 있는 자에게 적용되지 아니하며, 또 본 조가 효력을 발생하게 될 때에 대통령직에 있거나 대통령의 직무를 대행하고 있는 자가 잔여 임기 중 대통령직에 있거나 대통령 직무를 대행하는 것을 방해하지 아니한다.

제2절

본 조는 연방의회가 각 주에 회부한 날부터 7년 이내에 4분의 3의 주의회들에 의하여 헌법 수정조항으로서 비준되지 아니하면 효력을 발생하지 아니한다.

수정조항 제23조

(컬럼비아 특별구에서의 선거권)

1960년 6월 16일 발의, 1961년 4월 3일 비준

제1절

미국정부 소재지를 구성하고 있는 특별구는 연방의회가 다음과 같이 정한 방식에 따라 대통령 및 부통령의 선거인을 선임한다. 선거인의 수는 특별구가 주라면 배당받을 수 있는 연방의회 내의 상원의원 및 하원의원의 수와 동일한 수이다. 그러나 어떠한 경우에도 최소의 인구를 가진 주보다 그 수가 더 많을 수 없다. 그 선거인들은 각 주가 임명한 선거인들에 첨가되지만, 대통령 및 부통령의 선거를 위하여

주가 선정한 선거인으로 간주된다. 그들은 특별구에서 집회하여, 헌법 수정조항 제12조가 규정하고 있는 바와 같이 직무를 수행한다.

제2절

연방의회는 적당한 입법에 의하여 본 조를 시행할 권한을 가진다.

수정조항 제24조(인두세)

1962년 8월 27일 발의, 1964년 1월 23일 비준

제1절

대통령 또는 부통령, 대통령 또는 부통령 선거인들, 또는 연방의회 상원의원이나 하원의원을 위한 예비선거 또는 그 밖의 선거에서의 미국시민의 선거권은 인두세나 기타 조세를 납부하지 아니했다는 이유로 미국 또는 어떤 주에 의해서도 거부되거나 제한되지 아니한다.

제2절

연방의회는 적당한 입법에 의하여 본 조를 시행할 권한을 가진다.

수정조항 제25조

(대통령의 직무 수행 불능과 승계)

1965년 7월 6일 발의, 1967년 2월 10일 비준

제1절

대통령이 면직되거나 사망 또는 사임한 때에는 부통령이 대통령이 된다.

제2절

부통령직이 궐위된 때에는 대통령은 부통령을 지명하고 부통령은 양원의 과반수 득표에

의하여 승인을 받아 그 직위에 취임한다.

제3절

대통령이 상원의 임시 의장과 하원의장에게 그가 대통령직의 권한과 직무를 수행할 수 없다는 서면 성명서를 제출될 때에는 이와 반대되는 서면 성명서가 제출될 때까지 부통령이 대통령 직무 대행으로 대통령직의 권한과 직무를 수행한다.

제4절

부통령과 행정부처의 주요 공무원의 과반수 또는 연방의회가 법률로써 정하는 다른 기관의 과반수가 상원 임시 의장과 하원의장에게 대통령이 대통령직의 권한과 의무를 수행할 수 없다는 서명 성명서를 제출한 때에는 부통령은 즉시 대통령 직무 대행으로서 대통령직의 권한과 직무를 맡는다. 그 후에 대통령이 상원 임시 의장과 하원의장에게 능력이 없는 것이 아니라는 서면 성명서를 제출하는 경우에는 대통령직의 권한과 직무를 되찾는다. 다만 이때 부통령과 행정부처의 주요 공무원의 과반수 또는 연방의회가 법률로써 정하는 다른 기관의 과반수가 4일 이내에 대통령이 대통령직의 권한과 직무를 수행할 수 없다는 서면 성명서를 제출하는 경우에는 예외로 한다. 이러한 경우에는 연방의회가 이 문제를 결정한다. 다만 개회 중이 아닐 경우에는 이 목적을 위하여 48시간 이내에 집회한다. 만일 연방의회가 후자의 성명서를 접수하고 21일 이내에, 혹은 연방의회가 개회 중이 아닐 경우에는 연방의회의 소집이 요구된 후 21일 이내에, 양원의 각각 3분의 2 이상의 찬성으로 대통령이 대통령직의 권한과 직무를 수행할 수 없다고 결정하면, 부통령은 계속하여 대통령 직무 대행으로

직무를 수행한다. 그렇지 아니한 경우에는 대통령이 그 직위의 권한과 직무를 되찾는다.

수정조항 제26조
(18세 이상인 시민의 선거권)

1971년 3월 23일 발의, 1971년 7월 1일 비준

제1절

18세 이상의 미국시민의 선거권은 미국 또는 어떤 주에 의해서도 부인되거나 박탈되지 아니한다.

제2절

연방의회는 적당한 입법에 의하여 본 조를 시행할 권한을 갖는다.

수정조항 제27조(연방의원의 보수 변경)

1789년 9월 25일 발의, 1992년 5월 7일 비준

하원의원 선거를 치르기 전에는 상원의원과 하원의원의 직무에 대한 보수를 변경하는 어떠한 법률도 효력을 발생하지 아니한다.

Ⅲ 역대 대통령, 부통령 및 선거일람

1. 역대 대통령, 부통령

대	취임년	대통령	정당	부통령	정당
1	1789	George Washington	없음	John Adams	연방파
	1793	〃	〃	〃	〃
2	1797	John Adams	연방파	Thomas Jefferson	민주공화당
3	1801	Thomas Jefferson	민주공화당	Aaron Burr	민주공화당
	1805	〃	〃	George Clinton	민주공화당
4	1809	James Madison	민주공화당	〃	〃
	1813	〃	〃	Elbridge Gerry	민주공화당
5	1817	James Monroe	민주공화당	Daniel D. Tompkins	민주공화당
	1821	〃	〃	〃	〃
6	1825	John Quincy Adams	민주공화당	John C. Calhoun	민주공화당
7	1829	Andrew Jackson	민주당	〃	〃
	1833	〃	〃	Martin Van Buren	민주당
8	1837	Martin Van Buren	민주당	Richard M. Johnson	민주당
9	1841	William H. Harrison	휘그당	John Tyler	휘그당
10	1841	John Tyler	휘그당	없음	
11	1845	James K. Polk	민주당	George M. Dallas	민주당
12	1849	Zachary Taylor	휘그당	Millard Fillmore	휘그당
13	1850	Millard Fillmore	휘그당	없음	
14	1853	Franklin Pierce	민주당	William R. King	민주당
15	1857	James Buchanan	민주당	John C. Breckinridge	민주당
16	1861	Abraham Lincoln	공화당	Hannibal Hamlin	공화당
	1865	〃	〃	Andrew Johnson	공화당
17	1865	Andrew Johnson	공화당	없음	
18	1869	Ulysses S. Grant	공화당	Schuyler Colfax	공화당
	1873	〃	〃	Henry Wilson	공화당
19	1877	Rutherford B. Hayes	공화당	William A. Wheeler	공화당
20	1881	James A. Garfield	공화당	Chester A. Arthur	공화당
21	1881	Chester A. Arthur	공화당	없음	
22	1885	Grover Cleveland	민주당	Thomas A. Hendricks	민주당
23	1889	Benjamin Harrison	공화당	Levi P. Morton	공화당
24	1893	Grover Cleveland	민주당	Adlai E. Stevenson	민주당
25	1897	William McKinley	공화당	Garret A. Hobart	공화당
	1901	〃	〃	Theodore Roosevelt	공화당

대	취임년	대통령	정당	부통령	정당
26	1901	Theodore Roosevek	공화당	없음	
	1905	〃	〃	Charles W. Fairbanks	공화당
27	1909	William H. Taft	공화당	James Sherman	공화당
28	1913	Woodrow Wilson	민주당	Thomas R. Marshall	민주당
	1917	〃	〃	〃	〃
29	1921	Warren G. Harding	공화당	Calvin Coolidge	공화당
30	1923	Calvin Coolidge	공화당	없음	
	1925	〃	〃	Charles G. Dawes	공화당
31	1929	Herbert Hoover	공화당	Charles Curtis	공화당
32	1933	Franklin D. Roosevelt	민주당	John N. Gamer	민주당
	1937	〃	〃	〃	〃
	1941	〃	〃	Henry A. Wallace	민주당
	1945	〃	〃	Harry. S. Truman	민주당
33	1945	Harry S. Truman	민주당	없음	
	1949	〃	〃	Alben W. Barkley	민주당
34	1953	Dwight D. Eisenhower	공화당	Richard M. Nixon	공화당
	1957	〃	〃	〃	〃
35	1961	John F. Kennedy	민주당	Lyndon B. Johnson	민주당
36	1963	Lyndon B. Johnson	민주당	없음	
	1965	〃	〃	Hubert H. Humphrey	민주당
37	1969	Richard M. Nixon	공화당	Spiro T. Agnew	공화당
	1973	〃	〃	〃	〃
	1973	〃	〃	Gerald R. Ford*	공화당
38	1974	Gerald R. Ford	공화당	Nelson A. Rockefeller*	공화당
39	1977	Jimmy Carter	민주당	Walter F. Mondale	민주당
40	1981	Ronald Reagan	공화당	George Bush	공화당
	1985	〃	〃	〃	〃
41	1989	George Bush	공화당	Dan Quayle	공화당
42	1993	Bill Clinton	민주당	Al Gore	민주당
	1997	〃	〃	〃	〃
43	2001	George W. Bush	공화당	Richard Cheney	공화당
	2005	〃	〃	〃	〃
44	2009	Barack Hussein Obama	민주당	Joseph Biden	민주당
	2013	〃	〃	〃	〃
45	2017	Donald Trump	공화당	Mike Pence	공화당

* 헌법 수정조항 제25조 제2절에 의거, 선거에 의하지 않고 취임한 부통령.

2. 역대 대통령 선거일람(1789~2016)

연도	주수	후보	정당	일반투표	선거인단 투표	일반투표 비율
1789	11	**George Washington**	없음		69	
		John Adams			34	
		Minor Candidates			35	
1792	15	**George Washington**	없음		132	
		John Adams			77	
		George Clinton			50	
		Minor Candidates			5	
1796	16	**John Adams**	연방파		71	
		Thomas Jefferson	공화파		68	
		Thomas Pinckney	연방파		59	
		Aaron Burr	공화파		30	
		Minor Candidates			48	
1800	16	**Thomas Jefferson**	공화파		73	
		Aaron Burr	공화파		73	
		John Adams	연방파		65	
		Charles C. Pinckney	연방파		64	
		John Jay	연방파		1	
1804	17	**Thomas Jefferson**	공화파		162	
		Charles C. Pinckney	연방파		14	
1808	17	**James Madison**	공화파		122	
		Charles C. Pinckney	연방파		47	
		George Clinton	공화파		6	
1812	18	**James Madison**	공화파		128	
		DeWitt Clinton	연방파		89	
1816	19	**James Monroe**	공화파		183	
		Rufus King	연방파		34	
1820	24	**James Monroe**	공화파		231	
		John Quincy Adams	공화파		1	
1824	24	**John Quincy Adams**	공화파	108,740	84	30.5
		Andrew Jackson	공화파	153,544	99	43.1
		William H. Crawford	공화파	46,618	41	13.1
		Henry Clay	공화파	47,136	37	13.2
1828	24	**Andrew Jackson**	민주공화파	647,286	178	56.0
		John Quincy Adams	국민공화파	508,064	83	44.0
1832	24	**Andrew Jackson**	민주공화파	687,502	219	55.0
		Henry Clay	국민공화파	530,189	49	42.4
		William Wirt	반메이슨파 ⎫	33,108	7	2.6
		John Floyd	국민공화파 ⎭		11	

연도	주수	후보	정당	일반투표	선거인단 투표	일반투표 비율
1836	26	**Martin Van Buren**	민주당	765,483	170	50.9
		William H. Harrison	휘그당		73	
		Hugh L. White	휘그당	739,795	26	49.1
		Daniel Webster	휘그당		14	
		W. P. Mangum	휘그당		11	
1840	26	**William H. Harrison**	휘그당	1,274,624	234	53.1
		Martin Van Buren	민주당	1,127,781	60	46.9
1844	26	**James K. Polk**	민주당	1,338,464	170	49.6
		Henry Clay	휘그당	1,300,097	105	48.1
		James G. Birney	자유당	62,300	0	2.3
1848	30	**Zachary Taylor**	휘그당	1,360,967	163	47.4
		Lewis Cass	민주당	1,222,342	127	42.5
		Martin Van Buren	자유토지당	291,263	0	10.1
1852	31	**Franklin Pierce**	민주당	1,601,117	254	50.9
		Winfield Scott	휘그당	1,385,453	42	44.1
		John P. Hale	자유토지당	155,825	0	5.0
1856	31	**James Buchanan**	민주당	1,832,955	174	45.3
		John C. Fremont	공화당	1,339,932	114	33.1
		Millard Fillmore	아메리카당	871,731	8	21.6
1860	33	**Abraham Lincoln**	공화당	1,865,593	180	39.8
		Stephen A. Douglas	민주당	1,382,713	12	29.5
		John C. Breckinridge	민주당	848,356	72	18.1
		John Bell	입헌통일당	592,906	39	12.6
1864	36	**Abraham Lincoln**	공화당	2,206,938	212	55.0
		George B. McClellan	민주당	1,803,787	21	45.0
1868	37	**Ulysses S. Grant**	공화당	3,013,421	214	52.7
		Horatio Seymour	민주당	2,706,829	80	47.3
1872	37	**Ulysses S. Grant**	공화당	3,596,745	286	55.6
		Horace Greeley	민주당	2,843,446	0	43.9
1876	38	**Rutherford B. Hayes**	공화당	4,036,572	185	48.0
		Samuel J. Tilden	민주당	4,284,020	184	51.0
1880	38	**James A. Garfield**	공화당	4,453,295	214	48.5
		Winfield S. Hancock	민주당	4,414,082	155	48.1
		James B. Weaver	그린백당	308,578	0	3.4
1884	38	**Grover Cleveland**	민주당	4,879,507	219	48.5
		James G. Blaine	공화당	4,850,293	182	48.2
		Benjamin F. Butler	그린백당	175,370	0	1.8
		John P. St. John	금주당	150,369	0	1.5

연도	주수	후보	정당	일반투표	선거인단 투표	일반투표 비율
1888	38	**Benjamin Harrison**	공화당	5,477,129	233	47.9
		Grover Cleveland	민주당	5,537,857	168	48.6
		Clinton B. Fisk	금주당	249,506	0	2.2
		Anson J. Streeter	통일노동당	146,935	0	1.3
1892	44	**Grover Cleveland**	민주당	5,555,426	277	46.1
		Benjamin Harrison	공화당	5,182,690	145	43.0
		James B. Weaver	인민당	1,029,846	22	8.5
		John Bidwell	금주당	264,133	0	2.2
1896	45	**William McKinley**	공화당	7,102,246	271	51.1
		William J. Bryan	민주당	6,492,559	176	47.7
1900	45	**William Mckinley**	공화당	7,218,491	292	51.7
		William J. Bryan	민주당 · 인민당	6,356,734	155	45.5
		John C. Wooley	금주당	208,914	0	1.5
1904	45	**Theodore Roosevelt**	공화당	7,628,461	336	57.4
		Alton B. Parker	민주당	5,084,223	140	37.6
		Eugene V. Debs	사회당	402,283	0	3.0
		Silas C. Swallow	금주당	258,536	0	1.9
1908	46	**William H. Taft**	공화당	7,675,320	321	51.6
		William J. Bryan	민주당	6,412,294	162	43.1
		Eugene V. Debs	사회당	420,793	0	2.8
		Eugene W. Chafin	금주당	253,840	0	1.7
1912	48	**Woodrow Wilson**	민주당	6,296,547	435	41.9
		Theodore Roosevelt	진보당	4,118,571	88	27.4
		William H. Taft	공화당	3,486,720	8	23.2
		Eugene V. Debs	사회당	900,672	0	6.0
		Eugene W. Chafin	금주당	206,275	0	1.4
1916	48	**Woodrow Wilson**	민주당	9,127,695	277	49.4
		Charles E. Hughes	공화당	8,533,507	254	46.2
		A. L. Benson	사회당	585,113	0	3.2
		J. Frank Hanly	금주당	220,506	0	1.2
1920	48	**Warren G. Harding**	공화당	16,143,407	404	60.4
		James N. Cox	민주당	9,130,328	127	34.2
		Eugene V. Debs	사회당	919,799	0	3.4
		P. P. Christensen	농민노동당	265,411	0	1.0
1924	48	**Calvin Coolidge**	공화당	15,718,211	382	54.0
		John W. Davis	민주당	8,385,283	136	28.8
		Robert M. La Follette	진보당	4,831,289	13	16.6
1928	48	**Herbert Hoover**	공화당	21,391,993	444	58.2
		Alfred E. Smith	민주당	15,016,169	87	40.9

연도	주수	후보	정당	일반투표	선거인단 투표	일반투표 비율
1932	48	Franklin D. Roosevelt	민주당	22,809,638	472	57.4
		Herbert Hoover	공화당	15,758,901	59	39.7
		Norman Thomas	사회당	881,951	0	2.2
1936	48	Franklin D. Roosevelt	민주당	27,752,869	523	60.8
		Alfred M. Landon	공화당	16,674,665	8	36.5
		William Lemke	통일당	882,479	0	1.9
1940	48	Franklin D. Roosevelt	민주당	27,307,819	449	54.8
		Wendell L. Willkie	공화당	22,321,018	82	44.8
1944	48	Frnaklin D. Roosevelt	민주당	25,606,585	432	53.5
		Thomas E. Dewey	공화당	22,014,745	99	46.0
1948	48	Harry S. Truman	민주당	24,105,812	303	49.5
		Thomas E. Dewey	공화당	21,970,065	189	45.1
		J. Storm Thurmond	주권당	1,169,063	39	2.4
		Henry A. Wallace	진보당	1,157,172	0	2.4
1952	48	Dwight D. Eisenhower	공화당	33,936,234	442	55.1
		Adlai E. Stevenson	민주당	27,314,992	89	44.4
1956	48	Dwight D. Eisenhower	공화당	35,590,472	457	57.6
		Adlai E. Stevenson	민주당	26,022,752	73	42.1
1960	50	John F. Kennedy	민주당	34,227,096	303	49.9
		Richard M. Nixon	공화당	34,108,546	219	49.6
1964	50	Lyndon B. Johnson	민주당	43,126,506	486	61.1
		Barry M. Goldwater	공화당	27,176,799	52	38.5
1968	50	Richard M. Nixon	공화당	31,785,480	301	43.4
		Hubert H. Humphrey	민주당	31,275,165	191	42.7
		George C. Wallace	미국독립단	9,906,473	46	13.5
1972	50	Richard M. Nixon	공화당	46,767,218	521	60.8
		George S. McGovern	민주당	28,357,668	17	37.7
1976	50	Jimmy Carter	민주당	40,830,763	297	50.1
		Gerald R. Ford	공화당	39,147,973	240	48.0
		Eugene J. McCarthy	무소속	756,631	0	0.1
1980	50	Ronald Reagan	공화당	43,899,238	489	50.7
		Jimmy Carter	민주당	36,481,435	49	41.0
		John B. Anderson	무소속	5,719,437	0	6.6
1984	50	Ronald Reagan	공화당	54,455,075	525	58.4
		Walter F. Mondale	민주당	37,577,185	13	41.6
1988	50	George Bush	공화당	48,881,221	426	53.0
		Michael C. Dukakis	민주당	41,805,422	111	47.0
1992	50	Bill Clinton	민주당	43,472,628	370	43.0
		George Bush	공화당	37,929,665	168	38.0
		Ross Perot	무소속	19,138,192	0	19.0

연도	주수	후보	정당	일반투표	선거인단 투표	일반투표 비율
1996	50	**Bill Clinton**	민주당	47,402,285	379	51.0
		Bob Dole	공화당	39,197,469	159	41.0
		Ross Perot	무소속	8,085,294	0	8.0
2000	50	**George W. Bush**	공화당	50,450,211	271	47.87
		Al Gore	민주당	51,004,894	266	48.38
		Ralph Nader	녹색당	2,634,410	0	3.0
2004	50	**George W. Bush**	공화당	60,693,281	286	51.41
		John F. Kerry	민주당	57,355,978	251*	48.59
2008	50	**Barack Hussein Obama**	민주당	69,498,576	365	53.70
		John McCain	공화당	59,948,283	173	46.29
2012	50	**Barack Hussein Obama**	민주당	65,915,795	332	51.97
		Mitt Romney	공화당	60,933,504	206	48.02
2016	50	**Donald Trump**	공화당	65,844,610	304	46.1
		Hillary Clinton	민주당	62,979,636	227	48.2

* 미네소타 선거인 1명이 John Edwards에게 대통령 선거인단투표에서 1표를 던졌다.

Ⅳ 각종 통계일람

1. 식민지시대의 인구(추정)

(미국 통계청 자료 근거) 단위: 명

연도	인구	연도	인구	연도	인구	연도	인구
1610	350	1660	75,100	1710	331,700	1760	1,593,600
1620	2,300	1670	111,900	1720	466,200	1770	2,148,100
1630	4,600	1680	151,500	1730	629,400	1780	2,780,400
1640	26,600	1690	210,400	1740	905,600		
1650	50,400	1700	250,900	1750	1,170,800		

2. 인구와 국토

(미국 통계청 자료 근거)

연도	인구(명)	육지 면적(평방마일)	평방마일당 인구(명)
1790	3,929,214	864,746	4.5
1800	5,308,483	864,746	6.1
1810	7,239,881	1,681,828	4.3
1820	9,638,453	1,749,462	5.5
1830	12,866,020	1,749,462	7.4
1840	17,069,453	1,749,462	9.8
1850	23,191,876	2,940,042	7.9
1860	31,443,321	2,940,042	10.6
1870	38,558,371	3,540,705	10.9
1880	50,189,209	3,540,705	14.2
1890	62,979,766	3,540,705	17.8
1900	76,212,168	3,547,314	21.5
1910	92,228,496	3,547,045	26.0
1920	106,021,537	3,546,931	29.9
1930	123,202,624	3,551,608	34.7
1940	132,164,569	3,554,608	37.2
1950	151,325,798	3,552,206	42.6
1960	179,323,175	3,540,911	50.6
1970	203,302,031	3,536,855	57.5
1980	226,542,199	3,539,289	64.0
1990	248,718,302	3,536,278	70.3
2000	281,421,906	3,537,438	79.6
2010	308,746,065	3,531,915	85.9

3. 인종별 인구비율

(미국 통계청 자료 근거) 단위: 백분율

연도	백인	흑인	기타	연도	백인	흑인	기타
1860	85.6	14.1	0.3	1940	89.8	9.8	0.4
1870	87.1	12.7	0.2	1950	89.5	10.0	0.5
1880	86.5	13.1	0.3	1960	88.6	10.5	0.9
1890	87.5	11.9	0.3	1970	87.6	11.1	1.4
1900	87.9	11.6	0.5	1980	83.1	11.7	5.2
1910	88.9	10.7	0.4	1990	83.9	12.3	3.7
1920	89.7	9.9	0.4	2000	82.8	12.8	5.0
1930	89.8	9.7	0.5	2010	74.8	13.6	11.6

4. 2000, 2014 미국 이민인구(추정)

(Pew 조사센터)

출생국				거주주			
국가	인구(천 명)		변동률(%)	주	인구(천 명)		변동률(%)
	2014년	2000년	2000 ~2014년		2014년	2000년	2000 ~2014년
All countries	11,000	8,600	29.1	All states	11,000	8,600	29.1
Mexico	5,850	4,450	31.5	California	2,350	2,250	4.4
El Salvador	700	500	40.0	Texas	1,650	1,050	57.1
Guatemala	525	200	162.5	Florida	850	900	-5.6
India	500	240	108.3	New York	775	750	3.3
Honduras	350	140	150.0	New Jersey	500	325	53.8
China[1]	325	325	0.0	Illinois	450	375	20.0
Philippines	180	120	50.0	Georgia	375	170	120.6
Dominican Republic	170	180	-5.6	North Carolina	350	220	59.1
Korea[2]	160	110	45.5	Arizona	325	350	-7.1
Ecuador	130	90	44.4	Virginia	300	200	50.0
Colombia	130	150	-13.3	Washington	250	150	66.7
Peru	100	100	0.0	Maryland	250	160	56.3
Haiti	100	130	-23.1	Massachusetts	210	170	23.5
Brazil	100	90	11.1	Nevada	210	170	23.5
Canada	100	55	81.8	Colorado	200	130	53.8

[1] 홍콩, 대만 포함
[2] 북한 포함

5. 미국의 대외원조(1980~2004)

(미국 통계청 자료 근거) 단위: 백만 달러

연도 및 지역	총액	비군사원조			군사원조		
		전체	차관	증여	전체	차관	증여
1980	9,694	7,572	843	6,729	2,122	1,450	672
1981	10,539	7,294	775	6,519	3,245	2,546	699
1982	12,316	8,122	690	7,432	4,195	3,084	1,111
1983	19,314	8,602	773	7,830	10,711	9,044	1,667
1984	15,524	9,038	784	8,255	6,485	4,401	2,084
1985	18,128	12,327	984	11,343	5,801	2,365	3,436
1986	16,620	10,796	890	9,907	5,824	1,980	3,844
1987	14,797	9,705	892	8,813	5,092	953	4,139
1988	13,965	9,135	693	8,442	4,831	763	4,068
1989	14,846	10,018	687	9,331	4,828	410	4,418
1990	16,056	11,044	748	10,296	5,012	404	4,608
1991	17,268	12,099	345	11,754	5,169	478	4,692
1992	16,181	11,564	494	11,070	4,617	345	4,272
1993	17,434	12,611	545	12,066	4,823	855	3,968
1994	16,705	12,355	978	11,377	4,350	770	3,581
1995	15,823	11,894	277	11,617	3,930	558	3,372
1996	14,201	9,898	393	9,505	4,303	544	3,759
1997	13,544	9,588	244	9,344	3,956	298	3,658
1998	14,469	10,827	335	10,492	3,642	100	3,542
1999	15,787	12,023	900	11,123	3,764	—	3,764
2000	16,092	11,474	244	11,229	4,619	—	4,619
2001	16,740	12,986	268	12,718	3,754	—	3,754
2002	20,689	16,166	187	15,979	4,522	—	4,522
2003	27,312	20,807	245	20,562	6,506	—	6,506
2004, total	33,405	26,613	216	26,397	6,791	—	6,791
Asia	3,587	2,865	81	2,783	722	—	722
Central Asia	1,942	1,893	18	1,875	49	—	49
Eastern Europe	715	551	—	551	163	—	163
Latin America and Caribbean	2,362	2,228	37	2,191	134	—	134
Middle East and North Africa	14,118	8,514	58	8,456	5,604	—	5,604
Oceania	146	145	—	145	1	—	1
Sub-Saharan Africa	3,975	3,911	22	3,888	64	—	64
Western Europe	66	25	—	25	41	—	41
기타	6,473	6,461	—	6,461	12	—	12

6. 가족 단위 빈곤 기준(1980~2015)

(미국 통계청) 단위: 달러

구분	1980	1990	2000	2010	2015
1 person	4,190	6,652	8,791	11,137	12,082
65세 미만	4,290	6,800	8,959	11,344	12,331
65세 이상	3,949	6,268	8,259	10,458	11,367
2 people	5,363	8,509	11,235	14,216	15,391
65세 미만 세대주	5,537	8,794	11,589	14,676	15,952
65세 이상 세대주	4,983	7,905	10,418	13,194	14,342
3 people	6,565	10,419	13,740	17,373	18,871
4 people	8,414	13,359	17,604	22,315	24,257
5 people	9,966	15,792	20,815	26,442	28,741
6 people	11,269	17,839	23,533	29,904	32,542
7 people	12,761	20,241	26,750	34,019	36,998
8 people	14,199	22,582	29,701	37,953	41,029
9 or more people	16,896	26,848	35,150	45,224	49,177

7. 1945~2016 국가별 핵무기수(추정)

(미국 통계청 자료 근거) 단위: 개

연도	미국	소련/러시아	영국	프랑스	중국	이스라엘	인도	파키스탄	계
1945	6	—	—	—	—	—	—	—	6
1950	369	5	—	—	—	—	—	—	374
1960	20,434	1,605	30	—	—	—	—	—	22,069
1970	26,662	11,643	280	36	75	8	—	—	38,696
1980	24,304	30,062	350	250	280	31	—	—	55,246
1990	21,004	37,000	300	505	430	53	—	—	59,239
2000	10,577	21,000	185	470	400	72	—	—	32,632
2010	9,400	12,300	225	300	240	60~80	60~80	70~90	22,400
2016	7,000	7,300	215	300	260	80	100~120	110~130	15,350

8. 인종, 히스패닉계, 성별 중간 소득(1948~2015)

(미국 통계청)

인종, 히스패닉계	연도	남			여		
		수입인원 (단위: 천 명)	중간 수입		수입인원 (단위: 천 명)	중간 수입	
			당시 시가 (단위: 달러)	2015년 환산 (단위: 달러)		당시 시가 (단위: 달러)	2015년 환산 (단위: 달러)
전체	2015	112,322	37,138	37,138	114,440	23,769	23,769
	2014	110,372	36,302	36,344	112,599	22,240	22,266
	2010	105,191	32,205	35,010	107,220	20,775	22,585
	2000	98,504	28,343	39,008	101,704	16,063	22,107
	1990	88,220	20,293	35,705	92,245	10,070	17,718
	1980	78,661	12,530	34,327	80,826	4,920	13,479
	1970	65,008	6,670	36,346	51,647	2,237	12,190
	1960	55,172	4,080	28,585	36,526	1,261	8,835
	1950	47,585	2,570	22,096	24,651	953	8,193
	1948	47,370	2,396	20,600	22,725	1,009	8,675
백인	2015	90,375	39,491	39,491	89,535	24,278	24,278
	2014	89,203	37,574	37,617	88,417	22,479	22,505
	2010	86,368	34,374	37,368	85,486	20,896	22,716
	2000	83,372	29,797	41,009	84,123	16,079	22,129
	1990	76,480	21,170	37,248	78,566	10,317	18,152
	1980	69,420	13,328	36,513	70,573	4,947	13,553
	1970	58,447	7,011	38,204	45,288	2,266	12,348
	1960	49,788	4,296	30,098	32,001	1,352	9,472
	1950	—	2,709	23,291	—	1,060	9,113
	1948	—	2,510	21,580	—	1,133	9,741
백인(히스패닉계 비포함)	2015	74,629	42,207	42,207	75,992	25,629	25,629
	2014	73,897	41,072	41,119	75,502	24,005	24,033
	2010	72,723	37,154	40,390	73,995	21,715	23,607
	2000	72,530	31,508	43,364	75,206	16,665	22,936
	1990	69,987	21,958	38,635	72,939	10,581	18,617
	1980	65,564	13,681	37,480	67,084	4,980	13,643
흑인	2015	12,955	27,396	27,396	15,710	21,514	21,514
	2014	12,539	26,433	26,463	15,383	20,938	20,962
	2010	11,433	23,086	25,097	14,212	19,548	21,251
	2000	9,905	21,343	29,374	12,461	15,881	21,857
	1990	8,820	12,868	22,641	10,687	8,328	14,653
	1980	7,387	8,009	21,941	8,596	4,580	12,547
	1970	5,844	4,157	22,652	5,844	2,063	11,242
	1960	5,384	2,260	15,834	4,525	837	5,864
	1950	—	1,471	12,647	—	474	4,075
	1948	—	1,363	11,718	—	492	4,230
아시아계	2015	6,555	42,268	42,268	6,748	26,572	26,572
	2014	6,411	40,457	40,504	6,564	25,231	25,260
	2010	5,406	35,121	38,180	5,604	23,552	25,604
	2000	4,303	30,833	42,435	4,192	17,356	23,887
	1990	2,235	19,394	34,123	2,333	11,086	19,506
히스패닉계	2015	17,549	28,110	28,110	15,415	18,905	18,905
	2014	17,036	26,675	26,706	14,691	17,585	17,605
	2010	15,106	22,420	24,373	12,947	16,292	17,711
	2000	11,343	19,498	26,835	9,431	12,248	16,857
	1990	6,767	13,470	23,700	5,903	7,532	13,252
	1980	3,996	9,659	26,462	3,617	4,405	12,068

9. 주별, 지역별 총개인소득, 인구, 1인당 소득(2015~2016)

(미국 경제분석국)

구분	총개인소득(단위: 100만 달러)				인구 (단위: 천 명)	1인당 소득(단위: 달러)		
	2015년	2016년p	변동률 2015~2016년	변동률 순위 2015~2016년	2016년p	2016년p	순위 2016년p	퍼센트 2016년p
United States	15,463,981	16,017,781	3.6	—	323,128	49,571	—	100
New England								
Connecticut	246,709	254,048	3.0	33	3,576	71,033	1	143
Maine	56,894	59,005	3.7	17	1,331	44,316	32	89
Massachusetts	425,353	443,701	4.3	12	6,812	65,137	2	131
New Hampshire	74,388	77,848	4.7	6	1,335	58,322	5	118
Rhode Island	52,834	54,486	3.1	28	1,056	51,576	16	104
Vermont	30,418	31,430	3.3	23	625	50,321	19	102
Mideast								
Delaware	45,058	46,362	2.9	37	952	48,697	21	98
District of Columbia	49,276	51,493	4.5	—	681	75,596	—	152
Maryland	336,187	348,570	3.7	18	6,016	57,936	6	117
New Jersey	537,026	554,268	3.2	26	8,944	61,968	3	125
New York	1,161,414	1,195,263	2.9	36	19,745	60,534	4	122
Pennsylvania	636,857	655,506	2.9	34	12,784	51,275	17	103
Great Lakes								
Illinois	646,789	666,936	3.1	29	12,802	52,098	14	105
Indiana	277,629	288,487	3.9	14	6,633	43,492	35	88
Michigan	424,807	440,292	3.6	19	9,928	44,347	31	89
Ohio	505,950	521,209	3.0	31	11,614	44,876	30	91
Wisconsin	264,988	273,189	3.1	30	5,779	47,275	25	95
Plains								
Iowa	143,394	146,685	2.3	42	3,135	46,794	26	94
Kansas	137,316	141,112	2.8	39	2,907	48,537	22	98
Minnesota	279,263	287,682	3.0	32	5,520	52,117	13	105
Missouri	257,338	266,406	3.5	22	6,093	43,723	33	88
Nebraska	92,048	94,662	2.8	38	1,907	49,636	20	100
North Dakota	42,350	41,716	-1.5	49	758	55,038	10	111
South Dakota	41,104	41,584	1.2	45	865	48,049	23	97
Southeast								
Alabama	184,785	190,791	3.3	24	4,863	39,231	46	79
Arkansas	113,924	117,572	3.2	27	2,988	39,345	45	79
Florida	900,636	944,443	4.9	3	20,612	45,819	27	92
Georgia	411,721	431,331	4.8	5	10,310	41,835	40	84
Kentucky	170,756	175,258	2.6	40	4,437	39,499	43	80
Louisiana	200,594	203,592	1.5	44	4,682	43,487	36	88
Mississippi	104,045	107,403	3.2	25	2,989	35,936	50	72
North Carolina	409,338	426,189	4.1	13	10,147	42,002	39	85
South Carolina	187,532	195,791	4.4	10	4,961	39,465	44	80
Tennessee	277,832	288,531	3.9	16	6,651	43,380	37	88
Virginia	436,350	451,912	3.6	21	8,412	53,723	11	108
West Virginia	67,787	68,457	1.0	46	1,831	37,386	49	75
Southwest								
Arizona	267,361	278,925	4.3	11	6,931	40,243	42	81
New Mexico	79,104	80,758	2.1	43	2,081	38,807	48	78
Oklahoma	178,250	179,238	0.6	47	3,924	45,682	28	92
Texas	1,289,604	1,327,261	2.9	35	27,863	47,636	24	96
Rocky Mountain								
Colorado	277,732	288,433	3.9	15	5,541	52,059	15	105
Idaho	63,535	65,823	3.6	20	1,683	39,107	47	79
Montana	43,187	44,188	2.3	41	1,043	42,386	38	86
Utah	117,764	124,320	5.6	2	3,051	40,744	41	82
Wyoming	32,870	32,326	-1.7	50	586	55,212	9	111
Far West								
Alaska	41,461	41,032	-1.0	48	742	55,307	8	112
California	2,103,669	2,197,492	4.5	9	39,250	55,987	7	113
Hawaii	69,129	72,215	4.5	8	1,429	50,551	18	102
Nevada	121,096	128,294	5.9	1	2,940	43,637	34	88
Oregon	176,401	184,407	4.5	7	4,093	45,049	29	91
Washington	372,125	389,859	4.8	4	7,288	53,493	12	108
지역								
New England	886,595	920,518	3.8	3	14,735	62,469	1	126
Mideast	2,765,819	2,851,463	3.1	6	49,122	58,047	2	117
Great Lakes	2,120,163	2,190,111	3.3	5	46,756	46,841	5	94
Plains	992,814	1,019,847	2.7	8	21,185	48,139	4	97
Southeast	3,465,301	3,601,271	3.9	2	82,883	43,450	8	88
Southwest	1,814,319	1,866,182	2.9	7	40,799	45,742	7	92
Rocky Mountain	535,088	555,090	3.7	4	11,904	46,635	6	94
Far West	2,883,882	3,013,299	4.5	1	55,742	54,058	3	109

10. 2015 미국 현역 병력

(미국 통계청 자료 근거)

구분	병력 수(명)	여군 비율(%)
육군	474,472	14.6
해군	330,554	18.8
공군	315,786	8.0
해병대	183,370	19.4
해안경비대	40,069	17.1
총계	1,344,251	

11. 2015 미국 본토 및 부속지 병력

(미국 통계청 자료 근거) 단위: 명

구분	병력 수
본토	1,076,506
알래스카	17,838
하와이	46,764
괌	5,666
푸에르토리코	152
총계	1,146,926

12. 2015 미국 해외 파견 병력

(미국 통계청 자료 근거) 단위: 명

구분		병력 수
유럽	독일	30,691
	이탈리아	11,425
	영국	8,520
	기타	6,611
	소계	57,247
아시아·태평양	일본	52,060
	한국	24,889
	기타	1,345
	소계	78,294
북아프리카 및 중동		22,188
사하라사막 이남 아프리카		286
러시아		87
캐나다 및 중미		1,577
총계		159,679

V 참고 지도

1. 영토의 확장

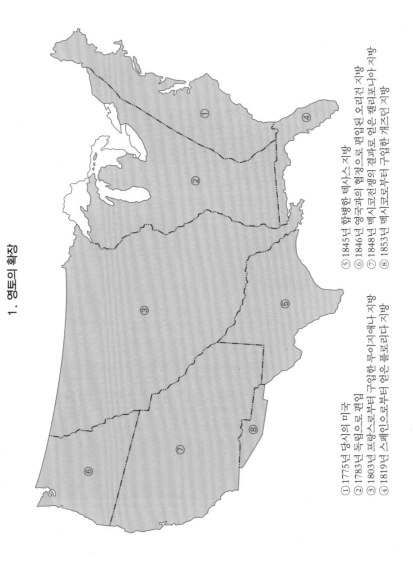

① 1775년 당시의 미국
② 1783년 독립으로 편입
③ 1803년 프랑스로부터 구입한 루이지애나 지방
④ 1819년 스페인으로부터 얻은 플로리다 지방
⑤ 1845년 합병한 테사스 지방
⑥ 1846년 영국과의 협정으로 편입된 오리건 지방
⑦ 1848년 멕시코전쟁의 결과로 얻은 캘리포니아 지방
⑧ 1853년 멕시코로부터 구입한 개즈던 지방

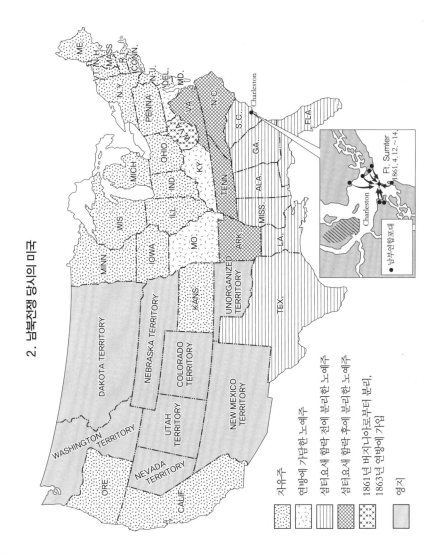

2. 남북전쟁 당시의 미국

ME.
VT. N.H.
MASS
R.I.
CONN.
N.Y.
PENNA.
N.J.
DEL.
MD.
W.VA.
VA.
N.C.
S.C.
Charleston
FLA.
GA.
ALA.
MISS.
TENN.
KY.
OHIO
IND.
ILL.
MICH
WIS
IOWA
MINN.
MO.
ARK
LA.
TEX.
UNORGANIZED TERRITORY
KANS.
COLORADO TERRITORY
NEBRASKA TERRITORY
DAKOTA TERRITORY
UTAH TERRITORY
NEW MEXICO TERRITORY
NEVADA TERRITORY
WASHINGTON TERRITORY
ORE.
CALIF.

Charleston
Ft. Sumter
1861. 4. 12.~14.
● 남부연합포대

자유주

연방에 가담한 노예주

섬터요새 함락 전에 분리한 노예주

섬터요새 함락 후에 분리한 노예주

1861년 버지니아로부터 분리,
1863년 연방에 가입

영지

3. 미국의 50주와 연방 가입 시기(숫자는 가입순서)

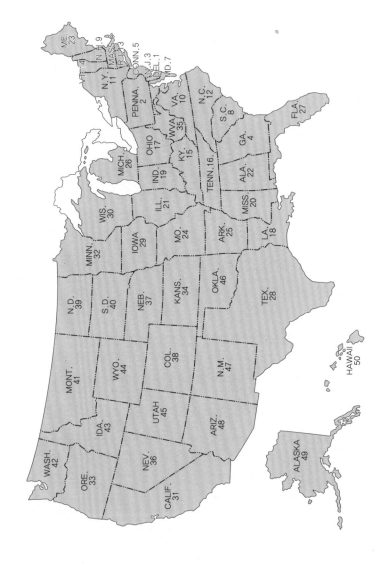

가입 순서	주 이름	가입 연월일	가입 순서	주 이름	가입 연월일	가입 순서	주 이름	가입 연월일
1	Delaware	1787. 12. 7.	18	Louisiana	1812. 4. 30.	35	West Virginia	1863. 6. 30.
2	Pennsylvania	1787. 12. 12.	19	Indiana	1816. 12. 11.	36	Nevada	1864. 10. 31.
3	New Jersey	1787. 12. 18.	20	Mississippi	1817. 12. 10.	37	Nebraska	1867. 3. 1.
4	Georgia	1788. 1. 2.	21	Illinois	1818. 12. 3.	38	Colorado	1876. 8. 1.
5	Connecticut	1788. 1. 9.	22	Alabama	1819. 12. 14.	39	North Dakota	1889. 11. 2.
6	Massachusetts	1788. 2. 6.	23	Maine	1820. 3. 15.	40	South Dakota	1889. 11. 2.
7	Maryland	1788. 4. 28.	24	Missouri	1821. 8. 10.	41	Montana	1889. 11. 8.
8	South Carolina	1788. 5. 23.	25	Arkansas	1836. 6. 15.	42	Washington	1889. 11. 11.
9	New Hampshire	1788. 6. 21.	26	Michigan	1837. 1. 26.	43	Idaho	1890. 7. 3.
10	Virginia	1788. 6. 25.	27	Florida	1845. 3. 3.	44	Wyoming	1890. 7. 10.
11	New York	1788. 7. 26.	28	Texas	1845. 12. 29.	45	Utah	1896. 1. 4.
12	North Carolina	1789. 11. 21.	29	Iowa	1846. 12. 28.	46	Oklahoma	1907. 11. 16.
13	Rhode Island	1790. 5. 29.	30	Wisconsin	1848. 5. 29.	47	New Mexico	1912. 1. 6.
14	Vermont	1791. 3. 4.	31	California	1850. 9. 9.	48	Arizona	1912. 2. 14.
15	Kentucky	1792. 6. 1.	32	Minnesota	1858. 5. 11.	49	Alaska	1959. 1. 3.
16	Tennessee	1796. 6. 1.	33	Oregon	1859. 2. 14.	50	Hawaii	1959. 8. 21.
17	Ohio	1803. 3. 1.	34	Kansas	1861. 1. 29.			

찾아보기

【ㅂ】

【ㅊ】

미국사 개설

초판 1쇄 펴낸날　　　　1976년 2월 15일
개정증보판 1쇄 펴낸날　2018년 1월 20일
개정증보판 2쇄 펴낸날　2021년 3월 20일

지은이 | 이보형
펴낸이 | 김시연

펴낸곳 | (주)일조각
등록 | 1953년 9월 3일 제300-1953-1호(구: 제1-298호)
주소 | 03176 서울시 종로구 경희궁길 39
전화 | 02)734-3545 / 02)733-8811(편집부)
　　　　02)733-5430 / 02)733-5431(영업부)
팩스 | 02)735-9994(편집부) / 02)738-5857(영업부)

이메일 | ilchokak@hanmail.net
홈페이지 | www.ilchokak.co.kr

ISBN 978-89-337-0738-8 93940
값 25,000원

* 지은이와 협의하여 인지를 생략합니다.
* 이 도서의 국립중앙도서관 출판예정도서목록(CIP)은 서지정보유통지원시스템 홈페이지(http://seoji.nl.go.kr)와
　국가자료공동목록시스템(http://www.nl.go.kr/kolisnet)에서 이용하실 수 있습니다.　(CIP제어번호: CIP2018000718)